컴퓨터 활용능력

2급 필기

공저 용승갑·김현주·이동은·이애본

핵심 200제 + 핵심 기출문제

KB158414

컴퓨터활용능력 2급 필기

발　　　행 | 2020년 1월 10일

저　　　자 | 용승갑 · 김현주 · 이동은 · 이애본
발 행 인 | 최영민
발 행 처 | 피앤피북
주　　　소 | 경기도 파주시 신촌2로 24
전　　　화 | 031-8071-0088
팩　　　스 | 031-942-8688
전자우편 | pnpbook@naver.com
출판등록 | 2015년 3월 27일
등록번호 | 제406-2015-31호

정가 : 13,000원

ISBN 979-11-87244-54-7   13000

[책을 소개하며]

산업계의 정보화가 진전되면서 영업, 재무, 생산 등의 분야에 대한 경영 분석은 물론 데이터 관리도 필수가 되고 있습니다. '컴퓨터활용능력' 검정 시험은 사무자동화의 필수 프로그램인 스프레드시트, 데이터베이스 활용 능력을 평가하는 국가기술 자격 시험으로, 엑셀만큼 기초를 잘 다져 놓으면 업무에서의 활용도와 일의 능률을 높일 수 있는 프로그램으로서의 역할을 담당할 것입니다.

더불어 최근 빅 데이터의 중요성과 필요성이 높아짐에 따라 자신에게 필요한 데이터를 최대한 빠르게 찾아 효율적으로 관리하고 분석하며 정리하는 능력도 요구되는 시기에 이르렀습니다. 이에 '컴퓨터활용능력' 시험은 이러한 수순의 기초라 할 수 있습니다.

따라서 이 교재에서는 합격을 위한 핵심요약 기출유형 200제를 통해 문제의 유형을 분석할 수 있도록 구성하였으며, 해설과 함께 정리하는 최신 기출문제 10회분과 확장된 문제 유형을 학습할 수 있는 핵심 기출문제 10회분을 제공하여 수험생들이 시험의 유형에 완벽히 적응할 수 있도록 하는 데에 중점을 두었습니다.

이 교재를 이용하여 공부하시는 모든 수험생 여러분들에게 합격의 기쁨이 함께 하시기를 기원합니다.

저자 일동

[컴퓨터 활용능력 자격시험 안내]

■ **응시자격** : 제한 없음

■ **시험주관 및 원서접수**

대한상공회의소 http://license.korcham.net/

■ **시험과목**

등급	시험방법	시험과목	출제형태	시험시간
1급	필기시험	컴퓨터일반 스프레드시트 일반 데이터페이스 일반	객관식 60문항	60분
	실기시험	스프레드시트 실무 데이터베이스 실무 (MS-Office 2010)	컴퓨터 작업형	90분 (과목별 45분)
2급	필기시험	컴퓨터 일반 스프레드시트 일반	객관식 40문항	40분
	실기시험	스프레드시트 실무 (MS-Office 2010)	컴퓨터 작업형	40분

■ **합격기준**

－필기 : 매 과목 100점 만점에 과목당 40점 이상이고 평균 60점 이상

－실기 : 100점 만점에 70점 이상 (1급은 두 과목 모두 70점 이상)

■ **검정 수수료**

－필기 : 17,000원

－실기 : 20,000원

[이 책의 활용법]

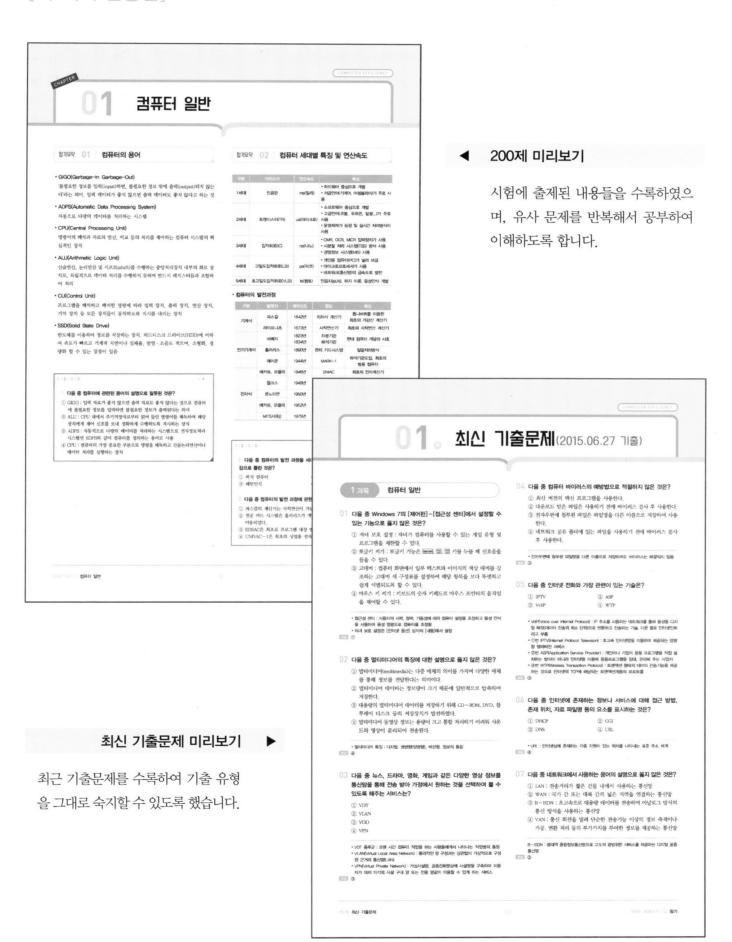

◀ 200제 미리보기

시험에 출제된 내용들을 수록하였으며, 유사 문제를 반복해서 공부하여 이해하도록 합니다.

최신 기출문제 미리보기 ▶

최근 기출문제를 수록하여 기출 유형을 그대로 숙지할 수 있도록 했습니다.

● ● ●

01. 핵심 기출문제 (2015.03.07 기출)

1 과목 컴퓨터 일반

01 다음 중 아래에서 설명하는 용어는?

① VOD ② VDT
③ PDA ④ MOD

02 다음 중 개인용 컴퓨터에서 정보통신용으로 가장 많이 사용되는 코드로 3개의 Zone 비트와 4개의 Digit 비트로 구성된 코드는?

① BINARY ② BCD
③ EBCDIC ④ ASCII

03 다음 중 전자우편과 관련하여 스팸(SPAM)에 관한 설명으로 옳은 것은?

① 바이러스를 유포시키는 행위이다.
② 수신인이 원하지 않는 메시지나 정보를 일방적으로 보내는 행위이다.
③ 다른 사용자의 개인 정보를 허락 없이 가져가는 행위이다.
④ 고의로 컴퓨터 프로그램 파일이나 데이터를 파괴하는 행위이다.

04 다음 중 Windows 7에서 [디스크 정리]를 수행할 때 정리 대상 파일로 옳지 않은 것은?

① 임시 인터넷 파일
② 사용하지 않은 폰트(*.TTF) 파일
③ 휴지통에 있는 파일
④ 다운로드 한 프로그램 파일

05 다음 중 인터넷 기능을 결합한 TV로 각종 앱을 설치하여 웹 서핑, VOD 시청, 게임 등 다양한 기능을 활용할 수 있는 다기능 TV를 의미하는 용어는?

① HDTV ② Cable TV
③ IPTV ④ Smart TV

06 다음 멀티미디어 파일 형식 중에서 이미지 형식에 해당하지 않는 것은?

① BMP ② GIF
③ TIFF ④ WAV

07 다음 중 Windows 7에서 시스템 관리와 관련된 설명으로 옳지 않은 것은?

① Windows에 문제가 생길을 때를 대비하여 시스템이 최적의 상태일 때 시스템 복원을 위한 복원 지점을 만들어 둔다.
② 컴퓨터의 프로그램이 응답하지 않으면 Windows에서 문제를 검색하여 자동으로 해결하려고 하지만, 기다리지 않으려면 작업 관리자를 사용하여 프로그램을 직접 끝낸다.
③ 하드디스크의 파일이 손상되었을 경우 [디스크 조각 모음]을 실행하여 디스크 최적화를 유지한다.
④ 하드웨어가 작동하지 않을 때는 [장치 관리자]를 이용하여 드라이버의 업데이트를 실행한다.

08 다음 중 인터넷을 이용할 때 자주 방문하게 되는 웹 사이트로 전자우편, 뉴스, 쇼핑, 게시판 등 다양한 서비스를 통합하여 제공하는 사이트는?

① 미러 사이트 ② 포털 사이트
③ 커뮤니티 사이트 ④ 멀티미디어 사이트

09 다음 중 Windows 7에서 사용하는 바로가기 아이콘에 관한 설명으로 옳지 않은 것은?

① 하나의 원본 파일에 대하여 하나의 바로가기 아이콘만 만들 수 있다.
② 바로가기 아이콘을 실행하면 연결된 원본 파일이 실행된다.
③ 다른 컴퓨터나 프린터 등에 대해서도 바로가기 아이콘을 만들 수 있다.
④ 원본 파일이 있는 위치와 관계없이 만들 수 있다.

10 다음 중 컴퓨터의 전원이 연결된 상태에서 장치를 연결하거나 분리할 수 있도록 하는 기능을 의미하는 것은?

① 플러그 앤 플레이(Plug and Play)
② 핫 스와핑(Hot swapping)
③ 채널(Channel)
④ 인터럽트(Interrupt)

11 다음 컴퓨터의 기본 기능 중에서 제어 기능에 대한 설명으로 옳은 것은?

① 자료와 명령을 컴퓨터에 입력하는 기능
② 입출력 및 저장, 연산 장치들에 대한 지시 또는 감독 기능을 수행하는 기능
③ 입력된 자료들을 주기억장치나 보조기억장치에 기억하거나 저장하는 기능
④ 산술적·논리적 연산을 수행하는 기능

◀ **핵심 기출문제 미리보기**

최근 기출문제를 수록하여 기출유형에 맞춰 실제 시험과 동일한 환경에서 모의고사처럼 실력을 테스트 할 수 있습니다.

[이 책의 차례]

COMPUTER EFFICIENCY

합격요약
기 출 유 형
200제

CHAPTER

01 컴퓨터 일반

합격요약 01 | 컴퓨터의 용어

- **GIGO(Garbage-In Garbage-Out)**
  '불필요한 정보를 입력(input)하면, 불필요한 정보 밖에 출력(output)되지 않는다'라는 의미. 입력 데이터가 좋지 않으면 출력 데이터도 좋지 않다고 하는 것

- **ADPS(Automatic Data Processing System)**
  자동으로 다량의 데이터를 처리하는 시스템

- **CPU(Central Processing Unit)**
  명령어의 해석과 자료의 연산, 비교 등의 처리를 제어하는 컴퓨터 시스템의 핵심적인 장치

- **ALU(Arithmetic Logic Unit)**
  산술연산, 논리연산 및 시프트(shift)를 수행하는 중앙처리장치 내부의 회로 장치로, 독립적으로 데이터 처리를 수행하지 못하며 반드시 레지스터들과 조합하여 처리

- **CU(Control Unit)**
  프로그램을 해석하고 해석한 명령에 따라 입력 장치, 출력 장치, 연산 장치, 기억 장치 등 모든 장치들이 동작하도록 지시를 내리는 장치

- **SSD(Solid State Drive)**
  반도체를 이용하여 정보를 저장하는 장치. 하드디스크 드라이브(HDD)에 비하여 속도가 빠르고 기계적 지연이나 실패율, 발열·소음도 적으며, 소형화, 경량화 할 수 있는 장점이 있음

기 / 출 / 유 / 형 • • •

1. 다음 중 컴퓨터에 관련된 용어의 설명으로 잘못된 것은?

① GIGO : 입력 자료가 좋지 않으면 출력 자료도 좋지 않다는 것으로 컴퓨터에 불필요한 정보를 입력하면 불필요한 정보가 출력된다는 의미

② ALU : CPU 내에서 주기억장치로부터 읽어 들인 명령어를 해독하여 해당 장치에게 제어 신호를 보내 정확하게 수행하도록 지시하는 장치

③ ADPS : 자동적으로 다량의 데이터를 처리하는 시스템으로 전자정보처리 시스템인 EDPS와 같이 컴퓨터를 정의하는 용어로 사용

④ CPU : 컴퓨터의 가장 중요한 부분으로 명령을 해독하고 산술논리연산이나 데이터 처리를 실행하는 장치

합격요약 02 | 컴퓨터 세대별 특징 및 연산속도

구분	기억소자	연산속도	특징
1세대	진공관	ms(밀리)	• 하드웨어 중심으로 개발 • 저급언어(기계어, 어셈블리어)가 주로 사용
2세대	트랜지스터(TR)	us(마이크로)	• 소프트웨어 중심으로 개발 • 고급언어(코볼, 포트란, 알골...)가 주로 사용 • 운영체제가 등장 및 실시간 처리방식이 사용
3세대	집적회로(IC)	ns(나노)	• OMR, OCR, MICR 입력장치가 사용 • 시분할 처리 시스템(TSS) 방식 사용 • 경영정보 시스템(MIS) 사용
4세대	고밀도집적회로(LSI)	ps(피코)	• 개인용 컴퓨터(PC)가 널리 보급 • 마이크로프로세서가 사용 • 네트워크(통신망)의 급속도로 발전
5세대	초고밀도집적회로(VLSI)	fs(펨토)	인공지능(AI), 퍼지 이론, 음성인식 개발

- **컴퓨터의 발전과정**

구분	발명자	제작년도	명칭	특징
기계식	파스칼	1642년	치차식 계산기	톱니바퀴를 이용한 최초의 가감산 계산기
	라이프니츠	1673년	사칙연산기	최초의 사칙연산 계산기
전기기계식	바베지	1823년 1834년	차분기관 해석기관	현대 컴퓨터 개념의 시초
	홀러리스	1890년	펀치 카드시스템	일괄처리방식
	에이큰	1944년	MARK-1	해석기관도입, 최초의 범용 컴퓨터
전자식	에커트, 모클리	1946년	ENIAC	최초의 전자계산기
	윌크스	1949년	EDSAC	최초의 프로그램 내장방식
	폰노이만	1950년	EDVAC	프로그램 내장방식, 2진법
	에커트, 모클리	1952년	UNIVAC-1	최초의 상업용 전자계산기
	MITS사(社)	1975년	Altair 8800	최초의 개인용 컴퓨터

기 / 출 / 유 / 형 • • •

2. 다음 중 컴퓨터의 발전 과정을 세대별로 구분할 때, 5세대 컴퓨터의 특징으로 틀린 것은?

① 퍼지 컴퓨터   ② 인공지능
③ 패턴인식   ④ 집적회로(IC) 사용

3. 다음 중 컴퓨터의 발전 과정에 관한 설명으로 잘못된 것은?

① 파스칼의 계산기는 사칙연산이 가능한 최초의 기계식 계산기이다.
② 천공 카드 시스템은 홀러리스가 개발한 것으로 인구통계 및 국세 조사에 이용되었다.
③ EDSAC은 최초로 프로그램 내장 방식을 도입하였다.
④ UNIVAC-1은 최초의 상업용 전자계산기이다.

합격요약 03 | 컴퓨터의 분류

• 취급 데이터에 따른 분류

① 디지털 컴퓨터 : 문자나 숫자화 된 비연속적인 데이터(디지털형)를 처리하는 컴퓨터로 사회 각 분야에서 일반적으로 사용하는 컴퓨터

② 아날로그 컴퓨터 : 온도, 전류, 속도 등과 같이 연속적으로 변화하는 데이터(아날로그형)를 처리하기 위한 특수 목적용 컴퓨터

③ 하이브리드 컴퓨터 : 디지털 컴퓨터와 아날로그 컴퓨터의 장점을 혼합하여 만든 컴퓨터

④ 디지털 컴퓨터와 아날로그 컴퓨터의 비교

항 목	디지털 컴퓨터	아날로그 컴퓨터
입력 형태	숫자, 문자	전류, 전압, 온도
출력 형태	숫자, 문자	곡선, 그래프
연산 형식	산술 · 논리 연산	미 · 적분 연산
연산 속도	느림	빠름
구성 회로	논리 회로	증폭 회로
프로그래밍	필요	불필요
정밀도	필요한 한도까지	제한적임
기억 기능	있음	없음
적용성	범용	전용(특수 목적용)

• 처리 능력에 따른 분류

① 슈퍼 컴퓨터 : 높은 정밀도를 가지고 있어 정확한 계산을 수행, 초당 연산 능력이 30~50테라플롭스(TFlops) 정도이며, 인공위성 제어, 일기예보, 시뮬레이션 처리, 우주 항공 산업 등에 사용됨

② 메인 프레임 : 대규모 시스템으로, 수백 명의 사용자가 동시에 사용 가능

③ 미니 컴퓨터 : 중규모 시스템으로, 학교 · 연구소 등의 업무 처리나 과학기술 계산에 사용

④ 마이크로 컴퓨터 : 마이크로프로세서(MPU)를 CPU로 사용하는 컴퓨터이며, 네트워크에서 주로 클라이언트(Client) 역할을 한다. (워크스테이션, 데스크톱 컴퓨터, 휴대용 컴퓨터 등)

⑤ 워크스테이션 : RISC 프로세서를 사용, 네트워크에서 서버 역할, 고성능 그래픽 처리 등에 사용 ⑥ 데스크톱 컴퓨터 : 일반적인 개인용 컴퓨터, 가정이나 사무실에서 사용

⑦ 휴대용 컴퓨터 : 휴대가 가능한 컴퓨터로, 크기에 따라 랩톱〉노트북〉팜톱으로 구분
  - 랩톱(Laptop) : 무릎 위에 놓고 사용할 수 있는 크기의 컴퓨터
  - 노트북(Notebook) : 노트(Note) 크기만한 컴퓨터
  - 팜톱(Palmtop) : 손바닥 위에 놓고 사용할 수 있는 크기의 컴퓨터(스마트폰을 컴퓨터로 분류할 경우 팜톱에 속함)
  - 태블릿PC(Tablet PC) : 노트북의 기능에 PDA의 휴대성을 더한 컴퓨터로, 키보드 대신 터치스크린이나 스타일러스 펜을 입력 장치로 사용
  - PDA : 팜톱 컴퓨터의 일종으로 전자수첩, 이동통신, 개인 정보 관리 기능 등이 있음

⑧ 웨어러블 컴퓨터(Wearable Computer) : 소형화, 경량화를 비롯해 음성과 동작인식 등 다양한 기술이 적용되어 장소에 구애 받지 않고 컴퓨터를 활용할 수 있도록 몸에 착용하는 컴퓨터

• 컴퓨터의 응용

① 과학 기술 분야 : 시뮬레이션, 우주탐사, 해양 및 기상관측(시뮬레이션 : '모의실험'이라는 의미로 컴퓨터로 특정 상황을 설정해서 실험해 보는 것)

② 사무/행정 분야 : 회계, 통계, 문서작성, 전산처리

③ 공업 분야 : 컴퓨터를 이용한 도면 설계(CAD), 컴퓨터를 이용한 제조(CAM), 공정제어, 공장 자동화

④ 교육/문화 분야 : 컴퓨터 교육(CAI), 출판, 방송 프로그램 제작, 멀티미디어 제작
  - CAI(Computer Aided Instruction) : 컴퓨터를 수업 매체로 활용하여 학습자에게 필요한 지식, 정보, 기술, 태도 등을 가르치는 것
  - e-Book(전자책) : Electronic Book의 준말. 기존의 종이책이 종이를 재료로 하여 제조되는 것과 달리 컴퓨터 등의 전자단말기를 통해 제조되는 새로운 개념의 책. 전자책은 책의 내용을 종이 대신 디지털 파일 형태로 제작하여 콘텐츠를 제공

기 / 출 / 유 / 형

4. 다음 중 디지털 컴퓨터의 특성을 설명한 것으로 잘못된 것은?

① 부호화된 숫자와 문자, 이산 데이터 등을 사용한다.
② 산술논리 연산을 주로 한다.
③ 증폭 회로를 사용한다.
④ 연산속도가 아날로그 컴퓨터보다 느리다.

5. 다음 중 마이크로 컴퓨터는 휴대성에 따라 여러 가지 종류로 분류된다. 다음 중 스마트폰을 컴퓨터로 분류하는 경우 스마트폰이 포함될 수 있는 컴퓨터의 종류는?

① 팜톱 컴퓨터　　　　② 랩톱 컴퓨터
③ 노트북 컴퓨터　　　　④ 데스크톱 컴퓨터

6. 다음 중 디지털 컴퓨터와 아날로그 컴퓨터의 차이점에 관한 설명 중 옳은 것은?

① 디지털 컴퓨터는 전류, 전압, 온도 등 다양한 입력값을 처리하며, 아날로그 컴퓨터는 숫자 데이터만을 처리한다.
② 디지털 컴퓨터는 증폭 회로로 구성되며, 아날로그 컴퓨터는 논리회로로 구성된다.
③ 아날로그 컴퓨터는 미분이나 적분 연산을 주로 하며, 디지털 컴퓨터는 산술이나 논리연산을 주로 한다.
④ 아날로그 컴퓨터는 범용이며, 디지털 컴퓨터는 특수 목적용으로 많이 사용된다.

합격요약 04 | 컴퓨터 연산속도

ms	us	ns	ps	fs	as
mili	micro	nano	pico	femto	atto
10^{-3}초	10^{-6}초	10^{-9}초	10^{-12}초	10^{-15}초	10^{-18}초
← 느림					빠름 →

기 / 출 / 유 / 형

7. 다음 중 컴퓨터의 연산속도 단위 중 가장 빠른 것은?

① 1ms　　　　② 1μs
③ 1ns　　　　④ 1ps

합격요약 05 | 자료의 단위

Bit	• 정보 표현의 최소 단위 • 2진수의 1, 0 중 한 자리를 표현 Binary Digit의 약자 • n개의 비트로 2n 개의 데이터를 표현		
Nibble	4bit의 모임 1byte를 구성하는 8bit 중 상위 4bit 또는 하위 4bit		
Byte	• 8bit의 모임 • 문자 표현의 최소 단위 • 영어, 숫자는 1byte, 한글, 한문, 특수문자는 2byte로 표현 • 1byte는 256(2^8)가지의 정보 표현이 가능		
Word	정보를 저장하거나 연산처리를 위해 사용되는 단위		
	Half	2byte 모임	
	Full	4byte 모임	
	Double	8byte 모임	
Field	• 파일 구성의 최소 단위 • 아이템(item)이라고 함		
Record	논리	프로그램을 처리하는 기본 단위	
	물리	논리 레코드의 모임 블럭(Block)이라고 함	
File	디스크 저장 기본 단위		
DataBase	파일의 집합		

• 기억 용량 단위

1Byte	8Bit	기억 용량 최소 위
1KB	1Byte×1,024	2^{10}(Byte) = 1024(Byte)
1MB	1KB×1,024	2^{20}(Byte) = 1024(KB)
1GB	1MB×1,024	2^{30}(Byte) = 1024(MB)
1TB	1GB×1,024	2^{40}(Byte) = 1024(GB)
1PB	1TB×1,024	2^{50}(Byte) = 1024(TB)

기 / 출 / 유 / 형

8. 다음 중 1GB(Giga Byte)는?

① 1024 Bytes
② 1024×1024 Bytes
③ 1024×1024×1024 Bytes
④ 1024×1024×1024×1024 Bytes

9. 다음 중 4비트를 표현할 수 있는 정보 단위는?

① Character
② Nibble
③ Word
④ Octet

10. 다음 중 컴퓨터에서 사용하는 자료 표현 형식에 관한 설명으로 잘못된 것은?

① 비트(Bit)는 자료 표현의 최소 단위이며, 8Bit가 모여 니블(Nibble)이 된다.
② 워드(Word)는 바이트 모임으로 하프 워드, 풀 워드, 더블 워드로 분류된다.
③ 필드(Filed)는 자료 처리의 최소 단위이며, 여러 개의 필드가 모여 레코드 (Record)가 된다.
④ 데이터베이스(Database)는 레코드 모임인 파일(File)들의 집합을 말한다.

합격요약 06 | 코드와 에러 검출 코드

BCD 코드	6bit로 구성(64가지 문자 표현)
EBCDIC 코드	• BCD코드의 확장형 • 8bit로 구성(256가지 문자 표현) • 4개의 Zone Bit와 4개의 Digit Bit로 구성
ASCII 코드	• 7bit로 구성(128가지 문자 표현) • 3개의 Zone Bit와 4개의 Digit Bit로 구성 • 주로 통신 용도에 이용 • 1bit의 패리티 비트를 추가
UNI 코드	• 표준 한글 표현 코드 • 모든 문자를 2byte로 표현
패리티 코드	• 에러 검출만 가능하다. • 교정, 정정은 불가능하다. • 2개 이상의 에러가 발생시 검출 불가능
해밍 코드	에러 검출 및 정정까지도 실행
CRC (순환 잉여 검사)	• 집단 에러 검출 방식 • 신뢰도가 높다.
BSC (블럭 합 검사)	• 패리티 검사 방식의 단점을 보완 • 두 비트의 오류가 발생한 경우 검출이 가능
정마크 부호 방식	2 out of 5 코드, 비쿼너리 코드

기 / 출 / 유 / 형

11. ASCII 코드는 한 문자를 표시하는데 7개의 데이터 비트와 1개의 패리티 비트를 사용하는데, 다음 중 ASCII 코드로 표현 가능한 문자수는?

① 32
② 64
③128
④ 256

12. 다음 중 개인용 컴퓨터에서 정보통신용으로 가장 많이 사용되는 코드로 3개의 Zone 비트와 4개의 Digit 비트로 구성된 코드는 어떤 것인가?

① BINARY
② BCD
③ EBCDIC
④ ASCII

13. 다음 중 컴퓨터에서 사용하는 ASCII 코드에 대한 설명으로 옳은 것은?

① 패리티 비트를 이용하여 오류 검출과 오류 교정이 가능하다.
② 표준 ASCII 코드는 3개의 존 비트와 4개의 디지트 비트로 구성되며, 주로 대형 컴퓨터의 범용 코드로 사용된다.
③ 표준 ASCII 코드는 7비트를 사용하여 영문 대소문자, 숫자, 문장 부호, 특수 제어 문자 등을 표현한다.
④ 확장 ASCII 코드는 8비트를 사용하며 멀티미디어 데이터 표현에 적합하도록 확장된 코드표이다.

합격요약 07 | 컴퓨터의 구성

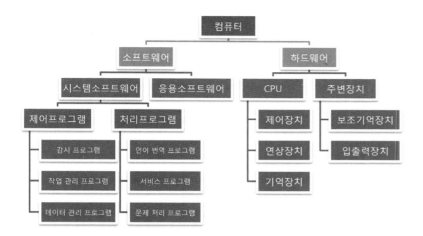

기 / 출 / 유 / 형

14. 다음 중 소프트웨어에 대한 설명으로 잘못된 것은?

① 소프트웨어란 컴퓨터를 이용하기 위해 필요한 일련의 명령어들의 집합이다.
② 오라클과 같은 데이터베이스 관리 시스템은 응용 소프트웨어에 해당된다.
③ 시스템 소프트웨어는 응용소프트웨어가 실행될 때 컴퓨터 하드웨어를 효율적으로 사용하도록 인터페이스 역할을 한다.
④ 시스템 소프트웨어는 기능에 따라 제어 프로그램과 번역 프로그램으로 구분한다.

15. 다음 중 운영체제를 구성하는 제어 프로그램의 종류가 아닌 것은?

① 감시 프로그램
② 언어 번역 프로그램
③ 작업 관리 프로그램
④ 데이터 관리 프로그램

16. 다음 중 시스템 소프트웨어에 대한 설명으로 잘못된 것은?

① 컴퓨터와 사용자 사이에서 중계자 역할을 하는 소프트웨어이다.
② 운영체제의 도움을 받아 컴퓨터를 사용할 수 있게 하는 소프트웨어이다.
③ 컴퓨터 시스템을 효율적으로 운영해 주는 소프트웨어이다.
④ 시스템 소프트웨어는 제어 프로그램과 처리 프로그램으로 구분된다.

합격요약 08 | 중앙처리장치(CPU)

- **중앙처리장치(Central Processing Unit)**
  명령 해석, 지시, 연산을 처리해주는 컴퓨터의 핵심장치

- **CPU 성능 평가 단위**
  - MIPS(Million Instruction Per Second) : 1초 동안 처리할 수 있는 명령 개수를 100만 개 단위로 표시
  - FLOPS(FLoating-point Operations Per Second) : 1초 동안 처리할 수 있는 부동소수점 연산 횟수
  - 클럭(Clock) : 1초 동안 발생하는 펄스(주파수의 변화) 수
  - 메가헤르츠(MHz) : 클럭(Clock) 속도의 단위, 높을수록 처리속도가 빠름

기 / 출 / 유 / 형

17. 다음 중 아래 그림에서 (ㄱ)과 (ㄴ)에 해당하는 장치는?

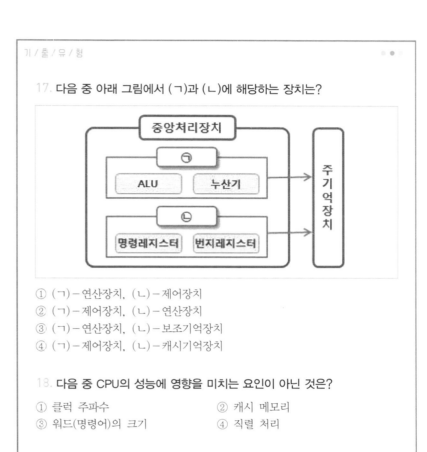

① (ㄱ) - 연산장치, (ㄴ) - 제어장치
② (ㄱ) - 제어장치, (ㄴ) - 연산장치
③ (ㄱ) - 연산장치, (ㄴ) - 보조기억장치
④ (ㄱ) - 제어장치, (ㄴ) - 캐시기억장치

18. 다음 중 CPU의 성능에 영향을 미치는 요인이 아닌 것은?

① 클럭 주파수
② 캐시 메모리
③ 워드(명령어)의 크기
④ 직렬 처리

19. 다음 중 운영체제의 성능을 평가하는 항목에 대한 설명으로 잘못된 것은?

① 시스템이 일정한 시간 내에 일을 처리하는 능력
② 주어진 문제를 정확하게 처리하는 신뢰할 수 있는 정도
③ 처리할 데이터를 일정시간 동안 모아 일괄 처리할 수 있는 능력
④ 시스템의 즉시 사용 가능한 정도

합격요약 09 | 중앙처리장치의 구성

• 제어장치(Control Unit)

명령을 지시, 해석, 감독, 감시, 통제하는 장치

명령 레지스터(Instruction Register)	현재 수행 중인 명령을 기억
프로그램 카운터(Program Counter)	다음에 수행할 명령을 기억
해독기(Decorder)	• 명령 레지스터에 있는 명령을 해독하는 회로 • 2진수를 10진수로 변환 • AND 회로 구성 • n개의 입력으로 2n개 출력
부호기(Encorder)	• 해독된 명령에 따라 각 장치로 보낼 제어신호를 생성하는 회로 • 10진수를 2진수로 변환 • OR회로 구성 • 2n개의 입력으로 n개 출력

• 연산장치(Arithmetic and Logical Unit)

자료를 입력받아 산술, 논리 연산을 수행하는 장치

가산기	연산장치의 핵심적인 회로로 두 개의 수를 덧셈 연산 시 이용
누산기	연산된 결과값을 일시적으로 보관
보수기	연산장치의 핵심적인 회로로 두 개의 수를 덧셈 연산 시 이용
데이터 레지스터	연산할 데이터를 기억하는 장치
상태 레지스터	연산 결과를 기억하는 레지스터 결과값이 0, 음수, 양수, 넘침 현상(overflow)이 있는지 점검

• 레지스터(Register)

중앙처리장치의 명령 또는 연산결과값을 일시적으로 저장하는 기억장치
- 메모리 중에 가장 빠른 속도를 가짐
- 레지스터 > 캐시 메모리 > 주기억장치 > 보조기억장치

기 / 출 / 유 / 형 ● ● ●

20. 다음 중 중앙처리장치의 구성요소가 아닌 것은?

① ALU(Arithmetic Logic Unit) ② CU(Control Unit)
③ 레지스터(Register) ④ SSD(Solid State Drive)

21. 다음 중 컴퓨터의 연산장치에 있는 누산기(Accumulator)에 관한 설명은?

① 연산결과를 일시적으로 기억하는 장치이다.
② 명령의 순서를 기억하는 장치이다.
③ 명령어를 기억하는 장치이다.
④ 명령을 해독하는 장치이다.

22. 다음 컴퓨터의 기본 기능 중에서 제어 기능에 대한 설명은?

① 자료와 명령을 컴퓨터에 입력하는 기능
② 입출력 및 저장, 연산장치들에 대한 지시 또는 감독 기능을 수행하는 기능
③ 입력된 자료들을 주기억장치나 보조기억장치에 기억하거나 저장하는 기능
④ 산술적/논리적 연산을 수행하는 기능

23. 다음 중 컴퓨터의 CPU에 있는 레지스터(Register)에 관한 설명으로 잘못된 것은?

① 계산 결과의 임시 저장, 주소 색인 등 여러 가지 목적으로 사용될 수 있는 레지스터들을 범용 레지스터라고 한다.
② 주기억장치보다 저장 용량이 적고 속도가 느리다.
③ ALU(산술/논리장치)에서 연산된 자료를 일시적으로 저장한다.
④ 프로그램 카운터는 다음에 수행할 명령어의 주소를 저장하는 레지스터이다.

합격요약 10 | 기억장치

• 주기억장치

ROM (Read Only Memory)	• 읽기전용 기억장치 • 비휘발성 기억장치	
	Mask-ROM	• 제조회사에서 미리 내용을 기록하여 생성 • 수정이 불가능하다.
	PROM	한 번은 기록이 가능한 기억장치
	EPROM	기록된 내용을 자외선을 이용하여 삭제 가능
	EEPROM	기록된 내용을 전기를 이용하여 삭제 가능
RAM (Random Access Memory)	• 읽기와 쓰기 모두 가능한 기억장치 • 휘발성 기억장치	
	SRAM	• 정적인 RAM • 비용이 저렴하고 속도가 빠름 • 전원이 공급되는 한 내용이 사라지지 않음
	DRAM	• 동적인 RAM • 일정시간이 지나면 재충전(Reflash)이 필요함

• 기타 기억장치

- 플래시 메모리(Flash Memory) : EEPROM의 일종으로 비휘발성 메모리이며, MP3 플레이어, PDA, 디지털 카메라 등에 사용함
- 캐시 메모리(Cache Memory) : CPU와 주기억장치 사이에서 컴퓨터의 처리 속도를 향상시키기 위한 것으로, SRAM을 사용함
- 가상 메모리(Virtual Memory) : 보조기억장치의 일부를 주기억장치처럼 사용하는 메모리 기법으로, 전원이 꺼지면 데이터가 소실됨
- 버퍼 메모리(Buffer Memory) : 두 장치 간에 데이터를 주고받을 때 속도 차이를 해결하기 위해 데이터를 임시로 저장해 두는 공간
- 연상(연관) 메모리(Associative Memory) : 주기억장치에 저장된 정보에 접근할 때 주소 대신 기억된 내용의 일부를 이용하여 직접 접근하는 장치로, 정보 검색이 신속하고, 캐시 메모리나 가상 메모리 관리 기법에서 사용하는 매핑 테이블에 사용됨

• 보조 기억장치

- 보조기억장치는 주기억장치에 비해 속도는 느리지만 전원이 차단되어도 내용이 유지되고, 저장 용량이 크다.
- 하드디스크(Hard Disk) : 자성 물질을 입힌 금속 원판을 여러 장 겹쳐서 만든 기억 매체로, 개인용 컴퓨터에서 보조기억장치로 널리 사용됨
- SSD(Solid State Drive) : 디스크 드라이브(HDD)와 비슷하게 동작하면서 HDD와는 달리 기계적 장치가 없는 반도체를 이용하여 정보를 저장하는 보조기억장치로, 고속으로 데이터를 입 · 출력할 수 있음. 기계적 지연이나 에러의 확률 및 발열 · 소음과 전력소모가 적으며, 소형화, 경량화 할 수 있음
- CD-ROM : 650MB 정도의 저장 매체로 읽기만 가능하며, 멀티미디어 데이터의 저장용으로 사용함
- DVD : 4.7~17GB의 대용량 저장이 가능한 차세대 기억 매체로, 뛰어난 화질과 음질의 멀티미디어 데이터를 저장할 수 있음
- Blu-Ray : 고선명(HD) 비디오를 위한 디지털 데이터를 저장할 수 있도록 만든 저장매체로, 25GB 이상 저장할 수 있음

기 / 출 / 유 / 형 ● ● ●

24. 다음 중 컴퓨터의 주기억장치인 RAM에 관한 설명은?

① 전원이 공급되지 않더라도 기억된 내용이 지워지지 않는다.
② 시스템에서 사용하는 BIOS, POST 등이 저장된다.
③ 현재 사용 중인 응용 프로그램이나 데이터가 저장된다.
④ 주로 하드디스크에서 사용되는 기억장치이다.

기 / 출 / 유 / 형 ● ● ●

25. 다음 중 컴퓨터에서 사용하는 캐시 메모리(Cache Memory)에 대한 설명으로 잘못된 것은?

① 기억 용량은 작으나 속도가 빠른 버퍼 메모리이다.
② 가능한 최대 속도를 얻기 위해 소프트웨어로 구성한다.
③ 기본적인 성능은 히트율(Hit Ratio)로 표현한다.
④ CPU와 주기억장치 사이에 위치한다.

26. 다음 중 USB 인터페이스에 대한 설명으로 잘못된 것은?

① 직렬 포트보다 USB 포트의 데이터 전송 속도가 더 빠르다.
② USB는 컨트롤러 당 최대 127개까지 포트의 확장이 가능하다.
③ 핫 플러그인(Hot Plug In)과 플러그 앤 플레이(Plug & Play)를 지원한다.
④ USB 커넥터를 색상으로 구분하는 경우 USB 3.0은 빨간색, USB 2.0은 파란색을 사용한다.

27. 다음 중 HD급 고화질 비디오를 저장할 수 있는 차세대 광학장치로, 디스크 한 장에 25GB 이상 저장 가능한 것은?

① CD-RW
② DVD
③ Blu-ray 디스크
④ ZIP 디스크

• **소프트웨어**
컴퓨터와 사용자 사이에서 효율적인 운영과 관리를 도와주는 프로그램

• **소프트웨어의 종류**

상용 소프트웨어 (Commercial Software)	정상적인 구매 금액을 지불하고 이용하는 프로그램
공개 소프트웨어 (Freeware)	무료로 사용 허가된 프로그램
셰어웨어 (Shareware)	일정기간 또는 기능상에 제한을 둔 프로그램
데모 버전 (Demo Version)	홍보를 위해 주요 기능만 사용해 볼 수 있는 프로그램
트라이얼 버전 (Trial Version)	정상적인 상용 소프트웨어를 일정기간 동안만 체험할 수 있는 프로그램
알파 버전 (Alpha Version)	완성된 프로그램을 회사 내에 테스트 할 목적의 프로그램
베타 버전 (Beta Version)	정식 출시 전에 일반 사용자에게 무료로 배포하여 테스트 할 목적의 프로그램
패치 프로그램 (Patch Program)	오류 수정 전이나 기능 향상(Update)을 목적으로 만든 프로그램
번들 프로그램 (Bundle Program)	제품 구매 시 서비스로 제공되는 프로그램

• **유틸리티(Utility)** : 사용자가 더욱 효율적으로 컴퓨터를 사용할 수 있도록 도와주는 프로그램

－압축 프로그램 : WinZip, WinRAR, Alzip 등이 있고, 파일을 압축하여 디스크 공간을 절약하고 전송속도의 효율성을 높여준다.
－디스크 유틸리티 : 컴퓨터 도중 발생하는 디스크 및 파일 관련 문제를 해결하기 위한 프로그램으로 노턴 유틸리티(Norton Utility)가 대표적
－기타 유틸리티 : 화면보호기, 이미지뷰어, 파일관리 프로그램 등

• **벤치마크 테스트(Benchmark Test)** : 하드웨어나 소프트웨어가 사용자의 요구에 부합된다는 것을 보장하기 위하여 성능 평가에 사용되는 시험방법

기 / 출 / 유 / 형 ● ● ●

28. 다음 중 각 소프트웨어에 대한 설명으로 잘못된 것은?

① 공개 소프트웨어(Open Software) : 특정한 하드웨어나 소프트웨어를 구매하였을 때 무료로 주는 프로그램
② 셰어웨어(Shareware) : 정상적인 프로그램을 구매하도록 유도하기 위해 사용기간이나 기능 등을 제한하여 배포하는 프로그램
③ 데모 버전(Demo Version) : 정식 프로그램을 홍보하기 위해 사용기간이나 기능을 제한하여 배포하는 프로그램
④ 패치 버전(Patch Version) : 이미 제작하여 배포된 프로그램의 오류 수정이나 성능 향상을 위해 프로그램의 일부 파일을 변경해 주는 프로그램

29. 다음 중 패치 프로그램에 대한 설명은?

① 컴퓨터 하드웨어 및 소프트웨어 성능을 비교 평가하는 프로그램이다.
② 프로그램의 오류 수정이나 성능 향상을 위해 프로그램의 일부를 변경해 주는 프로그램이다.
③ 베타 테스트를 하기 전에 프로그램 개발사 내부에서 미리 평가하고 오류를 찾아 수정하기 위해 시험해 보는 프로그램이다.
④ 정식으로 프로그램을 공개하기 전에 한정된 집단 또는 일반인에게 공개하여 기능을 시험하는 프로그램이다.

30. 다음 중 유틸리티 프로그램에 대한 설명으로 적절하지 않은 것은?

① 다수의 작업이나 목적에 대하여 적용되는 편리한 서비스 프로그램이나 루틴을 말한다.
② 컴퓨터의 동작에 필수적이고, 컴퓨터를 이용하는 주목적에 대한 일부 특정 작업을 수행하는 소프트웨어들을 가리킨다.
③ 컴퓨터 하드웨어, 운영 체제, 응용 소프트웨어를 관리하는 데 도움을 주도록 설계된 프로그램을 의미한다.
④ Windows에서 제공하는 유틸리티 프로그램으로는 디스크 조각 모음, 화면보호기, 스파이웨어 방지 소프트웨어인 Windows Defender 등을 예로 들 수 있다.

합격요약　12　프로그래밍 언어

• 프로그래밍 언어

JAVA	• 객체 지향 언어, 분산 네트워크 환경에 적용이 가능함 • 운영체제 및 하드웨어에 독립적이며, 이식성이 강함 • 바이트 코드(Byte Code) 생성으로 플랫폼에 관계없이 독립적으로 동작할 수 있음
C	• UNIX 운영체제 제작을 위해 개발되었음 • 저급 언어와 고급 언어의 특징을 고루 갖춘 중급 언어로 하드웨어 제어가 가능함 • 영문 대·소문자를 구별하며, 구조적 프로그래밍이 가능함
C++	• C 언어에 객체 지향 개념을 적용한 언어 • 모든 문제를 객체로 모델링하여 표현함
BASIC	• 초보자도 쉽게 사용할 수 있는 문법 구조를 갖는 대화형 언어 • 번역 : 인터프리터를 이용함

• 프로그래밍 기법

구조적 프로그래밍	• 입력과 출력이 각각 하나씩 이루어진 구조로 GOTO문을 사용하지 않으며, 순서, 선택, 반복의 3가지 논리구조를 사용하는 기법 • PASCAL, Ada 등이 있음
객체 지향 프로그래밍	• 객체를 중심으로 한 프로그래밍 기법으로, 크고 복잡한 프로그램 구축이 어려운 절차형 언어의 문제점을 해결하기 위해 개발되었음 • 특징 : 추상화, 캡슐화, 상속성, 다형성 등 • Smalltalk, C++, JAVA 등이 있음
비주얼 프로그래밍	• 기존 문자 방식의 명령어 전달 방식을 기호화된 아이콘의 형태로 바꿔 사용자가 대화형으로 좀더 쉽게 프로그래밍할 수 있는 기법 • Visual BASIC, Visual C++, Delphi, Power Builder 등이 있음

• 언어 번역

- 번역(Compile) : 사용자가 고급 언어로 작성한 원시 프로그램(Source Program)을 기계어 형태의 목적 프로그램(Object Program)으로 변환시키는 것으로 컴파일러, 어셈블러, 인터프리터 등을 사용함
- 컴파일러(Compiler) : FORTRAN, COBOL, C, ALGOL 등의 고급 언어로 작성된 프로그램을 기계어로 번역하는 프로그램
- 어셈블러(Assembler) : 저급 언어인 어셈블리어로 작성된 프로그램을 기계어로 번역하는 프로그램
- 인터프리터(Interpreter) : 원시 프로그램을 기계어로 변환하지 않고 줄 단위로 번역하여 바로 실행해 주는 프로그램
- 컴파일러와 인터프리터 비교

구분	컴파일러	인터프리터
번역 단위	전체	행
목적 프로그램	생성	없음
실행 속도	빠름	느림
번역 속도	느림	빠름
관련 언어	FORTRAN, COBOL, C, ALGOL 등	BASIC, LISP, APL, SNOBOL 등

- 링커(Linker) : 시스템 라이브러리를 결합하여 목적 프로그램을 실행 가능한 모듈로 만듦
- 로더(Loader) : 실행 가능한 로드 모듈에 기억 공간의 번지를 지정하여 메모리에 적재함
- 고급 언어는 '원시 프로그램 → 번역 → 링킹 → 로딩 → 실행' 순 과정을 거친다.

• 웹 프로그래밍 언어

HTML	인터넷의 표준 문서인 하이퍼텍스트 문서를 만들기 위해 사용하는 언어로, 특별한 데이터 타입이 없는 단순한 텍스트이므로 호환성이 좋고, 사용이 편리함
DHTML	이전 버전의 HTML에 비해 애니메이션이 강화되고 사용자와의 상호 작용에 좀더 민감한 동적인 웹 페이지를 만들 수 있게 해주는 HTML임
SGML	텍스트, 이미지, 오디오 및 비디오 등을 포함하는 멀티미디어 전자 문서들을 다른 기종의 시스템들과 정보의 손실 없이 효율적으로 전송, 저장 및 자동 처리하기 위한 언어임
XML	'확장성 생성 언어' 라는 뜻으로, 기존 HTML의 단점을 보완하여 웹에서 구조화된 폭넓고 다양한 문서를 상호 교환할 수 있도록 설계된 언어로, HTML에 사용자가 새로운 태그(Tag)를 정의할 수 있는 기능이 추가되었음
WML	XML에 기반을 둔 마크업 언어로, 휴대폰, PDA, 양방향 호출기와 같은 무선 단말기에서 텍스트 기반의 콘텐츠를 제공하기 위한 언어
VRML	'가상현실 모델링 언어' 라는 뜻으로, 웹에서 3차원 가상공간을 표현하고 조작할 수 있게 하는 언어
ASP	서버측에서 동적으로 수행되는 페이지를 만들기 위한 언어로, 마이크로소프트 사에서 제작하였으며, Windows 계열에서만 수행 가능함
JAVA	웹 상에서 멀티미디어 데이터를 효율적으로 처리할 수 있는 객체지향 언어로, 네트워크 환경에서 분산 작업이 가능하도록 설계된 프로그래밍 언어임
PHP	라스무스 러돌프에 의해 개발된 언어로, 초기에는 아주 간단한 유틸리티들로만 구성되어 개인용 홈페이지 제작 도구로 사용되었으나, PHP 4.0 버전 이후 각광받는 웹 스크립트 언어로 자리하고 있음

기 / 출 / 유 / 형　　　　　• • •

31. 다음 중 언어 번역 프로그램인 컴파일러와 인터프리터의 차이점에 대한 설명으로 잘못된 것은?

① 컴파일러는 프로그램 전체를 번역하고, 인터프리터는 한 줄씩 번역한다.
② 컴파일러는 목적 프로그램을 생성하고, 인터프리터는 생성하지 않는다.
③ 컴파일러는 실행 속도가 빠르고, 인터프리터는 실행 속도가 느리다.
④ 컴파일러는 번역 속도가 빠르고, 인터프리터는 번역 속도가 느리다.

32. 다음 중 추상화, 캡슐화, 상속성, 다형성 등의 특징을 지니고 있으며, 크고 복잡한 프로그램 구축이 어려운 절차형 언어의 문제점을 해결하기 위해 개발된 것은?

① 구조적 프로그래밍　　　　　② 객체지향 프로그래밍
③ 하향식 프로그래밍　　　　　④ 비주얼 프로그래밍

33. 다음 중 W3C에서 제안한 표준안으로 문서 작성 중심으로 구성된 기존 표준에 비디오, 오디오 등 다양한 부가 기능과 최신 멀티미디어 콘텐츠를 액티브X 없이 브라우저에서 쉽게 볼 수 있도록 한 웹의 표준 언어로 옳은 것은?

① XML　　　　　　　　　② VRML
③ HTML5　　　　　　　　④ JSP

정 답　　　　　• • •

01 ④　02 ②　03 ①　04 ③　05 ①　06 ③　07 ④　08 ③　09 ②　10 ①
11 ③　12 ④　13 ③　14 ④　15 ②　16 ②　17 ①　18 ④　19 ③　20 ④
21 ①　22 ②　23 ②　24 ③　25 ②　26 ④　27 ③　28 ①　29 ③　30 ②
31 ④　32 ②　33 ③

02 Windows

합격요약 13 | Windows 특징

선점형 멀티태스킹	여러 프로그램이 실행하는 중에 특정 프로그램을 선택하여 독점하는 것을 방지하는 안정적인 체제
그래픽 사용자 인터페이스 (GUI)	사용자가 그래픽 아이콘을 이용하여 컴퓨터에게 명령을 주는 환경
자동 감지 설치 기능 (PnP)	새로운 하드웨어 설치시 자동으로 감지하여 다른 하드웨어 간의 충돌을 방지하는 기능
64비트 운영체제 (32비트도 지원)	메모리 4GB 이상에서 완벽한 기능을 지원하며, NTFS 파일 시스템을 사용
미리 보기 기능이 강화된 작업표시줄	작업표시줄에서 현재 프로그램이 어떤 작업 중인지 미리 보기 화면으로 표시
보안이 강화된 방화벽	해킹이나 불법 자료 유출을 지능적으로 보안설정하고 관리
가젯(Gadget) 기능 이용	바탕화면에 사용의 편리를 위해 시계, 날씨, CPU 측정기, 일정 등을 표시
에어로 스냅 (Aero Snap)	창을 끌기 하면 위치에 따라 자동으로 크기가 변경
에어로 피크 (Aero Peek)	작업표시줄 아이콘 위로 해당 프로그램의 축소된 창 미리보기를 표시하거나 작업표시줄 맨 오른쪽에 위치한 "바탕 화면 보기" 단추 기능
에어로 셰이크 (Aero Shake)	창을 앞뒤로 빠르게 흔들면 다른 모든 창이 최소화, 다시 흔들면 복구됨

기/출/유/형

34. 다음 중 하드웨어 장치의 설치나 드라이버 확장 시 사용자의 편의를 돕기 위해 사용자가 직접 설정할 필요 없이 운영체제가 자동으로 인식하게 하는 기능은 어떤 것인가?

① 원격지원
② 플러그 앤 플레이
③ 핫 플러그인
④ 멀티스레딩

35. 다음 중 Windows의 에어로 피크(Aero Peek) 기능에 대한 설명은?

① 파일이나 폴더의 저장된 위치에 상관없이 종류별로 파일을 구성하고 파일에 액세스 할 수 있게 한다.
② 모든 창을 최소화할 필요 없이 바탕화면을 빠르게 미리 보거나 작업표시줄의 해당 아이콘을 가리켜서 열린 창을 미리 볼 수 있게 한다.
③ 바탕화면의 배경으로 여러 장의 사진을 선택하여 슬라이드 쇼 효과를 주면서 번갈아 표시할 수 있게 한다.
④ 작업표시줄에서 프로그램 아이콘을 마우스 오른쪽 단추로 클릭하여 최근에 열린 파일 목록을 확인할 수 있게 한다.

합격요약 14 | Windows 바로가기 키

F1	도움말
F2	폴더/파일 이름 변경
F3	검색, 찾기
F4	제목표시줄 표시, 위치목록 상자열기
F5	새로 고침
F6	창이나 바탕화면의 화면 요소 순환 선택
Ctrl + A	모두 선택
Ctrl + C	복사
Ctrl + X	잘라내기, 이동
Ctrl + V	붙여넣기
Ctrl + Z	실행 취소
Ctrl + Shift + N	새 폴더 만들기
Ctrl + Shift + Esc	작업관리자 열기
Ctrl + Shift + 끌기	바로가기 아이콘 생성
Ctrl + F4	동시에 여러 문서 실행 프로그램에서 활성문서 닫기
Ctrl + 클릭	비연속적인 선택
Ctrl + 마우스 휠 스크롤	바탕화면 아이콘 크기 변경
Ctrl + Esc	시작 메뉴 표시
Shift + F10	바로가기 메뉴 표시
Shift + Del	휴지통에 넣지 않고 완전 삭제
Shift + 클릭	연속적인 선택
Alt + F4	현재 실행 중인 프로그램 내의 문서창 종료
Alt + Tab	실행 중인 각 프로그램 간의 작업 전환
Alt + Esc	실행 중인 각 프로그램 간의 순서대로 작업 전환
Alt + PrtSc	현재 활성화 중인 창 캡처
Alt + Enter	선택한 항목의 속성정보
Alt + Space Bar	활성화된 프로그램의 바로가기 메뉴
PrtSc	화면 전체 창 캡처
⊞	시작메뉴
⊞ + D	바탕화면 보기/복구
⊞ + E	탐색기 열기
⊞ + M	모든 창 최소화
⊞ + R	실행 대화 상자 열기
⊞ + T	작업표시줄의 실행중인 프로그램 썸네일 보기
⊞ + Pause	시스템 창 열기
⊞ + 숫자키	작업표시줄에 고정된 프로그램 활성화 또는 구동(좌측부터 번호할당)

36. 다음 중 Windows에서 [Ctrl]+[Esc] 키에 대한 설명으로 옳은 것은?

① 시작 메뉴가 나타난다.
② 실행 창이 종료된다.
③ 작업 중인 항목의 바로가기 메뉴가 나타난다.
④ 창 조절 메뉴가 나타난다.

37. 다음 중 Windows에서 인터넷 익스플로러의 작업 내용과 바로가기의 연결이 잘못된 것은?

① 현재 창 닫기 : [Ctrl]+[Q]
② 홈 페이지로 이동 : [Alt]+[Home]
③ 현재 웹 페이지를 새로 고침 : [F5]
④ 브라우저 창의 기본 보기와 전체 화면 간 전환 : [F11]

38. 다음 중 Windows 탐색기에서 파일 또는 폴더를 선택하는 방법으로 옳은 것은?

① 폴더 내의 모든 항목을 선택하려면 [Alt]+[A] 키를 누른다.
② 선택한 항목 중에서 하나 이상의 항목을 제외하려면 [Ctrl] 키를 누른 상태에서 제외할 항목을 클릭한다.
③ 연속되어 있지 않은 파일이나 폴더를 선택하려면 [Shift] 키를 누른 상태에서 선택하려는 각 항목을 클릭한다.
④ 연속되는 여러 개의 파일이나 폴더 그룹을 선택 하려면 첫째 항목을 클릭한 다음 [Ctrl] 키를 누른 상태에서 마지막 항목을 클릭한다.

39. 다음 중 Windows의 작업표시줄에서 열려 있는 프로그램의 미리 보기를 차례대로 표시하는 바로가기 키는 어느 것인가?

① Windows 로고 키+[L]
② Windows 로고 키+[D]
③ Windows 로고 키+[T]
④ Windows 로고 키+[F]

합격요약 15 | 작업표시줄

• 작업표시줄을 통해 실행 중인 프로그램 간 화면 전환이 쉽게 이루어짐
• 작업표시줄은 상, 하, 좌, 우 이동 가능하며 화면의 1/2 크기까지 조절할 수 있음
• 작업표시줄 잠금 : 작업표시줄의 위치, 변경이 불가
• 작업표시줄 자동 숨기기 : 바탕화면에 작업표시줄을 숨기는 기능
• 작은 아이콘 사용 : 작업표시줄의 아이콘을 작게 표시
• 화면에서의 작업표시줄 위치 : 작업표시줄 위치를 위, 아래, 왼쪽, 오른쪽 중 선택
• 자동으로 작업표시줄 숨기기 : 작업표시줄 위치에 마우스 커서를 올려놓으면 표시줄을 표시, 커서 이동시 자동으로 숨김. 설정을 통해 설정/해제할 수 있음

---

40. 다음 중 Windows에서 작업표시줄의 바로가기 메뉴에서 설정할 수 있는 항목으로 잘못된 것은?

① 계단식 창 배열
② 창 가로 정렬 보기
③ 작업표시줄 잠금
④ 아이콘 자동 정렬

41. 다음 중 Windows에서 작업표시줄 구성항목이 아닌 것은?

① 시작 단추
② 시스템 아이콘
③ 입력도구모음
④ 작업관리자

42. 다음 중 Windows의 [작업표시줄 및 시작 메뉴 속성] 창에 대한 설명으로 잘못된 것은?

① 작업표시줄이 꽉 차면 작업표시줄 단추의 크기가 자동 조정되도록 선택할 수 있다.
② [시작] 메뉴의 링크, 아이콘, 메뉴 모양 및 동작을 사용자가 지정할 수 있다.
③ 알림 영역에서 표시할 아이콘과 알림을 선택할 수 있다.
④ 전원 단추를 눌렀을 때의 동작을 선택할 수 있다.

합격요약 16 | 바로가기 아이콘

• **바로가기 아이콘**
 – 프로그램 실행을 빠르게 실행하기 위한 아이콘
 – 용량은 1KB 미만의 적은 용량
 – 확장자는 .LNK를 가진다.
 – 바로가기 아이콘에는 왼쪽 아래에 꺾인 화살표가 표시된다.
 – 바로가기 아이콘을 삭제해도 원본 프로그램에 영향을 주지 않는다.
 – [Ctrl]+[Shift]+끌기로 바로가기 아이콘 생성
 – 여러 개를 만들어도 상관없다.

---

43. 다음 중 Windows에서 사용하는 바로가기 아이콘에 관한 설명으로 잘못된 것은?

① 하나의 원본 파일에 대하여 하나의 바로가기 아이콘만 만들 수 있다.
② 바로가기 아이콘을 실행하면 연결된 원본 파일이 실행된다.
③ 다른 컴퓨터나 프린터 등에 대해서도 바로가기 아이콘을 만들 수 있다.
④ 원본 파일이 있는 위치와 관계없이 만들 수 있다.

44. 다음 중 바로가기 아이콘에 대한 설명으로 잘못된 것은?

① 바로가기 아이콘을 삭제해도 해당 프로그램은 지워지지 않는다.
② 바로가기 아이콘은 폴더, 디스크 드라이버, 프린터 등 모든 항목에 대해 만들 수 있다.
③ 바로가기 아이콘은 실제 프로그램이 아니라 응용 프로그램의 경로를 기억하고 있는 아이콘이다.
④ 바로가기 아이콘은 확장자는 '*.exe'이다.

합격요약 17 | Windows 탐색기와 파일 및 폴더

- **탐색기 실행 방법**
  - 시작 메뉴 → 바로가기 메뉴 → Windows 탐색기
  - 시작 → 모든 프로그램 → 보조 프로그램 → Windows 탐색기
  - 시작 → 실행 → explorer 입력

- **아이콘 보기 형식**

  아주 큰 아이콘, 큰 아이콘, 보통 아이콘, 작은 아이콘, 목록, 자세히, 나란히 보기, 내용

- **아이콘 정렬**

  이름, 수정한 날짜, 유형, 오름차순/내림차순, 자세히

- **폴더 옵션**
  - 폴더 옵션 [일반] 탭
    : 같은 창에서 폴더 열기/새 창에서 폴더 열기
    : 한 번 클릭해서 열기/두 번 클릭해서 열기
    : 모든 폴더 표시
  - 폴더 옵션 [보기] 탭
    : 숨김 파일 표시/숨긴 파일 표시 안 함
    : 제목표시줄에 전체 경로를 표시
    : 알려진 파일명 확장자명 숨기기

- **파일 및 폴더**
  - 같은 이름이 두 개 이상 존재할 수 없다.
  - 긴 파일명을 지원(약 230자 이내)
  - ₩, /, :, *, #, 〈, 〉, | 와 같은 특수문자는 이용할 수 없다.

기 / 출 / 유 / 형   ● ● ●

45. 다음 중 Windows의 [Windows 탐색기]의 주요 기능이 아닌 것은?
① 파일 및 폴더 속성 보기 기능
② 프로그램(앱) 및 파일, 폴더 검색
③ 작업표시줄 잠금 기능
④ 선택된 파일 및 폴더의 경로 보기

46. 다음 중 Windows의 [폴더 옵션]에서 설정할 수 있는 작업에 해당되지 않는 것은?
① 숨김 파일 및 폴더를 표시할 수 있다.
② 색인된 위치에서는 파일 이름뿐만 아니라 내용도 검색하도록 설정할 수 있다.
③ 숨긴 파일 및 폴더의 숨김 속성을 일괄 해제할 수 있다.
④ 파일이나 폴더를 한 번 클릭해서 열 것인지, 두 번 클릭해서 열 것인지를 설정할 수 있다.

47. 다음 중 Windows 폴더에 대한 설명으로 잘못된 것은?
① 폴더는 일반 항목, 문서, 사진, 음악, 비디오 등의 유형을 선택하여 각 유형에 최적화된 폴더로 사용할 수 있다.
② 폴더는 새로 만들기, 이름 바꾸기, 삭제, 복사 등이 가능하며, 파일이 포함된 폴더도 삭제할 수 있다.
③ 하나의 폴더 내에 같은 이름의 파일이나 폴더가 존재할 수 있으나 이름에 ₩, /, :, *, ?, ", 〈, 〉, | 등의 문자는 사용할 수 없다.
④ 폴더의 [속성] 창에서 해당 폴더에 포함된 파일과 폴더의 개수를 확인할 수 있다.

합격요약 18 | Windows 제어판

- **제어판 구성**
  - 프로그램 및 기능 : 설치된 프로그램을 확인하고 제거하거나 변경 가능
  - 기본 프로그램 : 기본적으로 사용할 프로그램을 선택 및 설정
  - Windows Update : Windows에 필요한 여러 가지 사항들을 인터넷을 통해 최신의 하드웨어 드라이버나 시스템 파일, 보안 업데이트 파일을 다운로드 및 설치
  - 시스템
    : 운영체제 버전 및 사용자 이름, CPU, 메모리, 컴퓨터 이름 등에 대한 정보 표시
    : 컴퓨터에 설치되어 있는 하드웨어 목록과 드라이버를 검색 설치(장치관리자)
  - 마우스 : 왼손잡이, 오른손잡이 단추기능 변경 및 두 번 클릭 속도 조절, 마우스 포인터 모양 변경 등
  - 개인설정 : 바탕화면 배경, 창 색, 소리 및 화면보호기 변경
  - 글꼴
    : 컴퓨터에 설치되어 있는 글꼴을 미리보거나 삭제 및 설치 가능
    : 설치폴더 C : ₩Windows₩fonts
    : 폰트 확장자는 TTF, TTC, FON 등
  - 사용자 계정 : 관리자, 표준사용자, Guest
  - 전원 옵션 : 시스템 대기 모드나 최대 절전 모드를 이용하여 전원 소모를 최소화

- **접근성 센터**
  - 바로가기 키 : ⊞+U
  - 신체적으로 장애가 있는 사용자를 위해 옵션을 제공
  - 내레이터 시작 : 내레이터가 화면의 모든 텍스트를 읽어준다.
  - 오디오 설명 켜기 : 비디오에서 발생되는 상황을 설명해 준다.
  - 고대비 설정 : 모니터를 특수 색 구성표를 사용하여 잘 보이게 하기 위한 기능
  - 돋보기 켜기 : 일부분을 확대
  - 마우스키 켜기 : 키보드의 키패드를 이용하여 마우스 포인터를 이동시킨다.
  - 고정 키 : Ctrl, Shift, Alt를 누른 상태로 다른 키와 조합할 수 있게 한다.
  - 토글 키 : Caps Lock, Num Lock, Scroll Lock, 한/영 키를 누를 때마다 신호음을 발생시킨다.
  - 필터 키 : 버튼을 오래 누르고 있을 때 반복을 무시하거나 천천히 속도를 조절

- **프로그램 및 기능**
  - Windows에 설치되어 있는 각종 응용 프로그램의 제거, 변경 또는 복구 등의 작업을 할 때 사용한다.
  - '프로그램 및 기능'을 이용하여 프로그램을 제거하면 Windows가 작동하는데 영향을 미치지 않도록 프로그램이 깨끗하게 삭제된다.
  - '설치된 업데이트 보기'를 클릭하여 컴퓨터에 설치된 업데이트를 확인하거나 제거 또는 변경 작업을 할 수 있다.
  - Windows 기능 사용/사용 안 함[켜기/끄기] : Windows에 포함되어 있는 일부 프로그램 및 기능의 사용 여부를 설정할 수 있다. 여기서 설정하는 기능들은 설치된 것을 제거하는 것이 아니라 사용하지 못하게 해제하는 것이므로 필요할 경우 언제든지 다시 사용할 수 있도록 설정할 수 있다.

- **장치 관리자**
  - [제어판] → [시스템] → '장치 관리자'를 클릭해도 실행

- 컴퓨터에 설치되어 있는 하드웨어의 종류 및 작동 여부를 확인하고 속성을 변경할 수 있다.
- 아래 화살표가 표시된 장치는 사용되지 않음을 나타낸다.
- 물음표가 표시된 장치는 알 수 없는 장치(미설치된 장치)를 나타낸다.
- 느낌표가 표시된 장치는 정상적으로 동작하지 않는 장치를 나타낸다.
- 각 장치의 속성을 이용하여 장치의 드라이버 파일이나 IRQ, DMA, I/O 주소, 메모리 주소 등을 확인하고 변경한다.

• 제어판의 기타 주요 항목

글꼴	• 글꼴 추가/제거 등의 글꼴 관리 • 글꼴은 C:\Windows\Fonts에 설치되며, 글꼴 모양을 확인할 수 있음 • 네트워크를 통해서도 글꼴 설치 가능
소리	• 소리 구성표를 이용해 시작음, 종료음, 경고음과 같이 상황에 따라 다르게 나는 효과음을 설정하거나 스피커 및 녹음 장치 설정 • 장치별 볼륨 조절 및 음소거 • 사운드 및 오디오 장치의 드라이버 업데이트
기본 프로그램	• Windows에서 기본적으로 사용할 프로그램 설정 • 파일 형식 또는 프로토콜에 따라 연결될 연결 프로그램 설정

기 / 출 / 유 / 형 ● ● ●

48. 다음 중 Windows에서 [제어판]-[프로그램] 범주에서 수행할 수 있는 기능으로 잘못된 것은?

① 바탕화면에 가젯 추가
② 프로그램 제거
③ 기본 프로그램 설정
④ 임시 인터넷 파일 삭제

49. 다음 중 Windows의 [제어판]-[프로그램 및 기능]에서 설정할 수 없는 것은?

① 설치된 업데이트를 제거할 수 있다.
② Windows 기능을 설정(켜기)하거나 해제(끄기)할 수 있다.
③ Windows 업데이트가 자동 수행되도록 설정할 수 있다.
④ Windows에 설치된 응용 프로그램을 변경하거나 제거할 수 있다.

50. 다음 중 Windows에서 제어판의 '프로그램 및 기능'에 대한 설명으로 잘못된 것은?

① Windows에 포함되어 있는 일부 프로그램 및 기능을 해제할 수 있으며, 기능 해제 시 하드디스크 공간의 크기도 줄어든다.
② 설치된 응용 프로그램의 제거, 변경 또는 복구 등의 작업을 할 수 있다.
③ 컴퓨터에 설치된 업데이트 목록을 확인할 수 있으며 제거도 가능하다.
④ [프로그램 및 기능]을 이용하여 프로그램을 제거하면 Windows가 작동하는 데 영향을 미치지 않도록 프로그램이 정상적으로 삭제된다.

51. 다음 중 Windows의 [제어판]-[접근성 센터]에서 설정할 수 있는 기능으로 잘못된 것은?

① [돋보기]를 실행하여 화면의 항목을 더 크게 표시할 수 있다.
② [자녀 보호 설정]은 자녀가 컴퓨터를 사용할 수 있는 시간, 실행할 수 있는 게임 유형 및 실행할 수 있는 프로그램을 제한할 수 있다.
③ [화상 키보드]를 실행하여 실제 키보드 대신 화상 키보드를 사용하여 데이터를 입력할 수 있다.
④ [고대비 설정]으로 화면에서 텍스트와 이미지가 보다 뚜렷하고 쉽게 식별되도록 할 수 있다.

52. 다음 중 Windows의 [제어판]-[시스템] 창의 '컴퓨터에 대한 기본 정보 보기'에서 확인할 수 있는 정보로 잘못된 것은?

① Windows 업데이트 날짜
② Windows 버전
③ 설치된 메모리 용량
④ Windows 정품 인증

합격요약 **19** | **디스플레이**

• [제어판]-[디스플레이]

- [시작] → [설정] → [시스템] → [디스플레이]
- 화면에 표시되는 텍스트 및 기타 항목 등의 크기를 기본으로 지정된 크기 또는 사용자가 원하는 비율로 변경할 수 있다.(작게(100%), 중간(125%), 크게(150%) 표시 설정 가능)
- 해상도 조절 및 디스플레이 설정 변경 : 모니터 해상도 변경, 다중 디스플레이 옵션 등
- 색 보정 : 화면의 색을 정확하게 표시되도록 함(감마, 밝기, 대비, 색 밸런스 등)
- ClearType 텍스트 조정 : 가독성을 높일 수 있는 기능으로 텍스트를 선명하고 부드럽게 표시
- 여러 개의 모니터를 사용할 수 있는 복수 모니터를 설정할 수 있다.
- 두 대의 모니터가 설정된 경우 기본적으로 왼쪽 모니터가 주 모니터로 설정되지만 오른쪽 모니터를 주 모니터로 변경할 수 있으며, '다중 디스플레이' 옵션이 추가로 표시된다.

• [제어판]-[개인 설정]

- [시작] → [설정] → [개인 설정]
- 테마 : 컴퓨터의 배경 그림, 창 테두리 색, 소리(상황별 효과 음향), 화면 보호기 등 Windows를 구성하는 여러 요소를 하나의 그룹으로 묶어 놓은 것으로, 다른 테마로 변경할 수 있음. 기본적으로 제공되는 테마를 변경하여 다른 이름으로 저장한 후 사용할 수도 있음. 온라인에서 테마를 다운받아 추가 설치할 수 있음
- 바탕 화면 배경[배경] : GIF, BMP, JPEG, PNG 같은 그림 파일을 배경 그림으로 지정함. 바탕 화면 배경 그림의 위치(채우기, 맞춤, 늘이기[확대], 바둑판식 배열, 가운데)를 지정함. 바탕 화면의 배경으로 하나의 사진을 지정하거나 2장 이상의 사진이 일정한 시간 간격으로 순환되는 슬라이드 쇼로 지정할 수 있음.
- 창 색[색] : 창 테두리, 시작 메뉴, 작업 표시줄의 색과 투명 여부, 고대비 설정 등을 지정함
- 화면 보호기[잠김 화면 → 화면 보호기 설정] : 일정 시간 모니터에 전달되는 정보에 변화가 없을 때 화면 보호기가 작동되도록 설정할 수 있다.
- 바탕 화면 아이콘 변경[테마 → 바탕 화면 아이콘 설정] : 바탕 화면의 기본 아이콘인 컴퓨터[내 PC], 휴지통, 문서, 제어판, 네트워크의 표시 여부를 지정하고 아이콘 모양을 변경할 수 있다.
- 마우스 포인터 변경[테마 → 마우스 커서] : 상황에 따른 마우스 포인터의 모양을 변경할 수 있는 '마우스 속성' 대화상자의 '포인터' 탭을 사용할 수 있다.
- 소리[테마 → 소리] : Windows 및 프로그램의 이벤트에 적용되는 소리를 지정할 수 있는 '소리' 대화상자의 '소리' 탭을 사용할 수 있다.

기 / 출 / 유 / 형 ● ● ●

53. 다음 중 Windows의 [제어판]-[디스플레이]에서 할 수 있는 작업으로 틀린 것은?

① 색 보정
② 디스플레이 설정 변경
③ 해상도 조정
④ 바탕화면에 가젯 추가

기 / 출 / 유 / 형

54. 다음 중 Windows의 [제어판]−[디스플레이]−[해상도 조정] 설정에 대한 설명으로 잘못된 것은?

① 높은 화면 해상도에서는 텍스트와 이미지가 더 선명하지만 크기는 더 작게 표시된다.
② 해상도를 변경하면 해당 컴퓨터에 로그온한 모든 사용자에게 변경 내용이 적용된다.
③ 다중 디스플레이 옵션은 Windows에서 둘 이상의 모니터가 PC에 연결되어 있음을 인식할 때만 나타난다.
④ 두 대의 모니터가 연결된 경우 좌측 모니터가 주 모니터로 설정되므로 해상도가 높은 모니터를 반드시 좌측에 배치해야 한다.

55. 다음 중 Windows의 제어판 기능 중 [디스플레이]에서 설정할 수 없는 것은 어느 것인가?

① 테마 기능을 이용하여 바탕화면의 배경, 창 색, 소리 및 화면 보호기 등을 한 번에 변경할 수 있다.
② 연결되어 있는 모니터의 개수를 감지하고 모니터의 방향과 화면 해상도를 설정할 수 있다.
③ 화면에 표시되는 텍스트를 읽기 쉽도록 사용자 지정 텍스트 크기(DPI)를 설정할 수 있다.
④ ClearType 텍스트 조정을 이용하여 텍스트의 가독성을 향상시킬 수 있다.

합격요약 **20** | **사용자 계정**

• 여러 사용자가 한 대의 컴퓨터를 공유하는 경우 각 사용자마다 바탕 화면, 시작 메뉴, 즐겨찾기, 메일 계정 등 윈도우 설정을 서로 다르게 지정하여 사용할 수 있도록 하는 기능

• **관리자 계정**
  계정 만들기, 이름 변경, 암호 변경/제거, 사진 변경, 프로그램 설치/제거

• **표준 사용자 계정**
  이름 변경, 암호 만들기, 사진 변경, 계정 삭제

• **Guest**
  하드웨어 또는 소프트웨어 설치 및 변경, 암호 편집 불가능

기 / 출 / 유 / 형

56. 다음 중 Windows에서 [표준 사용자 계정]의 사용자가 할 수 있는 작업으로 잘못된 것은?

① 사용자 자신의 암호를 변경할 수 있다.
② 마우스 포인터의 모양을 변경할 수 있다.
③ 관리자가 설정해 놓은 프린터를 프린터 목록에서 제거할 수 있다.
④ 사용자의 사진으로 자신만의 바탕화면을 설정할 수 있다.

57. 다음 중 Window 7에서 유해한 프로그램이나 불법 사용자가 컴퓨터 설정을 임의로 변경하려는 경우 이를 사용자에게 알려 컴퓨터를 제어할 수 있도록 도와주는 기능은 어느 것인가?

① 사용자 계정 컨트롤   ② Windows Defender
③ BitLocker   ④ 시스템 복원

58. 다음 중 Windows의 사용자 계정을 통해 사용할 수 있는 기능으로 잘못된 것은?

① 관리자 계정의 사용자는 다른 계정의 컴퓨터 사용시간을 제어할 수 있다.
② 관리자 계정의 사용자는 다른 계정의 등급 및 콘텐츠, 제목별로 게임을 제어할 수 있다.
③ 표준 계정의 사용자는 컴퓨터 보안에 영향을 주는 설정을 변경할 수 있다.
④ 표준 계정의 사용자는 컴퓨터에 설치된 대부분의 프로그램을 사용할 수 있고, 자신의 계정에 대한 암호 등을 설정할 수 있다.

합격요약 21 | 휴지통

• **휴지통**
- 파일을 삭제하면 우선 휴지통에 보관
- 휴지통에 보관되어 있는 파일은 복원이 가능하며 삭제된 위치에만 복원
- 휴지통 내의 파일은 실행할 수 없음
- 각 드라이브마다 휴지통을 만들 수 있고 크기도 각각 지정할 수 있음
- 휴지통에 버리지 않고 즉시 삭제할 수 있음

• **휴지통 파일이 복원되지 않는 경우**
- Shift + Delete 바로가기 키로 파일을 삭제한 경우
- 휴지통의 크기가 0%인 경우
- 이동식 디스크나 네트워크 드라이브에서 삭제할 경우
- 휴지통 속성 창에서 '파일을 휴지통에 버리지 않고 삭제할 때 바로 제거'를 선택한 경우
- 같은 이름의 항목을 복사/이동 작업으로 덮어쓴 경우
- 휴지통 크기보다 더 큰 파일을 삭제한 경우

기/출/유/형 　●●●

59. 다음 중 Windows에서 휴지통에 관한 설명으로 잘못된 것은?

① 작업 도중 삭제된 자료들이 임시로 보관되는 장소로 필요한 경우 복원이 가능하다.
② 각 드라이브마다 휴지통의 크기를 다르게 설정하는 것이 가능하다.
③ 원하는 경우 휴지통에 보관된 폴더나 파일을 직접 실행할 수도 있고 복원할 수도 있다.
④ 지정된 휴지통의 용량을 초과하면 가장 오래 전에 삭제되어 보관된 파일부터 지워진다.

60. 다음 중 Windows의 휴지통에 대한 설명으로 잘못된 것은?

① 휴지통은 지워진 파일뿐만 아니라 시간, 날짜, 파일의 경로에 대한 정보까지 저장하고 있다.
② 휴지통은 Windows 탐색기의 폴더와 유사한 창으로 열려, 파일의 보기 방식도 같은 방법으로 변경하여 볼 수 있다.
③ 휴지통에 들어 있는 파일은 명령을 통해 되살리거나 실행할 수 있다.
④ 휴지통에 파일이나 폴더가 없으면 휴지통 아이콘은 빈 휴지통 모양으로 표시된다.

61. 다음 중 파일 삭제 시 파일이 [휴지통]에 임시 보관되어 복원이 가능한 경우는 어느 것인가?

① 바탕화면에 있는 파일을 [휴지통]으로 드래그 앤 드롭 하여 삭제한 경우
② USB 메모리에 저장되어 있는 파일을 Delete 키로 삭제한 경우
③ 네트워크 드라이브의 파일을 바로가기 메뉴의 [삭제]를 클릭하여 삭제한 경우
④ [휴지통]의 크기를 0%로 설정한 후 [내 문서] 폴더 안의 파일을 삭제한 경우

합격요약 22 | 인쇄

• **기본 프린터**
- Windows에서 인쇄 명령이 전달되면 기본으로 인쇄를 수행하는 프린터
- 반드시 1대만 설정할 수 있으며, 삭제 및 변경이 가능

- Samsung CLX-3170 Series 　프린터 아이콘 좌측 하단에 체크 표시로 기본 프린터를 구분할 수 있음

• **스풀(SPOOL) 기능**
- 저속의 입출력장치와 고속의 중앙처리장치 사이의 작업에 대한 병행 처리를 가능토록 하여 처리 효율을 높이는 기능. 동시처리＝병행처리
- 프린터 설치 시 스풀 기능은 기본으로 설정되어 있음
- 스풀 기능 선택 시 인쇄 속도는 조금 느려짐

기/출/유/형 　●●●

62. 다음 중 Windows에서 프린터 설치에 대한 설명으로 잘못된 것은?

① [프린터 추가 마법사]를 실행하여 새로운 프린터를 로컬 프린터와 네트워크 프린터로 구분하여 설치할 수 있다.
② 한 대의 컴퓨터에는 한 대의 프린터만 설치되어야 하며 한 대의 프린터를 네트워크로 공유하여 여러 대의 컴퓨터에서 사용할 수 있다.
③ 네트워크 프린터를 사용할 때는 프린터의 공유 이름과 프린터가 연결되어 있는 컴퓨터 이름을 알아야 한다.
④ 네트워크 프린터를 설치하면 다른 컴퓨터에 연결된 프린터를 내 컴퓨터에 연결된 프린터와 같이 사용할 수 있다.

63. 다음 중 프린터의 스풀 기능에 관련된 설명으로 잘못된 것은?

① 프린터와 같은 저속의 입출력장치를 CPU와 병행하여 작동시켜 컴퓨터의 전체 효율을 향상시켜 준다.
② 프린터가 인쇄 중이라도 다른 응용 프로그램을 실행할 수 있다.
③ 인쇄 대기 중인 문서의 용지 방향, 용지 종류, 인쇄 매수 등의 설정을 변경할 수 있다.
④ 기본적으로 모든 사용자는 자신의 문서에 대해 인쇄 일시 중지, 계속, 다시 시작, 취소를 할 수 있다.

64. 다음 중 프린터 인쇄 시 발생하는 문제에 대한 대처방법으로 적절하지 않은 것은?

① 글자가 이상하게 인쇄되는 경우 프린터 드라이버를 다시 설치한다.
② 인쇄 결과물이 번지거나 얼룩 자국이 발생하는 경우 헤드 및 카트리지를 청소한다.
③ 인쇄가 아예 안 되는 경우 케이블 연결 상태, 시스템 등록 정보 등을 점검한다.
④ 스풀 에러가 발생하는 경우 CMOS Setup을 다시 설정하고 재부팅한다.

합격요약 23 | 시스템 최적화

• 디스크 검사

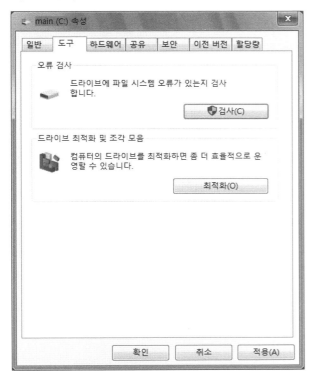

[시스템 최적화-오류검사, 드라이브 최적화 및 조각 모음]
- 디스크의 불량 섹터를 검사하고 복구하는 기능
- CD-ROM, 네트워크 드라이브는 검사 제외 대상
- 바이러스 검사는 수행하지 않음
- [컴퓨터] 또는 [Windows탐색기]에서 검사할 드라이브를 선택하고 바로가기
  메뉴에서 [속성]-[도구] 탭에서 [오류검사]-[검사]를 선택

• 디스크 검사 옵션
- 파일 시스템 오류 자동 수정(검사 중 발견된 오류 복구 여부)
- 불량 섹터 검사 및 복구 시도(디스크 표면의 불량 섹터까지 검사 여부)

• 디스크 정리
- 컴퓨터 내 불필요한 파일(휴지통, 임시파일, 인터넷 파일, 설치 로그파일 등)
  을 삭제하여 공간을 확보
- [컴퓨터]의 바로가기 메뉴에서 [속성]-[일반] 탭-[디스크 정리] 선택
- 임시 인터넷 파일, 휴지통에 있는 파일, 다운로드한 프로그램 파일, 설치 로
  그 파일 등을 정리

• 디스크 조각 모음
- 디스크 내에 흩어져 있는 단편화된 파일을 한 곳으로 모아서 디스크 읽기,
  쓰기 속도를 향상 시켜주는 기능
- [컴퓨터]의 바로가기 메뉴에서 [속성]-[도구] 탭-[최적화] 선택
- 용량은 그대로이지만 속도는 빨라짐
- CD-ROM, 네트워크 드라이브, Windows가 지원하지 않는 드라이브는 실행
  이 불가능
- 드라이브 최적화 및 조각 모음의 수행 시간은 볼륨의 크기, 파일의 수, 조각
  난 양에 따라 달라짐

65. 다음 중 Windows의 [디스크 정리] 기능에 관한 설명으로 옳은 것은
어느 것인가?

① 하드디스크에서 불필요한 파일 수를 줄여 디스크에 여유 공간을 확보한다.
② 분산되어 있는 저장 파일들을 연속된 공간에 저장함으로써 디스크 접근 속
  도를 향상시킨다.
③ 개인 파일에 영향을 주지 않고, 컴퓨터에 대한 시스템 변경 내용 실행을 취
  소한다.
④ 심각한 오류가 발생한 경우에 Windows를 복구하는 데 사용한다.

66. 다음 중 Windows에서 디스크 조각 모음에 대한 설명으로 옳지 않은
것은?

① 디스크 내에 흩어져 있는 파일들을 한 곳으로 모아 디스크 접근 속도를 향
  상시켜주는 기능이다.
② 네트워크 드라이브는 디스크 조각 모음을 진행할 수 없다.
③ 디스크 조각 모음을 진행하면 용량은 그대로 유지되지만 속도가 향상된다.
④ 디스크 조각 모음을 진행하면 여유 공간을 확보할 수 있다.

67. 다음 중 컴퓨터 시스템을 안정적으로 사용하기 위한 관리 방법으로 틀
린 것은?

① 컴퓨터를 이동하거나 부품을 교체할 때에는 반드시 전원을 끄고 작업하는
  것이 좋다.
② 직사광선을 피하고 습기가 적으며 통풍이 잘되고 먼지 발생이 적은 곳에
  설치한다.
③ 시스템 백업 기능을 자주 사용하면 시스템 바이러스 감염 가능성이 높아
  진다.
④ 디스크 조각 모음에 대해 예약 실행을 설정하여 정기적으로 최적화 시킨다.

합격요약 24 | 멀티미디어

• 멀티미디어

다중(Multi)과 매체(Media)의 합성어

• 멀티미디어의 특징

디지털화 (Digitalization)	다양한 아날로그 데이터를 디지털 데이터로 변환하여 통합 처리함
쌍방향성 (Interactive)	정보 제공자의 선택에 의해 일방적으로 데이터가 전달되는 것이 아니라 정보 제공자와 사용자 간의 의견을 통한 상호 작용에 의해 데이터가 전달됨
비선형성 (Non-Linear)	데이터가 일정한 방향으로 순차적으로 처리되는 것이 아니라 사용자의 선택에 따라 다양한 방향으로 처리됨
정보의 통합성 (Integration)	텍스트, 그래픽, 사운드, 동영상, 애니메이션 등의 여러 미디어를 통합·처리함

• 멀티미디어의 활용

명칭	특징
가상현실(Virtual Reality)	허구의 상황을 마치 실제 현실처럼 느끼게 해주는 컴퓨터 인터페이스
주문형 비디오(VOD)	각종 영상정보를 데이터베이스로 구축하여 사용자가 원하는 장소, 시간에 원하는 정보를 이용할 수 있는 서비스
화상회의(VCS)	원격지의 사람들과 TV 화면으로 회의할 수 있는 서비스
CAI	컴퓨터를 이용한 자동 교육 시스템
CAD	컴퓨터를 이용한 설계, 디자인 프로그램
원격진료(PACS)	의학 정보 시스템 / 의학 보건 통합관리 시스템
키오스크(KIOSK)	안내를 위한 컴퓨터 시스템 / 정보 안내 장치
스트리밍(Streaming)	재생할 파일을 다운로드 하기 전에 받은 용량만큼 즉시 재생해주는 기술

• 오디오 데이터

명칭	특징	확장자
WAVE	• 아날로그 → 디지털로 변형하는 과정을 거쳐 만들어진 오디오 데이터 • 파일 용량이 크고 음질이 우수 • Windows 기본 오디오 파일	*.wav
MIDI	• 전자악기간의 디지털 신호 데이터 교환방식 • *.wav 파일에 비해 용량이 작음 • 자연음은 저장할 수 없음	*.mid
MP3	• MPEG-1에서 규정한 고음질 오디오 데이터의 디지털 압축 기술 • CD수준의 음질을 유지하면서 용량 압축 가능	*.mp3

• 그래픽 데이터

— 표현방식에 따른 분류

구분	비트맵(Bitmap)	벡터(Vector)
표현방식	• 점(pixel,화소)으로 이미지 표현 • 래스터(Raster) 방식이라고도 함	점과 점을 연결하는 선으로 표현
특징	• 이미지를 확대하면 테두리에 계단현상이 생김 • 저장 용량 큼 • 사진과 같은 자연스러운 이미지에 적합함	• 이미지를 확대해도 매끄럽게 처리 • 비트맵에 비해 저장 용량이 작음
파일형식	BMP, JPEG, GIF, TIF, PNG 등	AI, EPS, CDR, WMF, EXF 등

— 그래픽 파일 형식

구분	특징	확장자
BMP	Windows 표준 비트맵 파일, 압축을 지원하지 않아 파일의 용량이 크나 고해상도 이미지 표현	*.bmp
JPEG/JPG	• 24비트 트루컬러 16,777,215(224)가지 색 표현 • 높은 압축률로 용량이 작아 인터넷 그림, 사진 전송에 많이 사용됨 • GIF, PNG 파일에 비해 품질이 좋지 않음	*.jpg
GIF	• 8비트 컬러 사용, 256(28)가지 색 표현 • 애니메이션을 지원하며 배경 투명처리 지원	*.gif
PNG	• GIF와 JPEG의 장점을 조합한 이미지 형식 • 투명한 배경은 지원하지만 애니메이션 기능은 지원하지 않음 • JPEG와 같이 높은 압축률 지원	*.png

• 그래픽 기법

— 렌더링(rendering) : 일반 그래픽에 음영을 주어 3차원의 입체감을 표현

— 디더링(dithering) : 제한된 몇 가지 색상을 혼합하여 비슷한 다른 색상을 내는 효과

— 모델링(modeling) : 물체의 모형을 입체감 있게 3차원으로 표현

— 모핑(Morphing) : 두 개의 다른 물체를 서서히 변화시키는 기법

— 안티앨리어싱 : 그래픽 확대 시 계단 현상의 끝 부분을 깎아서 이어지는 듯한 느낌을 주어 화질을 향상시키는 기법

• 동영상 파일

구분	특징
AVI	• Windows의 표준 동영상 파일형식 • 비디오/오디오를 빠른 속도로 압축/해제 • 별도의 장치 없이 재생 가능
MOV	• 애플사(社)에서 만든 동영상 파일형식 • AVI보다 압축률이 높고 데이터 손실 적음 • 파일재생을 위해 별도의 소프트웨어 필요
MPEG	• 동영상 전문가 그룹에서 제정한 국제 표준 규격 • 영상, 음성, 음향정보 압축률이 우수, 화질이 좋음
ASF	• 마이크로소프트사(社)에서 만든 통합 멀티미디어 파일형식 • 디지털 소리와 영상을 담는 스트리밍 포맷
DviX	• 동영상 압축 고화질 파일형식 • 파일재생을 위해 별도의 소프트웨어와 코덱 필요
VFM	움직이는 영상 캡처 기능

기 / 출 / 유 / 형 ● ● ●

68. 다음 중 멀티미디어에 관련된 설명으로 잘못된 것은?

① 다중(Multi)과 매체(Media)의 합성어로 그래픽, 이미지, 텍스트, 오디오, 비디오 등의 매체들이 통합된 것을 의미한다.

② 멀티미디어는 매체 정보를 디지털화하고, 대용량으로 생성되므로 이를 저장할 수 있는 저장장치를 사용해야 한다.

③ 대용량의 멀티미디어 정보를 효율적으로 저장하기 위해 다양한 압축 기술이 개발되었으나 아직 동영상 압축 기술의 개발은 미비하다.

④ 초고속 통신망의 기술이 발달되어 대용량의 멀티미디어 정보를 통신망을 통해 전송할 수 있다.

기 / 출 / 유 / 형

69. 다음 중 멀티미디어 기법에 대한 설명으로 잘못된 것은?

① 안티앨리어싱(Anti-aliasing)은 2차원 그래픽에서 개체 색상과 배경 색상을 혼합하여 경계면 픽셀을 표현함으로써 경계면을 부드럽게 보이도록 하는 기법이다.

② 모델링(Modeling)은 컴퓨터 그래픽에서 명암, 색상, 농도의 변화 등과 같은 3차원 질감을 넣음으로써 사실감을 더하는 기법을 말한다.

③ 디더링(Dithering)은 제한된 색을 조합하여 음영이나 색을 나타내는 것으로 여러 컬러의 색을 최대한 나타내는 기법을 말한다.

④ 모핑(Morphing)은 한 이미지가 다른 이미지로 서서히 변화하는 과정을 나타내는 기법이다.

70. 다음 중 컴퓨터에서 사용하는 소리 파일인 웨이브(wave) 파일에 관한 설명으로 잘못된 것은?

① 파일의 확장자는 .wav이다.

② 녹음 조건에 따라 파일의 크기가 가변적이다.

③ Windows Media Player로 파일을 재생할 수 있다.

④ 음높이, 음길이, 세기 등 다양한 음악 기호가 정의되어 있다.

71. 다음 중 JPEG 표준에 대한 설명으로 잘못된 것은?

① JPEG는 정지화상을 위해서 만들어진 손실 압축 방식의 표준이며, 비손실 압축 방식도 규정되어 있으나 이 방식은 특허 문제나 압축률 등의 이유로 잘 쓰이지 않는다.

② JPEG 표준을 사용하는 파일 형식에는 jpg, jpeg, jpe 등의 확장자를 사용한다.

③ JPEG은 웹상에서 사진 등의 화상을 보관하고 전송하는 데 가장 널리 사용되는 파일 형식이다.

④ 문자, 선, 세밀한 격자 등 고주파 성분이 많은 이미지의 변환에서는 GIF나 PNG에 비해 품질이 매우 우수하다.

정답

34 ②	35 ②	36 ①	37 ①	38 ②	39 ③	40 ④	41 ④	42 ①	43 ①
44 ④	45 ③	46 ③	47 ③	48 ④	49 ③	50 ①	51 ②	52 ①	53 ④
54 ④	55 ①	56 ③	57 ①	58 ③	59 ③	60 ③	61 ①	62 ②	63 ③
64 ④	65 ①	66 ④	67 ③	68 ③	69 ②	70 ④	71 ④		

03 정보통신

합격요약 25 | 인터넷 활용과 용어

• IP 주소
- 인터넷에서 부여한 숫자로 구성된 고유의 주소
- 중복됨이 없어야 함

• IPv4와 IPv6

구분	IPv4	IPv6
형식	32bit(8bit씩 4개)	128bit(16bit씩 8개)
구성	10진수	16진수
구분기호	.(점)	: (콜론)
특징	IP주소 개수의 한계를 가짐	IP주소 한계를 넘음 보안 강화와 멀티미디어 기능 향상
종류	A클래스 : 대형 네트워크 B클래스 : 중형 네트워크 C클래스 : 소형 네트워크 D클래스 : 멀티캐스트용 E클래스 : 실험용	멀티캐스트 유니캐스트 애니캐스트

• 도메인 네임
- 숫자로 된 IP 주소를 사람이 이해하기 쉬운 문자 형태로 표현한 것으로, 중복되지 않는다.
- 호스트 컴퓨터명, 소속 기관 이름, 소속 기관의 종류, 소속 국가명 순으로 구성되며, 왼쪽에서 오른쪽으로 갈수록 상위 도메인을 의미한다.
- 도메인 네임은 보통 영문과 숫자, 하이픈(-)을 섞어서 만들며, 단어와 단어 사이는 마침표(.)로 구분한다.
- 전 세계의 도메인 네임을 총괄하고 있는 곳은 ICANN(Internet Corporation for Assigned Named and Number)이며, 우리나라는 KISA(Korea Internet & Security Agency)에서 관리한다.
- DNS(Domain Name System) : 문자로 된 도메인 네임을 숫자로 된 IP 주소로 바꿔주는 시스템

• 퀵돔(QuickDom)
2단계 영문 kr 도메인의 브랜드로, 짧은 형태의 도메인을 의미함. 퀵돔은 영어의 'Quick'과 'Domain'이 결합된 합성어로, 편리한 인터넷 이용 환경을 제공하는 것을 목적으로 하며 입력하기 쉽고 외우기 쉬움.

• URL(Uniform Resource Locator)
- 인터넷상의 위치 정보를 표시하는 표준 주소 체계
- 형식 : 프로토콜 : //서버 : 포트번호/디렉토리/파일명

• 프로토콜
- 네트워크상의 서로 다른 두 컴퓨터 사이에 교환이 가능토록 절차를 규정해 놓은 통신규약
- 동기화 : 정보 전송을 위해 송수신기가 같은 상태로 유지

• TCP/IP
인터넷에 연결된 서로 다른 기종의 컴퓨터들 간에 데이터를 주고받을 수 있도록 하는 표준 프로토콜

TCP	메시지를 송수신 주소와 정보로 묶어 패킷 단위로 나눔 전송 데이터 흐름을 제어/데이터 에러를 검사 OSI 7계층 중에서 전송층에 해당
IP	패킷 주소를 해석하고 경로를 설정 D OSI 7계층 중에서 네트워크층에 해당
TCP/IP	인터넷 연결 기본 프로토콜
IPX/SPX	컴퓨터와 컴퓨터 사이의 전송 프로토콜
SLIP/PPP	모뎀과 전화선을 이용한 인터넷 연결 프로토콜
ARP	IP주소를 물리적 주소(MAC주소)로 대응하기 위해 사용되는 프로토콜
SNMP	네트워크를 운영, 관리하기 위한 프로토콜
DHCP	동적 호스트 설정 프로토콜 IP주소를 자동으로 설정 받는 프로토콜
HTTP	하이퍼텍스트 문서를 주고받기 위한 프로토콜

기 / 출 / 유 / 형

72. 다음 중 인터넷 주소 체계인 IPv6에 대한 설명에 해당하는 것은?
① 주소는 8비트씩 16개 부분으로 총 128비트로 구성되어 있다.
② 주소를 네트워크 부분의 길이에 따라 A클래스에서 E클래스까지 총 5단계로 구분한다.
③ IPv4와의 호환성은 낮으나 IPv4에 비해 품질 보장은 용이하다.
④ 주소의 한 부분이 0으로만 연속되는 경우 연속된 0은 ' : '으로 생략하여 표시할 수 있다.

73. 다음 중 인터넷 주소 체계에 대한 설명으로 잘못된 것은?
① 인터넷 연결을 위해서는 IP 주소 또는 도메인 네임 중 하나를 배정받아야 하며, 인터넷에 연결된 컴퓨터의 고유 주소는 도메인 네임으로 이는 IP 주소와 동일하다.
② 국제 인터넷 주소 관리 기구는 ICANN이며, 한국에서는 한국인터넷진흥원(KISA)에서 관리하고 있다.
③ 현재는 인터넷 주소 체계인 IPv4 주소와 IPv6 주소가 함께 사용되고 있으며, IPv6 주소가 점차 확대되고 있다.
④ IPv6는 IPv4와의 호환성이 뛰어나고, 128비트의 주소를 사용하여 주소 부족 문제 및 보안문제를 해결할 수 있다.

74. 다음 중 인터넷 서비스를 위한 프로토콜로 웹페이지와 웹브라우저 사이에서 하이퍼텍스트 문서를 전송에 적합한 것은?
① TCP/IP
② HTTP
③ FTP
④ WAP

합격요약 26 | 웹 브라우저와 인터넷 서비스

- **웹브라우저**

  인터넷상의 웹 문서를 사용자에게 보여주는 프로토콜
  익스플로러, 크롬, 사파리, 파이어폭스, 오페라 등

- **쿠키(Cookie)**

  인터넷 방문 정보를 기록해 둔 텍스트 파일

- **프록시(Proxy) 서버**

  방화벽에 이용되는 캐시 기능을 가진 중간 저장소

- **플러그인(Plug-IN)**

  웹 브라우저의 기능을 확장하기 위해 설치하는 프로그램으로 인터넷에서 오디오 듣기, 비디오 보기, 애니메이션 보기 등이 가능하도록 하는 것

- **캐싱(Caching)**

  자주 사용하는 사이트의 자료를 따로 저장하고 있다가, 사용자가 다시 그 자료에 접근하면 인터넷에 접속하지 않고 저장된 자료를 활용해서 빠르게 보여주는 기능

- **쿠키(Cookie)**

  인터넷 사용자의 특정 웹 사이트의 접속 정보를 저장하고 있는 작은 파일로, 쿠키를 이용하면 인터넷 접속 시 매번 아이디와 비밀번호를 넣지 않고 자동으로 접속할 수 있음

- **북마크(Bookmark), 즐겨찾기**

  자주 방문하는 웹 사이트 주소를 목록 형태로 저장해 둔 것

- **히스토리(History)**

  사용자가 방문했던 웹 사이트 주소들을 순서대로 보관하는 기능

- **포털 사이트(Portal Site)**

  사용자들이 웹에 접속할 때 제일 먼저 방문하거나 가장 많이 머무르는 사이트로, 전자우편, 뉴스, 쇼핑, 게시판 등 다양한 서비스를 통합하여 제공하는 사이트

- **미러 사이트(Mirror Site)**

  인터넷상에서 특정 사이트로 동시에 많은 이용자들이 접속하는 것을 방지하기 위하여 같은 내용을 복사해 놓은 사이트

기 / 출 / 유 / 형

75. 다음 중 인터넷을 사용하기 위한 웹 브라우저에 해당하지 않는 것은?

① 파이어폭스   ② 사파리   ③ 구글   ④ 오페라

76. 다음 중 사용자의 기본 설정을 사이트가 인식하도록 하거나, 사용자가 웹 사이트로 이동할 때마다 로그인해야 하는 번거로움을 생략할 수 있도록 하여 사용자 환경을 향상시키는 것으로 올바른 것은?

① 쿠키(Cookie)   ② 즐겨찾기(Favorites)
③ 웹 서비스(Web Service)   ④ 히스토리(History)

합격요약 27 | 네트워크 관련 장비

- **모뎀(Modem)**

  변복조장치/디지털 신호를 아날로그 신호로 변환, 다시 아날로그 신호를 디지털 신호로 변환

- **허브(Hub)**

  네트워크를 구성할 때 한꺼번에 여러 대의 컴퓨터를 연결하는 장치로, 각 회선을 통합적으로 관리함

- **라우터(Router)**

  전송을 위한 최적의 경로를 찾아 연결/유무선 공유기는 라우터 기능을 내장함

- **브리지(Bridge)**

  같은 프로토콜을 사용하는 독립적인 2개의 근거리 통신망(LAN)에 상호 접속하는 장비

- **게이트웨이(Gateway)**

  주로 LAN에서 다른 네트워크에 데이터를 보내거나 다른 네트워크로부터 데이터를 받아들이는 출입구 역할을 함

- **리피터(Repeater)**

  전송거리 연장 및 증폭기/장거리 전송으로 인한 신호 감쇄 시 다시 신호를 증폭 재생시킴

기 / 출 / 유 / 형

77. 다음 중 정보 통신 장비와 관련하여 리피터(Repeater)에 관한 설명은?

① 적절한 전송 경로를 선택하여 데이터를 전달하는 장비이다.
② 프로토콜이 다른 네트워크를 결합하는 장비이다.
③ 감쇄된 전송 신호를 증폭하여 다음 구간으로 전달하는 장비이다.
④ 같은 프로토콜을 사용하는 독립적인 2개의 근거리 통신망에 상호 접속하는 장비이다.

78. 다음 중 정보통신에서 네트워크 관련 장비에 대한 설명으로 잘못된 것은?

① 라우터 : 네트워크를 구성하기 위해 반드시 필요한 장비로 정보 전송을 위한 최적의 경로를 찾아 통신망에 연결하는 장치
② 허브 : 네트워크를 구성할 때 여러 대의 컴퓨터를 연결하고, 각 회선들을 통합 관리하는 장치
③ 브리지 : 네트워크를 구성할 때 디지털 신호를 아날로그 신호로 변환하여 전송하고 다시 수신된 신호를 원래대로 변환하기 위한 전송 장치
④ 게이트웨이 : 한 네트워크에서 다른 네트워크로 들어가는 입구 역할을 하는 장치로 근거리통신망(LAN)과 같은 하나의 네트워크를 다른 네트워크와 연결할 때 사용되는 장치

합격요약 28 | 정보통신망의 종류

LAN	• 근거리 통신망 • 같은 건물 내, 가까운 거리에서 전송을 목적으로 연결된 통신망
MAN	• 대도시 통신망 • LAN과 WAN의 중간
WAN	• 광역 통신망 • 매우 넓은 네트워크 범위
ISDN	• 종합 정보 통신망 • 모든 통신 서비스를 하나의 디지털 통신으로 통합한 통신망
B-ISDN	• 광대역 종합 정보 통신망 • 비동기식 전달방식으로 초고속 디지털 대용량 통신망
VAN	• 부가가치 통신망 • 통신 회선을 임차하여 이용 • 유니텔, 나우누리, 천리안 등
P2P (Pear To Pear)	• 클라이언트인 통신에 서버가 될 수 있다. • 동배간 처리방식 • 전이중 방식으로 전송한다. • 컴퓨터와 컴퓨터를 동등하게 연결한 작은 규모의 네트워크

기 / 출 / 유 / 형　　　• • •

79. 다음 중 네트워크 규모에 따른 통신망의 종류로 적절하지 않은 것은?

① MAN　　　　　　② WAN
③ PCM　　　　　　④ LAN

80. 다음 중 네트워크에서 사용하는 용어의 설명으로 잘못된 것은?

① LAN : 전송거리가 짧은 건물 내에서 사용하는 통신망
② WAN : 국가 간 또는 대륙 간의 넓은 지역을 연결하는 통신망
③ B-ISDN : 초고속으로 대용량 데이터를 전송하며 아날로그 방식의 통신 방식을 사
용하는 통신망
④ VAN : 통신 회선을 빌려 단순한 전송기능 이상의 정보 축적이나 가공, 변환 처리 등의 부가가치를 부여한 정보를 제공하는 통신망

합격요약 29 | 전자우편

• **전자우편(E-mail)**

인터넷을 통해 다른 사람과 편지뿐만 아니라 그림, 동영상 등 다양한 형식의 데이터를 주고받을 수 있도록 해주는 서비스
- 기본적으로 7비트의 ASCII 문자를 사용하여 메시지를 전달한다.
- 전자우편은 머리부(헤더)와 본문부로 나뉜다.
  * 머리부 : 보내는 사람 주소, 받는 사람 주소, 참조 주소, 숨은 참조 주소, 제목, 첨부 등으로 구성
  * 본문부 : 본문, 서명 등으로 구성
- 기능 : 보내기, 받기, 첨부, 전달, 답장, 전체 회신, 회신 등
- 주소 형식 : ID@호스트 주소
- 메일 계정 설정 순서 : 사용자 이름 입력 → 메일 주소 입력 → 메일 서버 지정 → 계정 이름과 암호 지정

• **전자우편에 사용되는 프로토콜**
- SMTP : 이메일 송신 프로토콜
- POP3 : 이메일 수신 프로토콜
- IMAP : 이메일 수신 프로토콜/이메일 전체를 수신하지 않고 헤더 부분만 수신
- MIME : 멀티미디어 정보를 전송할 수 있는 프로토콜

• **스팸 메일**

수신자의 의사에 관계없이 일방적으로 보내는 광고성 메일(정크 메일, 벌크 메일)

• **폭탄(Boob) 메일**

용량이 큰 메일

• **옵트인(Opt-in) 메일**

네티즌이 사전에 받기로 선택한 광고성 이메일

기 / 출 / 유 / 형　　　• • •

81. 다음 중 전자우편과 관련하여 스팸(SPAM)에 관한 설명은?

① 바이러스를 유포시키는 행위이다.
② 수신인이 원하지 않는 메시지나 정보를 일방적으로 보내는 행위이다.
③ 다른 사용자의 개인 정보를 허락 없이 가져가는 행위이다.
④ 고의로 컴퓨터 프로그램 파일이나 데이터를 파괴시키는 행위이다.

82. 다음 중 전자우편에서 사용하는 POP3 프로토콜에 관한 설명은?

① 이메일을 전송할 때 필요로 하는 프로토콜이다.
② 원격 서버에 접속하여 이메일을 사용자 컴퓨터로 가져오기 위한 프로토콜이다.
③ 멀티미디어 이메일을 주고받기 위한 프로토콜이다.
④ 이메일의 회신과 전체 회신을 가능하게 하는 프로토콜이다.

83. 다음 중 인터넷을 이용한 전자 우편에 관한 설명으로 잘못된 것은?

① 기본적으로 8비트의 유니코드를 사용하여 메시지를 전달한다.
② 전자 우편 주소는 '사용자ID@호스트 주소'의 형식으로 이루어진다.
③ SMTP, POP3, MIME 등의 프로토콜을 사용한다.
④ 보내기, 회신, 첨부, 전달, 답장 등의 기능이 있다.

합격요약 30 | 검색 엔진 및 인터넷 서비스

- **메타 검색 엔진**

  자체적인 DB 없이 여러 검색 엔진을 한꺼번에 사용하여 결과를 검색

- **WWW(World Wide Web)**

  하이퍼텍스트를 기본으로 글자, 사진, 영상, 그래픽, 소리 형태의 정보 검색을 할 수 있는 서비스

- **FTP(File Transfer Protocol)**

  - 컴퓨터와 컴퓨터 또는 컴퓨터와 인터넷 사이에서 파일을 주고받을 수 있도록 하는 원격 파일 전송 프로토콜
  - 파일의 전송(업로드), 수신(다운로드), 삭제, 이름 변경 등의 작업을 할 수 있음
  - FTP 서버에 있는 프로그램은 다운로드한 후에만 실행이 가능함
  - 데이터 전송을 위하여 Binary 모드와 ASCII 모드를 제공함

- **텔넷(Telnet)**

  원격 접속/멀리 떨어진 원격지의 단말기와 연결시키는 기능

- **아키(Archie)**

  익명의 FTP 사이트에 있는 FTP 서버와 그 안의 파일 정보를 데이터베이스에 저장해 두었다가 FTP 서버의 리스트와 파일을 제공함으로써 정보를 쉽게 검색할 수 있도록 하는 서비스

- **고퍼(Gopher)**

  메뉴 방식을 이용해 손쉽게 정보 검색을 할 수 있도록 하는 서비스

- **유즈넷(Usenet)**

  공통 관심사를 갖는 사람들의 모임/게시판을 이용한 정보를 교환, 조회할 수 있는 서비스

- **IRC**

  인터넷 채팅

- **웹호스팅**

  인터넷 상의 독립적인 서버 운영이 힘든 기업을 위해 서버를 임대해 주고 관리해 주는 서비스

- **WIFI**

  무선 인터넷 플랫폼

- **블루투스(Bluetooth)**

  근거리 무선기기 접속 방식

- **WiBro**

  언제, 어디서나 무선 인터넷 접속이 가능한 통신 서비스

- **RFID(Radio Frequency IDentification)**

  무선인식이라고도 하며, 반도체 칩이 내장된 태그(Tag), 라벨(Label), 카드(Card) 등의 저장된 데이터를 무선주파수를 이용하여 비접촉으로 읽어내는 인식 시스템

- **ISP**

  개인이나 회사에게 인터넷 서비스를 제공하는 회사

- **유비쿼터스**

  장소에 관계없이 자유롭게 네트워크에 접속하는 기술

- **인트라넷**

  기업 내부에 연결되는 네트워크

- **엑스트라넷**

  기업과 기업끼리 외부적으로 연결시킨 네트워크

- **VoIP**

  음성 데이터를 데이터 패킷으로 변화시켜 인터넷 통신망에서 음성통화를 가능하게 해주는 기술

- **IoT**

  사물 인터넷/사물과 사물, 사물과 인간을 인터넷으로 연결하여 소통하는 정보 통신 환경

- **RSS(Rich Site Summary)**

  뉴스나 블로그 등과 같이 콘텐츠가 자주 업데이트 되는 사이트들의 정보를 자동적으로 사용자들에게 알려주기 위해 사용하는 웹 서비스 기술

- **클라우드 컴퓨팅(Cloud Computing)**

  하드웨어, 소프트웨어 등의 컴퓨팅 자원을 자신이 필요한 만큼 빌려 쓰고 이에 대한 사용요금을 지불하는 방식의 컴퓨팅 서비스

- **웨어러블 컴퓨터(Wearable Computer)**

  소형화, 경량화를 비롯해 음성과 동작 인식 등 다양한 기술이 적용되어 장소에 구애 받지 않고 컴퓨터를 활용할 수 있도록 몸에 착용하는 컴퓨터

기 / 출 / 유 / 형

84. 다음 중 인터넷 기술을 적용한 인트라넷에 관한 설명은?

① 핸드폰, 노트북 등과 같은 단말장치의 근거리 무선접속을 지원하기 위한 통신기술이다.

② 인터넷 기술을 기업 내의 전자우편, 전자결재 등과 같은 정보시스템에 적용한 것이다.

③ 납품업체나 고객업체 등 관련 있는 기업들 간의 원활한 통신을 위한 시스템이다.

④ 분야별 공통의 관심사를 가진 인터넷 사용자들이 서로의 의견을 주고받을 수 있게 하는 서비스이다.

85. 다음 중 소형화, 경량화를 비롯해 음성과 동작인식 등 다양한 기술이 적용되어 장소에 구애받지 않고 컴퓨터를 활용할 수 있도록 몸에 착용하는 컴퓨터를 의미하는 것은 어느 것인가?

① 웨어러블 컴퓨터   ② 마이크로 컴퓨터

③ 인공지능 컴퓨터   ④ 서버 컴퓨터

86. 다음 중 모든 사물을 네트워크로 연결하여 인간과 사물, 사물과 사물 간에 언제 어디서나 서로 소통할 수 있게 하는 새로운 정보통신 환경을 의미하는 것은 어느 것인가?

① 클라우드 컴퓨팅(Cloud Computing)

② RSS(Rich Site Summary)

③ IoT(Internet of Things)

④ 빅 데이터(Big Data)

합격요약 31 | 정보화 사회와 저작권

• **정보화 사회**

컴퓨터와 통신기술을 원동력으로 정보의 가치가 중요시 되는 사회

• **정보화 사회 역기능**

컴퓨터 범죄 증가/음란물, 폭력물의 무분별한 유통/개인정보 유출과 사생활 침해/정보 이용의 불평등 현상

• **저작권 보호**

– 저작물의 권리를 보호, 공정한 이익을 도모, 문화의 향상 발전에 이바지함을 목적으로 함

– 저작자가 생존하는 동안과 사망 후 50년간 존속

• **저작권의 제한**

시사보도/학교 교육/재판 절차에 의한 복제/비영리 목적의 공연이나 방송/개인목적/시각 장애인을 위한 점자에 복제

기 / 출 / 유 / 형 • • •

87. 다음 중 정보사회의 문제점으로 잘못된 것은?

① 정보기술을 이용한 컴퓨터 범죄가 증가할 수 있다.
② VDT증후군과 같은 컴퓨터 관련 직업병이 발생할 수 있다.
③ 정보의 편중으로 계층 간의 정보 수준 차이가 감소할 수 있다.
④ 정보처리 기술로 인간관계의 유대감이 약화될 가능성도 있다.

88. 다음 중 인터넷에서의 저작권에 대한 설명으로 잘못된 것은?

① 다른 사람의 초상 사진을 사용하기 위해서는 사진작가와 본인의 승낙을 동시에 받아야 하는 것이 원칙이다.
② 사람의 이름이나 단체의 명칭 또는 저작물의 제호 등은 사상 또는 감정의 창작적 표현이라고 볼 수 없기 때문에 저작물이 되지 않는다.
③ 국가 또는 지방자치단체의 홈페이지에 게시된 고시·공고·훈령 등은 저작권법의 보호를 받는다.
④ 원 저작물을 번역, 편곡, 변경, 각색, 영상제작 그 밖의 방법으로 작성한 창작물은 독자적인 저작물로 보호된다.

89. 다음 중 정보사회의 컴퓨터 범죄 예방과 대책으로 적절하지 않은 것은?

① 보호하고자 하는 컴퓨터나 정보에 비밀번호를 설정하고 주기적으로 변경한다.
② 바이러스 백신 프로그램을 설치하고 자동 업데이트로 설정한다.
③ 정크 메일로 의심이 가는 이메일은 본문을 확인한 후 즉시 삭제한다.
④ Windows Update는 자동 설치를 기본으로 설정한다.

합격요약 32 | 컴퓨터 보안

• **해킹(Hacking)**

– 컴퓨터 시스템에 불법으로 접근하여 정보를 유출 및 파괴하는 행위
– 초기에는 컴퓨터에 해박한 지식을 가진 전문가라는 의미를 가짐

• **크래킹(Cracking)**

네트워크에 불법으로 고의적인 접근을 하여 상용 소프트웨어 복사 방지를 풀어서 불법적으로 변조하는 행위

• **스니핑(Sniffing)**

정보를 엿보기(계정, 패스워드 유출)

• **스푸핑(Spoofing)**

네트워크에 불법으로 고의적인 접근을 하여 상용 소프트웨어 복사 방지를 풀어서 불법적으로 변조하는 행위

• **웜(Worm)**

자기 복제를 통해 시스템에 과부하를 주는 프로그램

• **트로이(Trojan) 목마**

상대방 컴퓨터에 불법 프로그램으로 위장하여 침투시키는 프로그램

• **백 도어(Back Door)**

트랩 도어/시스템 편의상 보안이 실행되지 않는 통로

• **DDOS**

분산서비스 기부 공격 / 수많은 사용자가 일시적으로 서버 마비를 목적으로 서버 연결을 집중

• **피싱(Phishing)**

개인정보(Private Data)와 낚시(Fishing)의 합성어로, 금융기관을 가장한 이메일을 발송한 후 메일에 있는 인터넷 주소를 클릭하면 허위 은행 사이트로 유도하여 개인 금융 정보를 빼내는 행위

• **키로거(Key Logger)**

키 입력 캐치 프로그램을 이용하여 키보드를 통해 입력하는 ID나 암호 등의 개인 정보를 빼내어 악용하는 기법

• **스파이웨어(Spyware)**

적절한 사용자 동의 없이 사용자 정보를 수집하는 프로그램 또는 적절한 사용자 동의 없이 설치되어 불편을 야기하거나 사생활을 침해하는 프로그램

• **피기배킹(Piggybacking)**

정당한 사용자가 정상적으로 시스템을 종료하지 않고 자리를 떠났을 때 비 인가된 사용자가 바로 그 자리에서 계속 작업을 수행하여 불법적 접근을 행하는 범죄 행위

• **방화벽(Firewall)**

– 외부로부터 불법 침입을 막기 위한 보안 프로그램
– 내부에 일어나는 해킹은 막을 수 없음

• **가로막기(Interruption)**

데이터 전달 사이에서 가로막아 전송 흐름을 방해함(가용성 저해)

• **가로채기(Interception)**

데이터 전달 도중에 도청, 유출(기밀성 저해)

- **수정(Modification)**

  원본 데이터가 아닌 데이터의 변형(무결성 저해)

- **위조(Fabrication)**

  다른 송신자의 데이터 전달인 것처럼 송신자 정보 변형(무결성 저해)

- **컴퓨터 바이러스**

  - 바이러스는 컴퓨터의 정상적인 작동을 방해하기 위해 운영체제나 저장된 데이터에 손상을 입히는 프로그램
  - 바이러스의 기능적 특징에는 복제 기능, 은폐 기능, 파괴 기능 등
  - 바이러스는 보통 소프트웨어 형태로 감염되지만 하드웨어의 성능에도 영향을 미칠 수 있음

- **바이러스 감염 경로와 예방법**

  - 인터넷을 이용해 다운로드한 파일이나 외부에서 복사해 온 파일은 반드시 바이러스 검사를 수행한 후 사용한다.
  - 네트워크를 통해 감염될 수 있으므로 공유 폴더의 속성은 읽기 전용으로 지정한다.
  - 전자우편을 통해 감염될 수 있으므로 발신자가 불분명한 전자우편은 열어보지 않고 삭제하거나 바이러스 검사를 수행한 후 열어본다.
  - 바이러스 감염에 대비해 중요한 자료는 정기적으로 백업(Back-up)한다.
  - 외부의 불법적인 침입을 막을 수 있는 방화벽을 설정하여 사용한다.
  - 바이러스 예방 프로그램을 램(RAM)에 상주시켜 바이러스 감염을 예방한다.
  - 가장 최신 버전의 백신 프로그램을 사용하여 주기적으로 바이러스 검사를 수행한다.

- **바이러스의 분류**

  - 파일 바이러스 : 실행 파일을 감염시키는 바이러스(예루살렘, CIH, Sunday 등)
  - 부트 바이러스 : 부트 섹터를 손상시키는 바이러스(브레인, 미켈란젤로, Monkey 등)
  - 부트/파일 바이러스 : 파일 바이러스와 부트 바이러스의 특징을 모두 갖춘 바이러스(Invader, 에볼라 등)
  - 매크로 바이러스 : 주로 MS-오피스에서 사용하는 매크로 기능을 이용하여 다른 파일을 감염시키는 바이러스(멜리사, Laroux 등)

기 / 출 / 유 / 형

90. 다음 중 컴퓨터 보안과 관련된 기술에 해당하지 않는 것은?

① 인증(Authentication)
② 암호화(Encryption)
③ 방화벽(Firewall)
④ 브리지(Bridge)

91. 다음 중 정보 보안을 위협하는 형태에 대한 설명은?

① 스니핑(Sniffing) : 검증된 사람이 네트워크를 통해 데이터를 보낸 것처럼 데이터를 변조하여 접속을 시도한다.
② 피싱(Phishing) : 적절한 사용자 동의 없이 사용자 정보를 수집하는 프로그램을 설치하여 사생활을 침해한다.
③ 스푸핑(Spoofing) : 실제로는 악성 코드로 행동하지 않으면서 겉으로는 악성 코드인 것처럼 가장한다.
④ 키로거(Key Logger) : 키보드 상의 키 입력 캐치 프로그램을 이용하여 개인 정보를 빼낸다.

기 / 출 / 유 / 형

92. 다음 중 컴퓨터 바이러스에 대한 설명 중 가장 적절하지 않은 것은 어느 것인가?

① 사용자가 인지하지 못한 사이 자가 복제를 통해 다른 정상적인 프로그램을 감염시켜 해당 프로그램이나 다른 데이터 파일 등을 파괴한다.
② 보통 소프트웨어 형태로 감염되나 메일이나 첨부파일은 감염의 확률이 매우 적다.
③ 인터넷의 공개 자료실에 있는 파일을 다운로드하여 설치할 때 감염될 수 있다.
④ 온라인 채팅이나 인스턴트 메신저 프로그램을 통해서 전파되기도 한다.

정 답

72 ④	73 ①	74 ③	75 ③	76 ①	77 ①	78 ③	79 ③	80 ③	81 ②
82 ②	83 ①	84 ②	85 ①	86 ③	87 ③	88 ③	89 ③	90 ④	91 ④
92 ②									

04 스프레드시트 일반

합격요약 | 엑셀 화면구성

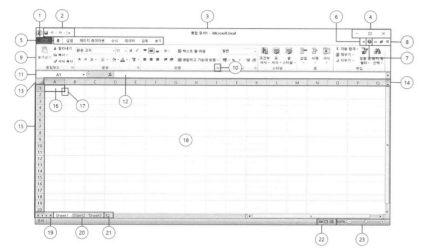

① 파일 : Microsoft Office Backstage 메뉴 저장/다른 이름으로 저장/열기/닫기/정보/최근에 사용한 항목/새로 만들기/인쇄/저장, 보내기/도움말/옵션/끝내기 등이 있다.

② 빠른 실행 도구 모음 : 원 클릭으로 자주 사용하는 명령을 단추로 모아 추가 삭제가 가능

③ 제목 표시줄 : 현재 작업 중인 통합문서의 파일명이 표시됨

④ 엑셀 프로그램 창 조절 단추 : 최소화, 최대화(창 모드), 프로그램 닫기

⑤ 리본 메뉴 : 홈/삽입/페이지레이아웃/수식/데이터/검토/보기 기본적인 도구 모음 기능을 제공함
(파일 – 옵션 – Excel 옵션 – 리본사용자 지정 – 개발도구 추가 가능)

⑥ 리본메뉴 최소화/확장 메뉴 : 리본 메뉴의 이름만 표시하여 최소화 하거나 항상 보일 수 있도록 확장함
파일 탭을 제외하고 더블 클릭으로 조절 가능함. 탭 메뉴에서 바로가기 메뉴로 리본 메뉴 최소화 지정 가능함

⑦ 도움말 : 엑셀 사용에 관련된 도움말 호출

⑧ 엑셀 통합문서 창 조절 단추 : 최소화, 최대화(창 모드), 문서 닫기

⑨ 그룹 : 리본 메뉴에서 유사한 도구들을 모아둠

⑩ 대화상자 : 현재 그룹의 대화상자나 작업창을 표시함

⑪ 이름상자 : 선택한 셀의 주소나 이름을 표시함

⑫ 수식 입력줄 : 셀에 입력한 데이터나 수식, 함수식이 표시되는 곳(Ctrl + Shift + U : 수식입력줄 확장)

⑬ 셀 전체 선택 : 워크시트의 셀을 모두 선택할 수 있는 곳(Ctrl + A)

⑭ 열 번호 : A~XFD까지 16,384개로 워크시트의 열을 구성함

⑮ 행 번호 : 1~1048576까지 워크시트의 행을 구성함

⑯ 셀(Cell) : 열과 행의 교차로 만들어지는 칸으로 사용자가 데이터나 수식, 함수식을 입력하는 기본 단위

⑰ 채우기 핸들 : 셀의 우측 하단에 표시되는 작은 점으로 데이터나 수식, 함수식의 복사, 채우기 기능에 사용됨

⑱ 워크시트 : 행과 열의 교차로 이루어지는 셀(Cell)의 집합으로 엑셀 2010의 경우 기본적으로 3개의 시트가 기본 제공됨. 추가나 삭제가 가능하며 최대 255개까지 추가 가능함

⑲ 시트 탭 이동 단추 : 시트 탭에 보이지 않는 워크시트가 많을 때 이동을 위한 단추

⑳ 시트 탭 : 통합 문서에 포함되어 있는 워크시트의 나열 (이름변경, 이동, 복사, 삽입, 삭제 작업을 할 수 있음)

㉑ 워크시트 삽입 : 새로운 워크시트를 삽입하는 기능(Shift + F11)

㉒ 보기 및 창 전환 : 기본, 페이지 레이아웃, 페이지 나누기 미리보기

㉓ 화면 확대/축소 : 확대/축소 배율을 입력하거나 슬라이더로 조절 가능(10~400%)

기 / 출 / 유 / 형

93. 다음 중 엑셀의 화면 제어에 관한 설명으로 잘못된 것은?

① 화면의 확대/축소는 화면에서 워크시트를 더 크게 또는 작게 표시하는 것으로 실제 인쇄할 때에도 설정된 화면의 크기로 인쇄된다.

② 리본 메뉴는 화면 해상도와 엑셀 창의 크기에 따라 다른 형태로 표시될 수 있다.

③ 워크시트에서 특정 영역을 마우스로 드래그 하여 블록을 설정한 후 '선택 영역 확대/축소'를 클릭하면 워크시트가 확대/축소되어 블록으로 지정한 영역이 전체 창에 맞게 보인다.

④ 리본 메뉴가 차지하는 공간 때문에 작업이 불편한 경우 리본 메뉴의 활성 탭 이름을 더블 클릭하여 리본 메뉴를 최소화할 수 있다.

94. 다음 중 엑셀의 화면 구성에 대한 설명으로 잘못된 것은?

① 화면 상단의 '제목 표시줄'은 현재의 작업 상태나 선택한 명령에 대한 기본적인 정보가 표시되는 곳이다.

② '리본 메뉴'는 엑셀의 다양한 명령들을 용도에 맞게 탭과 그룹으로 분류하여 아이콘으로 표시되는 곳이다.

③ 자주 사용하는 도구들을 모아 두는 곳이 '빠른 실행 도구 모음'이며, 원하는 도구를 추가하거나 제거할 수 있다.

④ '이름 상자'는 현재 작업 중인 셀의 이름이나 주소를 표시하는 부분으로 차트 항목이나 그리기 개체를 선택하면 개체의 이름이 표시된다.

95. 다음 중 엑셀의 화면 구성 요소를 설명한 것으로 잘못된 것은?

① 엑셀에서 열 수 있는 통합 문서 개수는 사용 가능한 메모리와 시스템 리소스에 의해 제한된다.

② 워크시트란 숫자, 문자와 같은 데이터를 입력하고 입력된 결과가 표시되는 작업공간이다.

③ 각 셀에는 행 번호와 열 번호가 있으며, [A1] 셀은 A행과 1열이 만나는 셀로 그 셀의 주소가 된다.

④ 하나의 통합 문서에는 최대 255개의 워크시트를 포함할 수 있다.

합격요약 34 워크시트 및 통합문서

- 워크시트 : 행과 열이 교차되어 만들어지는 셀로 데이터를 작업하는 문서
- 통합문서 : 워크시트로 구성되어 있는 *.xlsx 확장자를 가진 문서 파일
- 통합문서에는 최소 1개 이상의 워크시트로 구성되어 있어야 함
- [파일]-[옵션]-[Excel 옵션]-[일반]에서 기본 사용 가능한 시트를 최대 255개까지 변경할 수 있음
- 워크시트의 이름은 공백 문자 포함 최대 31자까지 사용 가능
- 선택한 워크시트를 이동, 복사 가능

• 시트 보호

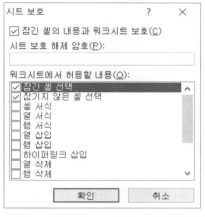

- 홈 → 셀 그룹 → 서식 → 시트 보호
- 검토 → 변경 내용 → 시트 보호
- 워크시트의 입력된 데이터 요소들을 수정할 수 없도록 보호하는 기능
- [셀 서식]-[보호] 탭의 [잠금]이 설정된 셀들만 보호 범위에 포함됨

• 통합 문서 보호

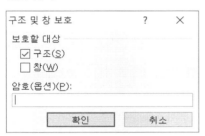

- 검토 → 변경 내용 → 통합 문서 보호
- 구조 : 시트 삽입, 삭제, 시트 이름 변경, 이동, 숨기기를 변경할 수 없게 함
- 창 : 문서창 이동, 크기변경, 숨기기 변경을 할 수 없게 함
- 암호(옵션) : 통합 문서 보호에 사용할 암호를 입력함

• 통합 문서 공유

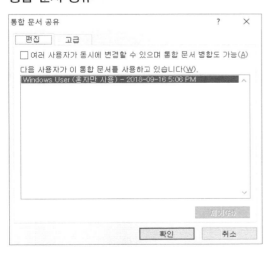

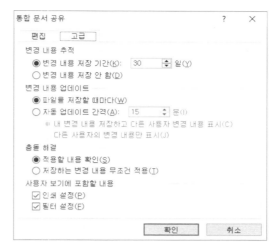

- 검토 → 변경내용 → 통합 문서 공유
- 네트워크를 통해 통합 문서를 공동으로 작업할 수 있게 하는 기능

기 / 출 / 유 / 형

96. 다음 중 워크시트에 대한 설명으로 잘못된 것은?

① 새 통합 문서에는 [Excel 옵션]에서 설정한 시트 수만큼 워크시트가 표시되며, 최대 255개까지 워크시트를 추가할 수 있다.

② 워크시트의 이름은 공백 문자를 포함하여 최대 31자까지 사용할 수 있으나 /, ₩, ?, *, [,] 등의 기호는 사용할 수 없다.

③ 선택한 워크시트를 현재 통합 문서 또는 다른 통합 문서에 복사하거나 이동시킬 수 있다.

④ 시트의 삽입 또는 삭제 시 Ctrl+Z 키로 실행 취소 명령을 실행하여 복구할 수 있다.

97. 다음 중 시트 탭에 관한 설명으로 잘못된 것은?

① 시트 탭의 색을 변경할 수 있으나 각 시트의 색은 반드시 다른 색으로 설정해야 한다.

② 시트 탭을 더블 클릭하여 시트 이름을 변경할 수 있다.

③ 시트 탭의 바로가기 메뉴에서 [모든 시트 선택]을 클릭하여 전체 시트를 그룹 설정할 수 있다.

④ 시트 탭의 바로가기 메뉴에서 [삭제]를 클릭하여 시트를 삭제할 수 있다.

98. 다음 중 [시트 보호] 기능에 대한 설명으로 잘못된 것은?

① 새 워크시트의 모든 셀은 기본적으로 '잠금' 속성이 설정되어 있다.

② 워크시트에 있는 셀을 보호하기 위해서는 먼저 셀의 '잠금' 속성을 해제해야 한다.

③ 시트 보호를 설정하면 셀에 데이터를 입력하거나 수정하려고 했을 때 경고 메시지가 나타난다.

④ 셀의 '잠금' 속성과 '숨김' 속성은 시트를 보호하기 전까지는 아무런 효과를 내지 못한다.

합격요약 35 | 통합문서 저장

- **일반적인 엑셀 통합 문서 : *.xlsx**

*.xlsx	일반적인 엑셀 통합 문서
*.xlsm	매크로 기록 엑셀 통합 문서
*.xlsb	바이너리 통합 문서
*.xls	97~2000 버전의 엑셀 통합 문서
*.xltx	서식 파일(Templates 폴더에 저장)
*.txt	텍스트 파일(탭으로 구분)
*.prn	텍스트 파일(공백으로 구분)
*.csv	텍스트 파일(쉼표로 구분)
.hmt/.html	웹 형식 파일

- **암호설정**

대소문자 구별, 암호를 잊어버리면 복구할 수 없다.

백업 파일 항상 만들기	파일 저장 시 *.xlk 형태의 백업 파일로 함께 저장
열기 암호	파일을 불러올 때 암호를 지정
쓰기 암호	파일 열기 후 변경된 사항을 저장 시 암호를 지정
읽기전용 권장	파일을 열고 난 후 변경할 수 없는 읽기전용 파일로 열기

99. 다음 중 엑셀에서 사용할 수 있는 파일 형식과 그에 대한 설명이 올바른 것은?

① *.txt : 공백으로 분리된 텍스트 파일
② *.prn : 탭으로 분리된 텍스트 파일
③ *.xlsm : Excel 매크로 사용 통합 문서
④ *.xltm : Microsoft Office Excel 추가 기능

100. 다음 중 엑셀 파일의 암호 설정에 관한 설명으로 잘못된 것은?

① 암호는 대소문자를 구별하지 않는다.
② 암호를 잊어버리면 복구할 수 없다.
③ 암호는 파일 저장 시 [일반 옵션]에서 쓰기 암호와 열기 암호로 구분하여 설정할 수 있다.
④ 쓰기 암호가 설정된 파일을 읽기전용으로 열어 수정한 경우 동일한 파일명으로는 저장할 수 없다.

101. 다음 중 통합 문서 저장 시 설정할 수 있는 [일반 옵션]에 대한 설명으로 잘못된 것은?

① '백업 파일 항상 만들기'에 체크 표시한 경우에는 파일 저장 시 자동으로 백업 파일이 만들어진다.
② '열기 암호'를 지정한 경우에는 열기 암호를 입력해야 파일을 열 수 있고 암호를 모르면 파일을 열 수 없다.
③ '쓰기 암호'가 지정된 경우에는 파일을 수정하고 다른 이름으로 저장 시 '쓰기 암호'를 입력해야 한다.
④ '읽기전용 권장'에 체크 표시한 경우에는 파일을 열 때 읽기전용으로 열지 여부를 묻는 메시지가 표시 된다.

합격요약 36 | 데이터 입력 및 삭제

- **데이터 입력**
  - Ctrl + Enter↵ : 여러 셀에 숫자나 문자 데이터를 한 번에 입력
  - Alt + Enter↵ : 셀 안에서 줄 바꿈
  - 블록 설정한 상태에서 Enter↵ 를 누르면 블록 내의 셀이 순차적으로 선택되어 데이터 입력을 쉽게 함
  - 열의 너비가 좁을 경우 숫자, 날짜 데이터는 셀 너비만큼 '#'이 반복되어 나옴
  - 문자 : 셀의 왼쪽 정렬, 숫자 데이터 앞에 작은따옴표(')를 붙이면 문자로 인식, 셀 너비보다 길면 오른쪽 셀을 넘어감
  - 삽입 탭의 일러스트레이션 그룹 : 그림, 클립아트 도형, SmartArt, 스크린 샷

- **셀 내용 자동 완성**
  - 셀에 입력한 처음 몇 자가 같은 열에 있는 기존 항목과 동일하면 자동으로 나머지 문자가 채워진다.
  - 문자 데이터에만 적용되고, 숫자, 날짜, 시간 형식의 데이터에는 적용되지 않는다.

- **데이터 입력 도중 입력 취소 방법**
  - Esc 를 누름
  - 수식 입력줄의 취소 버튼을 클릭
  - 빠른 실행 도구 모음의 실행 취소 버튼을 클릭
  - Ctrl + Z 를 누름

- **데이터 삭제**
  - 삭제할 셀을 선택한 후 Delete 를 누름(내용만 지워짐)
  - 삭제할 셀의 바로가기 메뉴에서 [내용 지우기] 선택
  - [홈] → [편집] → [지우기]에서 [모두 지우기], [서식 지우기], [내용 지우기], [메모 지우기] 중 선택함

- **숫자 데이터 입력**
  - 숫자(0~9), +, −, 쉼표(,), $, %, 소수점(.), 지수(E,e)
  - 셀의 오른쪽에 정렬되어 입력된다.
  - 셀의 열너비보다 긴 숫자데이터를 입력하면 지수형식으로 표시됨(2.3E+03)
  - 셀 서식의 표시형식이 지정된 데이터를 셀의 열너비에 모두 표시 할 수 없으면 ### 기호가 표시되고 셀의 열너비를 조정함으로 해결할 수 있다.
  - 숫자 데이터 중간에 공백이나 기호가 들어가면 문자 데이터로 취급된다.

- **셀 포인터 이동**

Shift + ↹(Tab), ↹(Tab)	좌·우로 이동
Shift + Enter↵, Enter↵	상·하로 이동
Home	해당 행의 처음(A열)으로 이동
Ctrl + Home	워크시트의 시작 위치(A1 셀)로 이동
Ctrl + End	데이터 범위의 맨 오른쪽 아래의 셀로 이동
Ctrl + ↑,↓,←,→	데이터 범위의 상·하·좌·우의 끝으로 이동
PgUp, PgDn	한 화면 위, 아래로 이동
Alt + PgUp, Alt + PgDn	한 화면 좌, 우로 이동
Ctrl + PgUp, Ctrl + PgDn	현재 시트의 앞, 뒤 시트로 이동
F5, Ctrl + G	이동하고자 하는 셀 주소를 직접 입력하여 이동

- **수식 데이터 입력**
  - 셀 주소를 사용하여 산술연산을 수행하는 데이터
  - 반드시 등호(=), 더하기(+) 기호로 시작하여야 한다.
  - 주소연산으로 계산을 하기 때문에 셀 주소의 내용이 바뀌면 결과도 자동 변경된다.
  - 파일-옵션-수식에서 계산 설정이 '수동'으로 되어 있으면 자동계산이 되지 않기 때문에 F9 키로 재계산한다.

- **문자 데이터 입력**
  - 문자, 숫자, 기호 등이 조합되어져 입력되는 데이터
  - 셀의 왼쪽에 정렬되어 입력된다.
  - 숫자데이터를 문자데이터로 입력하려면 따옴표(')를 먼저 입력한 후 숫자데이터를 입력한다.

- **날짜/시간 데이터 입력**
  - 날짜 : 하이픈(−), 슬래시(/)를 사용하여 연, 월, 일을 구분하여 입력한다.
  - 시간 : 콜론(:)을 사용하여 시, 분, 초를 구분하여 입력한다.
  - Ctrl + ; : 현재 시스템의 날짜 표시
  - Ctrl + Shift + ; : 현재 시스템의 시간 표시

기 / 출 / 유 / 형 ● ● ●

102. 다음 중 데이터가 입력된 셀에서 Delete 키를 눌렀을 때의 상황에 대한 설명으로 잘못된 것은?

① 셀에 설정된 메모는 지워지지 않는다.
② 셀에 설정된 내용과 서식이 함께 지워진다.
③ [홈]−[편집]−[지우기]−[내용 지우기]를 실행한 것과 동일한 결과가 발생한다.
④ 바로가기 메뉴에서 [내용 지우기]를 실행한 것과 동일한 결과가 발생한다.

103. 다음 중 셀에 데이터를 입력하는 방법에 대한 설명으로 잘못된 것은?

① [A1] 셀에 값을 입력하고 Esc 키를 누르면 [A1] 셀에 입력한 값이 취소된다.
② [A1] 셀에 값을 입력하고 오른쪽 방향키 ⟨→⟩를 누르면 [A1] 셀에 값이 입력된 후 [B1] 셀로 셀 포인터가 이동한다.
③ [A1] 셀에 값을 입력하고 Enter↵ 키를 누르면 [A1] 셀에 값이 입력된 후 [A2] 셀로 셀 포인터가 이동한다.
④ [C5] 셀에 값을 입력하고 Home 키를 누르면 [C5] 셀에 값이 입력된 후 [C1] 셀로 셀 포인터가 이동한다.

104. 다음 중 데이터 입력에 대한 설명으로 잘못된 것은?

① 셀 안에서 줄 바꿈을 하려면 Alt + Enter↵ 키를 누른다.
② 한 행을 블록 설정한 상태에서 Enter↵ 키를 누르면 블록 내의 셀이 오른쪽 방향으로 순차적으로 선택되어 행단위로 데이터를 쉽게 입력할 수 있다.
③ 여러 셀에 숫자나 문자 데이터를 한 번에 입력하려면 여러 셀이 선택된 상태에서 데이터를 입력한 후 바로 Shift + Enter↵ 키를 누른다.
④ 열의 너비가 좁아 입력된 날짜 데이터 전체를 표시하지 못하는 경우 셀의 너비에 맞춰 '#'이 반복 표시된다.

합격요약 37 │ 채우기 핸들을 이용한 연속 데이터 채우기

- **숫자 데이터**
  - 한 셀 : 드래그 할 경우 동일한 데이터가 복사되고, [Ctrl]을 누르고 드래그하면 값이 1씩 증가하며 입력됨
  - 두 셀 : 드래그 할 경우 첫 번째 값과 두 번째 값의 차이만큼 증가/감소하고, [Ctrl]을 누른 채 드래그하면 두개의 값이 반복하여 복사됨

- **문자 데이터**
  - 한 셀 : 동일한 데이터가 복사
  - 두 셀 : 두 개의 문자가 반복하여 입력됨

- **혼합 데이터**
  - 한 셀 : 가장 오른쪽에 있는 숫자는 1씩 증가, 나머지는 그대로 입력됨
  - 두 셀 : 숫자 데이터는 차이만큼 증가/감소하고 문자는 그대로 입력됨

- **날짜 데이터**
  - 한 셀 : 1일 단위로 증가함
  - 두 셀 : 두 셀의 차이만큼 년, 월, 일 단위로 증가함
  - Ctrl을 누르고 드래그하면 동일한 데이터가 복사됨

- **시간 데이터**
  - 한 셀 : 1시간 단위로 증가함
  - 두 셀 : 두 셀의 차이만큼 시간, 분, 초 단위로 증가함
  - Ctrl을 누르고 드래그하면 동일한 데이터가 복사됨

- **사용자 지정 목록**
  - 사용자 지정 목록에 등록된 문자 데이터 중 하나를 입력하고 채우기 핸들을 드래그하면 사용자 지정 목록에 등록된 문자 순서대로 반복되어 입력함
  - [파일] → [옵션] → [고급] → [사용자 지정 목록 편집]을 클릭하여 등록

기 / 출 / 유 / 형

105. 다음 중 각 워크시트에서 채우기 핸들을 [A3]로 끌었을 때 [A3] 셀에 입력되는 값으로 잘못된 것은?

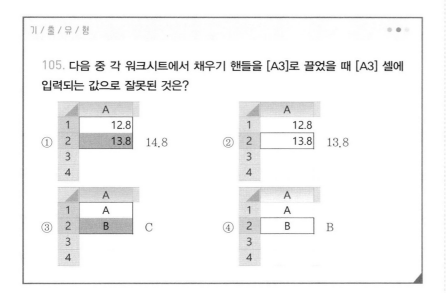

기 / 출 / 유 / 형

106. 다음 중 [A1] 셀을 선택하고 [연속 데이터] 대화상자의 항목을 아래 그림과 같이 설정하였을 경우 [C1] 셀에 채워질 값으로 옳은 것은 어느 것인가?

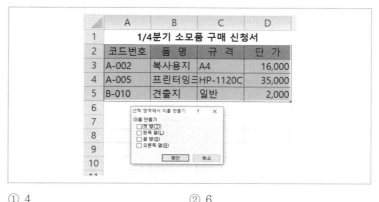

① 4 ② 6
③ 8 ④ 16

107. 다음 중 채우기 핸들을 이용하여 데이터를 입력하는 방법으로 잘못된 것은?

① 인접한 셀의 내용으로 현재 셀을 빠르게 입력하려면 위쪽 셀의 내용은 Ctrl+D, 왼쪽 셀의 내용은 Ctrl+R을 누른다.
② 숫자와 문자가 혼합된 문자열이 입력된 셀의 채우기 핸들을 아래쪽으로 끌면 문자는 복사되고 숫자는 1씩 증가한다.
③ 숫자가 입력된 셀의 채우기 핸들을 Ctrl 키를 누른 채 아래쪽으로 끌면 똑같은 내용이 복사되어 입력된다.
④ 날짜가 입력된 셀의 채우기 핸들을 아래쪽으로 끌면 기본적으로 1일 단위로 증가하여 자동 채우기가 된다.

108. 다음 중 아래 워크시트에서 [A1 : B1] 영역을 선택한 후 채우기 핸들을 이용하여 [B3] 셀까지 드래그 했을 때 [A3] 셀, [B3] 셀의 값으로 옳은 것은 어느 것인가?

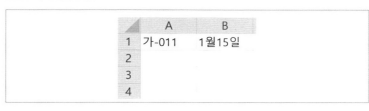

① 다-011, 01월17일 ② 가-013, 01월17일
③ 가-013, 03월15일 ④ 다-011, 03월15일

합격요약 **38** | 클립보드와 바로가기 키

• **클립보드**

데이터를 일시적으로 보관해 둔 공간

• **붙여넣기 옵션**

값 붙여넣기, 선택하여 붙여넣기, 연결하여 붙여넣기, 테두리만 제외, 행/열 바
꿈, 내용 있는 셀만 붙여넣기 등

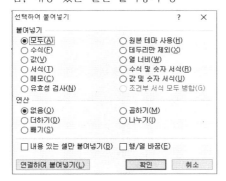

• 최대 24개 항목이 저장 가능

• **연속적인 데이터 선택 :** Shift

• **비연속적인 데이터 선택 :** Ctrl

기 / 출 / 유 / 형

111. 다음 중 [선택하여 붙여넣기] 대화상자에 대한 설명으로 잘못된 것은?

① 복사한 데이터를 여러 가지 옵션을 적용하여 붙여 넣는 기능으로, [잘라내
기]를 실행한 상태에서는 사용할 수 없다.
② [붙여넣기]의 '서식'을 선택한 경우 복사한 셀의 내용과 서식을 함께 붙여
넣는다.
③ [내용 있는 셀만 붙여넣기]를 선택하면 복사할 영역에 빈 셀이 있는 경우 붙여
넣을 영역의 값을 바꾸지 않는다.
④ [행/열 바꿈]을 선택한 경우 복사한 데이터의 열을 행으로, 행을 열로 변경
하여 붙여넣기가 실행된다.

기 / 출 / 유 / 형

109. 다음은 시트 탭에서 원하는 시트를 선택하는 방법이다. 빈칸 ⓐ, ⓑ에
들어갈 키는?

> 연속적인 여러 개의 시트를 선택할 경우에는 첫 번째 시트를 클릭하고,
> (ⓐ) 키를 누른 채 마지막 시트를 클릭한다. 서로 떨어져 있는 여러
> 개의 시트를 선택할 경우에는 첫 번째 시트를 클릭하고, (ⓑ) 키를
> 누른 채 원하는 시트를 차례로 클릭한다.

① ⓐ Shift, ⓑ Ctrl　　　② ⓐ Ctrl, ⓑ Shift
③ ⓐ Alt, ⓑ Ctrl　　　④ ⓐ Ctrl, ⓑ Alt

110. 다음 중 [홈]-[클립보드] 그룹의 [붙여넣기]에서 선택 가능한 붙여
넣기 옵션으로 잘못된 것은?

① 하이퍼링크로 붙여넣기
② 선택하여 붙여넣기
③ 테두리만 붙여넣기
④ 연결하여 붙여넣기

합격요약 39 | 이름 정의

- 절대참조로 대상범위를 참조
- 첫 글자는 문자로 시작하며 밑줄(_), 역슬래시(\ ) 이외의 특수문자를 사용할 수 없음
- 공백은 포함할 수 없음
- 이름 정의 후 참조 대상 편집 가능
- 최대 255자까지 사용 가능
- 대소문자 구별하지 않음
- 셀 주소 형식으로는 이름을 정의할 수 없음
- 한 통합 문서 안에서는 동일한 이름을 지정할 수 없음

기/출/유/형

112. 다음 중 참조의 대상 범위로 사용하는 이름에 대한 설명으로 옳은 것은 어느 것인가?

① 이름 정의 시 첫 글자는 반드시 숫자로 시작해야 한다.
② 하나의 통합문서 내에서 시트가 다르면 동일한 이름을 지정할 수 있다.
③ 이름 정의 시 영문자는 대소문자를 구분하므로 주의하여야 한다.
④ 이름은 기본적으로 절대참조로 대상 범위를 참조한다.

113. 다음 중 아래 그림과 같이 [A2 : D5] 영역을 선택하여 이름을 정의한 경우에 대한 설명으로 잘못된 것은?

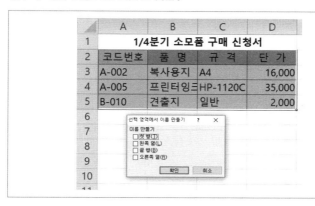

① 정의된 이름은 모든 시트에서 사용할 수 있으며, 이름 정의 후 참조 대상을 편집할 수도 있다.
② 현재 통합문서에 이미 사용 중인 이름이 있는 경우 기존 정의를 바꿀 것인지 묻는 메시지 창이 표시된다.
③ 워크시트의 이름 상자에서 '코드번호'를 선택하면 [A3 : A5] 영역이 선택된다.
④ [B3 : B5] 영역을 선택하면 워크시트의 이름 상자에 '품 명'이라는 이름이 표시된다.

114. 다음 중 참조의 대상 범위로 사용하는 이름 정의 시 이름의 지정 방법에 대한 설명으로 잘못된 것은?

① 이름의 첫 글자로 밑줄(_)을 사용할 수 있다.
② 이름에 공백 문자는 포함할 수 없다.
③ 'A1'과 같은 셀 참조 주소 이름은 사용할 수 없다.
④ 여러 시트에서 동일한 이름으로 정의할 수 있다.

합격요약 40 | 메모/윗주/하이퍼링크

- **메모**
  - 셀에 입력된 내용에 관한 보충설명 기록(모든 셀에 기록 가능)

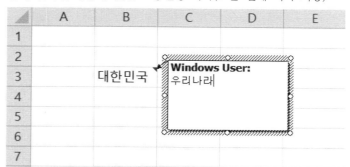

  - 메모가 삽입된 셀은 셀 오른쪽 위에(2)이 표시
  - 항상 표시 또는 셀 선택 시 표시를 설정할 수 있음
  - 셀에 입력된 데이터를 삭제해도 메모는 삭제되지 않음
  - 메모의 크기나 위치 조절 가능
  - 메모를 표시된 대로 인쇄 가능(인쇄 설정 시)
  - 셀에서 [모두 지우기] 할 경우 삽입되어 있는 메모도 삭제 됨
  - 메모삽입 : [검토]−[메모]−[새 메모] / Shift + F2
  - 메모삭제 : [검토]−[메모]−[삭제]

- **윗주**
  - 셀에 주석을 기록 (문자 데이터가 입력된 셀에만 기록 가능)

  - 문자 데이터 위쪽에 작은 글씨로 입력됨
  - 윗주삽입 : [홈]−[글꼴] 그룹−[윗주필드표시/숨기기]
  - 윗주 삽입 후 바로 셀에 표시되지 않기 때문에 표시/숨기기를 선택해야 함
  - 셀에 입력된 데이터를 삭제하면 윗주는 함께 삭제된다.

- **하이퍼링크**

  텍스트나 그래픽 개체에 통합문서, 웹페이지, 전자메일 등을 연결하는 기능

기/출/유/형

115. 다음 중 메모에 대한 설명으로 잘못된 것은?

① 통합 문서에 포함된 메모를 시트에 표시된 대로 인쇄하거나 시트 끝에 인쇄할 수 있다.
② 메모에는 어떠한 문자나 숫자, 특수 문자도 입력 가능하며, 텍스트 서식도 지정할 수 있다.
③ 시트에 삽입된 모든 메모를 표시하려면 [검토] 탭의 [메모] 그룹에서 '메모 모두 표시'를 선택한다.
④ 셀에 입력된 데이터를 Del 키로 삭제한 경우 메모도 함께 삭제된다.

기 / 출 / 유 / 형

116. 다음 중 아래 워크시트에서 [A4] 셀의 메모가 지워지는 작업에 해당하는 것은?

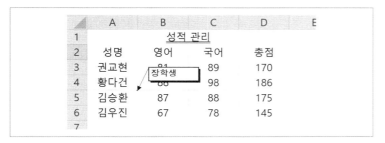

① [A3] 셀의 채우기 핸들을 아래쪽으로 드래그 하였다.
② [A4] 셀의 바로가기 메뉴에서 [메모 숨기기]를 선택 하였다.
③ [A4] 셀을 선택하고, [홈] 탭 [편집] 그룹의 [지우기]에서 [모두 지우기]를 선택하였다.
④ [A4] 셀을 선택하고, 키보드의 Back Space 키를 눌렀다.

117. 다음 중 메모에 관한 설명으로 잘못된 것은?

① 메모를 삭제하려면 메모가 삽입된 셀을 선택한 후 [검토] 탭 [메모]그룹의 [삭제]를 선택한다.
② [서식 지우기] 기능을 이용하여 셀의 서식을 지우면 설정된 메모도 함께 삭제된다.
③ 메모가 삽입된 셀을 이동하면 메모의 위치도 셀과 함께 변경된다.
④ 작성된 메모의 내용을 수정하려면 메모가 삽입된 셀의 바로가기 메뉴에서 [메모 편집]을 선택한다.

합격요약 41 | 셀 서식 표시 형식

• 셀 서식 (Ctrl + 1)

─ 셀에 입력된 데이터를 표시하는 형식을 변경할 수 있다.
─ [홈]─[셀] 그룹─[서식]─[셀 서식]
─ 표시 형식

일반	엑셀의 기본 형식 표시
숫자	• 소수점 이하 자릿수 지정 • 천 단위 구분기호 지정
통화	• 숫자 앞 통화 기호 종류 선택 • 천 단위 구분 기호
회계	• 숫자 앞 통화 기호 종류 선택 • 통화 기호와 소수점에 맞추어 정렬
날짜	연-월-일 데이터 형식을 가진 날짜 표시 형식을 지정함
시간	시:분:초 데이터 형식을 가진 시간 표시 형식을 지정함
백분율	입력된 숫자 데이터에 100을 곱한 뒤 % 기호를 표시
분수	입력된 숫자 데이터를 분수로 표시
지수	2.4E+03으로 숫자를 지수 형식으로 표시
텍스트	입력된 데이터를 문자 데이터로 처리함
기타	우편번호, 전화번호, 숫자(한자), 숫자(한글) 등 특수 서식 표시
사용자 지정	사용자가 서식 코드를 이용하여 표시 형식을 지정함

• 날짜 서식

날짜 코드		결과
연	YY	19
	YYYY	2019
월	M	1-12
	MM	01-12
	MMM	Jan-Dec
	MMMM	January-December
일	D	1-31
	DD	01-31
요일	DDD	Mon-Sun
	DDDD	Monday-Sunday
	AAA	월-일
	AAAA	월요일-일요일

• 시간 서식

시간 코드		결과
시간	H	0 - 23
	HH	00 - 23
분	M	0 - 59
	MM	00 - 59
초	S	0 - 59
	SS	00 - 59
오전/오후	AM/PM	09:15 AM/PM

• 사용자 지정

- [셀 서식]-[표시형식] 탭에서 원하는 형식을 찾을 수 없을 때 사용자가 직접 서식 코드를 사용하여 표시 형식을 사용하는 기능
- 서식 코드 구성 : 네 개의 구역을 세미콜론(;)으로 구분한다.
- 서식 코드 구성 : 양수 ; 음수 ; 0값 ; 텍스트
- 세미콜론(;) 3개를 연속해서 사용하면 셀에 입력된 데이터가 표시 되지 않음
- 숫자 서식

코드	설명
#	숫자 데이터 유효자릿수만 표시하고 0은 생략 456.781 ##.## → 456.78
0	유효하지 않은 자릿수를 0으로 표시 456.781 0000.00 → 0456.78
?	유효하지 않은 자릿수를 0으로 표시하지 않고 공백으로 소수점을 맞춰 표시
,	천 단위 구분 기호로 쉼표(,)를 표시 4835260 #,###. → 4,835
[글꼴 색]	코드 앞에 대괄호([ ]) 안에 글꼴 색상을 입력 [노랑]#.##0 색상은 : 빨강, 파랑, 노랑, 녹색, 녹청, 자홍, 검정, 흰색
[조건]	조건과 일치하는 셀에만 대괄호([ ])안에 조건을 작성하여 서식을 지정할 수 있음 673.7 [)500]#.000 673.700

기 / 출 / 유 / 형

118. 다음 중 [셀 서식] 대화상자에서 '표시형식'의 각 범주에 대한 설명으로 잘못된 것은?

① '일반' 서식은 각 자료형에 대한 특정 서식을 지정하는 데 사용된다.
② '숫자' 서식은 일반적인 숫자를 나타나는 데 사용된다.
③ '회계' 서식은 통화 기호와 소수점에 맞추어 열을 정렬하는 데 사용된다.
④ '기타' 서식은 우편번호, 전화번호, 주민등록번호 등의 형식을 설정하는 데 사용된다.

119. 다음 중 셀에 입력하였을 때 문자열로 인식되는 것은?

① "195"
② 0.342.
③ $45,654
④ 3사분기

120. 다음 중 원본 데이터를 지정된 서식으로 설정하였을 때, 결과가 잘못된 것은?

① 원본 데이터 : 5054.2, 서식 : ###
  → 결과 데이터 : 5054
② 원본 데이터 : 대한민국, 서식 : @"화이팅"
  → 결과 데이터 : 대한민국 화이팅
③ 원본 데이터 : 15 : 30 : 22, 서식 : hh : mm : ss AM/PM
  → 결과 데이터 : 3 : 30 : 22 PM
④ 원본 데이터 : 2013-02-01, 서식 : yyyy-mm-ddd
  → 결과 데이터 : 2013-02-Fri

기 / 출 / 유 / 형

121. 다음 중 입력 자료에 주어진 표시형식으로 지정한 경우 그 결과가 잘못된 것은?

① 표시형식 : #,##0,
  입력자료 : 12345
  표시결과 : 12
② 표시형식 : 0.00
  입력자료 : 12345
  표시결과 : 12345.00
③ 표시형식 : dd-mmm-yy
  입력자료 : 2015/06/25
  표시결과 : 25-June-15
④ 표시형식 : @@"**"
  입력자료 : 컴활
  표시결과 : 컴활컴활**

122. 다음 중 셀 서식의 표시 형식에 대한 설명으로 잘못된 것은?

① 일반 형식으로 지정된 셀에 열 너비 보다 긴 소수가 '0.123456789'와 같이 입력될 경우 셀의 너비에 맞춰 반올림한 값으로 표시된다.
② 통화 형식은 숫자와 함께 기본 통화 기호가 셀의 왼쪽 끝에 표시되며, 통화 기호의 표시 여부를 선택할 수 있다.
③ 회계 형식은 음수의 표시 형식을 별도로 지정할 수 없고, 입력된 값이 0일 경우 하이픈(-)으로 표시된다.
④ 숫자 형식은 음수의 표시 형식을 빨간색으로 지정할 수 있다.

합격요약 42 | 데이터 유효성 검사

- 워크시트에 입력될 값을 사용자가 제어, 제한시키는 기능
- 열 단위로 데이터 입력모드를 한글, 영문을 다르게 지정 가능
- [데이터] → [데이터 도구] → [유효성 검사]
- 유효성 검사 기능의 오류 메시지 스타일 경고(⚠), 중지(❌), 정보(ℹ), 확인(✅)

• 제한 대상

정수/소수점	• 미리 정의되어 있는 항목으로 데이터 제한할 수 있음 • 다른 위치에 있는 셀 범위를 값 목록으로 만들 수 있음
목록	• 지정된 범위를 벗어나는 숫자 데이터를 제한 할 수 있음 • 데이터 원본을 직접 지정하거나 셀 범위를 제한 원본으로 지정할 수 있음 • 직접 입력 시 목록은 쉼표(,)로 구분함
날짜/시간	지정된 날짜/시간을 제한 할 수 있음
텍스트 길이	• 셀에 입력되는 텍스트의 길이를 제한 할 수 있음 • 최소, 최대 길이를 설정할 수 있음
사용자 지정	• 셀의 수식이나 값을 이용하여 제한할 수 있음 • 허용되는 값은 수식을 사용하여 계산할 수 있음

123. 다음 중 데이터 유효성 검사에 관한 설명으로 잘못된 것은?

① 유효성 조건에 대한 제한 대상과 제한 방법을 설정할 수 있다.
② 이미 입력된 데이터에 유효성 검사를 설정하는 경우 잘못된 데이터는 삭제된다.
③ 워크시트의 열 단위로 데이터 입력 모드(한글/영문)를 다르게 지정할 수 있다.
④ 유효성 검사에 위배되는 잘못된 데이터가 입력되는 경우 표시할 오류 메시지를 설정할 수 있다.

124. 다음 중 [데이터 유효성] 대화상자의 [설정] 탭에서 '제한 대상' 목록이 아닌 것은?

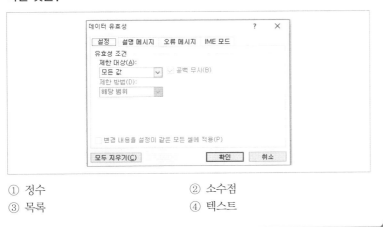

① 정수
② 소수점
③ 목록
④ 텍스트

125. 다음 중 데이터 유효성 검사에서 유효성 조건의 제한 대상으로 '목록'을 설정하였을 때의 설명으로 잘못된 것은?

① 목록의 원본으로 정의된 이름의 범위를 사용하려면 등호(=)와 범위의 이름을 입력한다.
② 유효하지 않은 데이터를 입력할 때 표시할 메시지 창의 내용은 [오류 메시지] 탭에서 설정한다.
③ 드롭다운 목록의 너비는 데이터 유효성 설정이 있는 셀의 너비에 의해 결정된다.
④ 목록 값을 입력하여 원본을 설정하려면 값을 세미콜론(;)으로 구분하여 입력한다.

합격요약 43 | 텍스트 마법사

- 일정한 너비나 기호로 구분된 텍스트 파일을 워크시트로 가져올 때 사용하는 도구
- 가져올 수 있는 파일 형식 : Access(데이터베이스) 파일, 웹 파일, 텍스트 파일, 쿼리 파일
- 탭, 세미콜론, 쉼표, 공백 외에 사용자가 원하는 문자를 입력하여 구분 기호로 사용할 수 있으며, 두 가지 이상의 문자를 구분 기호로 선택하여 지정할 수도 있음

- **실행 방법** : 아래 세 가지 방법 중 하나를 이용함
  - [파일] → [열기]
  - [데이터] → [데이터 도구] → [텍스트 나누기]
  - [데이터] → [외부 데이터 가져오기] → [텍스트]

- **텍스트 나누기**
  - 텍스트 나누기는 워크시트의 한 열에 입력되어 있는 데이터를 구분 기호나 일정한 너비로 분리하여 워크시트의 각 셀에 입력하는 것
  - 텍스트 나누기 과정은 텍스트 파일을 불러오는 과정과 동일하게 진행됨

126. 다음 중 [외부 데이터 가져오기] 기능으로 가져올 수 없는 파일 형식은 어느 것인가?

① 데이터베이스 파일(*.accdb)
② 한글 파일(*.hwp)
③ 텍스트 파일(*.txt)
④ 쿼리 파일(*.dqy)

127. 아래의 왼쪽 워크시트에서 성명 데이터를 오른쪽 워크시트와 같이 성과 이름 두 개의 열로 분리하기 위해 [텍스트 나누기] 기능을 사용하고자 한다. 다음 중 [텍스트 나누기]의 분리 방법으로 가장 적절한 방법은?

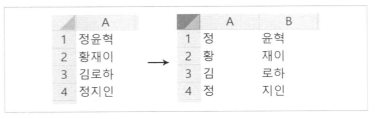

① 열 구분선을 기준으로 내용 나누기
② 구분 기호를 기준으로 내용 나누기
③ 공백을 기준으로 내용 나누기
④ 탭을 기준으로 내용 나누기

합격요약 44 | 조건부 서식

- 지정된 영역 내의 조건에 합당한 데이터만 서식 변경
- [홈] – [스타일]그룹 – [조건부서식]

셀 강조 규칙	지정된 범위에 셀 강조 규칙을 설정할 수 있음
상위/하위 규칙	지정된 범위에 상위/하위 규칙을 설정할 수 있음
데이터 막대	최대값, 최소값 기준으로 셀 값에 따라 막대의 길이로 표시
색조	색상을 통해 상위, 중간, 하위 값을 표시
아이콘 집합	셀 값에 따라 지정된 아이콘을 표시할 수 있음
새 규칙	[새 서식 규칙] 대화상자로 다양한 조건부 서식 지정 가능
규칙 지우기	지정된 셀 범위, 시트, 표, 피벗 테이블의 서식을 삭제
규칙 관리	[조건부 서식 규칙 관리자] 대화상자

- 부여된 여러 조건을 모두 충족하는 경우 처음 지정된 조건부 서식 지정
- 글꼴 스타일, 글꼴 색, 테두리, 채우기 등의 서식을 지정
- 규칙으로 셀 값을 지정할 수 있고 수식으로 입력할 수 있으며 단 수식이 입력될 경우 수식 앞에 (=)을 반드시 입력하여야 함

• 규칙 유형 선택

셀 값을 기준으로 모든 셀의 서식 지정, 다음을 포함하는 셀만, 상위 또는 하위 값만 서식 지정, 평균보다 크거나 작은 값만 서식 지정, 고유 또는 중복 값만 서식 지정, 수식을 사용하여 서식을 지정할 셀 결정

기 / 출 / 유 / 형

128. 아래 그림과 같이 짝수 행에만 배경색과 글꼴 스타일 '굵게'를 설정하는 조건부 서식을 지정하고자 한다. 다음 중 이를 위해 아래의 [새 서식 규칙] 대화상자에 입력할 수식은?

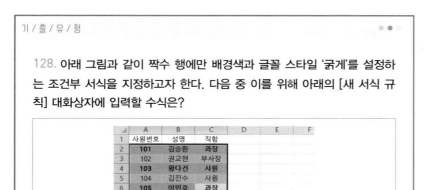

① =MOD(ROW( ),2)=1　　② =MOD(ROW( ),2)=0
③ =MOD(COLUMN( ),2)=1　　④ =MOD(COLUMN( ),2)=0

기 / 출 / 유 / 형

129. 다음 중 [A2 : C9] 영역에 아래와 같은 규칙의 조건부 서식을 적용하는 경우 지정된 서식이 적용되는 셀의 개수는 몇 개인가?

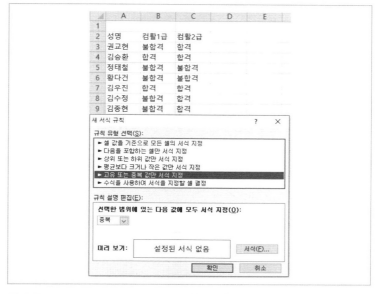

① 3개　　　　　　　　　② 10개
③ 14개　　　　　　　　　④ 24개

130. 아래 워크시트와 같이 평점이 3.0 미만인 행 전체에 셀 배경색을 지정하고자 한다. 다음 중 이를 위해 조건부 서식 설정에서 사용할 수식은?

	A	B	C	D
1	학번	학년	이름	평점
2	20163724	2	신지혜	3.38
3	20179514	1	황재이	2.60
4	20169365	2	이지훈	3.67
5	20177965	1	김승환	1.29
6	20169857	2	권교현	3.50
7	20177753	1	황다건	3.75
8	20149527	4	명수현	2.93
9	20156953	3	남진우	3.84

① =$D2⟨3　　　　　　　② =$D&2⟨3
③ =D2⟨3　　　　　　　　④ =D$2⟨3

131. 다음 중 찾기에 관한 설명으로 잘못된 것은?

① 대/소문자를 구분하여 찾을 수 있다.
② 수식이나 값을 찾을 수 있지만, 메모 안의 텍스트는 찾을 수 없다.
③ 위쪽 방향이나 왼쪽 방향으로 검색 방향을 바꾸려면 [Shift] 키를 누른 채 [다음 찾기]를 클릭한다.
④ 와일드카드 문자인 '*'는 모든 문자를 대신할 수 있고, '?'는 해당 위치의 한 문자를 대신할 수 있다.

합격요약 45 | [찾기 및 바꾸기]

[찾기]

- 워크시트에 입력되어 있는 데이터 중에서 특정 내용을 찾는 기능으로 숫자, 특수문자, 수식, 메모 등도 찾을 수 있다.
- 워크시트 전체를 대상으로 찾거나 범위를 지정하여 찾을 수 있다.
- 여러 개의 워크시트를 선택하고 찾기를 실행하면 하나의 워크시트에 있는 것처럼 연속적으로 찾기를 실행할 수 있다.
- 대/소문자를 구분하여 찾을 수 있다.
- 이전 항목을 찾으려면 Shift 키를 누른 상태에서 다음 찾기 단추를 클릭한다.

• 찾을 내용

와일드카드(만능문자) 이용, *(모든 문자를 의미), ?(물음표 개수만큼의 모든 문자를 의미)

• 실행

[홈] → [편집] → [찾기 및 선택]

• 찾기

Ctrl + F / Shift + F5

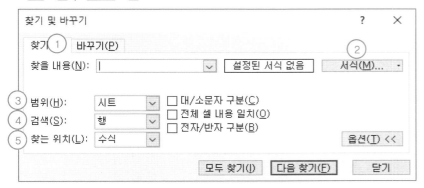

① 찾을 내용 : 찾고자 하는 내용을 입력함. ?, * 등의 만능문자(와일드카드)나 특수문자(+, -, #, $ 등)를 사용할 수 있음
② 서식 : 특정 서식이 지정된 문자열이나 숫자를 찾음
③ 범위 : 현재 워크시트에서만 검색하려면 '시트', 모든 시트에서 검색하려면 '통합 문서'를 선택함
④ 검색 : 찾을 방향(행, 열)을 선택함
⑤ 찾는 위치 : 찾을 정보가 들어 있는 워크시트의 요소(수식, 값, 메모)를 선택함

[바꾸기]

- 바꾸기는 특정 내용을 찾아 원하는 내용으로 바꿔주는 기능

• 실행

- [홈] → [편집] → [찾기 및 선택] → [바꾸기]를 선택
- Ctrl + H를 눌러 '찾기 및 바꾸기' 대화상자가 실행되면 찾을 내용과 바꿀 내용을 입력하고 〈바꾸기〉를 클릭

132. 다음 중 찾기에 관한 설명으로 잘못된 것은?

① 대/소문자를 구분하여 찾을 수 있다.
② 수식이나 값을 찾을 수 있지만, 메모 안의 텍스트는 찾을 수 없다.
③ 위쪽 방향이나 왼쪽 방향으로 검색 방향을 바꾸려면 Shift 키를 누른 채 [다음 찾기]를 클릭한다.
④ 와일드카드 문자인 '*'는 모든 문자를 대신할 수 있고, '?'는 해당 위치의 한 문자를 대신할 수 있다.

133. 다음 중 [찾기 및 바꾸기] 대화상자의 각 항목에 대한 설명으로 잘못된 것은?

① 찾을 내용 : 검색할 내용을 입력할 곳으로 와일드카드 문자를 검색 문자열에 사용할 수 있다.
② 서식 : 숫자 셀을 제외한 특정 서식이 있는 텍스트 셀을 찾을 수 있다.
③ 범위 : 현재 워크시트에서만 검색하는 '시트'와 현재 통합 문서의 모든 시트를 검색하는 '통합 문서' 중 선택할 수 있다.
④ 모두 찾기 : 검색 조건에 맞는 모든 항목이 나열된다.

134. 다음 중 [찾기] 및 [바꾸기] 바로가기 키 연결이 잘못된 것은?

① 찾기 - Shift + F5
② 찾기 - Ctrl + S
③ 바꾸기 - Ctrl + H
④ 찾기 - Ctrl + F

합격요약 46 | 틀 고정 및 창 나누기

• 틀 고정

–데이터의 양이 많아서 한 화면에 표시할 수 없을 때 행 또는 열을 고정시켜
화면 이동과 관계없이 항상 표시
–[보기] →[창] → [틀 고정]
–해제 시 : [보기] → [창] → [틀 고정 취소]
–선택 셀을 중심으로 왼쪽, 위쪽이 고정 된다.
–틀 고정 표시선은 마우스끌기로 변경되지 않는다.
–화면에 표시되는 틀 고정 형태는 인쇄 시 적용되지 않음

• 창 나누기

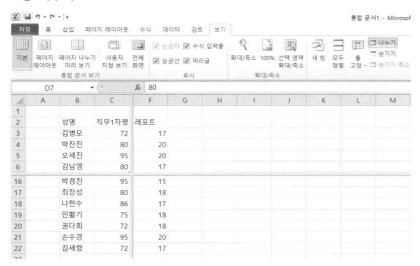

–한 화면에 최대 4개까지의 워크시트 내용을 표시(셀 포인터 위치에 따라 수
직, 수평, 수직/수평 분할이 가능)
–창 구분선은 마우스 끌기로 위치 변경 가능
–선택된 셀을 중심으로 왼쪽, 위쪽 부분이 나누어짐
–창 나누기를 해제하려면 [보기]-[창]-[나누기]를 클릭하거나 창 분할줄을
더블 클릭
–화면에 표시된 창 나누기는 인쇄되지 않음

135. 다음 중 현재의 화면을 수평이나 수직 또는 수평/수직으로 나누어 볼
수 있는 화면 제어 기능은 어느 것인가?

① 창 정렬
② 확대/축소
③ 창 나누기
④ 창 숨기기

136. 다음 중 [보기] 탭 [창] 그룹의 각 기능에 대한 설명으로 잘못된 것은?

① [새 창]은 현재 활성화되어 있는 문서를 새 창에 하나 더 열어서 두 개 이상
의 창을 통해 볼 수 있게 해준다.
② [틀 고정] 기능으로 열을 고정하려면 고정하려는 열의 왼쪽 열을 선택한 후
틀 고정을 실행한다.
③ [나누기]는 워크시트를 여러 개의 창으로 분리하는 기능으로 최대 4개까지
분할할 수 있다.
④ [모두 정렬]은 [창 정렬] 창을 표시하여 화면에 열려 있는 통합 문서 창들을
선택 옵션에 따라 나란히 배열한다.

137. 다음 중 틀 고정과 창 나누기에 대한 설명으로 잘못된 것은?

① 틀 고정은 기본적으로 워크시트의 아래쪽에 있는 행과 오른쪽에 있는 열이
고정되지만 워크시트의 중간에 있는 행과 열도 고정할 수 있다.
② 셀 편집 모드에 있거나 워크시트가 보호된 경우에는 틀 고정 명령을 사용할
수 없다.
③ 틀 고정 구분선은 마우스를 이용하여 위치를 변경할 수 없으나 창 나누기
구분선은 위치 변경이 가능하다.
④ 두 개의 스크롤 가능한 영역으로 나뉜 창을 복원하려면 두 창을 나누고 있는
분할줄을 아무 곳이나 두 번 클릭한다.

05 데이터 분석 및 관리도구

합격요약 47 | 정렬

• 입력된 데이터들을 특정한 순서에 따라 재배열하는 기능

• 오름차순(작은 → 큰)/내림차순(작은 → 큰)
• 정렬 방식에는 오름차순, 내림차순, 사용자 지정 목록이 있으며, 셀 값에 따라 정렬이 수행된다.
• 정렬 대상 범위 내에 셀 포인터를 두고 정렬을 실행하면 정렬 대상 범위 전체가 범위로 설정된다.
• 데이터 목록 중 정렬에서 제외할 대상이 있을 경우나 특정 영역만을 정렬할 경우에는 범위를 지정할 수 정렬을 수행한다.
• 임의의 정렬 순서를 사용할 때는 먼저 사용자 지정 목록에 정렬 순서를 등록해야 한다.
• 숨겨진 행이나 열은 정렬을 수행해도 이동되지 않으므로 데이터를 정렬하기 전에 모두 표시해 놓는 것이 좋다.
• 오름차순 기준 : 숫자 → 특수문자 → 영문 → 한글 → 논리 값 → 오류 값 → 빈 셀
• 내림차순 기준 : 오류 값 → 논리 값 → 한글 → 영문 → 특수문자 → 숫자 → 빈 셀
• 기준 추가에 의한 정렬 기준의 개수는 64개까지 작성 가능
• 정렬 기준의 선택은 값, 셀 색, 글꼴 색, 셀 아이콘이 있음
• 정렬시 머리글 표시를 포함, 해지 기능
• 조건부 서식으로 설정한 경우 셀 색 또는 글꼴 색 기준으로 정렬

• **정렬 옵션**

　대/소문자, 왼쪽 → 오른쪽, 위쪽 → 아래쪽

기 / 출 / 유 / 형

138. 다음 중 오름차순 정렬에 관한 설명으로 잘못된 것은?

① 숫자는 가장 작은 음수에서 가장 큰 양수의 순서로 정렬된다.
② 영숫자 텍스트는 왼쪽에서 오른쪽으로 정렬된다. 예를 들어, 텍스트 "A100"이 들어 있는 셀은 "A1"이 있는 셀보다 뒤에, "A11"이 있는 셀보다 앞에 정렬된다.
③ 논리값은 TRUE보다 FALSE가 앞에 정렬되며 오류 값의 순서는 모두 같다.
④ 공백(빈 셀)은 항상 가장 앞에 정렬된다.

139. 다음 중 데이터 분석을 쉽게 하기 위해 수행하는 정렬 기능에 대한 설명으로 옳은 것은 어느 것인가?

① 정렬 조건을 최대 3개까지 지정할 수 있다.
② 정렬 옵션으로 정렬의 방향을 왼쪽에서 오른쪽으로 지정할 수 있다.
③ 색상별 정렬에서 오름차순은 흰색에서 검은색 순으로 정렬된다.
④ 사용자 지정 정렬 순서는 첫 번째 기준에만 적용할 수 있다.

140. 다음 중 정렬 기능에 대한 설명으로 잘못된 것은?

① 머리글의 값이 정렬 작업에 포함되거나 제외되도록 설정할 수 있다.
② 날짜가 입력된 필드의 정렬에서 내림차순을 선택하면 이전 날짜에서 최근 날짜 순서로 정렬할 수 있다.
③ 사용자 지정 목록을 사용하여 사용자가 정의한 순서대로 정렬할 수 있다.
④ 셀 범위나 표 열의 서식을 직접 또는 조건부 서식으로 설정한 경우 셀 색 또는 글꼴 색을 기준으로 정렬할 수 있다.

합격요약 48 │ 자동 필터/고급 필터

- 자동필터 : [데이터]-[정렬 및 필터] 그룹-[필터]
  - 필드 이름 옆에 필터 단추가 생성되면 필드별로 조건을 설정할 수 있다.
  - 두 개 이상의 필드에 조건이 지정된 경우는 그리고(AND) 조건으로만 조건 설정이 가능하다.
- 고급 필터는 복잡한 조건이나 다양한 조건을 직접 만들어서 조건에 맞는 데이터들만 추출
- 조건에 만족하는 데이터를 다른 곳에 추출 가능

A로 시작하는 문자	A*
A로 끝나는 문자	*A
A를 포함하는 문자	*A*

- 여러 조건 부여 시 각각의 조건은 AND, OR 모두 표현
- 같은 줄 입력은 AND, 다른 줄 입력은 OR로 조건을 부여

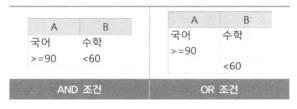

A	B
국어	수학
>=90	<60

AND 조건

A	B
국어	수학
>=90	
	<60

OR 조건

- AND 조건 : 지정한 모든 조건을 만족하는 데이터만 출력. 조건을 모두 같은 행에 입력해야 함
- OR 조건 : 지정한 조건 중 하나의 조건이라도 만족하는 경우 데이터가 출력. 조건을 모두 다른 행에 입력해야 함

기/출/유/형

141. 다음 중 고급 필터를 이용하여 국어 점수가 70점 이상에서 90점 미만인 데이터 행을 추출하기 위한 조건은?

①
국어	국어
>=70	<90

②
국어
>=70
<90

③
국어	국어
>=70	
	<90

④
국어	
>70	<90

142. 다음 중 아래의 〈데이터〉와 〈고급필터 조건〉을 이용하여 고급 필터를 실행한 결과는?

〈데이터〉

	A	B	C
1	성명	부서명	성적
2	황다건	총무	70
3	최수아	영업	78
4	임수정	경리	90
5	김은희	영업	78

〈고급필터 조건〉

성명	부서명	성적
??명		
	영업	>80

①
성명	부서명	성적
최수아	영업	78

②
성명	부서명	성적
최수아	영업	78
임수정	경리	90

③
성명	부서명	성적
황다건	총무	70
최수아	영업	78
임수정	경리	90

④
성명	부서명	성적
황다건	총무	70
최수아	영업	78
김은희	영업	78

기/출/유/형

143. 다음 중 데이터 관리 기능인 자동 필터에 대한 설명으로 잘못된 것은?

① 필터는 데이터 목록에서 설정된 조건에 맞는 데이터만을 추출하여 나타내기 위한 기능으로 워크시트의 다른 영역으로 결과 테이블을 자동 생성할 수 있다.
② 두 개 이상의 필드(열)로 필터링 할 수 있으며, 필터는 누적 적용되므로 추가하는 각 필터는 현재 필터 위에 적용된다.
③ 필터는 필요한 데이터 추출을 위해 조건을 만족하지 않는 데이터를 잠시 숨기는 것이므로 목록 자체의 내용은 변경되지 않는다.
④ 자동 필터를 사용하여 추출한 데이터는 레코드(행) 단위로 표시된다.

144. 다음 중 필터링에 대한 설명으로 잘못된 것은?

① 자동 필터를 사용하여 데이터를 필터링하면 셀 범위나 표 열에서 원하는 데이터를 쉽고 빠르게 찾아 작업할 수 있다.
② 데이터에 필터를 적용하면 지정한 조건에 맞는 행만 표시되고 나머지 행은 숨겨진다.
③ 자동 필터에서는 여러 열에 동시에 '또는(OR)' 조건으로 결합시킬 수 없다.
④ 필터를 사용하려면 기준이 되는 필드를 반드시 오름차순이나 내림차순으로 정렬해야 한다.

145. 다음 중 성명이 '정'으로 시작하거나 출신 지역이 '서울'인 데이터를 추출하기 위한 고급 필터 조건은 어느 것인가?

①
성명	출신지역
정*	서울

②
성명	출신지역
정*	
	서울

③
성명	정*
출신지역	서울

④
성명	정*	
출신지역		서울

합격요약 49 | 데이터 표

• 특정 데이터를 변경시켜 각종 결과값이 어떻게 변경되는지 계산해 주는 기능

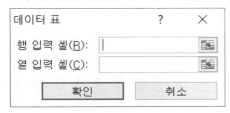

• 결과값은 반드시 변화하는 변수를 포함한 수식으로 작성해야 함
• 변수의 수에 따라 변수가 한 개 이거나 두 개인 데이터 표를 작성 가능
• [데이터] → [데이터 도구] → [가상 분석] → [표]
• 데이터 표의 결과값은 일부분만 수정 또는 삭제할 수 없다.

기 / 출 / 유 / 형

146. 다음 중 아래 그림과 같이 연 이율과 월 적금액이 고정되어 있고, 적금기간이 1년, 2년, 3년, 4년, 5년인 경우 각 만기 후의 금액을 확인하기 위한 도구로 가장 적절한 기능은?

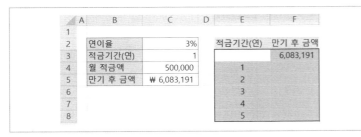

① 고급 필터   ② 데이터 통합
③ 목표값 찾기   ④ 데이터 표

147. 다음 중 가상 분석 도구인 [데이터 표]에 대한 설명으로 잘못된 것은?

① 테스트 할 변수의 수에 따라 변수가 한 개이거나 두 개인 데이터 표를 만들 수 있다.
② 데이터 표를 이용하여 입력된 데이터는 부분적으로 수정 또는 삭제할 수 있다.
③ 워크시트가 다시 계산될 때마다 데이터 표도 변경 여부에 관계없이 다시 계산된다.
④ 데이터 표의 결과값은 반드시 변화하는 변수를 포함한 수식으로 작성해야 한다.

합격요약 50 | 데이터 통합

• 여러 영역의 값을 하나의 표로 합치는 기능

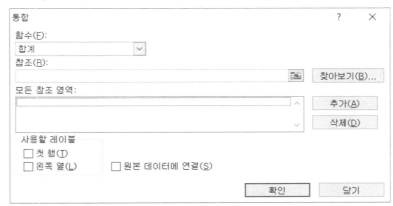

• 여러 시트 데이터, 다른 통합 문서에 입력되어 있는 데이터, 위치 기준, 영역의 이름으로도 통합 가능
• 다른 원본 영역의 레이블과 일치하지 않는 레이블이 있는 경우 별도의 행이나 열이 생성
• 합치는 계산식은 합계, 개수, 숫자 개수, 최대값, 최소값, 평균, 곱, 분산, 표준 편차 등

기 / 출 / 유 / 형

148. 다음 중 데이터 통합에 관한 설명으로 잘못된 것은?

① 데이터 통합은 위치를 기준으로 통합할 수도 있고, 영역의 이름을 정의하여 통합할 수는 없다.
② '원본 데이터에 연결' 기능은 통합할 데이터가 있는 워크시트와 통합 결과가 작성될 워크시트가 같은 통합문서 외에도 다른 통합문서를 통합할 수 있다.
③ 다른 원본 영역의 레이블과 일치하지 않는 레이블이 있는 경우에 통합하면 별도의 행이나 열이 만들어진다.
④ 여러 시트에 있는 데이터나 다른 통합 문서에 입력되어 있는 데이터를 통합할 수 있다.

149. 다음 중 데이터 통합에 관한 설명으로 잘못된 것은?

① 데이터 통합은 위치를 기준으로 통합할 수도 있고, 영역의 이름을 정의하여 통합할 수도 없다.
② '원본 데이터에 연결' 기능은 통합할 데이터가 있는 워크시트와 통합 결과가 작성될 워크시트가 같은 통합 문서 외에도 다른 통합 문서를 통합할 수 있다.
③ 다른 원본 영역의 레이블과 일치하지 않는 레이블이 있는 경우에 통합하면 별도의 행이나 열이 만들어진다.
④ 여러 시트에 있는 데이터나 다른 통합 문서에 입력되어 있는 데이터를 통합할 수 있다.

합격요약 51 | 목표값 찾기

- 데이터 → 데이터 도구 → 가상 분석 → 목표값 찾기
- 지정된 결과값을 변경했을 때 입력값이 변화를 알아보는 기능

```
목표값 찾기              ?    ×
수식 셀(E):    [              ] 🔲
찾는 값(V):    [              ]
값을 바꿀 셀(C): [              ] 🔲
        [  확인  ]   [  취소  ]
```

• 수식 셀
원하는 결과가 나오기를 원하는 수식이나 함수식이 있는 셀을 선택

• 찾는 값
수식 셀이 원하는 결과값을 상수로 적어줌

• 값을 바꿀 셀
찾는 값을 얻어내기 위해 입력된 데이터를 변경할 단일 셀 선택

- 목표값을 달성하기 위해 변경시킬 입력값은 1개만 선택 가능

기 / 출 / 유 / 형

150. 다음 중 판매관리표에서 수식으로 작성된 판매액의 총합계가 원하는 값이 되기 위한 판매수량을 예측하는 데 가장 적절한 데이터 분석 도구는 어느 것인가?(단, 판매액의 총합계를 구하는 수식은 판매수량을 참조하여 계산된다.)

① 시나리오 관리자   ② 데이터 표
③ 피벗 테이블   ④ 목표값 찾기

151. 아래 워크시트에서 총이익[G12]이 500,000이 되려면 4분기 판매수량 [G3]이 얼마가 되어야 하는지 목표값 찾기를 이용하여 계산하고자 한다. 다음 중 [목표값 찾기] 대화상자에 입력할 내용이 순서대로 바르게 나열된 것은?

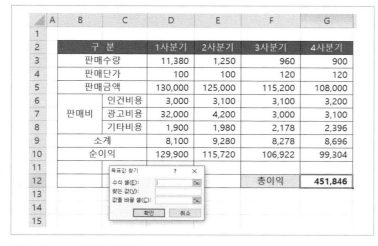

	구 분		1사분기	2사분기	3사분기	4사분기
	판매수량		11,380	1,250	960	900
	판매단가		100	100	120	120
	판매금액		130,000	125,000	115,200	108,000
	판매비	인건비용	3,000	3,100	3,100	3,200
		광고비용	32,000	4,200	3,000	3,100
		기타비용	1,900	1,980	2,178	2,396
	소계		8,100	9,280	8,278	8,696
	순이익		129,900	115,720	106,922	99,304
					총이익	451,846

① $G$12, 500000, $G$3
② $G$3, 500000, $G$12
③ $G$3, $G$12, 500000
④ $G$12, $G$3, 500000

기 / 출 / 유 / 형

152. 아래 견적서에서 총합계 [F2] 셀을 1,170,000원으로 맞추기 위해서 [D6] 셀의 할인율을 어느 정도로 조정해야 하는지 그 목표값을 찾고자 한다. 다음 중 [목표값 찾기] 대화상자의 각 항목은?

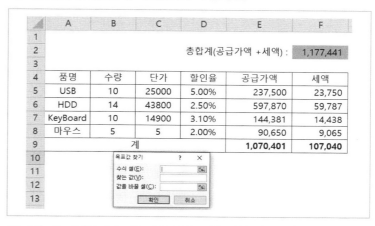

	A	B	C	D	E	F
1						
2				총합계(공급가액 +세액) :		1,177,441
3						
4	품명	수량	단가	할인율	공급가액	세액
5	USB	10	25000	5.00%	237,500	23,750
6	HDD	14	43800	2.50%	597,870	59,787
7	KeyBoard	10	14900	3.10%	144,381	14,438
8	마우스	5	5	2.00%	90,650	9,065
9		계			1,070,401	107,040

① 수식 셀 : $F$2, 찾는 값 : 1170000, 값을 바꿀 셀 : $D$6
② 수식 셀 : $D$6, 찾는 값 : $F$2, 값을 바꿀 셀 : 1170000
③ 수식 셀 : $D$6, 찾는 값 : 1170000, 값을 바꿀 셀 : $F$2
④ 수식 셀 : $F$2, 찾는 값 : $D$6, 값을 바꿀 셀 : 1170000

합격요약	52	시나리오

- 다양한 상황과 변수에 따른 여러 가지 결과값의 변화를 가상의 상황을 통해 예측하여 분석하는 도구
- [데이터] → [데이터 도구] → [가상 분석] → [시나리오 관리자]
- 셀 값의 변동에 대한 서로 다른 여러 시나리오를 만들어 변화하는 결과값을 예측하기 위해 사용한다.

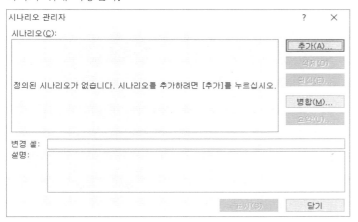

- 변경시킬 입력값(변경 셀)은 최대 32개까지만 가능
- 시나리오 결과는 요약 보고서나 피벗 테이블 보고서로 작성할 수 있다.

기 / 출 / 유 / 형

153. 다음 중 시나리오에 관한 설명으로 잘못된 것은?
① 하나의 시나리오에 최대 32개까지 변경 셀을 지정할 수 있다.
② 시나리오의 결과는 요약 보고서나 피벗 테이블 보고서로 작성할 수 있다.
③ 시나리오 병합을 통하여 다른 통합문서나 다른 워크시트에 저장된 시나리오를 가져올 수 있다.
④ 시나리오는 입력된 자료들을 그룹별로 분류하고 해당 그룹별로 특정한 계산을 수행하는 기능이다.

154. 다음 중 다양한 상황과 변수에 따른 여러 가지 결과값의 변화를 가상의 상황을 통해 예측하여 분석할 수 있는 도구는 어느 것인가?
① 시나리오 관리자　　　② 목표값 찾기
③ 해 찾기　　　　　　　④ 데이터 표

합격요약	53	부분합

- 데이터의 어떠한 열을 기준으로 정렬된 값을 소계 또는 요약하여 계산된 표
- 반드시 정렬을 먼저 수행해야 한다.
- 2개의 조건으로 부분합을 할 경우 새로운 값으로 대치를 해제 후 수행
- 부분합을 실행 전 상태로 되돌리면 부분합 대화상자에서 [모두 제거] 단추를 클릭
- 행 아래 요약 행을 지정하려면 '데이터 아래에 요약 표시'를 지정 해지할 경우 요약이 위에 표시
- 작성된 부분합의 데이터 목록에는 자동으로 윤곽이 설정되며, 윤곽 기호를 이용하여 하위 목록 데이터들의 표시 여부를 지정할 수 있다.

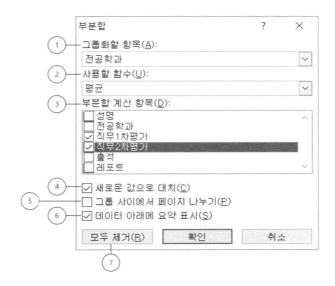

① **그룹화 할 항목** : 부분합 실행 전에 반드시 정렬을 해야 할 기준 필드와 동일
② 사용할 함수 : 합계, 개수, 평균, 최대값, 최소값, 곱, 숫자 개수, 표본 표준 편차, 표준 편차, 표본 분산, 분산 등 계산할 함수 선택
③ 부분합 계산 항목 : 그룹화 할 항목별로 어떤 필드항목을 함수로 계산할 것인지 선택
④ 새로운 값으로 대치
　－선택(이미 만들어져있는 부분합을 다른 함수와 계산항목으로 변경 가능)
　－비선택(이미 만들어져있는 부분합과 함께 새로운 함수와 계산항목으로 부분합 추가 시 사용)
⑤ 그룹 사이에서 페이지 나누기 : 그룹별로 부분합 내용을 표시하며 페이지 구분선을 표시
⑥ 데이터 아래에 요약 표시 : 부분합의 계산 결과 내용을 레코드 데이터 아래에 표시
⑦ 모두 제거 : 부분합 실행 이전의 상태로 되돌아갈 때 사용

기 / 출 / 유 / 형

155. 다음 중 부분합에 관한 설명으로 잘못된 것은?

① 부분합을 작성할 때 기준이 되는 필드가 반드시 정렬되어 있지 않아도 제대로된 부분합을 실행할 수 있다.

② 부분합에 특정한 데이터만 표시된 상태에서 차트를 작성하면 표시된 데이터에 대해서만 차트가 작성된다.

③ [부분합] 대화상자에서 '새로운 값으로 대치'는 이미 작성한 부분합을 지우고, 새로운 부분합으로 실행할 경우에 설정한다.

④ 부분합 계산에 사용할 요약 함수를 두 개 이상 사용하기 위해서는 함수의 종류 수만큼 부분합을 반복 실행해야 한다.

156. 다음 중 [부분합] 대화상자의 각 항목 설정에 대한 설명으로 잘못된 것은?

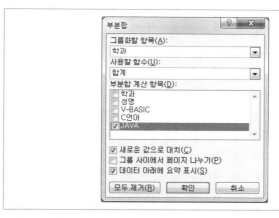

① '그룹화 할 항목'에서 선택할 필드를 기준으로 미리 오름차순 또는 내림차순으로 정렬한 후 부분합을 실행해야 한다.

② 부분합 실행 전 상태로 되돌리려면 부분합 대화상자의 [모두 제거] 단추를 클릭한다.

③ 세부 정보가 있는 행 아래에 요약 행을 지정하려면 '데이터 아래에 요약 표시'를 선택하여 체크 표시한다.

④ 이미 작성된 부분합을 유지하면서 부분합 계산 항목을 추가할 경우에는 '새로운 값으로 대치'를 선택하여 체크한다.

157. 다음 중 부분합을 실행했다가 부분합을 실행하지 않은 상태로 다시 되돌리려고 할 때의 방법으로 옳은 것은?

① [부분합] 대화상자에서 [그룹화 할 항목]을 '없음'으로 선택하고 [확인]을 누른다.

② [데이터] 탭의 [윤곽선] 그룹에서 [그룹 해제]를 선택하여 부분합에서 설정된 그룹을 모두 해제한다.

③ [부분합] 대화상자에서 '새로운 값으로 대치'를 선택하고 [확인]을 누른다.

④ [부분합] 대화상자에서 [모두 제거]를 누른다.

158. 다음 중 아래의 윤곽 설정에 대한 설명으로 옳은 것은?

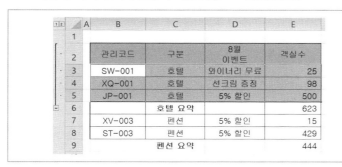

① [A3 : D6]의 영역을 선택한 후 [데이터]－[윤곽선]－[그룹]을 '행' 기준으로 실행한 상태이다.

② [A3 : D6]의 영역을 선택한 후 [데이터]－[윤곽선]－[그룹]－[자동 윤곽]을 실행한 상태이다.

③ [A3 : D6]의 영역을 선택한 후 [데이터]－[윤곽선]－[그룹 해제]를 '행' 기준으로 실행한 상태이다.

④ [A3 : D6]의 영역을 선택한 후 [데이터]－[윤곽선]－[그룹]을 '열' 기준으로 실행한 상태이다.

합격요약　54 ｜ 피벗 테이블

• 대량의 데이터를 요약, 분석하기 위한 대화형 테이블 도구

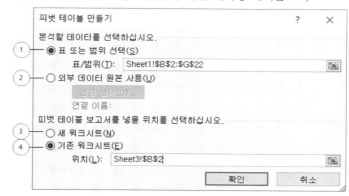

① 표 또는 범위 선택 : 피벗 테이블 원본 데이터로 사용할 표의 범위 설정

② 외부 데이터 원본 사용 : 엑셀, 데이터베이스, 텍스트 형식의 외부 데이터를 원본으로 사용 시 설정

③ 새 워크시트 : 피벗 테이블 결과를 새로운 워크시트에 나타내고자 할 때 선택

④ 기존 워크시트 : 피벗 테이블 결과를 기존 워크시트의 원하는 셀에 나타내고자 할 때 선택

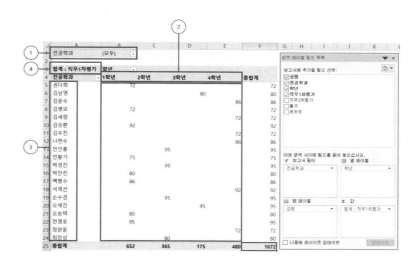

① 보고서 필터 필드 : 피벗 테이블 가장 상단에 위치하며, 해당 필드에서 선택한 항목으로 필터링 하여 피벗 테이블 결과를 보여줌

② 열 레이블 : 열 방향으로 나열할 필드를 설정

③ 행 레이블 : 행 방향으로 나열할 필드를 설정

④ 값 영역 : 합계, 개수, 평균, 최대값, 최소값, 곱, 숫자 개수, 표본 표준편차, 표준 편차, 표본 분산, 분산 등을 사용하여 표시할 값 필드를 설정

• 작성된 피벗 테이블은 같은 시트 또는 새로운 시트에 작성 가능

• 피벗 테이블 완성한 후 원본 데이터가 변경되면 [새로 고침] 기능을 이용하여 피벗 테이블에 반영

• 문자, 숫자, 시간, 날짜 등의 데이터에 그룹 지정 가능

• 피벗 테이블을 작성한 후 값 영역에 있는 필드의 계산 함수는 변경할 수 있어도 값 영역에 표시된 데이터는 수정하거나 삭제할 수 없다.

• 피벗 차트 보고서

－피벗 테이블의 데이터를 이용하여 작성한 차트로, 피벗 테이블에서 항목이나 필드에 변화를 주면 피벗 차트도 변경된다.

－피벗 차트를 작성하면 자동으로 피벗 테이블도 작성된다. 즉, 피벗 테이블을 만들지 않고는 피벗 차트를 작성할 수 없다.

−피벗 테이블과 피벗 차트는 함께 만든 후 피벗 테이블을 삭제하면 피벗 차트
는 일반 차트로 변경된다.
−먼저 피벗 테이블을 만든 후 나중에 피벗 차트를 추가할 수 있다.

기 / 출 / 유 / 형

159. 다음 중 아래의 피벗 테이블과 이를 활용한 데이터 추출에 대한 설명
으로 잘못된 것은?

평균 : TOEIC	열 레이블	
행 레이블	경영학과	컴퓨터학과
김미영	880	
김진희	790	
박수진	970	
박희영		990
손지민		860
총합계	**880**	**925**

① 피벗 테이블 옵션에서 열 총합계 표시가 해제되었다.
② 총합계는 TOEIC 점수에 대한 평균이 계산되었다.
③ 행 레이블 영역, 열 레이블 영역, 그리고 값 영역에 각각 하나의 필드가 표
시되었다.
④ 행 레이블 필터를 이용하면 성이 김씨인 사람에 대한 자료만 추출할 수도
있다.

160. 다음 중 피벗 테이블에 대한 설명으로 잘못된 것은?

① 원본의 자료가 변경되면 [모두 새로 고침] 기능을 이용하여 피벗 테이블에
반영할 수 있다.
② 작성된 피벗 테이블을 삭제하면 함께 작성한 피벗 차트도 삭제된다.
③ 피벗 테이블을 삭제하려면 피벗 테이블 전체를 범위로 지정하고 Del 키를
누른다.
④ 피벗 테이블 보고서에서는 값 영역에 표시된 데이터를 삭제하거나 수정할
수 없다.

161. 다음 중 피벗 테이블 보고서에 대한 설명으로 잘못된 것은?

① 피벗 테이블 보고서를 작성한 후에 사용자가 새로운 수식을 추가하여 표시
할 수 있다.
② 원본 데이터가 변경되면 피벗 테이블 보고서의 데이터도 자동으로 변경된
다.
③ 피벗 테이블 보고서는 현재 작업 중인 워크시트나 새로운 워크시트에 작성
할 수 있다.
④ 피벗 테이블을 삭제하더라도 피벗 테이블과 연결된 피벗 차트는 삭제되지
않고 일반 차트로 변경된다.

162. 다음 중 피벗 테이블에 대한 설명으로 잘못된 것은?

① 값 영역의 특정 항목을 마우스로 더블 클릭하면 해당 데이터에 대한 세부적
인 데이터가 새로운 시트에 표시된다.
② 데이터 그룹 수준을 확장하거나 축소해서 요약 정보만 표시할 수도 있고
요약된 내용의 세부 데이터를 표시할 수도 있다.
③ 행을 열로 또는 열을 행으로 이동하여 원본 데이터를 다양한 방식으로 요약
하여 표시할 수 있다.
④ 피벗 테이블과 피벗 차트를 함께 만든 후에 피벗 테이블을 삭제하면 피벗
차트도 자동으로 삭제된다.

합격요약 **55** | **매크로**

• 반복되는 명령이나 작업을 매크로에 저장하여 한 번에 명령으로 반복적인 여러
작업을 빠르고 쉽게 작업할 수 있도록 하는 기능
• Visual Basic 모듈에 사용한 명령과 함수가 저장되어 있어서 필요할 때마다 해
당 작업을 반복 실행할 수 있고, VBA로 기록된 내용은 추가, 삭제, 변경 가능
• 키보드나 마우스로 매크로를 작성했더라도 VBA 언어로 된 코드가 자동으로 생
성되고, VBA문을 이용하여 직접 코드를 작성할 수도 있다.
• Alt + F11 을 누르면 Visual Basic Editor가 실행
• 매크로를 기록, 실행, 편집 등의 작업을 할 수 있는 [개발 도구] 탭을 표시하려
면 [파일] → [옵션] → [리본 사용자 지정] 탭에서 '개발 도구'를 체크
• 절대 참조로 기록된 매크로를 실행하면, 현재 셀의 위치에 상관없이 매크로를
기록할 때 지정한 셀에 매크로가 적용된다.
• [개발 도구]에는 매크로와 양식 컨트롤을 쉽게 사용

① 매크로 이름
−매크로 이름은 기호(/ ? ' ' . − ※)와 공백은 사용할 수 없음
−이름 지정 시 반드시 문자로 지정해야 하고, 두 번째부터 문자, 숫자, 밑
줄(_) 등의 사용이 가능
−자동으로 만들어지며, 기록된 매크로 이름은 변경 가능
② 바로가기 키
−영문자로만 조합이 가능하며, Ctrl 키를 조합으로 사용, 대문자로 지정하
면 Shift 키로 설정
−바로가기 키는 반드시 지정해야하는 사항은 아님
③ 매크로 저장 위치
−현재 통합 문서, 새 통합 문서, 개인용 매크로 통합 문서 세 가지 중에
선택함
−매크로를 엑셀이 실행될 때 마다 사용하기 위해서는 개인용 매크로 통합
문서(Personal.xlsb)로 설정
④ 설명 : 매크로는 실행과는 직접적인 관계가 없는 주석을 기록하는 곳, 반드
시 작성해야 하는 사항 아님

• [매크로] 대화상자의 각 항목

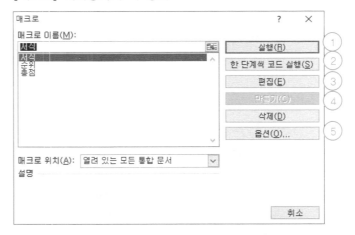

① 실행 : 선택한 매크로를 실행
② 한 단계씩 코드 실행 : 선택한 매크로를 한 줄씩 실행(디버깅 용도)
③ 편집 : 선택한 매크로를 Visual Basic Editor를 이용해 매크로 이름이나 키, 명령 내용을 편집
④ 만들기 : Visual Basic Editor를 이용해 매크로 작성
⑤ 옵션 : 선택한 매크로에 바로가기 키를 지정하거나 설명을 수정

기 / 출 / 유 / 형

167. 다음 중 [보안 센터] 창의 [매크로 설정]에서 [신뢰할 수 없는 위치에 있는 문서의 매크로]에 대한 선택 항목으로 잘못된 것은?

① 모든 매크로 제외(알림 표시 없음)
② 모든 매크로 제외(알림 표시)
③ 디지털 서명된 매크로만 포함
④ 모든 매크로 포함(기본 설정, 알림 표시)

기 / 출 / 유 / 형

163. 다음 중 아래의 [매크로 기록] 대화상자의 각 항목에 입력하는 내용으로 옳지 않은 것은?

① 매크로 이름을 '매크로 연습'으로 입력하였다.
② 바로가기 키 값을 'm'으로 입력하였다.
③ 매크로 저장 위치를 '새 통합 문서'로 지정하였다.
④ 설명에 매크로 기록자의 이름, 기록한 날짜, 간단한 설명 등을 기록하였다.

164. 다음 중 매크로 기록에 대한 설명으로 옳은 것은 어느 것인가?

① 매크로 이름의 첫 글자는 반드시 숫자이어야 하며, 문자, 숫자, 공백문자 등을 혼합하여 지정할 수 있다.
② 매크로의 바로가기 키는 숫자 0~9 중에서 선택하여 사용해야 한다.
③ 선택된 셀의 위치에서 매크로가 실행되도록 하려면 상대 참조로 기록해야 한다.
④ 매크로 기록 후 매크로의 이름은 변경할 수 없으나 바로가기 키는 변경할 수 있다.

165. 다음 중 매크로에 관한 설명으로 잘못된 것은?

① 서로 다른 매크로에 동일한 이름을 부여할 수 없다.
② 매크로는 반복적인 작업을 자동화하여 복잡한 작업을 단순한 명령으로 실행할 수 있도록 한다.
③ 매크로 기록 시 사용자의 마우스 동작은 기록되지만 키보드 작업은 기록되지 않는다.
④ 현재 셀의 위치를 기준으로 매크로가 실행되도록 하려면 '상대 참조로 기록'을 설정한 후 매크로를 기록한다.

166. 다음 중 매크로를 실행하는 방법으로 잘못된 것은?

① 매크로 기록 시 Alt 키 조합 바로가기 키를 지정하여 매크로를 실행한다.
② 빠른 실행 도구 모음에 매크로 아이콘을 추가하여 매크로를 실행한다.
③ Alt + F8 키를 눌러 매크로 대화상자를 표시한 후 매크로를 선택하고 [실행] 단추를 클릭하여 실행한다.
④ 그림, 클립아트, 도형 등의 그래픽 개체에 매크로 이름을 연결한 후 그래픽 개체 영역을 클릭하여 실행한다.

정 답

138 ④ 139 ② 140 ④ 141 ① 142 ② 143 ① 144 ④ 145 ② 146 ④ 147 ②
148 ② 149 ② 150 ④ 151 ① 152 ① 153 ④ 154 ① 155 ④ 156 ④ 157 ②
158 ① 159 ① 160 ② 161 ② 162 ④ 163 ① 164 ③ 165 ③ 166 ① 167 ④

06 수식 및 함수

합격요약 56 | 수식 및 함수(날짜와 시간함수)

YEAR(날짜)	날짜에서 연도만 표시
MONTH(날짜)	날짜에서 월만 표시
DAY(날짜)	날짜에서 일만 표시
HOUR(시간)	시간에서 시간만 표시
MINUTE(시간)	시간에서 초만 표시
WEEKDAY (날짜, 옵션)	• 날짜에 해당하는 요일 번호를 표시 • 옵션 　1 또는 생략 : 1(일요일)에서 7(토요일)까지의 숫자를 사용함 　2 : 1(월요일)에서 7(일요일)까지의 숫자를 사용함 　3 : 0(월요일)에서 6(일요일)까지의 숫자를 사용함
DAYS360 (날짜, 날짜)	1년을 12달, 360일로 하여 두 날짜 사이의 일수 계산
DATE(년, 월, 일)	년, 월, 일에 대한 일련번호를 구함(기준 1900년 1월 1일)
TIME(시, 분, 초)	지정한 시간에 대한 일련번호를 구함(0.0~0.999)
TODAY( )	현재 날짜 표시
NOW( )	현재 날짜와 시간 표시
EDATE(날짜, 월수)	• 지정한 날짜를 기준으로 몇 개월 이전 또는 이후의 날짜를 일련번호로 구함 • 월수가 양수이면 이후 날짜를, 음이면 이전 날짜를 대상으로 구함
EOMONTH (날짜, 월수)	• 지정한 날짜를 기준으로 몇 개월 이전 또는 이후 달의 마지막 날짜의 일련번호를 구함 • 월수가 양수이면 이후 날짜를, 음수이면 이전 날짜를 대상으로 함
WORKDAY (날짜, 날짜수, 휴일 날짜)	날짜에서 토요일, 일요일과 지정한 휴일 날짜를 제외하고 지정한 날짜수 만큼 지난 날짜의 일련번호를 구함
YEARFRAC (날짜1, 날짜2)	일년중 두 날짜 사이의 전체 일수가 차지하는 비율을 계산함

169. 다음 중 엑셀의 날짜 및 시간 데이터 관련 함수에 대한 설명으로 잘못된 것은?

① 날짜 데이터는 순차적인 일련번호로 저장되기 때문에 날짜 데이터를 이용한 수식을 작성할 수 있다.

② 시간 데이터는 날짜의 일부로 인식하여 소수로 저장되며, 낮 12시는 0.5로 계산된다.

③ TODAY 함수는 셀이 활성화 되거나 워크시트가 계산될 때 또는 함수가 포함된 매크로가 실행될 때마다 시스템으로부터 현재 날짜를 업데이트한다.

④ WEEKDAY 함수는 날짜에 해당하는 요일을 구하는 함수로 Return_type 인수를 생략하는 경우 '일월화수목금토' 중 해당하는 한 자리 요일이 텍스트 값으로 반환된다.

170. 다음 중 각 수식에 대한 결과가 잘못된 것은?

① =MONTH(EDATE("2015-3-20",2)) → 5

② =EDATE("2015-3-20",3) → 2015-06-20

③ =EOMONTH("2015-3-20",2) → 2015-05-20

④ =EDATE("2015-3-20",-3) → 2014-12-20

168. 다음 중 아래 워크시트에서 [D4] 셀에 입력한 수식의 실행 결과는? (단, [D4] 셀에 설정되어 있는 표시형식은 '날짜'임)

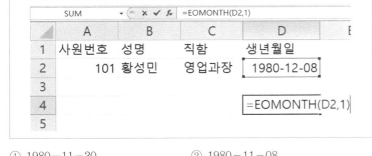

① 1980-11-30　　② 1980-11-08

③ 1981-01-31　　④ 1981-01-08

합격요약 57 | 수식 및 함수 (논리 함수)

IF(조건, 인수1, 인수2)	조건을 비교하여 참이면 인수1, 거짓이면 인수2를 실행
IFERROR(인수1, 인수2)	인수1이 오류면 인수2를 표시하고, 그렇지 않으면 인수1을 그대로 표시
NOT(인수)	인수에 대한 논리값의 반대값 표시
AND(인수1, 인수2, …)	인수가 모두 참이면 참
OR(인수1, 인수2, …)	인수 중 하나라도 참이면 참
FALSE( )	논리값 FALSE 표시
TRUE( )	논리값 TRUE 표시

기 / 출 / 유 / 형 ● ● ●

171. 다음 중 아래 워크시트에서 가입일이 2000년 이전이면 회원등급을 '골드회원', 아니면 '일반회원'으로 표시 하려고 할 때 [C19] 셀에 입력할 수식은?

	A	B	C
17		회원가입현황	
18	성명	가입일	회원등급
19	김종현	2000-01-05	골드회원
20	명수현	1996-03-07	골드회원
21	김우진	2002-06-20	일반회원
22	김승환	2006-11-23	일반회원
23	황다건	1998-10-20	골드회원
24	권교현	1999-12-05	골드회원

① =TODAY(IF(B19<=2000,"골드회원","일반회원")
② =IF(TODAY(B19)<=2000,"일반회원","골드회원")
③ =IF(DATE(B19)<=2000,"골드회원","일반회원")
④ =IF(YEAR(B19)<=2000,"골드회원","일반회원")

172. 아래 워크시트에서 코드표 [E3 : F6]를 참조하여 과목 코드에 대한 과목명 [B3 : B5]을 구하되 코드표에 과목 코드가 존재하지 않으면 과목명을 공백으로 표시하고자 한다. 다음 중 [B3] 셀에 수식을 입력한 후 나머지 셀은 채우기 핸들을 이용하여 입력하고자 할 때 [B3] 셀의 수식은?

	A	B	C	D	E	F
1		시험결과			코드표	
2	과목코드	과목명	점수		코드	과목명
3	W		85		W	워드
4	P		90		E	엑셀
5	X		75		P	파워포인트
6					A	액세스

① =IFERROR(VLOOKUP(A3,E3 : F6,2, TRUE),"")
② =IFERROR(VLOOKUP(A3,$E$3 : $F$6,2,FALSE),"")
③ =IFERROR("",VLOOKUP(A3,$E$3 : $F$6,2,TRUE))
④ =IFERROR("",VLOOKUP(A3,E3 : F6,2,FALSE))

합격요약 58 | 수식 및 함수 (데이터베이스 함수)

DSUM(데이터 범위, 열 번호, 조건)	해당 범위에서 조건에 맞는 자료를 대상으로 지정된 열에서 합계를 계산함
DAVERAGE(데이터 범위, 열 번호, 조건)	해당 범위에서 조건에 맞는 자료를 대상으로 지정된 열에서 평균을 계산함
DCOUNT(데이터 범위, 열 번호, 조건)	해당 범위에서 조건에 맞는 자료를 대상으로 지정된 열에서 수치가 있는 셀의 개수를 계산함
DCOUNTA(데이터 범위, 열 번호, 조건)	해당 범위에서 조건에 맞는 자료를 대상으로 지정된 열에서 비어 있지 않은 셀의 개수를 계산함
DMAX(데이터 범위, 열 번호, 조건)	해당 범위에서 조건에 맞는 자료를 대상으로 지정된 열에서 가장 큰 값을 찾음
DMIN(데이터 범위, 열 번호, 조건)	해당 범위에서 조건에 맞는 자료를 대상으로 지정된 열에서 가장 작은 값을 찾음

기 / 출 / 유 / 형 ● ● ●

173. 다음 중 아래의 워크시트에서 몸무게가 70Kg 이상인 사람의 수를 구하고자 할 때 [E7] 셀에 입력할 수식으로 잘못된 것은?

	A	B	C	D	E	F
1	번호	이름	키(Cm)	몸무게(Kg)		
2	12001	황재이	165	67		몸무게(Kg)
3	12002	신지혜	171	69		>=70
4	12003	김은희	177	78		
5	12004	권교현	162	80		
6						
7	몸무게가 70Kg 이상인 사람의 수				2	
8						

① =DCOUNT(A1 : D5,2,F2 : F3)
② =DCOUNTA(A1 : D5,2,F2 : F3)
③ =DCOUNT(A1 : D5,3,F2 : F3)
④ =DCOUNTA(A1 : D5,3,F2 : F3)

174. 다음 중 아래의 워크시트에서 수식 '=DAVERAGE(A4 : E10, "수확량", A1 : C2)'의 결과는?

	A	B	C	D	E
1	나무	높이	높이		
2	배	>10	<20		
3					
4	나무	높이	나이	수확량	수익
5	배	18	17	14	105
6	배	12	20	10	96
7	체리	13	14	9	105
8	사과	14	15	10	75
9	배	9	8	6	76.8
10	사과	8	9	6	45

① 15   ② 12
③ 14   ④ 18

합격요약	59	수식 및 함수 (텍스트 함수)

LEFT(텍스트, 개수)	텍스트의 왼쪽부터 지정한 개수만큼 표시
MID(텍스트, 시작 위치, 개수)	텍스트의 시작 위치부터 지정한 개수만큼 표시
RIGHT(텍스트, 개수)	텍스트의 오른쪽부터 지정한 개수만큼 표시
LOWER(텍스트)	텍스트를 모두 소문자로 표시
UPPER(텍스트)	텍스트를 모두 대문자로 표시
PROPER(텍스트)	텍스트의 첫 글자만 대문자로 표시
TRIM(텍스트)	텍스트의 양쪽 공백 제거
• FIND(텍스트1, 텍스트2, 시작 위치) • FINDB(텍스트1, 텍스트2, 시작위치)	• 텍스트2의 시작위치부터 텍스트1을 찾아 위치를 표시함 • FIND는 각각의 문자를 항상 한 글자로 계산하고, FINDB는 숫자와 영어는 한 글자, 한글과 특수문자는 두 글자로 계산함 • 대/소문자를 구분하고, 와일드카드(*, ?) 문자를 사용할 수 없음
• SEARCH(텍스트1, 텍스트2, 시작위치) • SEARCHB(텍스트1, 텍스트2, 시작위치)	• 텍스트2의 시작위치부터 텍스트1을 찾아 위치를 표시함 • SEARCH는 각 문자를 항상 한 글자로 계산하고, SEARCHB는 숫자와 영어는 한 글자, 한글과 특수문자는 두 글자로 계산함 • 대/소문자를 구분할 수 없고, 와일드카드(*, ?) 문자를 사용할 수 있음

기 / 출 / 유 / 형 · · ·

175. 다음 중 수식 입력 줄에 아래의 수식을 입력하였을 때의 결과는?

= TRIM(PROPER("good morning !"))

① GOOD MORNING ! ② Good Morning!
③ GoodMorning! ④ goodmorning!

176. 다음 중 각 함수식과 그 결과가 잘못된 것은?

① =TRIM("1/4분기 수익") → 1/4분기 수익
② =SEARCH("세","세금 명세서",3) → 5
③ =PROPER("republic of korea") → REPUBLIC OF KOREA
④ =LOWER("Republic of Korea") → republic of korea

합격요약	60	수식 및 함수 (수학 삼각함수)

SUM(인수1, 인수2, …)	인수의 합계
SUMIF(조건 범위, 조건, 합계범위)	조건에 맞는 셀들의 합계
SUMIFS(합계를 구할 범위, 조건1이 적용될 범위, 조건1, 조건2가 적용될 범위, 조건2, …)	여러 조건에 맞는 셀들의 합계
ROUND(인수, 자릿수)	지정한 자릿수로 반올림
ROUNDUP(인수, 자릿수)	지정한 자릿수로 올림
ROUNDDOWN(인수, 자릿수)	지정한 자릿수로 내림
ABS(인수)	인수의 절대값
INT(인수)	인수보다 크지 않은 정수를 구함
MOD(인수1, 인수2)	인수1을 인수2로 나눈 나머지
SQRT(인수)	인수의 양의 제곱근. 인수가 음수이면 에러
PI( )	수치 상수 파이(π)를 15자리 (3.14159265358979)까지 나타냄
POWER(인수, 제곱값)	인수의 거듭 제곱값
TRUNC(인수, 자릿수)	지정한 자릿수로 내림

☞ ROUND 관련 함수의 자릿수(ROUND, ROUNDUP, ROUNDDOWN) : ROUND 관련 함수는 자릿수로 지정된 자리까지 표시함

=ROUND(3864.5588,3) → 3864.559(소수 넷째 자리에서 반올림하여 소수 셋째 자리까지 표시)

=ROUND(3864.5588,0) → 3865(소수 첫째 자리에서 반올림하여 정수 부분만 표시)

=ROUND(3864.5588,-2) → 3900(십의 자리에서 반올림하여 백의자리까지 표시)

기 / 출 / 유 / 형 · · ·

177. 다음 중 수식의 실행 결과가 잘못된 것은?

① =ROUND(4561.604,1) ⇒ 4561.6
② =ROUND(4561.604,-1) ⇒ 4560
③ =ROUNDUP(4561.604,1) ⇒ 4561.7
④ =ROUNDUP(4561.604,-1) ⇒ 4562

178. 다음 중 수식의 실행 결과가 잘못된 것은?

① =MOD(13,-3) ⇒ -2
② =POWER(3,2) ⇒ 9
③ =INT(-7.4) ⇒ -7
④ =TRUNC(-8.6) ⇒ -8

기 / 출 / 유 / 형

179. 다음 중 [D9] 셀에서 사과나무의 평균 수확량을 구하고자 하는 경우 결과가 다른 수식은?

	A	B	C	D	E	F
1	나무번호	종류	높이	나이	수확량	수익
2	001	사과	18	20	18	105000
3	002	배	12	12	10	96000
4	003	체리	13	14	9	105000
5	004	사과	14	15	10	75000
6	005	배	9	8	8	77000
7	006	사과	8	9	10	45000
8						
9	사과나무의 평균 수확량					

① =INT(DAVERAGE(A1 : F7,5,B1 : B2))
② =TRUNC(DAVERAGE(A1 : F7,5,B1 : B2))
③ =ROUND(DAVERAGE(A1 : F7,5,B1 : B2),0)
④ =ROUNDDOWN(DAVERAGE(A1 : F7,5,B1 : B2),0)

180. 다음 중 [A7] 셀에 수식 '=SUMIFS(D2 : D6,A2 : A6,"연필",B2 : B6,"서울")'을 입력할 경우 결과값은?

	A	B	C	D
1	품목	대리점	판매계획	판매실적
2	연필	경기	150	100
3	볼펜	서울	150	200
4	연필	서울	300	300
5	볼펜	경기	300	400
6	연필	서울	300	200
7	=SUMIFS(D2			
8				

① 100   ② 500
③ 600   ④ 750

합격요약 **61 | 수식 및 함수 (찾기 참조함수)**

- **VLOOKUP(기준값, 데이터 범위, 열 번호, 옵션)**
  범위의 첫 번째 열에서 기준값과 같은 데이터를 찾은 후, 기준값이 있는 행에서 지정된 열 번호 위치에 있는 데이터를 표시함

- **HLOOKUP(기준값, 데이터 범위, 행 번호, 옵션)**
  범위의 첫 번째 행에서 기준값과 같은 데이터를 찾은 후, 기준값이 있는 열에서 지정된 행 번호 위치에 있는 데이터를 표시함

- **찾기 함수의 옵션**
  - TRUE : 기준값보다 크지 않은 값 중에서 가장 근접한 값을 찾음
    TRUE 옵션을 사용할 경우 행(HLOOKUP)이나 열(VLOOKUP)은 반드시 오름차순으로 정렬되어 있어야 함
  - FALSE 또는 0 : 기준값과 정확히 일치하는 값을 찾음

- **CHOOSE(인수, 첫 번째, 두 번째, …)**
  인수가 1이면 첫 번째를, 인수가 2이면 두 번째를 입력함

- **INDEX(범위, 행 번호, 열 번호)**
  지정된 범위에서 행 번호와 열 번호에 있는 데이터를 표시함

- **COLUMN(셀)**
  주어진 셀의 열 번호를 구함

- **COLUMNS(셀 범위)**
  주어진 셀 범위의 열 개수를 구함

- **ROW(셀)**
  주어진 셀의 행 번호를 구함

- **ROWS(셀 범위)**
  주어진 셀 범위의 행 개수를 구함

기 / 출 / 유 / 형

181. 다음 중 아래 그림에서 [E2] 셀의 함수식이 =CHOOSE(RANK(D2, $D$2 : $D$5), "대상", "금상", "은상", "동상")일 때, 결과값은?

	A	B	C	D	E
1	성명	이론	실기	합계	순위
2	신지혜	47	45	92	
3	황성민	38	47	85	
4	김은희	46	48	94	
5	최종섭	49	48	97	

① 대상   ② 금상
③ 은상   ④ 동상

기 / 출 / 유 / 형

182. 아래 워크시트에서 [B2 : D6] 영역을 참조하여 [C8] 셀에 표시된 바코드에 대한 단가를 [C9] 셀에 표시하였다. 다음 중 [C9] 셀의 수식은?

	A	B	C	D
1		바코드	상품명	단가
2		351	CD	1,000
3		352	칫솔	1,500
4		353	치약	2,500
5		354	종이쪽	800
6		355	케이스	1,100
7				
8		바코드	352	
9		단가	1,500	

① =VLOOKUP(C8,$B$2 : $D$6,3,0)
② =HLOOKUP(C8,$B$2 : $D$6,3,0)
③ =VLOOKUP($B$1 : $D$6,C8,3,1)
④ =HLOOKUP($B$1 : $D$6,C8,3,1)

183. 다음 중 아래의 워크시트를 참조하여 작성한 수식 '=INDEX(B2 : D9,2,3)'의 결과값은?

	A	B	C	D
1	코드	정가	판매수량	판매가격
2	L-001	25,400	503	12,776,000
3	D-001	23,200	1,000	23,200,000
4	D-002	19,500	805	15,698,000
5	C-001	28,000	3,500	98,000,000
6	C-002	20,000	6,000	96,000,000
7	L-002	24,000	750	18,000,000
8	L-003	26,500	935	24,778,000
9	D-003	22,000	850	18,700,000

① 19,500
② 23,200,000
③ 1,000
④ 805

합격요약 62 | 수식 및 함수 (통계 함수)

함수	설명
AVERAGE(인수1, 인수2, …)	인수 중 평균값
AVERAGEA(인수1, 인수2, …)	수치가 아닌 셀을 포함하는 인수의 평균값
AVERAGEIF(조건, 조건이 적용될 범위, 평균을 구할 범위)	조건에 맞는 셀들의 평균값
AVERAGEIFS(평균을 구할 범위, 조건1이 적용될 범위, 조건1, 조건2가 적용될 범위, 조건2, …)	여러 조건에 맞는 셀들의 평균값
MAX(인수1, 인수2, …)	인수 중 가장 큰 값
MAXA(인수1, 인수2, …)	숫자, 빈 셀, 논리값(TRUE/FALSE), 숫자로 표시된 텍스트 등을 모두 포함한 인수 중 가장 큰 값
MIN(인수1, 인수2, …)	인수 중 가장 작은 값
MINA(인수1, 인수2, …)	숫자, 빈 셀, 논리값(TRUE/FALSE), 숫자로 표시된 텍스트 등을 모두 포함한 인수 중 가장 작은 값
COUNT(인수1, 인수2, …)	인수 중 숫자가 들어 있는 셀의 개수
COUNTA(인수1, 인수2, …)	인수 중 비어 있지 않은 셀의 개수
COUNTIF(범위, 조건)	지정된 범위에서 조건에 맞는 셀의 개수
COUNTIFS(조건1이 적용될 범위, 조건1, 조건2가 적용될 범위, 조건2, …)	여러 조건에 맞는 셀의 개수
LARGE(범위, n번째)	범위 중 n번째로 큰 값
SMALL(범위, n번째)	범위 중 n번째로 작은 값
RANK(인수, 범위, 논리 값)	지정된 범위 안에서 인수의 순위를 구하되, 동일한 값들은 동일하지 않을 경우 나올 수 있는 순위들 중 가장 높은 순위를 동일하게 표시함
VAR(인수1, 인수2, …)	인수의 표본 분산
STDEV(인수1, 인수2, …)	인수의 표본 표준 편차

기 / 출 / 유 / 형

184. 아래 워크시트에서 [A2 : B8] 영역을 참조하여 [E3 : E7] 영역에 학점별 학생 수를 표시하고자 한다. 다음 중 [E3] 셀에 수식을 입력한 후 채우기 핸들을 이용하여 [E7] 셀까지 계산하려고 할 때 [E3] 셀에 입력해야 할 수식은?

	A	B	C	D	E
1			엑셀 성적 분포		
2	이름	학점		학점	학생수
3	황다건	B		A	2
4	김승환	C		B	1
5	권교현	A		C	2
6	이효련	A		D	1
7	임수정	D		F	0
8	최종섭	C			

① =COUNTIF(B3 : B8,D3)
② =COUNTIF($B$3 : $B$8,D3)
③ =SUMIF(B3 : B8,D3)
④ =SUMIF($B$3 : $B$8,D3)

185. 다음 중 아래 워크시트의 [A1 : E9] 영역에서 고급 필터를 실행하여 영어 점수가 영어 평균 점수를 초과하거나 성명의 두 번째 문자가 '영'인 데이터를 추출하고자 할 때, 조건으로 ㉮와 ㉯에 입력할 내용은?

① ㉮ =D2〉AVERAGE(D2 : D9) ㉯ ="=?영*"
② ㉮ =D2〉AVERAGE(D2 : D9) ㉯ ="=*영?"
③ ㉮ =D2〉AVERAGE($D$2 : $D$9) ㉯ ="=?영*"
④ ㉮ =D2〉AVERAGE($D$2 : $D$9) ㉯ ="=*영?"

186. 다음 중 함수 사용에 대한 설명으로 옳지 않은 것은?

① 함수 마법사는 [수식] 탭의 [함수 라이브러리] 그룹에 있는 [함수 삽입] 명령을 선택하거나 수식 입력줄에 있는 함수 삽입 아이콘(fx)을 클릭하여 실행한다.
② [수식] 탭의 [함수 라이브러리] 그룹에서 범주를 선택하고 사용하고자 하는 함수를 선택하면 [함수 인수] 대화상자가 표시된다.
③ 함수식을 직접 입력할 때에는 입력한 함수명의 처음 몇 개의 문자와 일치하는 함수 목록을 표시하여 선택하게 하는 함수 자동 완성 기능을 이용할 수 있다.
④ 중첩 함수는 함수를 다른 함수의 인수 중 하나로 사용하며, 최대 3개 수준까지 함수를 중첩할 수 있다.

합격요약 63 | 오류

#N/A	함수나 수식에 사용할 수 없는 값을 지정했을 경우
#NAME	수식에 잘못된 문자열을 사용
#DIV/0!	나누는 수가 빈 셀이나 0이 있는 셀을 참조할 때
#VALUE!	함수의 인수로 잘못된 값을 사용한 경우
#REF!	셀 참조가 유효하지 않은 경우
#NULL!	워크시트에서 교차되지 않는 두 영역의 논리곱을 지정한 경우 논리곱 연산자는 두 참조 사이에 공백 문자로 표시
#NUM!	표현할 수 있는 숫자의 범위를 벗어났을 때
#####	셀 너비보다 결과 숫자가 긴 경우

187. 다음 중 아래 워크시트에서 C열의 수식을 실행했을 때 화면에 표시되는 결과로 잘못된 것은?

	A	B	C
1	2017	1	=A1/B1
2	워드	2	=A1*2
3	엑셀	3	=LEFT(A3)
4	파워포인트	4	=VLOOKUP("워",A1:A4,2,FALSE)

① [C1] 셀 : #VALUE!
② [C2] 셀 : 4034
③ [C3] 셀 : #VALUE!
④ [C4] 셀 : #N/A

188. 다음 중 =SUM(A3 : A9) 수식이 =SUM(A3A9)와 같이 범위 참조의 콜론(:)이 생략된 경우 나타나는 오류 메시지는?

① #N/A
② #NULL!
③ #REF!
④ #NAME?

189. 다음 중 잘못된 인수나 피연산자를 사용하였거나 수식 자동 고침 기능으로 수식을 고칠 수 없을 때 나타나는 오류 메시지는?

① #NAME?
② #NUM!
③ #DIV/0!
④ #VALUE!

190. 다음 중 아래 워크시트에서 [D2] 셀에 그림과 같이 수식을 입력 할 때 발생하는 문제는?

	A	B	C
1	2017	1	=A1/B1
2	워드	2	=A1*2
3	엑셀	3	=LEFT(A3)
4	파워포인트	4	=VLOOKUP("워",A1:A4,2,FALSE)

① ##### 오류
② #NUM! 오류
③ #REF ! 오류
④ 순환 참조 경고

CHAPTER 07 데이터 시각화

- 워크시트의 데이터 수치를 시각적으로 효율적인 전달할 수 있도록 도식화한 그림
- 원본 데이터가 변경되면 차트 내용도 자동 변경됨
- 행과 열에서 숨겨진 데이터는 차트에 표시되지 않음
- 사용자가 자주 사용하는 차트 종류를 차트 서식 파일로 저장 가능
- 차트의 크기를 눈금 선에 맞추어 크기 조절할 때는 Alt 키를 누를 상태에서 조절
- 차트 데이터 계열의 간격을 넓게 조절가능 하며, 채우기 기능 가능
- F11 키를 눌러 차트 시트를 만들 수 있다.

차트 구성 요소

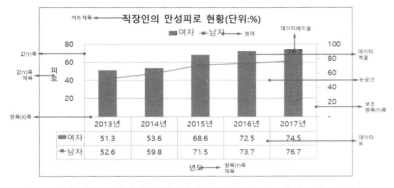

- 차트 영역 : 차트 전체에 글꼴 변경, 채우기(그림, 배경, 질감) 삽입
- 그림 영역 : 세로 축, 가로 축이 있는 영역으로 채우기(그림, 배경, 질감) 삽입
- 차트 제목 : 차트의 제목을 표시
- 축 서식 : 데이터의 항목과 숫자 값을 나타냄
- 데이터 계열 : 차트로 보여 주는 값을 여러 색의 막대, 선, 원으로 표현

차트 종류

	세로 막대형	항목 간의 데이터 값을 비교
	가로 막대형	항목 간의 데이터 값을 비교
	꺾은 선형	시간이나 기간의 흐름에 따라 일정한 간격으로 변화된 추이를 표시
	원형	전체에 대한 항목별 비율 표시 한 가지 항목만 표현 가능 한 계열만 선택하여 분리 가능 첫 조각 각도 변경 가능(0~360°)
	도넛형	전체에 대한 항목별 비율 표시 원형 차트와 흡사하지만 도넛형 차트는 여러 항목을 표시할 수 있다. 첫 조각 각도 변경 가능(0~360°) 중앙의 구멍 크기는 10~90% 축소 및 확대할 수 있다.
	분산형	여러 데이터 간의 상관관계를 표시 각 항목의 값을 점으로 표시 과학 데이터 처리에 주로 이용
	거품형	분산형의 일종으로 항목 간 비교에 사용 세 번째 데이터를 거품 크기로 표시
	방사형	각 항목을 가운데 점에서 축을 뻗고 각각의 값을 연결하여 표시
	혼합형	두 개 이상의 차트 형태가 같이 표시 3차원, 원형, 도넛, 방사형은 이용할 수 없다.
	이중축 혼합형	두 개 계열 데이터 값 차이가 크거나 다른 성질의 데이터들을 표현할 때 보조 축을 설정하여 표시한다.

기 / 출 / 유 / 형

191. 다음 중 차트에 대한 설명으로 잘못된 것은?

① 기본적으로 워크시트의 행과 열에서 숨겨진 데이터는 차트에 표시되지 않는다.

② 차트 제목, 가로/세로 축 제목, 범례, 그림 영역 등은 마우스로 드래그 하여 이동할 수 있다.

③ Ctrl 키를 누른 상태에서 차트 크기를 조절하면 차트의 크기가 셀에 맞춰 조절된다.

④ 사용자가 자주 사용하는 차트 종류를 차트 서식 파일로 저장할 수 있다.

192. 다음 중 아래 차트에 대한 설명으로 잘못된 것은?

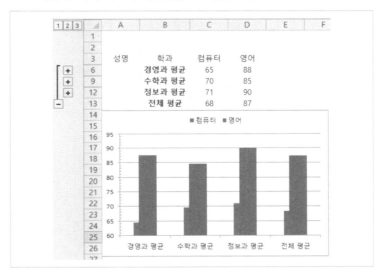

① 세로 (값) 축의 축 서식에서 주 눈금선 표시는 '바깥쪽', 보조 눈금 표시는 '안쪽'으로 설정하였다.

② 세로 (값) 축의 축 서식에서 주 단위 간격을 '5'로 설정하였다.

③ 데이터 계열 서식의 '계열 겹치기' 값을 0보다 작은 값으로 설정하였다.

④ 윤곽 기호를 이용하여 워크시트와 차트에 수준 3의 정보 행이 표시되지 않도록 설정하였다.

기 / 출 / 유 / 형

193. 다음 중 아래 차트에 설정되어 있지 않은 차트 요소는 어느 것인가?

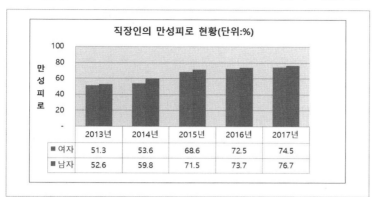

	2013년	2014년	2015년	2016년	2017년
■ 여자	51.3	53.6	68.6	72.5	74.5
■ 남자	52.6	59.8	71.5	73.7	76.7

① 차트 제목　　　　　　② 데이터 표
③ 데이터 레이블　　　　④ 세로 (값) 축 제목

194. 다음 중 차트에 대한 설명으로 잘못된 것은?

① 표면형 차트 : 두 개의 데이터 집합에서 최적의 조합을 찾을 때 사용한다.
② 방사형 차트 : 분산형 차트의 한 종류로 데이터 계열 간의 항목 비교에 사용된다.
③ 분산형 차트 : 데이터의 불규칙한 간격이나 묶음을 보여주는 것으로 주로 과학이나 공학용 데이터 분석에 사용된다.
④ 이중 축 차트 : 특정 데이터 계열의 값이 다른 데이터 계열의 값과 현저하게 차이가 날 경우나 두 가지 이상의 데이터 계열을 가진 차트에 사용한다.

합격요약　**65**　｜　**인쇄**

• **인쇄** : 인쇄하기 전 화면으로 인쇄 결과를 미리 보는 기능

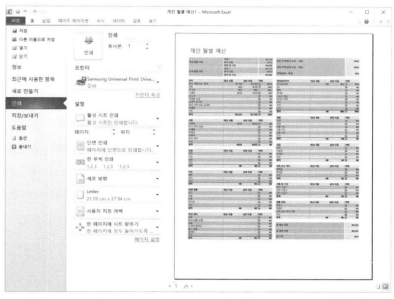

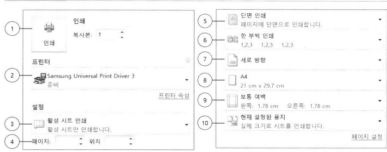

① **인쇄** : 설정된 프린터로 인쇄를 실행 / **복사본** : 인쇄 부수를 지정할 수 있음 (1~32,767)
② **프린터** : PC에 설치되어 있는 프린터 중에 기본프린터를 표시
　　－**프린터 속성** : 해당 프린터의 레이아웃, 용지, 그래픽 등의 설정을 지정함
③ **인쇄대상**

활성 시트 인쇄 활성 시트만 인쇄합니다.	
전체 통합 문서 인쇄 전체 통합 문서를 인쇄합니다.	
선택 영역 인쇄 현재 선택 영역만 인쇄합니다.	
인쇄 영역 무시	

④ **페이지** : 인쇄할 페이지의 시작과 끝을 번호로 표시
⑤ **인쇄방법**

단면 인쇄 페이지에 단면으로 인쇄합니다.	
양면 인쇄 긴 쪽에서 페이지 접기	
양면 인쇄 짧은 쪽에서 페이지 접기	

⑥ **인쇄순서**

한 부씩 인쇄 1,2,3　1,2,3　1,2,3	
한 부씩 인쇄 안 함 1,1,1　2,2,2　3,3,3	

⑦ **페이지 방향**

세로 방향	
가로 방향	

⑧ 페이지 크기 : 인쇄할 용지의 크기를 설정
⑨ 페이지 여백 : 인쇄시 사용할 여백을 설정

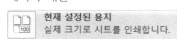

기본
위쪽:	1.91 cm	아래쪽:	1.91 cm
왼쪽:	1.78 cm	오른쪽:	1.78 cm
머리글:	0.76 cm	바닥글:	0.76 cm

넓게
위쪽:	2.54 cm	아래쪽:	2.54 cm
왼쪽:	2.54 cm	오른쪽:	2.54 cm
머리글:	1.27 cm	바닥글:	1.27 cm

좁게
위쪽:	1.91 cm	아래쪽:	1.91 cm
왼쪽:	0.64 cm	오른쪽:	0.64 cm
머리글:	0.76 cm	바닥글:	0.76 cm

⑩ 페이지 배율

 현재 설정된 용지
실제 크기로 시트를 인쇄합니다.

 **한 페이지에 시트 맞추기**
한 페이지에 모두 들어가도록 인쇄물을 줄입니다.

 한 페이지에 모든 열 맞추기
한 페이지의 폭에만 맞도록 인쇄물을 줄입니다.

 한 페이지에 모든 행 맞추기
한 페이지의 높이에만 맞도록 인쇄물을 줄입니다.

사용자 지정 배율 옵션...

- 삽입된 그림, 도형, SmartArt 등 일러스트레이션 출력 가능
- 차트만 인쇄하려면 차트를 선택한 후 인쇄
- Ctrl + F2는 인쇄 미리보기
- 워크시트의 눈금선, 열/행 머리글은 설정하여 인쇄 가능
- 시트 내용의 일부부만 지정하여 인쇄 영역으로 지정하여 인쇄 가능
- 인쇄 미리보기를 실행한 상태에서 여백 조정 가능

기 / 출 / 유 / 형　　　● ● ●

195. 다음 중 엑셀의 출력에 대한 설명으로 잘못된 것은?

① 엑셀에서 그림을 시트 배경으로 사용하면 화면에 표시된 형태로 시트 배경이 인쇄된다.
② 시트 배경은 통합 문서를 저장할 때 워크시트 데이터와 함께 저장된다.
③ 워크시트에 삽입된 그림, 도형 및 SmartArt 등 일러스트레이션은 출력할 수 있다.
④ 차트를 클릭한 후 [Office 단추]-[인쇄]를 선택하면 '인쇄' 대화상자의 인쇄 대상이 '선택한 차트'로 지정 된다.

196. 다음 중 인쇄에 대한 설명으로 옳은 것은 어느 것인가?

① 기본적으로 워크시트에서 숨기기를 실행한 영역도 인쇄된다.
② 인쇄 영역에 포함된 도형들을 함께 인쇄하려면 [인쇄] 대화상자에서 '개체 인쇄'를 선택하여 인쇄한다.
③ 워크시트에 삽입된 차트만 인쇄하려면 차트가 선택된 상태에서 인쇄 명령을 실행한다.
④ 여러 시트를 한 번에 인쇄하려면 [인쇄] 대화상자에서 '여러 시트'를 선택하여 인쇄한다.

기 / 출 / 유 / 형　　　● ● ●

197. 다음 중 [인쇄 미리 보기]에 관한 설명으로 잘못된 것은?

① [인쇄 미리 보기] 창에서 셀 너비를 조절할 수 있으나 워크시트에는 변경된 너비가 적용되지 않는다.
② [인쇄 미리 보기]를 실행한 상태에서 [페이지 설정]을 클릭하여 [여백] 탭에서 여백을 조절할 수 있다.
③ [인쇄 미리 보기] 상태에서 '확대/축소'를 누르면 화면에는 적용되지만 실제 인쇄 시에는 적용되지 않는다.
④ [인쇄 미리 보기]를 실행한 상태에서 [여백 표시]를 체크한 후 마우스 끌기를 통하여 여백을 조절할 수 있다.

합격요약　66　｜　페이지 설정

• 페이지 설정

페이지, 여백, 머리글/바닥글, 시트
[셀 오류표시] 옵션을 이용하여 오류 값이 인쇄되지 않도록 설정 가능

• 인쇄할 페이지의 시작 번호 지정 – 시작페이지 번호 옵션

• 시트 탭

삽입된 메모 인쇄되도록 설정, 행/열 머리글, 눈금선 인쇄 설정
 – 셀 구분선, 차트, 도형, 그림, 등을 제외하고 데이터만 인쇄 가능 설정
 – 인쇄될 반복될 행, 반복될 열 지정

• 여백 탭

인쇄용지에 가로 가운데/세로 가운데에 위치 설정

• 머리글/바닥글 탭

매 페이지의 상단과 하단에 문서 제목, 페이지 번호 사용자 이름, 작성날짜를
설정하여 표시 가능
홀수, 짝수, 첫 페이지에 머리글/바닥글 내용을 다르게 표시 가능

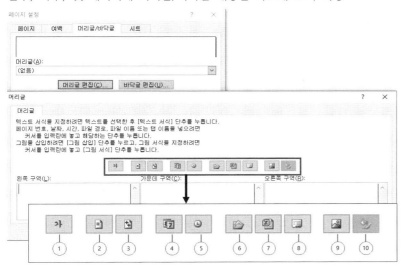

① 텍스트 서식 : 머리글/바닥글 텍스트의 글꼴에 대한 서식을 변경
② 페이지 번호 : 현재 페이지의 번호를 삽입함 &[페이지 번호]
③ 전체 페이지 수 : 인쇄 범위의 전체 페이지 수를 삽입함 &[전체 페이지 수]
④ 날짜 삽입 : 현재 시스템의 날짜를 삽입함 &[날짜]
⑤ 시간 삽입 : 현재 시스템의 시간을 삽입함 &[시간]
⑥ 파일 경로 삽입 : 현재 통합문서의 경로와 파일명을 삽입함 &[경로]&[파일]
⑦ 파일 이름 삽입 : 현재 통합문서의 파일명을 삽입함 &[파일]
⑧ 시트 이름 삽입 : 인쇄되는 워크시트의 이름을 삽입함 &[탭]
⑨ 그림 삽입 : 머리글/바닥글 위치에 그림을 삽입함 &[그림]
⑩ 그림 서식 : 그림에 대한 서식을 설정함

**198. 다음 중 워크시트의 [머리글/바닥글] 설정에 대한 설명으로 잘못된
것은?**

① '페이지 레이아웃' 보기 상태에서는 워크시트 페이지 위쪽이나 아래쪽을 클
 릭하여 머리글/바닥글을 추가할 수 있다.
② 첫 페이지, 홀수 페이지, 짝수 페이지의 머리글/바닥글 내용을 다르게 지정
 할 수 있다.
③ 머리글/바닥글에 그림을 삽입하고, 그림 서식을 지정할 수 있다.
④ '페이지 나누기 미리 보기' 상태에서는 미리 정의된 머리글이나 바닥글을 선
 택하여 쉽게 추가할 수 있다.

199. 다음 중 [페이지 설정]의 머리글/바닥글에 삽입할 수 없는 것은?

① 표　　　　　　　　　　　② 그림
③ 파일 경로　　　　　　　　④ 시트 이름

200. 다음 그림의 번호별 기능 설명으로 옳은 것은 어느 것인가?

① 전체 페이지 수를 삽입할 수 있다.
② 현재 페이지 수를 삽입할 수 있다.
③ 현재 통합문서 파일의 경로와 파일명을 삽입할 수 있다.
④ 현재 워크시트의 이름을 삽입할 수 있다.

COMPUTER EFFICIENCY

최 신
기 출
문 제

01. 최신 기출문제 (2015.06.27 기출)

1 과목　컴퓨터 일반

01 다음 중 Windows 7의 [제어판]－[접근성 센터]에서 설정할 수 있는 기능으로 옳지 않은 것은?

① 자녀 보호 설정 : 자녀가 컴퓨터를 사용할 수 있는 게임 유형 및 프로그램을 제한할 수 있다.
② 토글키 켜기 : 토글키 기능은 Caps Lock, Num Lock, Scroll Lock 키를 누를 때 신호음을 들을 수 있다.
③ 고대비 : 컴퓨터 화면에서 일부 텍스트와 이미지의 색상 대비를 강조하는 고대비 색 구성표를 설정하여 해당 항목을 보다 뚜렷하고 쉽게 식별되도록 할 수 있다.
④ 마우스 키 켜기 : 키보드의 숫자 키패드로 마우스 포인터의 움직임을 제어할 수 있다.

• 접근성 센터 : 사용자의 시력, 청력, 기동성에 따라 컴퓨터 설정을 조정하고 음성 인식을 사용하여 음성 명령으로 컴퓨터를 조정함
• 자녀 보호 설정은 [인터넷 옵션] 상자의 [내용]에서 설정
정답 ①

02 다음 중 멀티미디어의 특징에 대한 설명으로 옳지 않은 것은?

① 멀티미디어(multimedia)는 다중 매체의 의미를 가지며 다양한 매체를 통해 정보를 전달한다는 의미이다.
② 멀티미디어 데이터는 정보량이 크기 때문에 일반적으로 압축하여 저장한다.
③ 대용량의 멀티미디어 데이터를 저장하기 위해 CD-ROM, DVD, 블루레이 디스크 등의 저장장치가 발전하였다.
④ 멀티미디어 동영상 정보는 용량이 크고 통합 처리하기 어려워 사운드와 영상이 분리되어 전송된다.

• 멀티미디어 특징 : 디지털, 쌍방향(양방향), 비선형, 정보의 통합
정답 ④

03 다음 중 뉴스, 드라마, 영화, 게임과 같은 다양한 영상 정보를 통신망을 통해 전송 받아 가정에서 원하는 것을 선택하여 볼 수 있도록 해주는 서비스는?

① VDT
② VLAN
③ VOD
④ VPN

• VDT 증후군 : 오랜 시간 컴퓨터 작업을 하는 사람들에게서 나타나는 직업병의 총칭
• VLAN(Virtual Local Area Network) : 물리적인 망 구성과는 상관없이 가상적으로 구성된 근거리 통신망(LAN)
• VPN(Virtual Private Network) : 가상사설망. 공중전화망상에 사설망을 구축하여 이용자가 마치 자기의 사설 구내 망 또는 전용 망같이 이용할 수 있게 하는 서비스
정답 ③

04 다음 중 컴퓨터 바이러스의 예방법으로 적절하지 않은 것은?

① 최신 버전의 백신 프로그램을 사용한다.
② 다운로드 받은 파일은 사용하기 전에 바이러스 검사 후 사용한다.
③ 전자우편에 첨부된 파일은 파일명을 다른 이름으로 저장하여 사용한다.
④ 네트워크 공유 폴더에 있는 파일을 사용하기 전에 바이러스 검사 후 사용한다.

• 전자우편에 첨부된 파일명을 다른 이름으로 저장하여도 바이러스는 해결되지 않음
정답 ③

05 다음 중 인터넷 전화와 가장 관련이 있는 기술은?

① IPTV
② ASP
③ VoIP
④ WTP

• VoIP(Voice over Internet Protocol) : IP 주소를 사용하는 네트워크를 통해 음성을 디지털 패킷(데이터 전송의 최소 단위)으로 변환하고 전송하는 기술. 다른 말로 인터넷전화라고 부름
• ①번 IPTV(Internet Protocol Television) : 초고속 인터넷망을 이용하여 제공되는 양방향 텔레비전 서비스
• ②번 ASP(Application Service Provider) : 개인이나 기업이 응용 프로그램을 직접 설치하는 방식이 아니라 인터넷을 이용해 응용프로그램을 임대, 관리해 주는 사업자
• ④번 WTP(Wireless Transaction Protocol) : 트랜잭션 형태의 데이터 전송기능을 제공하는 것으로 인터넷의 TCP에 해당되는 트랜잭션계층의 프로토콜
정답 ③

06 다음 중 인터넷에 존재하는 정보나 서비스에 대해 접근 방법, 존재 위치, 자료 파일명 등의 요소를 표시하는 것은?

① DHCP
② CGI
③ DNS
④ URL

• URL : 인터넷상에 존재하는 각종 자원이 있는 위치를 나타내는 표준 주소 체계
정답 ④

07 다음 중 네트워크에서 사용하는 용어의 설명으로 옳지 않은 것은?

① LAN : 전송거리가 짧은 건물 내에서 사용하는 통신망
② WAN : 국가 간 또는 대륙 간의 넓은 지역을 연결하는 통신망
③ B-ISDN : 초고속으로 대용량 데이터를 전송하며 아날로그 방식의 통신 방식을 사용하는 통신망
④ VAN : 통신 회선을 빌려 단순한 전송기능 이상의 정보 축적이나 가공, 변환 처리 등의 부가가치를 부여한 정보를 제공하는 통신망

B-ISDN : 광대역 종합정보통신망으로 고도의 광범위한 서비스를 제공하는 디지털 공중통신망
정답 ③

08 다음 중 컴퓨터와 컴퓨터 사이에서 파일을 주고 받을 수 있도록 하는 원격 파일 전송 프로토콜은?

① SSL
② FTP
③ Telnet
④ Usenet

- ①번 SSL(Secure Sockets Layer) : 월드 와이드 웹 브라우저와 웹 서버 간에 데이터를 안전하게 주고받기 위한 업계 표준 프로토콜
- ③번 Telnet : 원격지의 컴퓨터를 인터넷을 통해 접속하여 자신의 컴퓨터처럼 사용할 수 있는 원격 접속 서비스
- ④번 Usenet : 인터넷을 이용해 이야기를 나누는 토론 공간

정답 ②

09 다음의 파일 형식 중에서 압축 파일 형식에 해당되지 않는 것은?

① SAS
② ZIP
③ ARJ
④ RAR

SAS : 통계자료 분석에서 가장 널리 사용되고 있는 통계패키지 파일

정답 ①

10 다음 중 패치 프로그램에 대한 설명으로 옳은 것은?

① 컴퓨터 하드웨어 및 소프트웨어 성능을 비교 평가하는 프로그램이다.
② 프로그램의 오류 수정이나 성능 향상을 위해 프로그램의 일부를 변경해 주는 프로그램이다.
③ 베타 테스트를 하기 전에 프로그램 개발사 내부에서 미리 평가하고 오류를 찾아 수정하기 위해 시험해 보는 프로그램이다.
④ 정식으로 프로그램을 공개하기 전에 한정된 집단 또는 일반인에게 공개하여 기능을 시험하는 프로그램이다.

- 알파 버전 : 베타 테스트 전 개발사 내부에서 미리 평가하고 오류를 찾아 수정하는 프로그램
- 베타 버전 : 정식으로 프로그램을 공개하기 전에 일반인에게 공개하여 기능을 시험하는 프로그램
- 패치 버전 : 프로그램의 오류 수정이나 성능 향상을 위해 배포하는 프로그램

정답 ②

11 다음 중 컴퓨터에서 사용하는 ASCII 코드에 관한 설명으로 옳은 것은?

① 패리티 비트를 이용하여 오류 검출과 오류 교정이 가능하다.
② 표준 ASCII 코드는 3개의 존 비트와 4개의 디지트 비트로 구성되며, 주로 대형 컴퓨터의 범용 코드로 사용된다.
③ 표준 ASCII 코드는 7비트를 사용하여 영문 대소문자, 숫자, 문장 부호, 특수 제어 문자 등을 표현한다.
④ 확장 ASCII 코드는 8비트를 사용하며 멀티미디어 데이터 표현에 적합하도록 확장된 코드표이다.

- ASCII 코드 : 3비트의 존(Zone)과 4비트의 디지트(Digit)로 구성되며 7bit 로 128가지의 표현이 가능. ASCII 코드는 개인용 컴퓨터 범용 코드, 데이터 통신에 쓰이고, 대소문자 구별이 가능. 또한 ASCII 코드는 7비트를 사용하고 영문 대소문자, 숫자, 문장 부호, 특수 제어 문자 등을 표현함.
- 해밍 코드 : 오류 검출과 오류 교정이 가능

정답 ③

12 다음 중 주기억장치의 크기보다 큰 프로그램을 실행하기 위해 디스크의 일부 영역을 주기억장치처럼 사용하게 하는 메모리 관리 방식으로 옳은 것은?

① 캐시 메모리
② 버퍼 메모리
③ 연관 메모리
④ 가상 메모리

- 캐시 메모리 : CPU와 주기억장치 사이 위치 속도 향상
- 버퍼 메모리 : 속도 차이를 해결하기 위한 임시저장 공간
- 연관 메모리 : 기억된 내용을 참조하여 접근
- 가상 메모리 : 보조기억장치의 일부를 주기억장치처럼 사용

정답 ④

13 다음 중 Windows의 [장치 관리자]에서 각 장치에 표시 될 수 있는 "노란색 물음표"의 원인으로 옳은 것은?

① 인터페이스 장치 충돌
② 드라이버 미설치
③ 시스템 고장
④ 전원 공급 부족

- 빨간색 x표시 : 사용되지 않는 장치
- 노란색 !표시 : 정상적으로 동작하지 않는 장치
- 노란색 ?표시 : 설치되지 않은 장치

정답 ②

14 다음 중 Windows 7의 [제어판]-[시스템] 창의 '컴퓨터에 대한 기본 정보 보기'에서 확인할 수 있는 정보로 옳지 않은 것은?

① Windows 업데이트 날짜
② Windows 버전
③ 설치된 메모리 용량
④ Windows 정품 인증

'Windows 업데이트 날짜'는 [제어판]-[Windows Update]에 있음

정답 ①

15 다음 중 Windows 7의 작업 표시줄에서 열려 있는 프로그램의 미리 보기를 차례대로 표시하는 바로가기 키는?

① Windows 로고 키+L
② Windows 로고 키+D
③ Windows 로고 키+T
④ Windows 로고 키+F

- ①번 Windows 로고 키+L : 컴퓨터를 잠그거나 사용자를 전환
- ②번 Windows 로고 키+D : 열려있는 모든 창과 대화상자를 최소화(바탕화면 표시)하거나 이전 크기로 전환
- ④번 Windows 로고 키+F : 검색결과 창을 나타냄

정답 ③

16 다음 중 기억장치의 접근 속도가 빠른 것에서 느린 순으로 올바르게 나열한 것은?

① 캐시 메모리 → 레지스터 → 주기억장치 → 보조기억장치
② 레지스터 → 캐시 메모리 → 주기억장치 → 보조기억장치
③ 레지스터 → 주기억장치 → 캐시 메모리 → 보조기억장치
④ 주기억장치 → 레지스터 → 캐시 메모리 → 보조기억장치

레지스터 - 캐시메모리 - 주기억장치 - 보조기억장치

정답 ②

17 다음 중 Windows 7에서 Windows Media Player를 이용한 작업에 해당하지 않는 것은?

① 오디오나 비디오 파일 재생하기
② CD를 복사하여 디지털 음악 파일 만들기
③ 사진과 영상 파일을 편집하여 UCC 만들기
④ 자신의 음악 CD 제작하기

윈도우 무비 메이커(Windows Movie Maker) : 윈도우의 영상 제작, 편집 소프트웨어

정답 ③

18 다음 중 컴퓨터에 관련된 용어의 설명으로 옳지 않은 것은?

① GIGO : 입력 자료가 좋지 않으면 출력 자료도 좋지 않다는 것으로 컴퓨터에 불필요한 정보를 입력하면 불필요한 정보가 출력된다는 의미
② ALU : CPU 내에서 주기억장치로부터 읽어 들인 명령어를 해독하여 해당 장치에게 제어 신호를 보내 정확하게 수행하도록 지시하는 장치
③ ADPS : 자동적으로 다량의 데이터를 처리하는 시스템으로 전자정보처리시스템인 EDPS와 같이 컴퓨터를 정의하는 용어로 사용
④ CPU : 컴퓨터의 가장 중요한 부분으로 명령을 해독하고 산술논리 연산이나 데이터 처리를 실행하는 장치

ALU(Arithmetic Logic Unit) : 산술연산, 논리연산 및 시프트를 수행하는 중앙처리장치 내부의 회로 장치

정답 ②

19 다음 중 Windows 7의 [제어판]-[프로그램 및 기능]에서 설정할 수 있는 기능으로 옳지 않은 것은?

① 설치된 업데이트를 제거할 수 있다.
② Windows 기능을 설정하거나 해제할 수 있다.
③ Windows 업데이트를 자동으로 수행하도록 설정할 수 있다.
④ Windows에 설치된 응용 프로그램을 변경하거나 제거할 수 있다.

[Windows 업데이트]는 [제어판]-[Windows Update]에 있음

정답 ③

20 다음 중 Windows 7의 기본 프린터 설정에 관한 설명으로 옳지 않은 것은?

① 기본 프린터는 해당 프린터 아이콘에 체크 표시가 추가된다.
② 기본 프린터는 한 대만 지정할 수 있다.
③ 인쇄 시 특정 프린터를 지정하지 않으면 기본 프린터로 인쇄된다.
④ 네트워크 프린터를 제외한 로컬 프린터만 기본 프린터로 지정할 수 있다.

네트워크 프린터도 기본 프린터로 지정할 수 있음

정답 ④

21 다음 중 필터에 대한 설명으로 옳지 않은 것은?

① 필터 기능을 이용하면 워크시트에 입력된 자료들 중 특정한 조건에 맞는 자료들만을 워크시트에 표시할 수 있다.
② 자동 필터에서 여러 필드에 조건을 지정하는 경우 각 조건들은 AND 조건으로 설정된다.
③ 고급 필터를 실행하는 경우 조건을 만족하는 데이터를 다른 곳에 추출할 수 있다.
④ 고급 필터가 적용된 결과표를 정렬할 경우 숨겨진 레코드도 정렬에 포함된다.

조건을 작성하고 [현재 위치에 필터]를 실행하면 조건에 만족하는 결과만 보이고, 만족하지 못한 결과는 숨겨지는데, 숨겨진 행은 정렬에 포함되지 않음

정답 ④

22 다음 중 아래의 워크시트에서 [A1:B2] 영역을 선택한 후 채우기 핸들을 이용하여 [B4]셀까지 드래그 했을 때 [A4:B4] 영역의 값으로 옳은 것은?

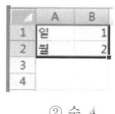

	A	B
1	일	1
2	월	2
3		
4		

① 월, 4   ② 수, 4
③ 월, 2   ④ 수, 2

그림에서처럼 요일은 [사용자 지정 목록]에 기본으로 '일,월,화,수,목,금,토'가 포함 돼 있으므로 '수'가 채워지며, 두 개의 숫자를 선택하고 복사하면 두 숫자의 차이만큼 채워짐

정답 ②

23 성명 필드에 아래와 같이 [사용자 지정 자동 필터]의 조건을 설정하였다. 다음 중 결과로 표시되는 성명으로 옳지 않은 것은?

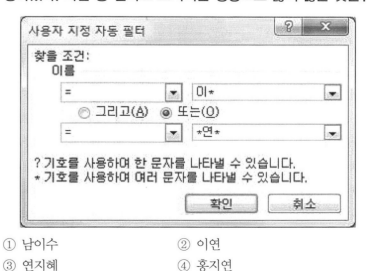

① 남이수   ② 이연
③ 연지혜   ④ 홍지연

'이'로 시작 또는 '연'이 포함된 성명 중에서 '남이수'는 필터 조건에 해당이 안 됨

정답 ①

24 다음 중 데이터 분석을 쉽게 하기 위해 수행하는 정렬 기능에 대한 설명으로 옳은 것은?

① 정렬 조건을 최대 3개까지 지정할 수 있다.
② 정렬 옵션으로 정렬의 방향을 왼쪽에서 오른쪽으로 지정할 수 있다.
③ 색상별 정렬에서 오름차순은 흰색에서 검정색 순으로 정렬된다.
④ 사용자 지정 정렬 순서는 첫 번째 기준에만 적용할 수 있다.

• 기준 추가에 의한 정렬 기준의 개수는 64개까지 작성 가능
• 정렬 옵션은 위에서 아래, 왼쪽에서 오른쪽 가능

정답 ②

25 다음 중 아래의 워크시트에 설정된 기능에 대한 설명으로 옳지 않은 것은?

	A	B	C	D	E	F
1						
2			컴퓨터	영어	수학	평균
3		김경회	60	70	65	65
4		원민지	69	70	70	70
5		나도야	69	60	65	65
6		최은심	90	95	85	90

① 윤곽으로 설정된 데이터를 확장하거나 축소하려면 [+] 및 윤곽 [−] 기호를 클릭한다.
② [하위 수준 숨기기]를 실행하면 컴퓨터, 영어, 수학 열은 숨겨진다.
③ 왼쪽 상단의 [1] 단추를 클릭하면 전체 데이터가 표시된다.
④ 윤곽을 해제하려면 [데이터] 탭의 [윤곽선] 그룹에서 [그룹 해제] - [윤곽 지우기]를 클릭한다.

[1] 단추를 클릭하면 전체 데이터가 숨김이 되고, [2] 단추를 클릭하면 전체 데이터가 표시

정답 ③

26 다음 중 현재의 화면을 수평이나 수직 또는 수평/수직으로 나누어 볼 수 있는 화면 제어 기능은?

① 창 정렬   ② 확대/축소
③ 창 나누기   ④ 창 숨기기

창 나누기 : 화면을 여러 창으로 분할하여 워크시트에서 멀리 떨어져 있는 여러 부분을 한 번에 볼 수 있는 화면 제어 기능

정답 ③

27 다음 중 [인쇄 미리 보기] 화면에서 설정할 수 없는 기능은?

① 상하좌우의 여백 조정
② 머리글과 바닥글의 여백 조정
③ 셀의 행 높이 조정
④ 셀의 열 너비 조정

인쇄 미리 보기에서는 열 너비는 조정 가능 하지만 행 높이는 조정이 불가능

정답 ③

28 다음은 시트 탭에서 원하는 시트를 선택하는 방법이다. 빈칸 ⓐ, ⓑ에 들어갈 키로 알맞은 것은?

> 연속적인 여러 개의 시트를 선택할 경우에는 첫 번째 시트를 클릭하고, (ⓐ) 키를 누른 채 마지막 시트를 클릭한다. 서로 떨어져 있는 여러 개의 시트를 선택할 경우에는 첫 번째 시트를 클릭하고, (ⓑ) 키를 누른 채 원하는 시트를 차례로 클릭한다.

① ⓐ Shift, ⓑ Ctrl   ② ⓐ Ctrl, ⓑ Shift
③ ⓐ Alt, ⓑ Ctrl   ④ ⓐ Ctrl, ⓑ Alt

Shift 를 누르면 모든 데이터가 선택, Ctrl 를 누르고 선택 시 원하는 데이터만 지정 가능

정답 ①

29 다음 중 수식에 잘못된 인수나 피연산자를 사용할 때 표시되는 오류 메시지로 옳은 것은?

① #DIV/0!   ② #NUM!
③ #NAME?   ④ #VALUE!

#N / A	함수나 수식에 값을 사용할 수 없음
#NAME	수식에 잘못된 문자열을 사용
#DIV / 0!	수식에 나누기 "0"인 경우
#VALUE!	함수의 인수로 잘못된 값을 사용한 경우
#REF!	셀 참조가 유효하지 않은 경우
#NULL!	워크시트에서 교차되지 않는 두 영역의 논리곱을 지정한 경우 논리곱 연산자는 두 참조 사이에 공백 문자로 표시
#NUM!	숫자가 입력된 속에 잘못된 값을 지정한 경우
#####	셀 너비보다 결과 숫자가 긴 경우

정답 ④

30 아래 워크시트에서 코드표[E3:F6]를 참조하여 과목코드에 대한 과목명[B3:B5]을 구하되 코드표에 과목코드가 존재하지 않으면 과목명을 공백으로 표시하고자 한다. 다음 중 [B3] 셀에 수식을 입력한 후 나머지 셀은 채우기 핸들을 이용하여 입력하고자 할 때 [B3] 셀의 수식으로 옳은 것은?

	A	B	C	D	E	F
1	시험 결과				코드표	
2	과목코드	과목명	점수		코드	과목명
3	W		85		W	워드
4	P		90		E	엑셀
5	X		75		P	파워포인트
6					A	액세스

① =IFERROR(VLOOKUP(A3,E3:F6,2,TRUE),"")
② =IFERROR(VLOOKUP(A3,$E$3:$F$6,2,FALSE),"")
③ =IFERROR("",VLOOKUP(A3,$E$3:$F$6,2,TRUE))
④ =IFERROR("",VLOOKUP(A3,E3:F6,2,FALSE))

• =IFERROR(value,value_if_error) : 식이나 식 자체의 값이 오류인 경우 value_if_error를 반환
• 과목 코드가 존재하지 않으면 공백처리 하라고 하였으므로 ' =IFERROR(오류가 없을 때, 오류가 있을 때)'이므로 ' =IFERROR(VLOOKUP(),"")'처럼 VLOOKUP이 먼저 오고 공백("") 표기. 채우기 핸들을 한다고 하였으므로 VLOOKUP 참조 범위는 절대참조($) 처리, 정확히 일치하는 과목코드를 찾아야 하므로 FALSE

정답 ②

31 다음 중 아래의 워크시트에서 몸무게가 70Kg 이상인 사람의 수를 구하고자 할 때 F7 셀에 입력할 수식으로 옳지 않은 것은?

	A	B	C	D	E	F
1	번호	이름	키(Cm)	몸무게(Kg)		
2	12001	홍길동	165	67		몸무게(Kg)
3	12002	이대한	171	69		>=70
4	12003	한민국	177	78		
5	12004	이우리	162	80		
6						
7		몸무게가 70Kg 이상인 사람의 수?				2

① =DCOUNT(A1:D5,2,F2:F3)
② =DCOUNTA(A1:D5,2,F2:F3)
③ =DCOUNT(A1:D5,3,F2:F3)
④ =DCOUNTA(A1:D5,3,F2:F3)

DCOUNT 함수는 전체 범위 내 조건에 만족하는 열의 숫자데이터의 셀 개수를 구하는데
①번의 수식에서 열 번호 2열(B열)은 문자이므로 값이 0으로 나옴

DSUM	전체 범위 내 조건에 만족하는 열의 합계
DAVERAGE	전체 범위 내 조건에 만족하는 열의 평균
DCOUNT	전체 범위 내 조건에 만족하는 열의 숫자데이터의 셀 개수
DCOUNTA	전체 범위 내 조건에 만족하는 열의 모든 문자데이터의 셀 개수
DMAX	전체 범위 내 조건에 만족하는 열의 최대값
DMIN	전체 범위 내 조건에 만족하는 열의 최소값

정답 ①

32 다음 중 수식 입력줄에 아래의 수식을 입력하였을 때의 결과로 옳은 것은?

> =TRIM(PROPER("good morning !"))

① GOOD MORNING !
② Good Morning !
③ GoodMorning!
④ goodmorning!

- TRIM : 텍스트의 양 끝의 공백을 없앰
- UPPER : 텍스트 문자열을 모두 대문자로 변환
- LOWER : 텍스트 문자열을 모두 소문자로 변환
- PROPER : 각 단어의 첫째 문자를 대문자로 변환하고 나머지 문자는 소문자로 변환

정답 ②

33 다음 중 수식의 결과가 다른 셋과 다른 것은?

① =SEARCH("A","Automation")
② =SEARCH("a","Automation")
③ =FIND("a","Automation")
④ =FIND("A","Automation")

- SEARCH(찾을 텍스트, 문자열, 검색 시작 위치) : 지정된 문자에서 특정 문자가 몇 번째 있는지 위치를 알려주는 함수(대, 소문자 구분 안함)
- FIND(찾을 텍스트, 문자열, 검색 시작 위치) : 지정된 문자에서 특정 문자가 몇 번째 있는지 위치를 알려주는 함수(대, 소문자 구분)
- SEARCH 함수는 대, 소문자를 구분하지 않기 때문에 ①, ②번 모두 결과 1
- FIND 함수는 대, 소문자를 구분하므로 ③번은 결과가 6, ④번은 결과가 1

정답 ③

34 다음 중 시트 탭에 관한 설명으로 옳지 않은 것은?

① 시트 탭의 색을 변경할 수 있으나 각 시트의 색은 반드시 다른 색으로 설정해야 한다.
② 시트 탭을 더블 클릭하여 시트 이름을 변경할 수 있다.
③ 시트 탭의 바로가기 메뉴에서 [모든 시트 선택]을 클릭하여 전체 시트를 그룹 설정할 수 있다.
④ 시트 탭의 바로가기 메뉴에서 [삭제]를 클릭하여 시트를 삭제할 수 있다.

시트의 색을 반드시 다른 색으로 설정 안 해도 됨
정답 ①

35 다음 중 매크로 이름으로 지정할 수 없는 것은?

① 매크로_1
② Macro_2
③ 3_Macro
④ 평균구하기

매크로 이름은 문자, 숫자 모두 사용 가능 하지만 매크로 이름은 반드시 문자로 시작해야 함. _(언더바)는 가능하나 기호(/ ? ' ' . - ※)와 공백은 사용할 수 없음
정답 ③

36 다음 중 매크로에 관한 설명으로 옳지 않은 것은?

① 서로 다른 매크로에 동일한 이름을 부여할 수 없다.
② 매크로는 반복적인 작업을 자동화하여 복잡한 작업을 단순한 명령으로 실행할 수 있도록 한다.
③ 매크로 기록 시 사용자의 마우스 동작은 기록되지만 키보드 작업은 기록되지 않는다.
④ 현재 셀의 위치를 기준으로 매크로가 실행되도록 하려면 '상대 참조로 기록'을 설정한 후 매크로를 기록한다.

매크로 기록 시 키보드 작업도 기록됨
정답 ③

37 다음 중 아래의 차트에 표시되지 않은 차트의 구성 요소는?

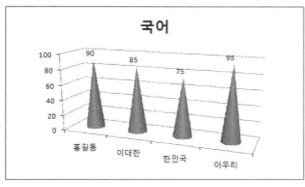

① 데이터 레이블
② 데이터 계열
③ 데이터 표
④ 눈금선

위의 차트에 [데이터 표]는 없음
정답 ③

38 다음 중 엑셀 파일의 암호 설정에 관한 설명으로 옳지 않은 것은?

① 암호는 대소문자를 구별하지 않는다.
② 암호를 잊어버리면 복구할 수 없다.
③ 암호는 파일 저장 시 [일반 옵션]에서 쓰기 암호와 열기 암호로 구분하여 설정할 수 있다.
④ 쓰기 암호가 설정된 파일을 읽기 전용으로 열어 수정한 경우 동일한 파일명으로는 저장할 수 없다.

엑셀 파일의 암호는 대소문자를 구별함

정답 ①

39 다음 중 아래의 차트와 같이 데이터를 선으로 표시하여 데이터 계열의 총 값을 비교하고, 상호 관계를 살펴보고자 할 때 사용하는 차트 종류는?

① 도넛형 차트   ② 방사형 차트
③ 분산형 차트   ④ 주식형 차트

방사형 차트 : 중심을 기준으로 세로축(Y축) 존재, 각 계열마다 축을 가지며, 같은 계열의 값은 선으로 연결

정답 ②

40 다음 중 Excel 2007에서 지원하는 파일 형식으로 옳지 않은 것은?

① .xlsx : Excel 통합 문서
② .xltm : Excel 매크로 사용 통합 문서
③ .xlsb : Excel 바이너리 통합 문서
④ .xls : Excel 97 – 2003 통합 문서

• .xlsm : Excel 매크로 사용 통합 문서
• .xltm : Excel 매크로 사용 서식 파일

정답 ②

02.회 최신 기출문제(2015.10.17 기출)

01 다음 중 멀티미디어에 관한 설명으로 옳지 않은 것은?

① 컴퓨터 및 디지털 기기에서 텍스트나 그래픽은 물론 오디오, 정지영상, 애니메이션, 비디오 등의 정보를 함께 사용할 수 있도록 한다.

② 멀티미디어 정보는 디지털 데이터로 변환하여 처리되며, 그 처리 기기들은 단방향성의 특징이 강화되며 발전하고 있다.

③ 멀티미디어는 사용자의 선택에 따라 다양한 방향으로 처리되는 비선형 콘텐츠로 발전하고 있다.

④ 멀티미디어 데이터의 저장 용량과 전송 속도를 높이기 위해 데이터를 압축하고 복원하는 다양한 기술이 개발되고 있다.

• 멀티미디어 : 다중(Multi)＋매체(Media) 합성어
• 멀티미디어 특징 : 통합성 / 디지털화 / 양방향성 / 비선형성

정답 ②

02 다음 중 이미지 가장자리의 계단현상을 최소화해주는 그래픽 기법은?

① 모핑(Morphing)   ② 디더링(Dithering)
③ 렌더링(Rendering)   ④ 안티앨리어싱(Anti－Aliasing)

• ①번 모핑(Mopping) : 2개의 이미지를 적절히 연결시켜 변환, 통합하는 기법
• ②번 디더링(Dithering) : 제한 된 색상을 조합하여 복잡한 색이나 새로운 색상을 만드는 기술
• ③번 렌더링(Rendering) : 3차원 컴퓨터 그래픽에서 화면에 표시되는 3차원 물체의 각 면에 색깔이나 음영 효과를 넣어 화상의 입체감과 사실감을 나타내는 방법

정답 ④

03 다음 중 정보의 기밀성을 저해하는 데이터 보안 침해 형태는?

① 가로막기(Interruption)   ② 가로채기(Interception)
③ 위조(Fabrication)   ④ 수정(Modification)

• ①번 가로막기 : 자료가 수신 측으로 전달되는 것을 방해하는 행위
• ③번 위조 : 자료가 다른 송신자로부터 전송된 것처럼 꾸미는 행위
• ④번 수정 : 원래의 자료를 다른 내용으로 바꾸는 행위

정답 ②

04 다음 중 인터넷에서의 저작권에 대한 설명으로 옳지 않은 것은?

① 다른 사람의 초상 사진을 사용하기 위해서는 사진작가와 본인의 승낙을 동시에 받아야 하는 것이 원칙이다.

② 사람의 이름이나 단체의 명칭 또는 저작물의 제호 등은 사상 또는 감정의 창작적 표현이라고 볼 수 없기 때문에 저작물이 되지 않는다.

③ 국가 또는 지방자치단체의 홈페이지에 게시된 고시·공고·훈령 등은 저작권법의 보호를 받는다.

④ 원저작물을 번역, 편곡, 변경, 각색, 영상제작 그 밖의 방법으로 작성한 창작물은 독자적인 저작물로 보호된다.

법령, 고시, 공고, 훈령, 법원의 판결, 국가 또는 지방 자치단체가 작성한 것, 시사보도, 국회 또는 지방 의회에서의 연설 등은 저작권 예외사항. 단, 신문 기사의 일반 보도 기사나 스포츠 기사인 경우에도 저작물로 인정

정답 ③

05 다음 중 처리하는 데이터 형태에 따른 컴퓨터의 분류에 해당하지 않는 것은?

① 하이브리드 컴퓨터   ② 디지털 컴퓨터
③ 슈퍼 컴퓨터   ④ 아날로그 컴퓨터

• 데이터 처리에 따라 아날로그 컴퓨터, 디지털 컴퓨터, 하이브리드 컴퓨터로 구분
• 목적에 따라 범용, 전용으로 구분
• 목적에 따라 범용, 전용으로 구분하며, 능력(성능)에 따라 슈퍼 컴퓨터, 대형 컴퓨터, 메인 컴퓨터, 미니 컴퓨터, 워크스테이션, 개인용 컴퓨터로 구분

정답 ③

06 다음 중 인터넷 주소 체계에 대한 설명으로 옳지 않은 것은?

① 인터넷 연결을 위해서는 IP 주소 또는 도메인 네임 중 하나를 배정 받아야 하며, 인터넷에 연결된 컴퓨터의 고유 주소는 도메인 네임으로 이는 IP 주소와 동일하다.

② 국제 인터넷 주소 관리기구는 ICANN이며, 한국에서는 한국인터넷진흥원(KISA)에서 관리하고 있다.

③ 현재는 인터넷 주소 체계인 IPv4 주소와 IPv6 주소가 함께 사용되고 있으며, IPv6 주소가 점차 확대되고 있다.

④ IPv6는 IPv4와의 호환성이 뛰어나고, 128비트의 주소를 사용하여 주소 부족 문제 및 보안문제를 해결할 수 있다.

도메인 네임은 문자로 된 주소이며, IP주소는 숫자로 된 주소로 서로 다름

정답 ①

07 다음 중 웹 사이트 접속 시 매번 아이디와 비밀번호를 입력하지 않고도 자동 로그인 할 수 있도록 지원하는 것은?

① 쿠키(Cookie)
② 캐싱(Caching)
③ 플러그 인(Plug－In)
④ 와이브로(Wibro)

• ②번 캐싱(Caching) : 자주 사용하는 사이트의 자료를 따로 저장하고 있다가 사용자가 다시 그 자료에 접근하려고 할 때 인터넷을 접속하지 않고 저장한 자료를 활용해서 빠르게 보여주는 기능
• ③번 플러그 인(Plug－In) : 웹 브라우저에서, 제3자가 만든 소프트웨어를 이용하여 웹 브라우저가 표시할 수 없는 각종 형식의 파일을 웹 브라우저의 윈도 내에 표시되도록 하는 구조
• ④번 와이브로(Wibro) : 'Wireless Broadband Internet'의 줄임말로 무선 광대역 인터넷 서비스

정답 ①

08 다음 중 인터넷 환경에서 사용되는 DNS의 역할에 관한 설명으로 옳은 것은?

① 루트 도메인으로 국가를 구별해 준다.
② 최상위 도메인으로 국가 도메인을 관리한다.
③ 도메인 네임을 숫자로 된 IP 주소로 바꾸어 준다.
④ 현재 설정된 도메인의 하위 도메인을 관리한다.

DNS(Domain Name Server) : 네트워크에서 도메인이나 호스트 이름을 숫자로 된 IP 주소로 해석해주는 TCP/IP 네트워크 서비스

정답 ③

09 다음 중 아래의 (ㄱ), (ㄴ), (ㄷ)에 해당하는 소프트웨어의 종류를 올바르게 짝지어 나열한 것은?

> 홍길동은 어떤 프로그램이 좋은지 알아보기 위해 (ㄱ) 누구나 임의의 용도로 사용할 수 있는 프로그램과 (ㄴ) 주로 일정 기간 동안 일부 기능을 제한한 상태로 사용하는 프로그램을 먼저 사용해 보고, 가장 적합한 (ㄷ) 프로그램을 구입하여 사용하려고 한다.

① (ㄱ)−프리웨어, (ㄴ)−셰어웨어, (ㄷ)−상용 소프트웨어
② (ㄱ)−셰어웨어, (ㄴ)−프리웨어, (ㄷ)−상용 소프트웨어
③ (ㄱ)−상용 소프트웨어, (ㄴ)−셰어웨어, (ㄷ)−프리웨어
④ (ㄱ)−셰어웨어, (ㄴ)−상용 소프트웨어, (ㄷ)−프리웨어

• ㉠ 프리웨어(Freeware) : 사용기간 및 기능 제한 없이 무료로 사용할 수 있는 공개용 프로그램으로 저작권자의 동의 없이 자유롭게 복사, 배포할 수 있는 소프트웨어
• ㉡ 셰어웨어(Shareware) : 일부 기능을 제한하거나 기간을 설정하여 일정 기간 동안 무료로 사용하다가 차후에 기간이 만료되면 금액을 지불해야 하는 프로그램
• ㉢ 상용 소프트웨어 : 일정한 금액을 지불하고 정식으로 사용하는 프로그램

정답 ①

10 다음 중 아래에서 응용 소프트웨어만 선택하여 나열한 것은?

(ㄱ) 윈도우	(ㄴ) 포토샵	(ㄷ) 리눅스
(ㄹ) 한컴오피스	(ㅁ) 유닉스	

① (ㄱ), (ㄴ)
② (ㄴ), (ㄹ)
③ (ㄱ), (ㄷ), (ㅁ)
④ (ㄴ), (ㄹ), (ㅁ)

• 응용 소프트웨어 : 컴퓨터 시스템을 어느 응용 분야에 사용하기 위하여 특별히 제작된 소프트웨어.
• 윈도우, 리눅스, 유닉스는 운영체제에 해당됨

정답 ②

11 마이크로 컴퓨터는 휴대성에 따라 여러 가지 종류로 분류된다. 다음 중 스마트폰을 컴퓨터로 분류하는 경우 스마트폰이 포함될 수 있는 마이크로 컴퓨터의 종류는?

① 팜톱 컴퓨터
② 랩톱 컴퓨터
③ 노트북 컴퓨터
④ 데스크톱 컴퓨터

• 팜톱 컴퓨터 : 손바닥(palm) 위(top)에 올려놓을 정도의 크기를 가진 컴퓨터
• 랩톱 컴퓨터 : 크기나 무게가 무릎 위에 얹고 조작할 수 있는 규모의 컴퓨터

정답 ①

12 다음 중 아래 그림에서 (ㄱ)과 (ㄴ)에 해당하는 장치를 올바르게 연결한 것은?

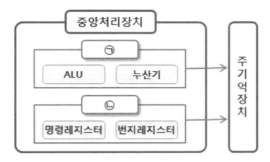

① (ㄱ)−연산장치, (ㄴ)−제어장치
② (ㄱ)−제어장치, (ㄴ)−연산장치
③ (ㄱ)−연산장치, (ㄴ)−보조기억장치
④ (ㄱ)−제어장치, (ㄴ)−캐시기억장치

• 중앙처리장치(CPU)는 크게 연산장치(ALU)와 제어장치로 구분
• 연산장치 : 가산기, 보수기, 누산기(ACC), 상태 레지스터
• 제어장치 : 명령 레지스터(IR), 위치 계수기(PC), 부호기(Encoder), 해독기(Decoder) 등

정답 ①

13 다음 중 컴퓨터에서 사용되는 입력장치에 해당되지 않는 것은?

① 키보드(Keyboard)
② 스캐너(Image Scanner)
③ 터치스크린(Touch Screen)
④ 펌웨어(Firmware)

펌웨어(Firmware) : 일반적으로 롬에 기록된 하드웨어를 제어하는 마이크로프로그램의 집합으로 하드웨어와 소프트웨어 특성을 모두 가지고 있다고 할 수 있음

정답 ④

14 다음 중 프린터 인쇄 시 발생하는 문제에 대한 대처방법으로 적절하지 않은 것은?

① 글자가 이상하게 인쇄되는 경우 프린터 드라이버를 다시 설치한다.
② 인쇄 결과물이 번지거나 얼룩 자국이 발생하는 경우 헤드 및 카트리지를 청소한다.
③ 인쇄가 아예 안 되는 경우 케이블 연결 상태, 시스템 등록 정보 등을 점검한다.
④ 스풀 에러가 발생하는 경우 CMOS Setup을 다시 설정하고 재부팅한다.

스풀은 인쇄할 내용을 하드 디스크로 전송한 후 하드 디스크에서 프린터로 전송하는 방식. 스풀 오류가 나는 경우는 드라이버가 설치되지 않았거나 하드 디스크 용량이 부족하여 스풀이 일어날 수 없는 경우임

정답 ④

15 다음 중 FTP 프로그램으로 수행할 수 없는 작업은?

① 원격지에 있는 FTP 서버로 파일 업로드
② 원격지에 있는 FTP 서버에서 파일 다운로드
③ 원격지에 있는 FTP 서버의 응용 프로그램 실행
④ 원격지에 있는 FTP 서버의 파일 삭제

파일전송 프로토콜(File Transfer Protocol)은 인터넷 서버에 파일을 업로드

정답 ③

16 다음 중 Windows 7의 돋보기 기능에 대한 설명으로 옳지 않은 것은?

① [보조프로그램]−[접근성]−[돋보기]를 선택하거나 〈윈도우〉 + ⊞ 키로 실행시킬 수 있다.
② 돋보기 기능 실행 중 〈윈도우〉+⊞ 키와 〈윈도우〉+⊟키를 이용하여 화면을 확대/축소할 수 있다.
③ [보기] 메뉴의 [도킹 모드]를 실행하면 마우스 포인터 주위의 영역이 확대된다.
④ 〈윈도우〉+Esc 키를 누르면 돋보기 기능이 종료된다.

③번 마우스 포인터 주위의 영역이 확대되는 것은 [렌즈 모드]에 해당
정답 ③

17 다음 중 Windows 7의 제어판에서 사용자 컴퓨터에 설치된 하드웨어 장치를 확인할 수 있는 항목은?

① 장치 관리자
② 사용자 프로필
③ 하드웨어 프로필
④ 컴퓨터 작업그룹

장치 관리자를 이용하여 컴퓨터에 설치된 장치 드라이버를 확인한 후 하드웨어가 제대로 작동하는지 확인하고, 문제가 있는 경우 드라이버 업데이트 및 장치 제거 등 하드웨어 설정을 수정할 수 있음
정답 ①

18 다음 중 Windows 7에서 하드 디스크에 저장된 파일을 다시 정렬하는 단편화 제거 과정을 통해 디스크의 파일 읽기/쓰기 성능을 향상시키는 프로그램은?

① 디스크 검사
② 디스크 정리
③ 디스크 포맷
④ 디스크 조각 모음

• 디스크 검사 : 디스크의 논리적, 물리적 오류 검사
• 디스크 정리 : 불필요한 파일을 지워 빈 공간을 확보
• 디스크 포맷 : 비어 있는 파일 시스템을 설정하고, 사용할 저장 매체나 하드디스크를 준비하는 작업
정답 ④

19 다음 중 Windows 7에서 [프린터 속성] 대화상자의 [고급] 탭에서 설정할 수 없는 항목은?

① 인쇄된 문서 보관
② 기본값으로 인쇄
③ 인쇄를 빨리 끝낼 수 있도록 문서 스풀
④ 보안을 위한 사용 권한 설정

[프린터 속성] 대화상자의 [고급] 탭에서 설정 가능한 기능 : 인쇄를 빨리 끝낼 수 있도록 문서 스풀, 스풀 기능을 사용하지 않고 인쇄, 짝이 맞지 않는 문서는 분류, 스풀 된 문서를 먼저 인쇄, 인쇄된 문서 보관, 고급 인쇄 기능 사용, 기본값으로 인쇄, 인쇄 처리기, 구분 페이지
정답 ④

20 다음 중 컴퓨터 구성에 관한 정보가 저장되는 저장소로 시스템 하드웨어와 소프트웨어의 실행 등에 대한 중요한 정보가 포함되어 있는 Windows 데이터베이스를 의미하는 것은?

① CMOS
② Registry
③ Hard Disk
④ Cache Memory

• ①번 CMOS : 바이오스(BIOS)는 프로그램의 한 종류로서 롬(ROM)에 저장되어 있고, 롬에는 쓰기가 불가능하기 때문에 장착된 주변기기에 대한 정보를 저장하려면 쓰기를 할 수 있는 다른 공간이 필요. 즉 CMOS는 주변기기에 대한 정보를 저장할 수 있는 별도의 공간
• ③번 하드디스크(Hard Disk) : 대용량의 정보를 저장하는 보조기억장치
• ④번 캐시 메모리(Cache Memory) : 주기억장치의 호출 시간을 단축하고, 중앙 처리 장치(CPU)의 처리 능력을 향상시키기 위한 소용량 고속 기억 장치. 개인용 컴퓨터 등에서 널리 사용되고 있음
정답 ②

2 과목   스프레드시트 일반

21 다음 중 정렬에 관한 설명으로 옳지 않은 것은?

① 특정 글꼴 색이 적용된 셀을 포함한 행이 위에 표시되도록 정렬할 수 있다.
② 사용자 지정 목록을 사용하여 사용자가 정의한 순서대로 정렬할 수 있다.
③ 최대 64개의 열을 기준으로 정렬할 수 있다.
④ 위쪽에서 아래쪽으로 정렬 시 숨겨진 행도 포함하여 정렬할 수 있다.

정렬 시 옵션을 이용하여 '위쪽에서 아래쪽', '왼쪽에서 오른쪽' 방향을 설정할 수 있으며, 숨겨진 행이나 열은 정렬에 포함되지 않음
정답 ④

22 다음 중 아래 그림과 같이 연 이율과 월 적금액이 고정되어 있고, 적금기간이 1년, 2년, 3년, 4년, 5년인 경우 각 만기 후의 금액을 확인하기 위한 도구로 적합한 것은?

⬚	A	B	C	D	E	F
1						
2		연 이율	3%		적금기간(연)	만기 후 금액
3		적금기간(연)	1			6,083,191
4		월 적금액	500,000		1	
5		만기 후 금액	₩6,083,191		2	
6					3	
7					4	
8					5	

① 고급 필터
② 데이터 통합
③ 목표값 찾기
④ 데이터 표

[데이터]−[가상 분석]−[데이터 표]를 이용하여 [열 입력 셀]에 $C$2을 적용
정답 ④

23 다음 중 데이터 유효성 검사에서 유효성 조건의 제한 대상으로 '목록'을 설정하였을 때의 설명으로 옳지 않은 것은?

① 목록의 원본으로 정의된 이름의 범위를 사용하려면 등호(=)와 범위의 이름을 입력한다.

② 유효하지 않은 데이터를 입력할 때 표시할 메시지 창의 내용은 [오류 메시지] 탭에서 설정한다.

③ 드롭다운 목록의 너비는 데이터 유효성 설정이 있는 셀의 너비에 의해 결정된다.

④ 목록 값을 입력하여 원본을 설정하려면 값을 세미콜론(;)으로 구분하여 입력한다.

목록 값을 입력하여 원본을 설정할 경우 쉼표(,)로 구분하여 입력

정답 ④

24 다음 중 [외부 데이터 가져오기] 기능으로 가져올 수 없는 파일 형식은?

① 데이터베이스 파일(*.accdb)

② 한글 파일(*.hwp)

③ 텍스트 파일(*.txt)

④ 쿼리 파일(*.dqy)

외부 데이터 가져오기 기능으로 '데이터베이스 파일', '텍스트 파일', '쿼리 파일' 등을 가져올 수 있음

정답 ②

25 다음 중 아래 워크시트에서 [A1:C5] 영역에 [A8:C10] 영역을 조건 범위로 설정하여 고급필터를 실행할 경우 필드 명을 제외한 결과 행의 개수는?

	A	B	C
1	성명	거주지	마일리지
2	최정수	서울	2000
3	정선미	경기	2500
4	주성철	경기	1700
5	박은희	충남	3000
6			
7			
8	성명	거주지	마일리지
9	박*		
10		경기	>2000

① 1개   ② 2개

③ 3개   ④ 4개

성명이 '박'으로 시작되는 5행, 거주지가 '경기' 이면서 마일리지가 2000 초과에 해당하는 3행, 따라서 고급필터를 통해 2개의 행이 필터링 됨

정답 ②

26 다음 중 메모에 대한 설명으로 옳지 않은 것은?

① 통합 문서에 포함된 메모를 시트에 표시된 대로 인쇄하거나 시트 끝에 인쇄할 수 있다.

② 메모에는 어떠한 문자나 숫자, 특수 문자도 입력 가능하며, 텍스트 서식도 지정할 수 있다.

③ 시트에 삽입된 모든 메모를 표시하려면 [검토] 탭의 [메모] 그룹에서 '메모 모두 표시'를 선택한다.

④ 셀에 입력된 데이터를 Delete키로 삭제한 경우 메모도 함께 삭제된다.

셀에 입력된 데이터를 삭제하더라도 메모는 삭제되지 않음

정답 ④

27 다음 중 [선택하여 붙여넣기] 대화상자에 대한 설명으로 옳지 않은 것은?

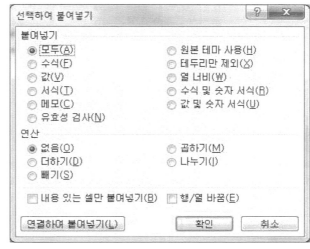

① 복사한 데이터를 여러 가지 옵션을 적용하여 붙여넣는 기능으로, [잘라내기]를 실행한 상태에서는 사용할 수 없다.

② [붙여넣기]의 '서식'을 선택한 경우 복사한 셀의 내용과 서식을 함께 붙여 넣는다.

③ [내용 있는 셀만 붙여넣기]를 선택하면 복사할 영역에 빈 셀이 있는 경우 붙여 넣을 영역의 값을 바꾸지 않는다.

④ [행/열 바꿈]을 선택한 경우 복사한 데이터의 열을 행으로, 행을 열로 변경하여 붙여넣기가 실행된다.

[붙여넣기]의 '서식'을 선택한 경우 복사한 셀의 서식만 적용

정답 ②

28 다음 중 아래 워크시트의 [B2:I11] 영역에서 3단, 6단, 9단의 배경색을 변경하기 위한 조건부 서식의 수식으로 옳은 것은?

	A	B	C	D	E	F	G	H	I
1					구구단				
2		2	3	4	5	6	7	8	9
3	1	2	3	4	5	6	7	8	9
4	2	4	6	8	10	12	14	16	18
5	3	6	9	12	15	18	21	24	27
6	4	8	12	16	20	24	28	32	36
7	5	10	15	20	25	30	35	40	45
8	6	12	18	24	30	36	42	48	54
9	7	14	21	28	35	42	49	56	63
10	8	16	24	32	40	48	56	64	72
11	9	18	27	36	45	54	63	72	81

① =MOD($B2,3)=0   ② =MOD(B$2,3)=0

③ =(B$2/3)=0   ④ =($B2/3)=0

3,6,9 열에 서식이 설정된 경우이므로 첫 번째 조건은 MOD 함수를 사용하여 3으로 나누어 나머지가 0 이어야 함. 두 번째 열이 적용된 경우이므로 영문자 B는 상대참조 방식, 숫자 2는 절대참조(고정)되어야 함

정답 ②

29 다음 중 매크로에 대한 설명으로 옳지 않은 것은?

① 모든 통합 문서에서 매크로를 실행시키고자 할 경우 '개인용 매크로 통합 문서'로 저장 위치를 설정한다.

② 매크로 이름에는 공백이 포함될 수 없으며 항상 문자로 시작되어야 한다.

③ 매크로는 VBA 언어로 기록되며, 잘못 기록하더라도 Visual Basic 편집기를 사용하여 매크로를 편집할 수 있다.

④ 바로가기 키로 엑셀에서 이미 사용하고 있는 바로가기 키를 지정할 수 있으나, 바로가기 키로 매크로를 실행하면 오류 메시지가 표시된다.

매크로에서 지정한 바로가기 키와 엑셀의 바로가기 키가 같은 경우 매크로 바로가기 키가 우선되어 매크로에서 지정한 바로가기 키가 적용

정답 ④

30 다음 중 아래의 워크시트에서 함수의 사용 결과가 나머지 셋과 다른 것은?

	A	B	C	D
1				
2	100	200	300	400

① =LARGE(A2:C2,2)   ② =LARGE(A2:D2,2)

③ =SMALL($A$2:$C$2,2)   ④ =SMALL($A$2:$D$2,2)

• =LARGE(범위, K) : 범위 내에서 K번째 큰 값
• =SMALL(범위, K) : 범위 내에서 K번째 작은 값

①번 =LARGE(A2:C2,2) → 200
②번 =LARGE(A2:D2,2) → 300
③번 =SMALL($A$2:$C$2,2) → 200
④번 =SMALL($A$2:$D$2,2) → 200

정답 ②

31 다음 중 함수 사용에 대한 설명으로 옳지 않은 것은?

① 함수 마법사는 [수식] 탭의 [함수 라이브러리] 그룹에 있는 [함수 삽입] 명령을 선택하거나 수식 입력줄에 있는 함수 삽입 아이콘(*fx*)을 클릭하여 실행한다.

② [수식] 탭의 [함수 라이브러리] 그룹에서 범주를 선택하고 사용하고자 하는 함수를 선택하면 [함수 인수] 대화상자가 표시된다.

③ 함수식을 직접 입력할 때에는 입력한 함수명의 처음 몇 개의 문자와 일치하는 함수 목록을 표시하여 선택하게 하는 함수 자동 완성 기능을 이용할 수 있다.

④ 중첩함수는 함수를 다른 함수의 인수 중 하나로 사용하며, 최대 3개 수준까지 함수를 중첩할 수 있다.

중첩 함수는 최대 64개의 수준까지 함수를 중첩할 수 있음

정답 ④

32 다음 중 [페이지 설정]의 머리글/바닥글에 삽입할 수 없는 것은?

① 표   ② 그림

③ 파일 경로   ④ 시트 이름

[페이지 설정]의 머리글/바닥글에 삽입할 수 있는 항목 : 텍스트 서식, 페이지 번호, 페이지 수, 현재 날짜, 현재 시간, 파일 경로, 파일 이름, 시트 이름, 그림, 그림 서식

정답 ①

33 다음 중 아래의 워크시트에서 수식 '=DAVERAGE(A4:E10, "수확량", A1:C2)'의 결과로 옳은 것은?

	A	B	C	D	E
1	나무	높이	높이		
2	배	>10	<20		
3					
4	나무	높이	나이	수확량	수익
5	배	18	17	14	105
6	배	12	20	10	96
7	체리	13	14	9	105
8	사과	14	15	10	75
9	배	9	8	8	76.8
10	사과	8	9	6	45

① 15   ② 12

③ 14   ④ 18

=DAVERAGE(데이터베이스, 필드, 조건범위)
• 데이터베이스 : A4:E10
• 필드 : "수확량"으로 직접 입력.
• 조건범위 : A1:C2 → 나무는 '배' 나무이면서 높이가 10보다 크고 20보다 작아야 하는 AND 조건이므로 수확량 14와 10의 평균인 12가 결과로 산출

정답 ②

34 다음 중 셀 참조에 관한 설명으로 옳은 것은?

① 수식 작성 중 마우스로 셀을 클릭하면 기본적으로 해당 셀이 절대 참조로 처리된다.

② 수식에 셀 참조를 입력한 후 셀 참조의 이름을 정의한 경우에는 참조 에러가 발생하므로 기존 셀 참조를 정의된 이름으로 수정한다.

③ 셀 참조 앞에 워크시트 이름과 마침표(.)를 차례로 넣어서 다른 워크시트에 있는 셀을 참조할 수 있다.

④ 셀을 복사하여 붙여 넣은 다음 [붙여넣기 옵션]의 [셀 연결] 명령을 사용하여 셀 참조를 만들 수도 있다.

• ①번 : 수식 작성 중 마우스로 셀을 클릭하면 기본적으로 해당 셀이 상대 참조로 처리
• ②번 : 수식에 셀 참조를 입력한 후 셀 참조의 이름을 정의한 경우에는 기존 셀 참조를 나중에 정의한 이름으로 업데이트
• ③번 : 셀 참조 앞에 워크시트 이름과 느낌표(!)를 차례로 넣어서 다른 워크시트에 있는 셀을 참조할 수 있음

정답 ④

35 다음 중 워크시트에 대한 설명으로 옳지 않은 것은?

① 새 통합 문서에는 [Excel 옵션]에서 설정한 시트 수만큼 워크시트가 표시되며, 최대 255개까지 워크시트를 추가할 수 있다.

② 워크시트의 이름은 공백 문자를 포함하여 최대 31자까지 사용할 수 있으나 /, ₩, ?, *, [,] 등의 기호는 사용할 수 없다.

③ 선택한 워크시트를 현재 통합 문서 또는 다른 통합 문서에 복사하거나 이동시킬 수 있다.

④ 시트의 삽입 또는 삭제 시 Ctrl + Z 키로 실행 취소 명령을 실행하여 복구할 수 있다.

시트에 대한 삽입, 삭제, 이름변경 등의 작업은 Ctrl + Z 키로 실행 취소되지 않음

정답 ④

36 다음 중 3차원 차트로 변경이 가능한 차트 유형은?

 ①

 ②

 ③

 ④

- ①번 : 도넛형
- ②번 : 분산형
- ③번 : 영역형
- ④번 : 주식형

3차원이 불가능한 차트 : 도넛형, 분산형, 주식형, 방사형
혼합형이 불가능한 차트 : 도넛형, 분산형, 주식형, 3차원
추세선이 불가능한 차트 : 원형, 도넛, 방사형, 표면형, 3차원

정답 ③

37 다음 중 아래의 매크로 대화상자에 대한 설명에서 괄호 안에 들어갈 용어로 옳은 것은?

> 매크로 대화상자의 (가) 단추는 바로가기 키나 설명을 변경할 수 있고, (나) 단추는 매크로 이름이나 명령 코드를 수정할 수 있다.

① (가)－옵션, (나)－편집
② (가)－편집, (나)－옵션
③ (가)－매크로, (나)－보기 편집
④ (가)－편집, (나)－매크로 보기

바로가기 키는 [매크로] 대화상자 [옵션]을 이용하여 수정할 수 있고, 기록된 매크로는 [편집]을 이용하여 수정, 추가, 삭제 가능

정답 ①

38 다음 중 아래의 차트에 대한 설명으로 옳지 않은 것은?

구분	남	여	합계
1반	23	21	44
2반	22	25	47
3반	20	17	37
4반	21	19	40
합계	86	82	168

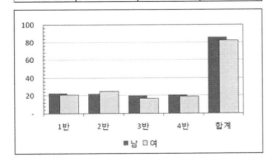

① 차트의 종류는 묶은 세로 막대형으로 계열 옵션의 '계열 겹치기'가 적용되었다.
② 각 [축 서식]에는 주 눈금과 보조 눈금이 '안쪽'으로 표시되도록 설정되었다.
③ 데이터 계열로 "남"과 "여"가 사용되고 있다.
④ 데이터 원본으로 표 전체 영역이 사용되고 있다.

현재 계열이 '남', '여'이므로, 합계(D열)은 데이터 원본으로 차트에 포함되지 않았음. 합계(D열)가 차트에 포함된 경우라면 계열은 3개(남, 여, 합계)가 되어야 함

정답 ④

39 다음 중 차트에 대한 설명으로 옳지 않은 것은?

① 기본적으로 워크시트의 행과 열에서 숨겨진 데이터는 차트에 표시되지 않는다.
② 차트 제목, 가로/세로 축 제목, 범례, 그림 영역 등은 마우스로 드래그하여 이동할 수 있다.
③ Ctrl 키를 누른 상태에서 차트 크기를 조절하면 차트의 크기가 셀에 맞춰 조절된다.
④ 사용자가 자주 사용하는 차트 종류를 차트 서식 파일로 저장할 수 있다.

차트 크기를 셀에 맞춰 조절할 경우 Alt 키를 이용

정답 ③

40 다음 중 인쇄에 대한 설명으로 옳은 것은?

① 기본적으로 워크시트에서 숨기기를 실행한 영역도 인쇄된다.
② 인쇄 영역에 포함된 도형들을 함께 인쇄하려면 [인쇄] 대화상자에서 '개체 인쇄'를 선택하여 인쇄한다.
③ 워크시트에 삽입된 차트만 인쇄하려면 차트가 선택된 상태에서 인쇄 명령을 실행한다.
④ 여러 시트를 한 번에 인쇄하려면 [인쇄] 대화상자에서 '여러 시트'를 선택하여 인쇄한다.

- ①번 : 숨겨진 영역은 인쇄되지 않음
- ②번 : 인쇄 시 기본적으로 인쇄 영역에 포함된 도형들도 함께 인쇄
- ④번 : 인쇄 대화상자에서 인쇄 대상은 '선택영역', '전체 통합 문서', '선택한 시트'가 있으며 여러 시트를 한 번에 인쇄하려면 '여러 시트'가 아닌 선택한 시트를 선택

정답 ③

03.회 최신 기출문제(2016.03.05 기출)

01 다음 중 사용자의 기본 설정을 사이트가 인식하도록 하거나, 사용자가 웹 사이트로 이동할 때마다 로그인해야 하는 번거로움을 생략할 수 있도록 사용자 환경을 향상시키는 것은?

① 쿠키(Cookie)
② 즐겨찾기(Favorites)
③ 웹 서비스(Web Service)
④ 히스토리(History)

쿠키(Cookie) : 사용자가 방문한 웹 주소를 지우지 않고 기억했다가 다음에 사용자가 이전에 방문한 주소를 몇 자 입력하면 나머지를 기억하여 모두 나타내어 사용자가 나머지 주소를 입력하지 않아도 되도록 기억된 이전에 방문했던 주소를 쿠키라고 함

정답 ①

02 다음 중 멀티미디어 기법에 대한 설명으로 옳지 않은 것은?

① 안티앨리어싱(Anti-Aliasing)은 2차원 그래픽에서 개체 색상과 배경 색상을 혼합하여 경계면 픽셀을 표현함으로써 경계면을 부드럽게 보이도록 하는 기법이다.
② 모델링(Modeling)은 컴퓨터 그래픽에서 명암, 색상, 농도의 변화 등과 같은 3차원 질감을 넣음으로써 사실감을 더하는 기법을 말한다.
③ 디더링(Dithering)은 제한된 색을 조합하여 음영이나 색을 나타내는 것으로 여러 컬러의 색을 최대한 나타내는 기법을 말한다.
④ 모핑(Morphing)은 한 이미지가 다른 이미지로 서서히 변화하는 과정을 나타내는 기법이다.

• 랜더링 : 컴퓨터 그래픽에서 명암, 색상, 농도의 변화 등과 같은 3차원 질감을 넣음으로써 사실감을 더하는 기법
• 모델링 : 렌더링을 하기 전에 수행되는 작업으로, 물체의 형상을 3차원 그래픽으로 어떻게 표현할 것인지를 정하는 것

정답 ②

03 다음 중 Windows 7에서 디스크에 저장된 파일의 위치를 재정렬하는 단편화 제거 과정을 통해 디스크에서의 파일 읽기/쓰기 성능을 향상시키는 기능은?

① 디스크 검사
② 디스크 정리
③ 디스크 포맷
④ 디스크 조각 모음

• 디스크 검사 : 디스크의 논리적, 물리적 오류 검사
• 디스크 정리 : 불필요한 파일을 지워 빈 공간을 확보
• 디스크 포맷 : 비어 있는 파일 시스템을 설정하고, 사용할 저장 매체나 하드디스크를 준비하는 작업

정답 ④

04 다음 중 정보의 기밀성을 저해하는 데이터 보안 침해 형태는?

① 가로막기(Interruption)
② 가로채기(Interception)
③ 위조(Fabrication)
④ 수정(Modification)

• 가로막기 : 데이터의 정상적인 전달을 가로막아서 수신 측으로 데이터가 전달되는 것을 방해하는 것으로 정보의 가용성을 저해함
• 변조/수정 : 전송된 데이터를 원래의 데이터가 아닌 다른 내용으로 바꾸는 것으로 정보의 무결성을 저해함
• 위조 : 마치 다른 송신자로부터 데이터가 송신된 것처럼 꾸미는 것으로 정보의 무결성을 저해함

정답 ②

05 다음 중 Windows 7의 제어판 기능 중 [디스플레이]에서 설정할 수 없는 것은?

① 테마 기능을 이용하여 바탕화면의 배경, 창 색, 소리 및 화면 보호기 등을 한 번에 변경할 수 있다.
② 연결되어 있는 모니터의 개수를 감지하고 모니터의 방향과 화면 해상도를 설정할 수 있다.
③ 화면에 표시되는 텍스트를 읽기 쉽도록 사용자 지정 텍스트 크기(DPI)를 설정할 수 있다.
④ ClearType 텍스트 조정을 이용하여 텍스트의 가독성을 향상시킬 수 있다.

①번은 Windows 7의 [개인 설정]대한 설명임

정답 ①

06 다음 중 네트워크 장비인 게이트웨이(Gateway)에 관한 설명으로 옳은 것은?

① 1:1 통신을 통하여 리피터(Repeater)와 동일한 역할을 하는 장비이다.
② 데이터의 효율적인 전송 속도를 제어하는 장비이다.
③ 컴퓨터와 네트워크를 연결하는 장비이다.
④ 서로 다른 네트워크 간에 데이터를 주고받기 위한 장비이다.

게이트웨이(Gateway) : 복수의 컴퓨터와 근거리 통신망(LAN)등을 상호 접속할 때 컴퓨터와 공중통신망, LAN과 공중통신망 등을 접속하는 장치

정답 ④

07 다음 중 Wi-Fi나 3G망, LTE망 등 무선 통신망을 통해 음성을 전송하는 인터넷 전화 방식은?

① IPTV
② m-VoIP
③ TCP/IP
④ IPv6

m-VoIP(Mobile-Voice over Internet Protocol) : 모바일 인터넷 전화 기술

정답 ②

08 다음 중 EPROM에 관한 설명으로 옳은 것은?

① 제조과정에서 한 번만 기록이 가능하며, 수정할 수 없다.
② 자외선을 이용하여 기록된 내용을 여러 번 수정할 수 있다.
③ 특수 프로그램을 이용하여 한 번만 기록할 수 있다.
④ 전기적 방법으로 기록된 내용을 여러 번 수정할 수 있다.

- Mask ROM : 제조과정에서 미리 내용을 기억시킨 ROM으로, 사용자가 수정 할 수 없음
- PROM : 사용자가 ROM Writer를 이용하여 한 번만 데이터를 기록할 수 있음
- EPROM : 기억한 내용을 자외선을 이용하여 여러 번 데이터를 수정하거나 기록할 수 있음
- EEPROM : 기억된 내용을 전기를 이용하여 여러 번 데이터를 수정하거나 기록할 수 있음

정답 ②

09 다음 중 멀티미디어 데이터의 표현 방식에 관한 설명으로 옳지 않은 것은?

① PNG는 최대 256색으로 구성된 사진을 품질저하 없이 압축한 정지 화상 압축 방법이다.
② MP3는 MPEG-1 동영상의 음성부분으로 개발되었으나 높은 압축 률과 음반 CD 수준의 음질로 호평을 받아 음성 전용 코덱으로 발 전하였다.
③ AC-3는 돌비 연구소에서 개발한 음성 코덱으로 입체 음향 구현에 최적화되어 DVD 등에 주로 사용된다.
④ DivX는 MPEG-4 코덱에 기반하여 개발된 동영상 코덱으로 용량 대비 화질이 높아 영화 파일 압축에 많이 사용된다.

- GIF : 이미지의 전송을 빠르게 하기 위하여 압축 저장하는 방식 중 하나. JPEG파일에 비해 압축률은 떨어지지만 전송 속도는 빠르고, 이미지의 손상을 적게 함. 최대 256색
- JPG : 사진 등의 정지화상을 통신에 사용하기 위해서 압축하는 기술의 표준. 1,600만 색상을 표시할 수 있어 고해상도 표시장치에 적합
- PNG : gif와 jpg의 대안으로 만들어진 이미지파일. 24바이트의 이미지를 처리하면서 어 떤 경우는 GIF보다 작은 용량으로도 이미지 표현이 가능하고 원 이미지에 전혀 손상을 주지 않는 압축과 완벽한 알파 채널(alpha channel)을 지원

정답 ①

10 다음 중 버전에 따른 소프트웨어에 대한 설명으로 옳지 않은 것은?

① 트라이얼 버전(Trial Version)은 특정한 하드웨어나 소프트웨어를 구매하였을 때 무료로 주는 프로그램이다.
② 베타 버전(Beta Version)은 소프트웨어의 정식 발표 전 테스트를 위 하여 사용자들에게 무료로 배포하는 시험용 프로그램이다.
③ 데모 버전(Demo Version)은 정식 프로그램을 홍보하기 위해 사용 기간이나 기능을 제한하여 배포하는 프로그램이다.
④ 패치 버전(Patch Version)은 이미 제작하여 배포된 프로그램의 오류 수정이나 성능 향상을 위해 프로그램의 일부 파일을 변경해 주는 프로그램이다.

①번 : 번들 프로그램에 대한 설명

정답 ①

11 다음 중 정보통신과 관련하여 분산 처리 환경에 가장 적합한 네 트워크 운영 방식은?

① 중앙 집중 방식　　　　② 클라이언트/서버 방식
③ 피어 투 피어 방식　　　④ 반이중 방식

- 클라이언트/서버 방식 : 정보를 제공하는 서버와 정보를 요구하는 클라이언트로 구성되 며 서버와 클라이언트 모두 독자적인 처리 능력이 있으므로 분산처리에 적합
- 중앙 집중 방식 : 작업에 필요한 모든 처리를 담당하는 중앙 컴퓨터와 데이터의 입출력 기능을 담당하는 단말기로 구성되며, 메인 프레임에서 사용
- 피어 투 피어 방식(동배간 처리 방식) : 모든 컴퓨터를 동등하게 연결하는 방식으로, 작 은 규모의 네트워크에서 사용
- 반이중 방식 : 양쪽 방향으로 송수신 가능한 양방향 통신이지만, 한 번에 하나의 전송만 이루어지도록 설정된 통신 방식. 대표적인 예로 무전기

정답 ②

12 다음 중 컴퓨터의 발전 과정에 관한 설명으로 옳지 않은 것은?

① 파스칼의 계산기는 사칙연산이 가능한 최초의 기계식 계산기이다.
② 천공카드시스템은 홀러리스가 개발한 것으로 인구통계 및 국세 조 사에 이용되었다.
③ EDSAC은 최초로 프로그램 내장 방식을 도입하였다.
④ UNIVAC-1은 최초의 상업용 전자계산기이다.

최초의 사칙연산계산기는 '라이프니츠의 계산기'

정답 ①

13 다음 중 플래시 메모리에 대한 설명으로 옳은 것은?

① 중앙처리장치와 주기억장치 사이에 위치하여 컴퓨터의 처리 속도 를 향상시키는 역할을 한다.
② 보조기억장치의 일부를 주기억장치처럼 사용하는 메모리 관리 기 법으로 주기억장치보다 큰 프로그램을 불러와 실행해야 할 때 유 용하다.
③ 주기억장치에 저장된 정보에 접근할 때 주소 대신 기억된 정보의 내용의 일부를 이용하여 직접 접근하는 장치이다.
④ 전기적인 방법으로 수정이 가능한 EEPROM을 개선한 메모리칩으 로, MP3 플레이어, 휴대전화, 디지털 카메라 등에 널리 사용된다.

- ①번 : 캐시 메모리
- ②번 : 가상 메모리
- ③번 : 연관 메모리

정답 ④

14 다음 중 Windows 7에서 기본으로 제공되어 설치된 게임 프로 그램을 삭제하기 위한 방법으로 가장 적절한 것은?

① 제어판-프로그램 및 기능-프로그램 제거 또는 변경
② 제어판-프로그램 및 기능-설치된 업데이트 보기
③ 제어판-프로그램 및 기능-Windows 기능 사용/사용 안 함
④ 제어판-기본 프로그램-기본 프로그램 설정

사용자가 설치한 프로그램은 프로그램 제거 또는 변경에서 삭제하며 Windows 7에서 기 본으로 제공되는 게임 프로그램은 Windows 기능 사용/사용 안 함을 이용

정답 ③

15 다음 중 W3C에서 제안한 표준안으로 문서 작성 중심으로 구성된 기존 표준에 비디오, 오디오 등 다양한 부가 기능과 최신 멀티미디어 콘텐츠를 액티브X 없이 브라우저에서 쉽게 볼 수 있도록 한 웹의 표준 언어는?

① XML   ② VRML
③ HTML5   ④ JSP

• XML(eXtensible Markup Language) : html의 확장언어. 홈페이지 구축 기능, 검색 기능 등 향상, 웹페이지 추가 작성 편리
• VRML(Virtual Reality Modeling Language) : 인터넷 문서에서 3차원 공간을 표현할 수 있는 텍스트 파일
• JSP(Java server page) : HTML내에 자바 코드를 삽입하여 웹 서버에서 동적으로 웹페이지를 생성하여 웹 브라우저에 돌려주는 언어

정답 ③

16 다음 중 Windows 7의 [작업 표시줄 및 시작 메뉴 속성] 창에 대한 설명으로 옳지 않은 것은?

① 작업 표시줄이 꽉 차면 작업 표시줄 단추의 크기가 자동 조정되도록 선택할 수 있다.
② [시작] 메뉴의 링크, 아이콘, 메뉴 모양 및 동작을 사용자 지정할 수 있다.
③ 알림 영역에서 표시할 아이콘과 알림을 선택할 수 있다.
④ 전원 단추를 눌렀을 때의 동작을 선택할 수 있다.

작업 표시줄이 꽉 차면 작업 표시줄 단추를 하나로 표시하며, 단추의 크기를 자동 조절하는 기능은 없음

정답 ①

17 다음 중 Window 7에서 유해한 프로그램이나 불법 사용자가 컴퓨터 설정을 임의로 변경하려는 경우 이를 사용자에게 알려 컴퓨터를 제어할 수 있도록 도와주는 기능은?

① 사용자 계정 컨트롤
② Windows Defender
③ BitLocker
④ 시스템 복원

• Windows Defender : 시스템에 침입한 악성프로그램을 윈도우가 감지해 주는 기능
• BitLocker : 디스크 암호화 소프트웨어
• 시스템 복원 : 시스템에 오류가 났거나 설정이 변경된 경우 복원 시점을 만들어서 오류가 나기 전의 상태로 시스템을 복원하는 기능

정답 ①

18 다음 중 네트워크 주변을 지나다니는 패킷을 엿보면서 계정(ID)과 비밀번호를 알아내는 보안 위협 행위는?

① 스니핑(Sniffing)
② 스푸핑(Spoofing)
③ 백도어(Back Door)
④ 키로거(Key Logger)

• 스푸핑(Spoofing) : 어떤 프로그램이 정상적으로 실행되는 것처럼 속임수를 사용하는 행위
• 백도어(Back Door) : 특정한 시스템에서 보안이 제거되어 있는 비밀 통로
• 키로거(Key Logger) : 컴퓨터 사용자의 키보드 움직임을 탐지해 ID나 패스워드, 계좌 번호, 카드 번호 등과 같은 개인의 중요한 정보를 몰래 빼 가는 해킹 공격

정답 ①

19 다음 중 컴퓨터의 연산속도 단위로 가장 빠른 것은?

① 1ms   ② $1\mu s$
③ 1ns   ④ 1ps

〈느림〉 ms - μs - ns - ps - fs - as 〈빠름〉

정답 ④

20 다음 중 프린터 인쇄 시 발생할 수 있는 문제의 해결 방안으로 가장 적절하지 않은 것은?

① 인쇄가 되지 않을 경우 먼저 프린터의 전원이나 케이블 연결 상태를 확인한다.
② 프린터의 스풀 에러가 발생한 경우 프린트 스풀러 서비스를 중지하고 수동으로 다시 인쇄한다.
③ 글자가 이상하게 인쇄될 경우 시스템을 재부팅한 후 인쇄해 보고, 같은 결과가 나타나면 프린터 드라이버를 다시 설치한다.
④ 인쇄물의 상태가 좋지 않은 경우 헤드를 청소하거나 카트리지를 교환한다.

프린터의 스풀 에러가 발생한 경우 프린트 설정에서 스풀 사용하지 않음으로 설정하거나, 프린터 드라이버를 삭제한 다음 드라이버를 최신 버전으로 재설치하여 사용하는 방법이 있음

정답 ②

2 과목   스프레드시트 일반

21 다음 중 데이터 유효성 검사에 관한 설명으로 옳지 않은 것은?

① 유효성 조건에 대한 제한 대상과 제한 방법을 설정할 수 있다.
② 이미 입력된 데이터에 유효성 검사를 설정하는 경우 잘못된 데이터는 삭제된다.
③ 워크시트의 열 단위로 데이터 입력 모드(한글/영문)를 다르게 지정할 수 있다.
④ 유효성 검사에 위배되는 잘못된 데이터가 입력되는 경우 표시할 오류 메시지를 설정할 수 있다.

• 데이터 유효성 검사 : 데이터의 형식을 제어하거나 사용자가 셀에 입력하는 값을 제어할 수 있는 기능
• 이미 입력된 데이터에 유효성 검사를 설정하는 경우 잘못된 데이터는 삭제되지 않고 그대로 남아 있음

정답 ②

22 다음 중 아래 그림과 같이 연 이율과 월 적금액이 고정되어 있고, 적금기간이 1년, 2년, 3년, 4년, 5년인 경우 각 만기 후의 금액을 확인하기 위한 도구로 적합한 것은?

	A	B	C	D	E	F
1						
2		연 이율	3%		적금기간(연)	만기 후 금액
3		적금기간(연)	1			6,083,191
4		월 적금액	500,000		1	
5		만기 후 금액	₩6,083,191		2	
6					3	
7					4	
8					5	

① 고급 필터   ② 데이터 통합
③ 목표값 찾기   ④ 데이터 표

[데이터]-[가상 분석]-[데이터 표]를 이용하여 [열 입력 셀]에 $C$2을 적용

정답 ④

23 다음 중 데이터 통합에 관한 설명으로 옳지 않은 것은?

① 데이터 통합은 위치를 기준으로 통합할 수도 있고, 영역의 이름을 정의하여 통합할 수도 있다.
② '원본 데이터에 연결' 기능은 통합할 데이터가 있는 워크시트와 통합 결과가 작성될 워크시트가 같은 통합 문서에 있는 경우에만 적용할 수 있다.
③ 다른 원본 영역의 레이블과 일치하지 않는 레이블이 있는 경우에 통합하면 별도의 행이나 열이 만들어진다.
④ 여러 시트에 있는 데이터나 다른 통합 문서에 입력되어 있는 데이터를 통합할 수 있다.

• 데이터 통합 : 여러 워크시트의 결과를 요약하고 보고하기 위해 같은 시트 내 또는 다른 시트 등에 입력된 데이터를 하나로 통합해서 계산하는 기능
• 같은 통합문서 외에도 다른 통합문서를 통합할 수 있으며 정기적으로나 필요시에 업데이트하여 집계도 가능

정답 ②

24 다음 중 고급 필터를 이용하여 전기세가 '3만 원 이하'이거나 가스비가 '2만 원 이하'인 데이터 행을 추출하기 위한 조건으로 옳은 것은?

①

전기세	가스비
<= 30000	<= 20000

②

전기세	가스비
<= 30000	
	<= 20000

③

전기세	<= 30000
가스비	<= 20000

④

전기세	<= 30000	
가스비		<= 20000

[OR조건이므로 두 번째 가스비 조건은 같은 행이 아닌 아래 행에 조건을 입력]
• AND조건 (~이고, ~이면서) : 조건이 모두 만족할 때 실행
• OR조건 (~이거나, 또는) : 여러 조건들 중에서 하나라도 만족하면 실행

[연산자의 의미]
• 〉= : 크거나 같다, 이상, 이후
• 〈= : 작거나 같다, 이하, 이전
• = : 같다
• 〈〉 : 같지 않다, 아니다, 다르다
• 〉 : 크다, 초과
• 〈 : 작다, 미만

정답 ②

25 다음 중 아래 그림과 같이 [A1:A2] 영역을 선택한 후 채우기 핸들을 아래쪽으로 드래그 했을 때 [A5] 셀에 입력될 값으로 옳은 것은?

	A	B	C	D
	A1		fx	월요일
1	월요일			
2	수요일			
3				
4				
5				
6				

① 월요일   ② 화요일
③ 수요일   ④ 금요일

• 요일은 [사용자 지정 목록]에 기본으로 '일요일,월요일,화요일,수요일,목요일,금요일,토요일'이 포함 돼 있으므로 '화요일'이 채워짐
• [A3]셀 : 금요일, [A4]셀 : 일요일, [A5]셀 : 화요일

정답 ②

26 다음 중 셀에 데이터를 입력하는 방법에 대한 설명으로 옳지 않은 것은?

① [A1] 셀에 값을 입력하고 Esc 키를 누르면 [A1] 셀에 입력한 값이 취소된다.
② [A1] 셀에 값을 입력하고 오른쪽 방향키 →를 누르면 [A1] 셀에 값이 입력된 후 [B1] 셀로 셀 포인터가 이동한다.
③ [A1] 셀에 값을 입력하고 Enter↵ 키를 누르면 [A1] 셀에 값이 입력된 후 [A2] 셀로 셀 포인터가 이동한다.
④ [C5] 셀에 값을 입력하고 Home 키를 누르면 [C5] 셀에 값이 입력된 후 [C1] 셀로 셀 포인터가 이동한다.

[C5] 셀에 값을 입력하고 Home 키를 누르면 각 행의 A열로 이동하게 되어 [C5] 셀에 값이 입력된 후 [A1] 셀로 셀 포인터가 이동

정답 ④

27 다음 중 메모에 관한 설명으로 옳지 않은 것은?

① 메모를 삭제하려면 메모가 삽입된 셀을 선택한 후 [검토] 탭 [메모]그룹의 [삭제]를 선택한다.
② [서식 지우기] 기능을 이용하여 셀의 서식을 지우면 설정된 메모도 함께 삭제된다.
③ 메모가 삽입된 셀을 이동하면 메모의 위치도 셀과 함께 변경된다.
④ 작성된 메모의 내용을 수정하려면 메모가 삽입된 셀의 바로가기 메뉴에서 [메모 편집]을 선택한다.

[서식 지우기] 기능을 이용하면 서식만 지우고 메모는 삭제되지 않음

정답 ②

28 다음 중 [보안 센터] 창의 [매크로 설정]에서 [신뢰할수 없는 위치에 있는 문서의 매크로]에 대한 선택 항목으로 옳지 않은 것은?

① 모든 매크로 제외(알림 표시 없음)
② 모든 매크로 제외(알림 표시)
③ 디지털 서명된 매크로만 포함
④ 모든 매크로 포함(기본 설정, 알림 표시)

[개발도구] 탭-[코드]그룹-[매크로 보안]-[매크로 설정] 항목
• 내용 모든 매크로 제외(알림 표시 없음)
• 모든 매크로 제외(알림 표시)
• 디지털 서명된 매크로만 포함
• 모든 매크로 포함(위험성 있는 코드가 실행될 수 있으므로 권장하지 않음)

정답 ④

29 다음 중 셀의 이동과 복사에 대한 설명으로 옳지 않은 것은?

① 이동하고자 하는 셀 영역을 선택한 후 잘라내기 바로가기 키인 Ctrl+X를 누르면 선택 영역 주위에 점선이 표시된다.
② 클립보드에는 최대 24개 항목이 저장 가능하므로 여러 데이터를 클립보드에 복사해 두었다가 다른 곳에 한 번에 붙여넣을 수 있다.
③ 선택된 셀 영역을 이동할 위치로 드래그하는 동안에는 선택된 셀 영역의 테두리만 표시된다.
④ Shift 키를 누른 채 선택 영역의 테두리를 클릭하여 원하는 위치로 드래그하면 선택 영역이 복사된다.

Shift 키를 누르지 않은 상태에서는 기존의 내용을 선택한 값으로 변경을 할 것인지 묻게 되지만 Shift 키를 누른 상태일 때는 기존의 값이 방향에 맞춰서 밀어내기가 되며 선택한 범위가 해당 위치로 삽입

정답 ④

30 다음 중 매크로에 관한 설명으로 옳지 않은 것은?

① 매크로 이름은 자동으로 부여되며, 사용자가 변경할 수 있다.
② 매크로의 바로가기 키는 Ctrl과 영문자 또는 숫자를 조합하여 사용할 수 있다.
③ 매크로는 해당 작업에 대한 일련의 명령과 함수를 비주얼 베이직 모듈로 저장한 것이다.
④ 매크로가 저장되는 위치는 '개인용 매크로 통합 문서', '새 통합 문서', '현재 통합 문서' 중에서 선택할 수 있다.

• 매크로 이름은 자동 생성, 공백 사용 불가
• 바로가기 키는 Ctrl 키와 영소문자 조합으로 사용, 대문자로 지정하면 Shift 키로 설정
• 매크로 저장 위치 : 현재 통합 문서 / 새 통합 문서 / 개인용 매크로 통합 문서

정답 ②

31 아래의 워크시트에서 [B2:D5] 영역은 '점수'로 이름이 정의되어 있다. 다음 중 [A6] 셀에 수식 ' =AVERAGE(INDEX(점수, 2, 1), MAX(점수))'을 입력하는 경우 결과 값으로 옳은 것은?

	A	B	C	D
1	성명	중간	기말	실기
2	오금희	85	60	85
3	백나영	90	80	95
4	김장선	100	80	76
5	한승호	80	80	85
6				

① 85
② 90
③ 95
④ 100

• AVERAGE(범위) : 범위의 평균
• INDEX(범위,행번호,[열번호]) : 범위나 배열에서 행번호, 열번호에 해당하는 값을 구함
  = INDEX(점수, 2, 1) : [B2:D5] 영역(점수범위)의 2행과 1열에 해당하는 값은 90
• MAX(범위) : 최대값을 계산
  = MAX(점수) : [B2:D5] 영역(점수범위)의 최대값은 100
  =AVERAGE(INDEX(점수, 2, 1), MAX(점수)) → =AVERAGE(90,100)
• 90과 100의 평균값은 (90+100)÷2=95

정답 ③

32 [A1] 셀에 '851010-1234567'과 같이 주민등록번호가 입력되어 있을 때, 이 셀의 값을 이용하여 [B1] 셀에 성별을 '남' 또는 '여'로 표시하고자 한다. 다음 중 이를 위한 수식으로 옳은 것은? (단, 주민등록번호의 8번째 글자가 1이면 남자, 2이면 여자임)

① =CHOOSE(MID(A1,8,1), "남","여")
② =HLOOKUP(A1, 8, B1)
③ =INDEX(A1, B1, 8)
④ =IF(RIGHT(A1,8)="1", "남", "여")

• CHOOSE함수 : 검색 값이 지정된 번째의 결과값을 찾음
• MID함수 : 해당 문자열의 중간부터 개수만큼 추출
  =MID(A1,8,1) : A1셀 8번 째 숫자부터 1글자
  =CHOOSE(MID(A1,8,1),"남","여") : MID 결과가 1이면 첫 번째 값인 "남"을 반환, MID 결과가 2이면 두 번째 값인 "여"를 반환

정답 ①

33 다음 중 워크시트의 [머리글/바닥글] 설정에 대한 설명으로 옳지 않은 것은?

① '페이지 레이아웃' 보기 상태에서는 워크시트 페이지 위쪽이나 아래쪽을 클릭하여 머리글/바닥글을 추가할 수 있다.
② 첫 페이지, 홀수 페이지, 짝수 페이지의 머리글/바닥글 내용을 다르게 지정할 수 있다.
③ 머리글/바닥글에 그림을 삽입하고, 그림 서식을 지정할 수 있다.
④ '페이지 나누기 미리 보기' 상태에서는 미리 정의된 머리글이나 바닥글을 선택하여 쉽게 추가할 수 있다.

머리글이나 바닥글을 쉽게 추가하려면 [페이지 레이아웃]에서 선택

정답 ④

34 다음 중 함수의 결과가 옳은 것은?

① =COUNT(1, "참", TRUE, "1") → 1
② =COUNTA(1, "거짓", TRUE, "1") → 2
③ =MAX(TRUE, "10", 8, ,3) → 10
④ =ROUND(215.143, -2) → 215.14

• COUNT : 숫자의 개수
• COUNTA : 비어 있지 않은 모든 문자(숫자포함) 개수
• ROUND : 해당 인수를 반올림

①번 : =COUNT(1, "참", TRUE, "1") → 3
②번 : =COUNTA(1, "거짓", TRUE, "1") → 4
④번 : =ROUND(215.143, -2) → 200

정답 ③

35 아래 그림과 같이 짝수 행에만 배경색과 글꼴 스타일 '굵게'를 설정하는 조건부 서식을 지정하고자 한다. 다음 중 이를 위해 아래의 [새 서식 규칙] 대화상자에 입력할 수식으로 옳은 것은?

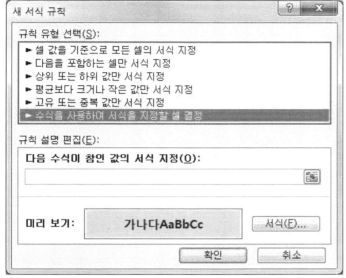

① =MOD(ROW(),2)=1
② =MOD(ROW(),2)=0
③ =MOD(COLUMN(),2)=1
④ =MOD(COLUMN(),2)=0

• ROW() : 현재 위치한 '행'의 번호
• COLUMN() : 현재 위치한 '열'의 번호
• MOD(숫자,2) : 숫자를 2로 나눈 나머지, MOD함수로 짝수, 홀수를 구분할 수 있음
  MOD(숫자, 2)=1 : 홀수
  MOD(숫자, 2)=0 : 짝수

①번 : =MOD(ROW(),2)=1 → 홀수 행
②번 : =MOD(ROW(),2)=0 → 짝수 행
③번 : =MOD(COLUMN(),2)=1 → 홀수 열
④번 : =MOD(COLUMN(),2)=0 → 짝수 열
그림에서는 2,4,6행에 노란색 음영이 들어 있으므로 짝수 행에만 배경색과 글꼴 스타일 '굵게'를 설정하는 조건부 서식이 지정됨
정답 ②

36 다음 중 통합 문서와 관련된 바로가기 키에 대한 설명으로 옳지 않은 것은?

① Ctrl + N 키를 누르면 새 통합 문서를 만든다.
② Shift + F11 키를 누르면 새 통합 문서를 만든다.
③ Ctrl + W 키를 누르면 현재 통합 문서 창을 닫는다.
④ Ctrl + F4 키를 누르면 현재 통합 문서 창을 닫는다.

Shift + F11 키를 누르면 시트가 삽입됨
정답 ②

37 다음 중 [보기] 탭 [창]그룹의 각 기능에 대한 설명으로 옳지 않은 것은?

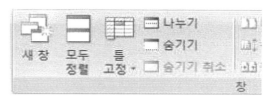

① [새 창]은 현재 활성화되어 있는 문서를 새 창에 하나 더 열어서 두 개 이상의 창을 통해 볼 수 있게 해준다.
② [틀 고정] 기능으로 열을 고정하려면 고정하려는 열의 왼쪽 열을 선택한 후 틀 고정을 실행한다.
③ [나누기]는 워크시트를 여러 개의 창으로 분리하는 기능으로 최대 4개까지 분할할 수 있다.
④ [모두 정렬]은 [창 정렬] 창을 표시하여 화면에 열려 있는 통합 문서 창들을 선택 옵션에 따라 나란히 배열한다.

[틀 고정] 기능으로 열을 고정하려면 고정하려는 열의 오른쪽 열을 선택한 후 틀 고정을 실행
정답 ②

38 다음 중 아래의 차트에 대한 설명으로 옳지 않은 것은?

구분	남	여	합계
1반	23	21	44
2반	22	25	47
3반	20	17	37
4반	21	19	40
합계	86	82	168

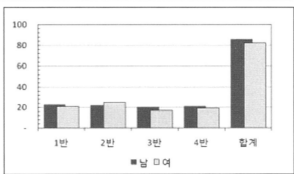

① 차트의 종류는 묶은 세로 막대형으로 계열 옵션의 '계열 겹치기'가 적용되었다.
② 세로 (값) 축의 [축 서식]에는 주 눈금과 보조 눈금이 '안쪽'으로 표시되도록 설정되었다.
③ 데이터 계열로 '남'과 '여'가 사용되고 있다.
④ 표 전체 영역을 데이터 원본으로 차트를 작성하였다.

현재 계열이 '남', '여'이므로, 합계(D열)은 데이터 원본으로 차트에 포함되지 않았음. 합계(D열)가 차트에 포함된 경우라면 계열은 3개(남, 여, 합계)가 되어야 함
정답 ④

39 다음 중 아래의 차트에 설정된 차트의 구성요소로 옳지 않은 것은?

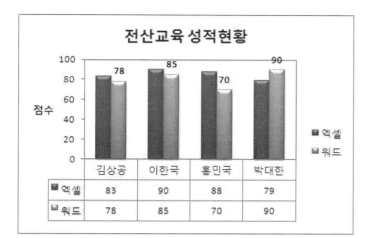

① 눈금선
② 데이터 표
③ '워드' 계열의 데이터 레이블
④ 세로 (값) 축 제목

세로축의 0에서 100까지 안쪽부분에 촘촘하게 줄자처럼 표시되어 있는 선이 눈금선인데 해당 차트에는 눈금선이 없음

정답 ①

40 다음 중 특정한 데이터 계열에 대한 변화 추세를 파악하기 위한 추세선을 표시할 수 있는 차트는?

①
②
③
④

• 추세선을 추가할 수 있는 차트 : 가로막대형, 세로막대형, 꺾은선형, 주식형, 분산형, 거품형, 비누적 2차원 영역형 차트
• 추세선이 불가능한 차트 : 원형, 도넛, 방사형, 표면형, 3차원

①번 : 방사형
②번 : 원형
③번 : 도넛형
④번 : 거품형

정답 ④

04회 최신 기출문제 (2016.06.25 기출)

1 과목 컴퓨터 일반

01 다음 중 JPEG 표준에 대한 설명으로 옳지 않은 것은?

① JPEG은 정지 화상을 위해서 만들어진 손실 압축 방식의 표준이며, 비손실 압축 방식도 규정되어 있으나 이 방식은 특허문제나 압축률 등의 이유로 잘 쓰이지 않는다.

② JPEG 표준을 사용하는 파일 형식에는 jpg, jpeg, jpe 등의 확장자를 사용한다.

③ JPEG은 웹상에서 사진 등의 화상을 보관하고 전송하는데 가장 널리 사용되는 파일 형식이다.

④ 문자, 선, 세밀한 격자 등 고주파 성분이 많은 이미지의 변환에서는 GIF나 PNG에 비해 품질이 매우 우수하다.

- JPEG은 문자, 선, 세밀한 격자 등 고주파 성분이 많은 이미지의 변환에서 GIF나 PNG보다 품질이 나쁜 경우가 있음
- GIF : 이미지의 전송을 빠르게 하기 위하여 압축 저장하는 방식 중 하나. JPEG파일에 비해 압축률은 떨어지지만 전송 속도는 빠르고, 이미지의 손상을 적게 함. 최대 256색
- JPG : 사진 등의 정지화상을 통신에 사용하기 위해서 압축하는 기술의 표준. 1,600만 색상을 표시할 수 있어 고해상도 표시장치에 적합
- PNG : gif와 jpg의 대안으로 만들어진 이미지파일. 24바이트의 이미지를 처리하면서 어떤 경우는 GIF보다 작은 용량으로도 이미지 표현이 가능하고 원 이미지에 전혀 손상을 주지 않는 압축과 완벽한 알파 채널(alpha channel)을 지원

정답 ④

02 다음 중 영상의 표현과 압축방식들에 대해서는 관여하지 않으며 특징추출을 통해 디지털방송과 전자도서관, 전자상거래 등에서 멀티미디어 데이터를 효과적으로 검색할 수 있는 영상압축기술은?

① MPEG 1
② MPEG 4
③ MPEG 7
④ MPEG 21

MPEG는 동영상 압축방식의 국제 표준 규격
- MPEG-1 : CD, VHS(비디오테이프)
- MPEG-2 : HDTV, DVD
- MPEG-4 : IMT-2000, 동화상
- MPEG-7 : 전자상거래
- MPEG-21 : 1,2,4,7을 통합

정답 ③

03 다음 중 정보사회에서 정보 보안을 위협하기 위해 웜(Worm)의 형태를 이용하는 것에 해당하지 않는 것은?

① 분산 서비스 거부 공격
② 버퍼 오버플로 공격
③ 슬래머
④ 트로이 목마

- 웜(WORM) : 자기 스스로 복제하는 방법으로 시스템의 성능을 저하하고 다운시킴. 바이러스 형태로 침입. 분산 서비스 거부 공격(Ddos), 슬래머(Slammer) 웜 바이러스, 버퍼 오버플로 등이 해당
- 트로이 목마 : 어떤 허가되지 않은 행위를 수행시키기 위해 시스템에 다른 프로그램 코드와 위장하여 침투시키는 행위. 자기 복제를 하지 않아서 바이러스와 구별되며 상대방의 컴퓨터 화면도 볼 수 있고, 입력정보 취득, 재부팅, 파일삭제 할 수 있음

정답 ④

04 다음 중 마이크로소프트사의 엑셀이나 워드와 같은 파일을 매개로 하고 특정 응용 프로그램으로 매크로가 사용되면 감염이 확산되는 형태의 바이러스는?

① 부트(Boot) 바이러스
② 파일(File) 바이러스
③ 부트(Boot) &파일(File) 바이러스
④ 매크로(Macro) 바이러스

매크로(Macro) 바이러스 : 매크로는 반복되는 작업을 단축키나 간단한 명령만으로 실행하기 위한 것으로 이러한 매크로는 반복되는 작업을 단순하게 실행할 수 있다는 장점이 있지만 악의적인 용도로 사용하면 바이러스 등이 들어 있는 프로그램이 자동으로 실행되고 바이러스가 유포될 수 있음.

정답 ④

05 다음 중 인터넷 기술을 적용한 인트라넷에 관한 설명으로 옳은 것은?

① 핸드폰, 노트북 등과 같은 단말장치의 근거리 무선접속을 지원하기 위한 통신기술이다.

② 인터넷 기술을 기업 내의 전자우편, 전자결재 등과 같은 정보시스템에 적용한 것이다.

③ 납품업체나 고객업체 등 관련 있는 기업들 간의 원활한 통신을 위한 시스템이다.

④ 분야별 공통의 관심사를 가진 인터넷 사용자들이 서로의 의견을 주고받을 수 있게 하는 서비스이다.

- 인트라넷 : 기업 내부에서 함께 사용하는 시스템
- 엑스트라넷 : 기업 외부도 함께 사용하는 시스템

정답 ②

06 다음 중 인터넷 서비스를 위한 프로토콜로 웹페이지와 웹브라우저 사이에서 하이퍼텍스트 문서를 전송하기 위한 것은?

① TCP/IP
② HTTP
③ FTP
④ WAP

HTTP : 웹페이지와 웹브라우저 사이에서 하이퍼텍스트 문서를 전송하기 위한 프로토콜
- ①번 TCP/IP(Transmission Control Protocol/Internet Protocol) : 네트워크로 연결된 시스템 간의 데이터 전송을 위해 인터넷에서 사용하는 표준 프로토콜
- ③번 FTP(File Transfer Protocol) : 파일을 주고받을 때(송수신) 사용하는 프로토콜
- ④번 WAP(Wireless Application Protocol) : 무선망에서 인터넷 서비스를 효율적으로 제공하기 위해 정의된 무선 인터넷 프로토콜

정답 ②

07 다음 중 인터넷상에서 동시 접속자 수가 너무 많아 과부하가 걸리거나, 너무 먼 원격지일 경우 발생하는 속도 저하를 막기 위해 동일한 사이트를 허가 하에 여러 곳으로 복사해 놓는 것은?

① 링크 사이트(Link site)
② 미러 사이트(Mirror site)
③ 인터커넥트(Interconnect)
④ 엑스트라넷(Extranet)

- ①번 링크 사이트(Link site) : 서로 관련 있는 분야에 대한 사이트를 한곳에 모아 안내 역할을 하는 홈 페이지
- ③번 인터커넥트(Interconnect) : 오디오 신호를 전송하는 케이블, 고객이 제공하는 기기와 전화회사의 선
- ④번 엑스트라넷(Extranet) : 기업내부의 인트라넷을 확장하여 기업 간의 협력적 네트워크를 말함

정답 ②

08 다음 중 정보통신에서 네트워크 관련 장비에 대한 설명으로 옳지 않은 것은?

① 라우터 : 네트워크를 구성하기 위해 반드시 필요한 장비로 정보 전송을 위한 최적의 경로를 찾아 통신망에 연결하는 장치
② 허브 : 네트워크를 구성할 때 여러 대의 컴퓨터를 연결하고, 각 회선들을 통합 관리하는 장치
③ 브리지 : 네트워크를 구성할 때 디지털 신호를 아날로그 신호로 변환하여 전송하고 다시 수신된 신호를 원래대로 변환하기 위한 전송 장치
④ 게이트웨이 : 한 네트워크에서 다른 네트워크로 들어가는 입구 역할을 하는 장치로 근거리통신망(LAN)과 같은 하나의 네트워크를 다른 네트워크와 연결할 때 사용되는 장치

- 브리지(Bridge) : 다리의 역할을 하며 서로 같은 두 개의 네트워크를 연결
- ③번 : 모뎀(Modem)에 대한 설명임

정답 ③

09 다음 중 유틸리티 프로그램에 대한 설명으로 적절하지 않은 것은?

① 다수의 작업이나 목적에 대하여 적용되는 편리한 서비스 프로그램이나 루틴을 말한다.
② 컴퓨터의 동작에 필수적이고, 컴퓨터를 이용하는 주목적에 대한 일부 특정 작업을 수행하는 소프트웨어들을 가리킨다.
③ 컴퓨터 하드웨어, 운영 체제, 응용 소프트웨어를 관리하는 데 도움을 주도록 설계된 프로그램을 의미한다.
④ Windows에서 제공하는 유틸리티 프로그램으로는 디스크 조각 모음, 화면 보호기, 스파이웨어 방지 소프트웨어인 Windows Defender 등을 예로 들 수 있다.

유틸리티 프로그램은 컴퓨터의 동작에 필수적인 것은 아님

정답 ②

10 다음 중 HTML의 단점을 보완하여 이미지의 애니메이션을 지원하며, 사용자와의 상호 작용에 따른 동적인 웹페이지의 제작이 가능한 언어는?

① JAVA
② DHTML
③ VRML
④ WML

DHTML(Dynamic HTML) : HTML은 웹 페이지 작성을 위한 언어. 기존 HTML의 단조로운 단점을 보완하여 동적(Dynamic)인 웹페이지 제작을 위해 사용되는 언어
- ①번 JAVA : 객체지향프로그래밍 언어로서 C/C++에 비해 간략하고 쉬우며 네트워크 기능의 구현이 용이하기 때문에, 인터넷 환경에서 가장 활발히 사용되는 프로그래밍 언어
- ③번 VRML(Virtual Reality Modeling Language) : 인터넷 문서에서 3차원 공간을 표현할 수 있는 텍스트 파일
- ④번 WML(Wireless Markup Language) : 무선 인터넷 환경에서 사용할 목적으로 개발한 언어

정답 ②

11 다음 중 컴퓨터의 롬(ROM)에 기록되어 하드웨어를 제어하며, 하드웨어의 성능 향상을 위해 업그레이드 할 수 있는 마이크로프로그램의 집합을 의미하는 것은?

① 프리웨어(Freeware)
② 셰어웨어(Shareware)
③ 미들웨어(Middleware)
④ 펌웨어(Firmware)

펌웨어(Firmware) : 일반적으로 롬(ROM)에 기록된 하드웨어를 제어하는 마이크로프로그램의 집합. 프로그램이라는 관점에서는 소프트웨어와 동일하지만 하드웨어와 밀접한 관계를 가지고 있다는 점에서 일반 응용소프트웨어와 구분되어 펌웨어는 소프트웨어와 하드웨어의 특성을 모두 가지고 있다고 할 수 있음

정답 ④

12 다음 중 4비트로 나타낼 수 있는 정보 단위는?

① Character
② Nibble
③ Word
④ Octet

- 자료 표현의 단위(작은 것 → 큰 순)
- Bit(0과 1 중에 하나만을 기억) – Nibble(4bit) – Byte(8bit) – Word(4Byte / Half Word – 2Byte / Double Word – 8Byte) – Field – Record – File – Database

정답 ②

13 다음 중 컴퓨터 보조기억장치로 사용되는 플래시 메모리에 관한 설명으로 옳지 않은 것은?

① EEPROM의 일종이다.
② 비휘발성 메모리이다.
③ 트랙 단위로 저장된다.
④ 전력 소모가 적고 데이터 전송속도가 빠르다.

플래시 메모리(Flash Memory) : 전원이 끊겨도 저장된 정보가 지워지지 않는 비휘발성 기억장치로 EEPROM의 일종. 접근 속도가 빠르고 저전력으로 운용되며 크기가 매우 작고 충격에 강함. ROM과 RAM의 중간 단계에 있는 메모리로 디지털 카메라, MP3 플레이어, 휴대전화 등에 사용되며 SD카드, microSD카드 등이 플래시 메모리에 해당

정답 ③

14 다음 중 컴퓨터의 연산장치에 있는 누산기(Accumulator)에 관한 설명으로 옳은 것은?

① 연산 결과를 일시적으로 기억하는 장치이다.
② 명령의 순서를 기억하는 장치이다.
③ 명령어를 기억하는 장치이다.
④ 명령을 해독하는 장치이다.

- CPU(중앙처리장치)의 구성요소 : 제어장치(CU), 연산장치(ALU), 레지스터(주기억장치)
- 제어장치(CU) : 각 장치들을 제어, 명령 해독 등을 수행
- 프로그램 카운터(PC) : 다음에 실행할 명령어의 번지(주소)를 기억
- 명령 레지스터(IR) : 현재 실행중인 명령의 내용을 기억
- 연산장치(ALU) : 연산(계산)을 수행
- 가산기 : 덧셈
- 보수기 : 뺄셈
- 누산기(ACC) : 연산의 결과를 일시적으로 기억
- 레지스터(주기억장치) : CPU안에 있는 임시기억장소, 속도가 가장 빠름, 속도 향상 위해 사용

정답 ①

15 다음 중 Windows 7의 시스템 복원 기능에 대한 설명으로 옳지 않은 것은?

① 컴퓨터 시스템에 문제가 생겼을 경우 복원 지점을 이용하여 정상적인 상태로 만드는 기능이다.
② 복원 지점은 시스템에 의해 자동으로 설정되지만 사용자가 임의로 복원 지점을 설정할 수도 있다.
③ 시스템 복원은 개인 파일을 백업하지 않으므로 삭제되었거나 손상된 개인 파일을 복구할 수 없다.
④ 시스템 복원 시 Windows Update에 의한 변경 사항은 복원되지 않는다.

Windows Update를 할 때에도 복원 시점을 만들어 놓고 업데이트를 진행. Windows Update를 할 때나 업데이트 적용 후에도 이전 시점(업데이트 전)으로 복원이 가능

정답 ④

16 다음 중 Windows 7의 에어로 피크(Aero Peek) 기능에 대한 설명으로 옳은 것은?

① 파일이나 폴더의 저장된 위치에 상관없이 종류별로 파일을 구성하고 파일에 액세스할 수 있게 한다.
② 모든 창을 최소화할 필요 없이 바탕 화면을 빠르게 미리 보거나 작업 표시줄의 해당 아이콘을 가리켜서 열린 창을 미리 볼 수 있게 한다.
③ 바탕 화면의 배경으로 여러 장의 사진을 선택하여 슬라이드 쇼 효과를 주면서 번갈아 표시할 수 있게 한다.
④ 작업 표시줄에서 프로그램 아이콘을 마우스 오른쪽 단추로 클릭하여 최근에 열린 파일 목록을 확인할 수 있게 한다.

에어로 피크(Aero Peek) 기능 : 작업 표시줄 아이콘 위로 해당 프로그램의 창 미리보기(축소판)를 보여줌. 또한 작업 표시줄의 오른쪽에 위치한 "바탕 화면 보기" 단추에 마우스 포인터를 올리면 모든 창이 투명해짐.

정답 ②

17 다음 중 Windows 7의 [제어판]-[접근성 센터]에서 설정할 수 있는 기능으로 옳지 않은 것은?

① [돋보기]를 실행하여 화면의 항목을 더 크게 표시할 수 있다.
② [자녀 보호 설정]은 자녀가 컴퓨터를 사용할 수 있는 시간, 실행할 수 있는 게임 유형 및 실행할 수 있는 프로그램을 제한할 수 있다.
③ [화상 키보드]를 실행하여 실제 키보드를 사용하는 대신 화상 키보드를 사용하여 데이터를 입력할 수 있다.
④ [고대비 설정]으로 화면에서 텍스트와 이미지가 보다 뚜렷하고 쉽게 식별되도록 할 수 있다.

- 접근성 센터 : 사용자의 시력, 청력, 기동성에 따라 컴퓨터 설정을 조정하고 음성 인식을 사용하여 음성 명령으로 컴퓨터를 조정함
- 자녀 보호 설정은 [인터넷 옵션] 상자의 [내용]에서 설정

정답 ②

18 다음 중 하드웨어 장치의 설치나 드라이버 확장 시 사용자의 편의를 돕기 위해 사용자가 직접 설정할 필요 없이 운영체제가 자동으로 인식하게 하는 기능은?

① 원격지원
② 플러그 앤 플레이
③ 핫 플러그인
④ 멀티스레딩

- 플러그 앤 플레이(Plug &Play : PnP)란 하드웨어를 컴퓨터에서 자동으로 감지하고 설치하도록 하는 기능
- 멀티스레딩(multi-thread) : 응용 프로그램 내에서의 다중 작업(multitasking) 처리를 병행하는 것
- 핫플러그인(Hot plug-in) : 어떤 장치를 연결할 때 컴퓨터를 끄지 않고 바로 연결해서 사용가능

정답 ②

19 다음 중 컴퓨터에서 사용하는 일반 하드디스크에 비하여 속도가 빠르고 기계적 지연이나 에러의 확률 및 발열 소음이 적으며, 소형화, 경량화 할 수 있는 하드디스크 대체 저장 장치는?

① DVD
② HDD
③ SSD
④ ZIP

SSD는 일반 하드디스크(HDD)보다 속도도 빠르고 소음 및 발열이 적으며 소형화, 경량화된 NAND플래시 또는 DRAM 등 초고속 반도체 메모리를 저장 매체로 사용하는 대용량 저장 장치

정답 ③

20 다음 중 올바른 PC 관리에 대한 설명으로 가장 적절하지 않은 것은?

① 데스크탑 PC는 평평하고 흔들림이 없는 곳에 설치하는 것이 바람직하다.
② 컴퓨터를 이동하거나 부품을 교체할 때에는 전원을 끄고 작업한다.
③ 바이러스 감염 방지를 위해 중요한 데이터는 자주 사용하는 하드디스크에 백업한다.
④ 먼지가 많은 환경의 경우 메인보드 내에 먼지가 쌓이지 않도록 주의하고, 자주 확인하여 청소한다.

보관해야 하는 중요한 데이터를 자주 사용하는 하드디스크에 백업하면 바이러스 유입이 될 가능성이 높음

정답 ③

2 과목 스프레드시트 일반

21 다음 중 데이터 관리 기능인 자동 필터에 대한 설명으로 옳지 않은 것은?

① 필터는 데이터 목록에서 설정된 조건에 맞는 데이터만을 추출하여 나타내기 위한 기능으로 워크시트의 다른 영역으로 결과 테이블을 자동 생성할 수 있다.

② 두 개 이상의 필드(열)로 필터링 할 수 있으며, 필터는 누적 적용되므로 추가하는 각 필터는 현재 필터 위에 적용된다.

③ 필터는 필요한 데이터 추출을 위해 조건을 만족하지 않는 데이터를 잠시 숨기는 것이므로 목록 자체의 내용은 변경되지 않는다.

④ 자동 필터를 사용하여 추출한 데이터는 레코드(행) 단위로 표시된다.

자동 필터는 워크시트의 다른 영역으로 결과 테이블을 자동 생성할 수 없음

정답 ①

22 다음 중 아래 워크시트의 부분합 실행 결과에 대한 설명으로 옳지 않은 것은?

1 2 3 4		A	B	C	D
	1	성 명	소 속	직무	1차성적
	2	여종택	교통행정.	건축	93
	3	장성태	교통행정.	행정	98
	4	곽배동	교통행정.	행정	86
	5	박난초	교통행정.	환경	88
	6		교통행정과 평균		91.25
	7		교통행정과 최대값		98
	13		보건사업과 평균		85.6
	14		보건사업과 최대값		95
	19		사회복지과 평균		86.25
	20		사회복지과 최대값		95
	21		전체 평균		87.538462
	22		전체 최대값		98

① [부분합] 대화상자에서 그룹화 할 항목을 '소속'으로 설정하였다.

② 그룹의 모든 정보 데이터를 표시하려면 윤곽 기호에서 ③ 을 클릭하면 된다.

③ 부분합 실행 시 [데이터 아래 요약 표시]를 선택 해제하면 데이터 위에 요약을 표시할 수 있다.

④ [부분합 계산 항목]으로 선택된 항목에는 SUBTOTAL 함수가 자동으로 입력되어 최대값과 평균이 계산되었다.

- 윤곽 기호 : 부분합 된 항목들을 그룹화하여 필요 시에 보이거나 감출 수 있는 기능
- ① 은 전체 평균, 전체 최대값 등 간략한 내용만 표시되고 ① 에서 ④ 로 갈수록 보다 상세하고 많은 양의 데이터를 표시. ④ 는 전체 데이터의 표시가 가능

정답 ②

23 다음 중 아래 워크시트에서 [A4] 셀의 메모가 지워지는 작업에 해당하는 것은?

	A	B	C	D
1		성적 관리		
2	성명	영어	국어	총점
3	배순용	장학생	89	170
4	이길순		98	186
5	하길주	87	88	175
6	이선호	67	78	145

① [A3] 셀의 채우기 핸들을 아래쪽으로 드래그하였다.

② [A4] 셀의 바로가기 메뉴에서 [메모 숨기기]를 선택하였다.

③ [A4] 셀을 선택하고, [홈] 탭 [편집] 그룹의 [지우기]에서 [모두 지우기]를 선택하였다.

④ [A4] 셀을 선택하고, 키보드의 [Back Space] 키를 눌렀다.

- ①번 : [A3] 셀의 채우기 핸들을 아래쪽으로 드래그 → [A4], [A5]셀에 '이길순' 글자가 자동 채우기 됨
- ②번 : [A4] 셀의 바로가기 메뉴에서 [메모 숨기기]를 선택 → 메모가 사라지지 않고 숨겨짐. 메모는 남아 있음
- ③번 : [A4] 셀을 선택하고, [홈] 탭 [편집] 그룹의 [지우기]에서 [모두 지우기]를 선택 → 셀 안에 내용(값, 수식), 메모, 서식 모두가 지워짐
- ④번 : [A4] 셀을 선택하고, 키보드의 [Back Space] 키를 누름 → [del] 눌렀을 때와 다르게 내용은 지워지면서 입력 대기 중인 커서가 보임

정답 ③

24 다음 중 아래의 괄호 안에 들어갈 단추명이 바르게 연결된 것은?

> 매크로 대화상자의 (㉮) 단추는 바로가기 키나 설명을 변경할 수 있고, (㉯) 단추는 매크로 이름이나 명령 코드를 수정할 수 있다.

① ㉮-옵션, ㉯-편집

② ㉮-편집, ㉯-옵션

③ ㉮-매크로, ㉯-보기 편집

④ ㉮-편집, ㉯-매크로 보기

바로가기 키는 [매크로] 대화상자 [옵션]을 이용하여 수정할 수 있고, 기록된 매크로는 [편집]을 이용하여 수정, 추가, 삭제 가능

정답 ①

25 다음 중 원본 데이터를 지정된 서식으로 설정하였을 때, 결과가 옳지 않은 것은?

① 원본 데이터 : 5054.2, 서식 : ### → 결과 데이터 : 5054

② 원본 데이터 : 대한민국, 서식 : @"화이팅" → 결과 데이터 : 대한민국화이팅

③ 원본 데이터 : 15:30:22, 서식 : hh:mm:ss AM/PM → 결과 데이터 : 3:30:22 PM

④ 원본 데이터 : 2013-02-01, 서식 : yyyy-mm-ddd → 결과 데이터 : 2013-02-Fri

③번 : 원본 데이터 '15'의 서식 'hh' → 결과는 오후 3시가 두 자리로 표시된 형식인 '03'으로 표시됨

정답 ③

26 다음 중 틀 고정과 창 나누기에 대한 설명으로 옳지 않은 것은?

① 틀 고정은 기본적으로 워크시트의 아래쪽에 있는 행과 오른쪽에 있는 열이 고정되지만 워크시트의 중간에 있는 행과 열도 고정할 수 있다.

② 셀 편집 모드에 있거나 워크시트가 보호된 경우에는 틀 고정 명령을 사용할 수 없다.

③ 틀 고정 구분선은 마우스를 이용하여 위치를 변경할 수 없으나 창 나누기 구분선은 위치 변경이 가능하다.

④ 두 개의 스크롤 가능한 영역으로 나뉜 창을 복원하려면 두 창을 나누고 있는 분할줄을 아무 곳이나 두 번 클릭한다.

[틀 고정] 선은 셀의 왼쪽과 위쪽에 생성. 셀 포인터의 위쪽에 있는 행과 왼쪽에 있는 열이 고정

정답 ①

27 다음 중 채우기 핸들을 이용하여 데이터를 입력하는 방법으로 옳지 않은 것은?

① 인접한 셀의 내용으로 현재 셀을 빠르게 입력하려면 위쪽 셀의 내용은 Ctrl+D, 왼쪽 셀의 내용은 Ctrl+R을 누른다.

② 숫자와 문자가 혼합된 문자열이 입력된 셀의 채우기 핸들을 아래쪽으로 끌면 문자는 복사되고 숫자는 1씩 증가한다.

③ 숫자가 입력된 셀의 채우기 핸들을 Ctrl 키를 누른 채 아래쪽으로 끌면 똑같은 내용이 복사되어 입력된다.

④ 날짜가 입력된 셀의 채우기 핸들을 아래쪽으로 끌면 기본적으로 1일 단위로 증가하여 자동 채우기가 된다.

[숫자데이터를 입력한 경우]
• 숫자 데이터 입력 후에 그냥 채우기 핸들을 하면 똑같은 데이터가 복사
• 숫자 데이터 입력 후에 Ctrl 키를 누른 채로 채우기 핸들을 하면 하나씩 증가
[문자 데이터를 입력한 경우]
• 문자 데이터를 입력한 뒤에 채우기 핸들을 하면 똑같은 데이터가 복사
[문자+숫자 혼합하여 입력한 경우]
• 문자+숫자를 혼합하여 입력한 경우 채우기 핸들을 하면 문자는 복사되고 숫자가 하나씩 증가
• 문자+숫자를 혼합하여 입력한 후에 Ctrl 키를 누른 채로 채우기 핸들을 하면 똑같은 데이터가 복사
• 숫자가 2개 이상 섞여 있을 경우에는 마지막 숫자만 하나씩 증가
[날짜/시간 데이터]
• 날짜를 입력한 후에 채우기 핸들을 하면은 1일 단위로 증가
• 시간을 입력한 후에 채우기 핸들을 하면은 1시간 단위로 증가

정답 ③

28 다음 중 '페이지 나누기' 기능에 관한 설명으로 옳지 않은 것은?

① '페이지 나누기 미리 보기'상태에서는 데이터의 입력이나 편집을 할 수 없다.

② 페이지 구분선을 마우스로 드래그하여 구분선의 위치를 변경할 수 있다.

③ 수동으로 삽입된 페이지 나누기는 실선으로 표시되고 자동으로 추가된 페이지 나누기는 파선으로 표시된다.

④ 인쇄할 데이터가 많아 한 페이지가 넘어가면 자동으로 페이지 구분선이 삽입된다.

[보기] 탭-[통합 문서 보기]그룹에는 [기본], [페이지 레이아웃], [페이지 나누기 미리 보기] 단추가 있으며 워크시트 화면 상태를 변경할 수 있으며, 모두 데이터의 입력이나 편집 가능

정답 ①

29 다음 중 아래 워크시트에서 [D4] 셀에 입력한 수식의 실행 결과로 옳은 것은?(단, [D4] 셀에 설정되어 있는 표시형식은 '날짜'임)

	A	B	C	D	E
	SUM		fx	=EOMONTH(D2,1)	
1	사원번호	성명	직함	생년월일	
2	101	구민정	영업과장	1980-12-08	
3					
4				=EOMONTH(D2,1)	

① 1980 − 11 − 30
② 1980 − 11 − 08
③ 1981 − 01 − 31
④ 1981 − 01 − 08

• EOMONTH(날짜, 개월) : 입력된 '날짜'에서 몇 '개월' 건너 뛴 달의 '마지막 날의 날짜'가 나오는 함수
• EOMONTH(D2, 1) → EOMONTH("1980−12−08", 1) : 1980년 12월 8일에서 한 달 뒤 마지막 날짜. 12월이기 때문에 1월로 바뀌면서 1980년에서 1981년으로 년도가 변경되어 결과 1981 − 01 − 31

정답 ③

30 다음 중 매크로에 대한 설명으로 옳지 않은 것은?

① 매크로 이름은 대소문자를 구분하지 않으며, 공백이나 마침표를 포함하여 매크로 이름을 설정할 수 있다.

② 매크로를 실행할 Ctrl 키 조합 바로가기 키는 매크로가 포함된 통합 문서가 열려 있는 동안 이와 동일한 기본 엑셀 바로가기 키를 무시한다.

③ 매크로를 기록하는 경우 실행하려는 작업을 완료하는데 필요한 모든 단계가 매크로 레코더에 기록되며, 리본에서의 탐색은 기록에 포함되지 않는다.

④ 엑셀을 사용할 때마다 매크로를 사용할 수 있게 하려면 매크로 기록 시 매크로 저장 위치 목록에서 '개인용 매크로 통합 문서'를 선택한다.

• 매크로 이름은 기호(/ ? ' ˙ . − ※)와 공백은 사용할 수 없음
• 자동으로 만들어지며, 기록된 매크로 이름은 변경 가능

정답 ①

31 다음 중 함수식과 그 결과로 옳지 않은 것은?

① =ODD(4) → 5
② =EVEN(5) → 6
③ =MOD(18,−4) → −2
④ =POWER(5,3) → 15

• ①번 ODD 함수 : 주어진 수에 가장 가까운 홀수로, 양수인 경우 올림하고 음수인 경우에 내림
=ODD(4) → 5
• ②번 EVEN 함수 : 주어진 수에 가장 가까운 짝수로, 양수인 경우 올림하고 음수인 경우에 내림
=EVEN(5) → 6
• ③번 MOD 함수 : 나머지를 구하는 함수
=MOD(18,−4) → −2
• ④번 POWER 함수 : 거듭 제곱을 구하는 함수
=POWER(5,3) → 5의 3승 계산. 5*5*3 = 125

정답 ④

32 다음 중 '=SUM(A3:A9)' 수식이 '=SUM(A3A9)'와 같이 범위 참조의 콜론(:)이 생략된 경우 나타나는 오류 메시지로 옳은 것은?

① #N/A   ② #NULL!
③ #REF!   ④ #NAME?

#N / A	함수나 수식에 값을 사용할 수 없음
#NAME	수식에 잘못된 문자열을 사용
#DIV / 0!	수식에 나누기 "0"인 경우
#VALUE!	함수의 인수로 잘못된 값을 사용한 경우
#REF!	셀 참조가 유효하지 않은 경우
#NULL!	워크시트에서 교차하지 않는 두 영역의 논리곱을 지정한 경우 논리곱 연산자는 두 참조 사이에 공백 문자로 표시
#NUM!	숫자가 입력된 속에 잘못된 값을 지정한 경우
#####	셀 너비보다 결과 숫자가 긴 경우

정답 ④

33 다음 중 도넛형 차트에 대한 설명으로 옳지 않은 것은?

① 전체에 대한 각 데이터 계열의 관계를 보여주며, 하나의 고리에 여러 데이터 계열을 색상으로 구분하여 표시한다.

② 도넛의 바깥쪽에 위치한 데이터 계열의 모든 조각을 한 번에 분리하거나 개별적으로 조각을 선택하여 분리할 수도 있다.

③ [데이터 계열 서식] 대화상자의 [계열 옵션]에서 첫째 조각의 위치를 지정하는 회전각을 변경할 수 있다.

④ 데이터 계열이 많아 알아보기가 쉽지 않은 경우 누적 세로 막대형 차트나 누적 가로 막대형 차트로 변경하는 것이 좋다.

도넛형 차트 : 원형 차트처럼 전체에 대한 부분의 관계를 보여주지만 하나 이상의 데이터 계열을 포함할 수 있음. 각 원은 하나의 데이터 계열을 나타냄.

정답 ①

34 다음 중 피벗 테이블 보고서에 대한 설명으로 옳지 않은 것은?

① 피벗 테이블 보고서를 작성한 후에 사용자가 새로운 수식을 추가하여 표시할 수 있다.

② 원본 데이터가 변경되면 피벗 테이블 보고서의 데이터도 자동으로 변경된다.

③ 피벗 테이블 보고서는 현재 작업 중인 워크시트나 새로운 워크시트에 작성할 수 있다.

④ 피벗 테이블을 삭제하더라도 피벗 테이블과 연결된 피벗 차트는 삭제되지 않고 일반 차트로 변경된다.

원본 데이터가 변경되면 피벗 테이블 보고서의 데이터도 자동으로 변경되지 않으며, [피벗 테이블 도구]-[옵션] 탭-[데이터] 그룹-[새로고침] 단추를 누르면 변경됨

정답 ②

35 다음 중 성명이 '정'으로 시작하거나 출신지역이 '서울'인 데이터를 추출하기 위한 고급 필터 조건은?

①
성명	출신지역
정*	서울

②
성명	출신지역
정*	
	서울

③
성명	정*
출신지역	서울

④
성명	정*	
출신지역		서울

• 고급필터 AND 조건(~이면서, ~이고, ~하면서, ~중에서) : 필드의 조건을 같은 행에 작성

• 고급필터 OR 조건(~이거나, ~또는, ~혹은) : 필드의 조건을 다른 행에 작성

• '정'으로 시작 → 와일드카드 사용하여 정*

• ~이거나 → OR 조건

정답 ②

36 다음 중 셀 참조에 관한 설명으로 옳은 것은?

① 수식 작성 중 마우스로 셀을 클릭하면 기본적으로 해당 셀이 절대 참조로 처리된다.

② 수식에 셀 참조를 입력한 후 셀 참조의 이름을 정의한 경우에는 참조 에러가 발생하므로 기존 셀 참조를 정의된 이름으로 수정한다.

③ 셀 참조 앞에 워크시트 이름과 마침표(.)를 차례로 넣어서 다른 워크시트에 있는 셀을 참조할 수 있다.

④ 셀을 복사하여 붙여 넣은 다음 [붙여넣기 옵션]의 [셀 연결] 명령을 사용하여 셀 참조를 만들 수도 있다.

• ①번 : 수식 작성 중 마우스로 셀을 클릭하면 기본적으로 해당 셀이 상대 참조로 처리

• ②번 : 수식에 셀 참조를 입력한 후 셀 참조의 이름을 정의한 경우에는 기존 셀 참조를 나중에 정의한 이름으로 업데이트

• ③번 : 셀 참조 앞에 워크시트 이름과 느낌표(!)를 차례로 넣어서 다른 워크시트에 있는 셀을 참조할 수 있음

정답 ④

37 다음 중 차트에 대한 설명으로 옳지 않은 것은?

① 기본적으로 워크시트의 행과 열에서 숨겨진 데이터는 차트에 표시되지 않는다.

② 차트 제목, 가로/세로 축 제목, 범례, 그림 영역 등은 마우스로 드래그하여 이동할 수 있다.

③ Ctrl 키를 누른 상태에서 차트 크기를 조절하면 차트의 크기가 셀에 맞춰 조절된다.

④ 사용자가 자주 사용하는 차트 종류를 차트 서식 파일로 저장할 수 있다.

Alt 키를 누른 상태에서 차트 크기를 조절하면 차트의 크기가 셀에 맞춰 조절됨

정답 ③

38 다음 중 [페이지 설정] 대화상자의 [시트] 탭에 대한 설명으로 옳지 않은 것은?

① 셀에 삽입된 메모를 시트 끝에 인쇄되도록 설정할 수 있다.

② 셀 구분선이나 그림 개체 등은 제외하고 셀에 입력된 데이터만 인쇄되도록 설정할 수 있다.

③ 워크시트의 행/열 머리글과 눈금선이 인쇄되도록 설정할 수 있다.

④ 페이지를 기준으로 가운데에 인쇄되도록 '페이지 가운데 맞춤'을 설정할 수 있다.

④번 : [페이지 설정] 대화상자-[여백] 탭

정답 ④

39 다음 중 [홈]–[클립보드] 그룹의 [붙여넣기]에서 선택 가능한 붙여넣기 옵션으로 옳지 않은 것은?

① 하이퍼링크로 붙여넣기
② 선택하여 붙여넣기
③ 테두리만 붙여넣기
④ 연결하여 붙여넣기

[홈]–[클립보드]그룹의 [붙여넣기] 옵션 : 붙여넣기, 수식, 값 붙여넣기, 테두리 없음, 바꾸기, 연결하여 붙여넣기, 선택하여 붙여넣기, 하이퍼링크로 붙여넣기, 그림 형식

정답 ③

40 다음 중 아래 차트에 대한 설명으로 옳지 않은 것은?

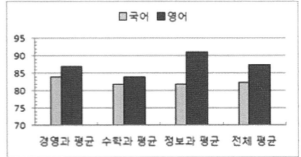

① 세로 (값) 축의 축 서식에서 주 눈금선 표시는 '바깥쪽', 보조 눈금 표시는 '안쪽'으로 설정하였다.
② 세로 (값) 축의 축 서식에서 주 단위 간격을 '5'로 설정하였다.
③ 데이터 계열 서식의 '계열 겹치기' 값을 0보다 작은 값으로 설정하였다.
④ 윤곽기호를 이용하여 워크시트와 차트에 수준 3의 정보 행이 표시되지 않도록 설정하였다.

• [데이터 계열 서식]–[계열 옵션] 탭에서 '계열 겹치기' 값을 입력하거나 막대 바를 이동. 값이 작아질수록 사이 간격이 벌어지고 값이 증가할수록 계열이 겹쳐짐
• '계열 겹치기' 값을 0보다 큰 값(양수)로 입력하면 국어와 영어(계열)의 막대가 겹쳐지고, '계열 겹치기' 값을 0보다 작은 값(음수)로 입력하면 국어와 영어(계열)의 막대 간의 간격이 넓어짐

정답 ③

05. 최신 기출문제(2016.10.22 기출)

1 과목 컴퓨터 일반

01 다음 중 멀티미디어에 대한 설명으로 옳지 않은 것은?

① 멀티미디어 데이터는 다양한 하드웨어 및 소프트웨어 환경에서 생성, 처리, 전송, 이용되므로 상호 호환되기 위한 표준이 필요하다.

② 정보사회의 멀티미디어는 텍스트, 이미지, 사운드, 애니메이션, 동영상 등을 아날로그화 시킨 복합 구성 매체이다.

③ 가상현실, 전자출판, 화상회의, 방송, 교육, 의료 등 사회 전 분야에 응용 가능하다.

④ 사용자는 정보 제공자와의 상호작용을 통해 어떤 정보를 언제 어떠한 형태로 얻을 것인지 결정하여 데이터를 전달받을 수도 있다.

- 멀티미디어 : 다중(Multi)＋매체(Media) 합성어
- 멀티미디어 특징 : 통합성 / 디지털화 / 양방향성 / 비선형성

정답 ②

02 다음 중 소프트웨어에 대한 설명으로 옳지 않은 것은?

① 소프트웨어란 컴퓨터를 이용하기 위해 필요한 일련의 명령어들의 집합이다.

② 오라클과 같은 데이터베이스 관리 시스템은 응용 소프트웨어에 해당된다.

③ 시스템 소프트웨어는 응용 소프트웨어가 실행될 때 컴퓨터 하드웨어를 효율적으로 사용하도록 인터페이스 역할을 한다.

④ 시스템 소프트웨어는 기능에 따라 제어 프로그램과 번역 프로그램으로 구분한다.

- 시스템소프트웨어는 제어프로그램과 처리프로그램으로 구성.
- 제어 프로그램 : 데이터 관리, 작업관리, 감시프로그램
- 처리 프로그램 : 언어 번역기(어셈블러, 인터프리터, 컴파일러), 문제처리, 서비스

정답 ④

03 다음 중 인터넷에서 사용하는 IPv6 주소 체계에 대한 설명으로 옳지 않은 것은?

① 16비트씩 8부분으로 총 128비트로 구성된다.

② 각 부분은 16진수로 표현하고, 세미콜론(;)으로 구분한다.

③ 유니캐스트, 멀티캐스트, 애니캐스트 등의 3가지 주소 체계로 나누어진다.

④ IPv4의 주소 부족 문제를 해결해 줄 수 있다.

- IPv6 : IPv4 주소 개수의 한계를 극복하기 위해 사용됨
- 128bit(16bit씩 8개) / 16진수로 표시 / 주소는 콜론(:)으로 구분

정답 ②

04 다음 중 정보사회의 문제점으로 옳지 않은 것은?

① 정보기술을 이용한 컴퓨터 범죄가 증가할 수 있다.

② VDT 증후군 같은 컴퓨터 관련 직업병이 발생할 수 있다.

③ 정보의 편중으로 계층 간의 정보 차이가 감소할 수 있다.

④ 정보처리기술로 인간관계의 유대감이 약화될 가능성도 있다.

- 정보의 편중으로 계층 간의 정보차이가 증가
- 정보사회의 역기능 : 컴퓨터 범죄 증가, 음란물, 폭력물의 무분별한 유통, 개인정보 유출과 사생활 침해, 정보 이용의 불평등

정답 ③

05 다음 중 정당한 사용자가 정상적으로 시스템을 종료하지 않고 자리를 떠났을 때 비인가 된 사용자가 바로 그 자리에서 계속 작업을 수행하여 불법적 접근을 행하는 범죄 행위에 해당하는 것은?

① 스패밍(Spamming)　　② 스푸핑(Spoofing)

③ 스니핑(Sniffing)　　④ 피기배킹(Piggybacking)

- 스패밍(Spamming) : 수신인이 원하지 않는 정보나 메시지 등을 게재하는 행위
- 스푸핑(Spoofing) : 네트워크에 불법으로 고의적인 접근을 하여 상용소프트웨어 복사 방지를 풀어서 불법적으로 변조하는 행위
- 스니핑(Sniffing) : 정보를 엿보기 (계정, 패스워드 유출)

정답 ④

06 다음 중 중앙의 주 컴퓨터에 이상이 발생하면 시스템 전체의 기능이 마비되는 통신망 형태는?

① 버스(Bus)형　　② 트리(Tree)형

③ 성(Star)형　　④ 메시(Mesh)형

- 성(Star)형 : 중앙집중형 연결방식으로 중앙 컴퓨터와 1:1로 연결되어 있음. 중앙 컴퓨터의 이상으로 전체 기능에 영향을 미침
- 버스(Bus)형 : 하나의 통신 회선에 여러 대의 컴퓨터를 접속하는 방식으로 컴퓨터의 증설이나 삭제가 용이
- 트리(Tree)형 : 중앙 컴퓨터와 일정 지역의 단말장치까지는 하나의 통신 회선으로 연결시키고, 이웃하는 단말장치는 일정 지역 내에 설치된 중간 단말장치로부터 다시 연결시키는 형태로 분산 처리 환경에 적합
- 메시(Mesh)형 : 모든 지점의 컴퓨터와 단말 장치를 서로 연결한 상태로 응답 시간이 빠르고 노드의 연결성이 높음

정답 ③

07 다음 중 인터넷 환경에서 파일을 송수신할 때 사용되는 원격 파일 전송 프로토콜로 옳은 것은?

① DHCP　　② HTTP

③ FTP　　④ TCP

- DHCP(Dynamic Host Configuration Protocol) : IP 주소를 자동으로 할당해 주는 동적 호스트 설정 통신 규약으로 어드레스 자동 취득 프로그램을 의미하며 복잡한 설정 작업을 자동화하는 프로토콜
- HTTP(HyperText Transfer Protocol) : 인터넷상에서 하이퍼텍스트를 주고받기 위한 프로토콜
- TCP/IP(Transmission Control Protocol/Internet Protocol) : 네트워크로 연결된 시스템 간의 데이터 전송을 위해 인터넷에서 사용하는 표준 프로토콜

정답 ③

08 다음 중 네트워크 구성에 대한 설명과 해당 프로토콜이 바르게 연결된 것은?

구성	네트워킹 프로토콜
㉮ 노트북을 무선 핫스팟(hotspot)에 연결	ⓐ 블루투스
㉯ 무선 마우스를 PC에 연결	ⓑ Wi-Fi
㉰ 비즈니스 네트워크나 유선 홈 네트워크 구성	ⓒ Ethernet

① ㉮-ⓑ, ㉯-ⓒ, ㉰-ⓐ
② ㉮-ⓒ, ㉯-ⓐ, ㉰-ⓑ
③ ㉮-ⓑ, ㉯-ⓐ, ㉰-ⓒ
④ ㉮-ⓐ, ㉯-ⓑ, ㉰-ⓒ

• WiFi : 무선 인터넷
• Bluetooth : 근거리 무선통신
• Ethernet : 유선 인터넷
정답 ③

09 다음 중 컴퓨터에서 사용하는 자료 표현 형식에 관한 설명으로 옳지 않은 것은?

① 비트(Bit)는 자료 표현의 최소 단위이며, 8Bit가 모여 니블(Nibble)이 된다.
② 워드(Word)는 바이트 모임으로 하프워드, 풀워드, 더블워드로 분류된다.
③ 필드(Filed)는 자료 처리의 최소 단위이며, 여러 개의 필드가 모여 레코드(Record)가 된다.
④ 데이터베이스(Database)는 레코드 모임인 파일(File) 들의 집합을 말한다.

• 비트(Bit) : 0과 1 중에서 하나만 기억하는 2진수의 자료 표현의 최소 단위이며, 이러한 비트가 4개가 모이면 니블(Nibble)이 됨
• 워드(Word) : 한 번에 처리할 수 있는 명령 단위이며, 풀 워드는 4바이트이며 하프 워드는 절반인 2바이트, 더블 워드는 2배인 8바이트가 됨
• 필드(Field) : 파일 구성의 최소의 단위이다. 레코드는 필드의 집합
• 데이터베이스(Database) : 파일의 집합
• 정보표현 단위 : 비트(Bit) – Nibble(4bit) – Byte(8Bit) – Word – Field – Record – File
정답 ①

10 다음 중 Windows 7의 라이브러리 기능에 대한 설명으로 옳은 것은?

① 시작 메뉴의 검색 입력상자가 포함되어 프로그램이나 문서, 그림 등 파일을 신속하게 검색할 수 있다.
② 폴더와 달리 실제로 항목을 저장하지 않고 여러 위치에 저장된 파일 및 폴더의 모음을 표시함으로써 보다 신속하고 편리하게 파일을 관리할 수 있도록 한다.
③ 작업표시줄 프로그램 단추에 마우스 오른쪽 단추를 클릭하면 최근 작업한 프로그램 내용을 보여준다.
④ 자녀들이 컴퓨터를 사용하는 시간뿐만 아니라 프로그램 사용 여부 등을 제한하여 안전한 컴퓨터 사용을 유도한다.

라이브러리
폴더 저장 위치와 상관없이 파일을 추가 구성하고 접근할 수 있는 기능(문서, 비디오, 사진, 음악) 사용자가 임의의 라이브러리를 생성 삭제 관리할 수 있다.
정답 ②

11 다음 중 운영체제의 성능을 평가하는 항목에 대한 설명으로 옳지 않은 것은?

① 시스템이 일정한 시간 내에 일을 처리하는 능력
② 주어진 문제를 정확하게 처리하는 신뢰할 수 있는 정도
③ 처리할 데이터를 일정시간 동안 모아 일괄 처리할 수 있는 능력
④ 시스템의 즉시 사용 가능한 정도

• 응답시간(Turn around time) : 조회 또는 요구의 종료에서 응답 시작까지의 경과 시간, 감소되어야 좋다.
• 운영체제(OS) 성능 평가 요소 : 처리량, 신뢰도, 사용 가능도, 응답시간
정답 ③

12 다음 중 Windows 7의 인쇄 기능에 대한 설명으로 옳지 않은 것은?

① 기본 프린터란 인쇄 시 특정 프린터를 지정하지 않아도 자동으로 인쇄되는 프린터를 말한다.
② 프린터 속성 창에서 공급용지의 종류, 공유, 포트 등을 설정할 수 있다.
③ 인쇄 대기 중인 작업은 취소시킬 수 있다.
④ 인쇄 중인 작업은 취소할 수는 없으나 잠시 중단시킬 수 있다.

인쇄 중인 작업을 취소 및 일시 중지할 수 있다.
정답 ④

13 다음 중 컴퓨터 소프트웨어 배포와 관련하여 셰어웨어(Share-ware)에 관한 설명으로 옳은 것은?

① 특정 기능 또는 기간을 제한하여 공개하고, 사용한 후에 사용자의 구매를 유도하는 소프트웨어이다.
② 개발 회사의 1차 테스트 버전으로 제작 회사 내에서 테스트할 목적으로 배포하는 소프트웨어이다.
③ 정식 버전이 나오기 전에 프로그램에 대해 일반인에게 테스트할 목적으로 공개하는 소프트웨어이다.
④ 사용기간 및 기능에 제한 없이 무료로 사용할 수 있는 공개용 소프트웨어이다.

• ①번 셰어웨어(Shareware) : 일정기간 또는 일정 기능 조건에 제한을 둔 소프트웨어
• ②번 : 알파버전
• ③번 : 베타버전
• ④번 : 공개용(프리웨어)
정답 ①

14 다음 중 애니메이션에서의 모핑(morphing) 기법에 대한 설명으로 옳은 것은?

① 종이에 그린 그림을 셀룰로이드에 그대로 옮긴 뒤 채색하고 촬영하는 기법이다.
② 2개의 이미지나 3차원 모델 간에 부드럽게 연결하여 서서히 변하는 모습을 보여주는 기법이다.
③ 키 프레임을 이용하여 애니메이션을 만드는 기법이다.
④ 점토를 사용하여 애니메이션을 만드는 기법이다.

- 모핑(Morphing) : 두 개의 다른 이미지를 서서히 변화시키는 기법
- ①번 셀 애니메이션(cells animation) : 종이에 그린 그림을 투명한 플라스틱(합성수지)인 셀룰로이드에 그대로 옮긴 뒤, 그 뒷면에 채색을 한 다음 배경 위에 놓고 촬영하는 애니메이션 기법
- ③번 키 프레임 애니메이션(key frame animation) : 종이에 한 캐릭터를 조금씩 위치를 다르게 그린 뒤 겹쳐놓고 빠르게 넘기면서 움직이도록 하는 애니메이션 기법
- ④번 클레이 애니메이션(Clay animation) : 찰흙, 점토 등으로 인형을 만들어 촬영하는 애니메이션 기법

정답 ②

15 다음 중 Windows 7의 [보조 프로그램]-[시스템 도구]-[시스템 정보]에서 확인 가능한 각 범주에 대한 설명으로 옳지 않은 것은?

① 시스템 요약 : 컴퓨터 이름 및 제조업체, 컴퓨터에서 사용하는 BIOS 유형, 설치된 메모리 용량 등 컴퓨터 및 운영 체제에 대한 일반 정보가 표시된다.
② 하드웨어 리소스 : 컴퓨터 하드웨어에 대한 IT 전문가용 고급 정보가 표시된다.
③ 구성 요소 : CPU와 저장장치를 제외한 입출력 장치의 구성에 대한 정보가 표시된다.
④ 소프트웨어 환경 : 드라이버, 네트워크 연결 및 기타 프로그램 관련 정보가 표시된다.

[시스템 정보]의 '구성요소'
시스템을 구성하는 멀티미디어, 네트워크, 인쇄 장치에 관한 관련된 정보를 표시, CPU를 제외한 '저장장치', 입출력 장치의 구성에 대한 정보가 표시

정답 ③

16 다음 중 USB 인터페이스에 대한 설명으로 옳지 않은 것은?

① 직렬 포트보다 USB 포트의 데이터 전송 속도가 더 빠르다.
② USB는 컨트롤러 당 최대 127개까지 포트의 확장이 가능하다.
③ 핫 플러그인(Hot Plug In)과 플러그 앤 플레이(Plug & Play)를 지원한다.
④ USB 커넥터를 색상으로 구분하는 경우 USB 3.0은 빨간색, USB 2.0은 파란색을 사용한다.

- USB 3.0 : 파란색 단자
- USB 2.0 : 흰색 단자

정답 ④

17 다음 중 컴퓨터의 CPU에 있는 레지스터(register)에 관한 설명으로 옳지 않은 것은?

① 계산 결과의 임시 저장, 주소 색인 등 여러 가지 목적으로 사용될 수 있는 레지스터들을 범용 레지스터라고 한다.
② 주기억장치보다 저장 용량이 적고 속도가 느리다.
③ ALU(산술/논리장치)에서 연산된 자료를 일시적으로 저장한다.
④ 프로그램 카운터는 다음에 수행할 명령어의 주소를 저장하는 레지스터이다.

- 레지스터(Register) : 중앙처리장치의 명령 또는 연산 결과값을 일시적으로 저장하는 기억장치
- 메모리 속도(빠른순) : 레지스터 > 캐시메모리 > 주기억장치 > 보조기억장치
- 저장 공간(많은순) : 보조기억장치 > 주기억장치 > 캐시메모리 > 레지스터

정답 ②

18 다음 중 Windows 7의 디스크 포맷에 관한 설명으로 적절하지 않은 것은?

① 하드디스크의 트랙 및 섹터를 초기화하는 작업이다.
② 포맷 요소 중 파일 시스템은 문자 파일, 영상 파일, 데이터 파일 등을 관리하기 위한 기능이다.
③ 포맷을 실행하면 디스크의 모든 데이터가 지워진다.
④ 빠른 포맷은 하드디스크에 새 파일 테이블을 만들지만 디스크를 완전히 덮어쓰거나 지우지 않는 포맷 옵션이다.

- 포맷(Format) : 디스크 초기화 작업
- 시스템 영역 : 중요한 정보를 저장하는 곳으로 FAT(파일 할당 테이블), 부트 레코드, 루트 디렉터리 등으로 구성됨
- 데이터 영역 : 일반적인 파일 폴더를 저장하는 곳

정답 ②

19 다음 중 Windows 7에서 하드디스크의 파일을 삭제할 경우 시스템에 영향을 미칠 수 있는 파일로 주의해야 하는 파일 확장자에 해당하지 않는 것은?

① .exe
② .ini
③ .sys
④ .tmp

- .exe : 실행프로그램 확장자
- .ini : 프로그램의 초기 설정에 필요한 정보 텍스트 파일
- .sys : 운영 체제의 시스템 파일
- .tmp : 임시파일로 삭제해도 상관없음

정답 ④

20 다음 중 모니터의 전원은 정상적으로 들어와 있음에도 화면이 하얗게 나오는 백화현상의 원인으로 가장 적절한 것은?

① 전원 코드의 문제
② 그래픽 카드 드라이버 문제
③ 모니터 해상도의 문제
④ 모니터의 액정 패널이나 보드상의 문제

백화현상은 전압 입력이 불안정하거나 패널 PCB 불량, 액정 패널이나 AD 보드에 문제가 있는 경우 발생함

정답 ④

2 과목   스프레드시트 일반

21 다음 중 정렬 기능에 대한 설명으로 옳지 않은 것은?

① 머리글의 값이 정렬 작업에 포함되거나 제외되도록 설정할 수 있다.
② 날짜가 입력된 필드의 정렬에서 내림차순을 선택하면 이전 날짜에서 최근 날짜 순서로 정렬할 수 있다.
③ 사용자 지정 목록을 사용하여 사용자가 정의한 순서대로 정렬할 수 있다.
④ 셀 범위나 표 열의 서식을 직접 또는 조건부 서식으로 설정한 경우 셀 색 또는 글꼴 색을 기준으로 정렬할 수 있다.

날짜가 입력된 필드의 정렬에서 내림차순을 선택하면 최근 날짜에서 이전 날짜 순서로 정렬됨

정답 ②

22 다음 중 [D9] 셀에서 사과나무의 평균 수확량을 구하고자 하는 경우 나머지 셋과 다른 결과를 표시하는 수식은?

	A	B	C	D	E	F
1	나무번호	종류	높이	나이	수확량	수익
2	001	사과	18	20	18	105000
3	002	배	12	12	10	96000
4	003	체리	13	14	9	105000
5	004	사과	14	15	10	75000
6	005	배	9	8	8	77000
7	006	사과	8	9	10	45000
8						
9	사과나무의 평균 수확량					

① =INT(DAVERAGE(A1:F7,5,B1:B2))

② =TRUNC(DAVERAGE(A1:F7,5,B1:B2))

③ =ROUND(DAVERAGE(A1:F7,5,B1:B2),0)

④ =ROUNDDOWN(DAVERAGE(A1:F7,5,B1:B2),0)

• INT : 가장 가까운 정수로 내림하는 함수
• TRUNC : 소수값 절삭
• ROUND : 반올림
• ROUNDDOWN : 지정한 자리수까지 소수점 내림
• DAVERAGE : 조건에 맞는 해당 필드의 평균을 구하는 함수

정답 ③

23 다음 중 [삽입] 탭의 [일러스트레이션] 그룹에서 삽입 가능한 개체에 해당하지 않는 것은?

① 도형   ② 클립아트
③ WordArt   ④ SmartArt

WordArt는 [삽입] 탭의 [텍스트] 그룹에서 삽입 가능함

정답 ③

24 다음 중 근무기간이 15년 이상이면서 나이가 50세 이상인 직원의 데이터를 조회하기 위한 고급 필터의 조건으로 옳은 것은?

①
근무기간	나이
>=15	>=50

②
근무기간	나이
>=15	
	>=50

③
근무기간	>=15
나이	>=50

④
근무기간	>=15	
나이		>=50

• 근무 기간이 15년 이상이면서 나이가 50세 이상 : AND 조건
• 고급 필터 AND 조건(~이면서, ~이고, ~하면서, ~중에서) : 필드의 조건을 같은 행에 작성
• 고급 필터 OR 조건(~이거나, ~또는, ~혹은) : 필드의 조건을 다른 행에 작성

정답 ①

25 다음 중 [A2:C9] 영역에 아래와 같은 규칙의 조건부 서식을 적용하는 경우 지정된 서식이 적용되는 셀의 개수는?

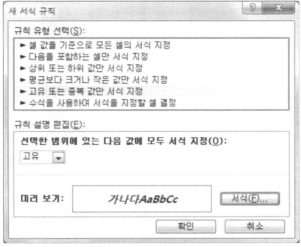

	A	B	C
1			
2	성명	컴활1급	컴활2급
3	이상용	불합격	합격
4	김진태	합격	합격
5	박수현	불합격	불합격
6	최진용	불합격	불합격
7	한영진	합격	합격
8	서경진	불합격	합격
9	김수정	불합격	합격

① 3개   ② 10개
③ 14개   ④ 24개

'고유'이므로 중복되어 입력된 "합격, 불합격"을 제외한 나머지가 서식이 적용되므로 적용 셀의 개수는 10이 됨

정답 ②

26 다음 중 [찾기 및 바꾸기] 대화상자에서 설정 가능한 기능으로 옳지 않은 것은?

① 대/소문자를 구분하여 찾을 수 있다.
② 수식이나 값을 찾을 수 있지만, 메모 안의 텍스트는 찾을 수 없다.
③ 이전 항목을 찾으려면 Shift 키를 누른 상태에서 [다음 찾기] 단추를 클릭한다.
④ 와일드카드 문자인 '*' 기호를 이용하여 특정 글자로 시작하는 텍스트를 찾을 수 있다.

[찾기 및 바꾸기]-[옵션]-[찾는 위치]-수식, 값 메모 선택 가능

정답 ②

27 다음 중 매크로의 바로가기 키에 대한 설명으로 옳지 않은 것은?

① 바로가기 키는 수정할 수 있다.
② 기본적으로 Ctrl 키와 조합하여 사용하지만 대문자로 지정하면 Shift 키가 자동으로 덧붙는다.
③ 바로가기 키의 조합 문자는 영문자만 가능하고, 바로가기 키를 설정하지 않아도 매크로를 생성할 수 있다.
④ 엑셀에서 기본적으로 지정되어 있는 바로가기 키는 매크로의 바로가기 키로 지정할 수 없다.

• 매크로 바로가기 키 설정은 선택 사항
• [Ctrl] 키와 영소문자 조합으로 사용, 대문자로 지정하면 [Shift] 키로 설정
• 기존의 바로가기 키보다 매크로 바로가기 키가 우선 사용

정답 ④

28 다음 중 차트에서 계열의 순서를 변경할 때 선택해야 할 바로가기 메뉴는?

① 차트 이동
② 데이터 선택
③ 차트 영역 서식
④ 그림 영역 서식

• [데이터 원본 선택]−[범례항목(계열)]
• [차트 도구]−[디자인] 탭−[데이터] 그룹−[데이터 선택]

정답 ②

29 다음 중 아래 그림과 같이 [A2:D5] 영역을 선택하여 이름을 정의한 경우에 대한 설명으로 옳지 않은 것은?

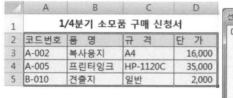 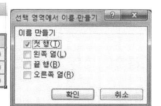

① 정의된 이름은 모든 시트에서 사용할 수 있으며, 이름 정의 후 참조 대상을 편집할 수도 있다.
② 현재 통합문서에 이미 사용 중인 이름이 있는 경우 기존 정의를 바꿀 것인지 묻는 메시지 창이 표시된다.
③ 워크시트의 이름 상자에서 '코드번호'를 선택하면 [A3:A5] 영역이 선택된다.
④ [B3:B5] 영역을 선택하면 워크시트의 이름 상자에 '품명'이라는 이름이 표시된다.

• 이름정의는 절대참조로 대상 범위를 참조함
• 이름에는 공백 포함 불가
• [B2] 셀의 경우 '품_명'으로 이름 정의됨

정답 ④

30 다음 중 차트에 대한 설명으로 옳지 않은 것은?

① 기본적으로 워크시트의 행과 열에서 숨겨진 데이터는 차트에 표시되지 않으며 빈 셀은 간격으로 표시된다.
② 표에서 특정 셀 한 개를 선택하여 차트를 생성하면 해당 셀을 직접 둘러싸는 표의 데이터 영역이 모두 차트에 표시된다.
③ 차트를 만들 데이터를 선택한 후 [Alt]+[F1] 키를 누르면 별도의 차트 시트가 생성된다.
④ 차트에 두 개 이상의 차트 종류를 사용하여 혼합형 차트를 만들 수도 있다.

• 차트 생성 : 데이터 셀 선택 후 [Alt]+[F1]
• 차트 시트 생성 : 데이터 셀 선택 후 [F11]

정답 ③

31 다음 중 아래의 차트에 대한 설명으로 옳지 않은 것은?

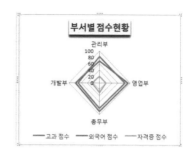

① 데이터 계열이 중심점에서 외곽선으로 나오는 축을 갖는다.
② 여러 데이터 계열의 집계 값을 비교할 때 사용한다.
③ 같은 계열에 있는 모든 값들이 선으로 연결되며, 각 계열마다 축을 갖는다.
④ 여러 데이터 계열에 있는 숫자 값 사이의 관계를 보여주거나 두 개의 숫자 그룹을 xy 좌표로 이루어진 하나의 계열로 표시한다.

• 방사형 차트 : 중심을 기준으로 세로축(Y축) 존재, 각 계열마다 축을 가지며, 같은 계열의 값은 선으로 연결
• 분산형 차트 : 여러 데이터 계열에 있는 숫자 값 사이의 관계를 보여주거나 두 개의 숫자 그룹을 xy 좌표로 이루어진 하나의 계열로 표시

정답 ④

32 새 워크시트에서 [A1] 셀에 셀 포인터를 두고, [개발 도구] 탭의 [상대 참조로 기록]을 선택한 후 [매크로 기록]을 클릭하여 [그림1]과 같이 데이터를 입력하는 '매크로1'을 작성하였다. 다음 중 [그림2]와 같이 [C3] 셀에 셀 포인터를 두고 '매크로1'을 실행한 경우 '성적 현황'이 입력되는 셀의 위치는?

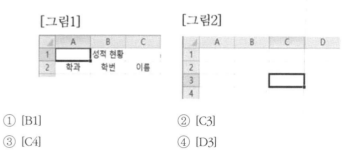

[그림1]   [그림2]

① [B1]   ② [C3]
③ [C4]   ④ [D3]

• 상대 참조로 기록된 매크로는 선택된 셀의 위치에서 매크로가 실행됨
• [그림1]에서 [A1]셀에 셀 포인터를 두고 [B1]셀에 '성적 현황'이 입력되도록 [상대 참조로 기록]으로 '매크로1'을 작성한 경우 [그림2]와 같이 [C3]셀에 셀 포인터를 두고 실행하면 [D3]셀에 '성적 현황'이 입력됨

정답 ④

33 아래 워크시트에서 [A2:B8] 영역을 참조하여 [E3:E7] 영역에 학점별 학생 수를 표시하고자 한다. 다음 중 [E3] 셀에 수식을 입력한 후 채우기 핸들을 이용하여 [E7] 셀까지 계산하려고 할 때 [E3] 셀에 입력해야 할 수식으로 옳은 것은?

	A	B	C	D	E
1	엑셀 성적 분포				
2	이름	학점		학점	학생수
3	김현미	B		A	2
4	조미림	C		B	1
5	심기훈	A		C	2
6	박원석	A		D	1
7	이영준	D		F	0
8	최세종	C			
9					

① =COUNTIF(B3:B8, D3)
② =COUNTIF($B$3:$B$8, D3)
③ =SUMIF(B3:B8, D3)
④ =SUMIF($B$3:$B$8, D3)

=COUNTIF(조건 검사범위, 조건)
=SUMIF(조건 검사범위, 조건, 합을 구할 실제 셀 범위)
• 학생 수를 세기 위한 상황이기 때문에 COUNTIF 함수를 사용

정답 ②

34 다음 중 [인쇄 미리 보기] 상태에서의 [페이지 설정] 대화상자에 대한 설명으로 옳은 것은?

① 눈금선이나 행/열 머리글의 인쇄 여부를 설정할 수 없다.
② 셀에 설정된 메모를 시트에 표시된 대로 인쇄하거나 시트 끝에 인쇄할 수 있도록 설정할 수 있다.
③ 인쇄 배율을 수동으로 설정할 수 있고, 배율은 워크시트 표준 크기의 10%에서 200%까지 가능하다.
④ [페이지] 탭에서 [배율]을 '자동 맞춤'으로 선택하고 '용지 너비'와 '용지 높이'를 1로 지정하는 경우 여러 페이지가 한 페이지에 출력되도록 확대/축소 배율이 자동으로 조정된다.

• [인쇄 미리보기]-[페이지 설정] 또는 [페이지 레이아웃] 탭-[페이지 설정] 대화상자 호출
• 눈금선, 행 / 열 머리글, 메모 인쇄 여부 관련 설정 가능

정답 ④

35 다음 중 각 워크시트에서 채우기 핸들을 [A3] 셀로 드래그 한 경우 [A3] 셀에 입력되는 값으로 옳지 않은 것은?

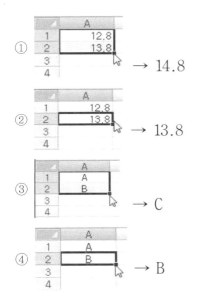

• ③ : 문자가 입력된 두 개 이상의 셀을 지정하여 채우기 핸들을 끌면 그대로 복사되므로 [A3]셀에는 A가 표시됨
• ① : 두 개 이상의 셀을 범위로 지정하여 채우기 핸들을 끌면 데이터 사이의 차이에 의해 증가됨
• ②, ④ : 한 셀만 지정하여 채우기 핸들을 끌면 해당 셀의 값이 그대로 복사됨

정답 ③

36 다음 중 엑셀의 화면 구성에 대한 설명으로 옳지 않은 것은?

① 화면 상단의 '제목 표시줄'은 현재의 작업 상태나 선택한 명령에 대한 기본적인 정보가 표시되는 곳이다.
② '리본 메뉴'는 엑셀의 다양한 명령들을 용도에 맞게 탭과 그룹으로 분류하여 아이콘으로 표시되는 곳이다.
③ 자주 사용하는 도구들을 모아 두는 곳이 '빠른 실행 도구 모음'이며, 원하는 도구를 추가하거나 제거할 수 있다.
④ '이름 상자'는 현재 작업 중인 셀의 이름이나 주소를 표시하는 부분으로 차트 항목이나 그리기 개체를 선택하면 개체의 이름이 표시된다.

• 제목 표시줄 : 엑셀의 이름과 현재 작업 중인 문서의 이름을 표시하여 처음 실행 시 'Book1'로 표시됨
• 상태 표시줄 : 현재 작업 상태에 대한 정보를 표시하는 곳으로 '준비', '입력' 등의 메시지와 NumLock, CapsLock, ScrollLock 등의 상태를 표시함

정답 ①

37 다음 중 판매 관리표에서 수식으로 작성된 판매액의 총합계가 원하는 값이 되기 위한 판매수량을 예측하는 데 가장 적절한 데이터 분석 도구는? (단, 판매액의 총합계를 구하는 수식은 판매수량을 참조하여 계산된다.)

① 시나리오 관리자   ② 데이터 표
③ 피벗 테이블   ④ 목표값 찾기

• 목표값 찾기 : 수식의 결과값은 알고 있으나 그 결과값을 얻기 위한 입력 값을 모를 때 목표값 찾기 기능을 이용함
• 시나리오 관리자 : 변경 요소가 많은 작업표에서 가상으로 수식이 참조하고 있는 셀의 값을 변화시켜서 작업표의 결과를 예측하는 기능
• 데이터 표 : 워크시트에서 특정 데이터를 변화시켜 수식의 결과가 어떻게 변하는지 보여 주는 셀 범위
• 피벗 테이블 : 방대한 양의 자료를 빠르게 요약하여 보여주는 대화형 테이블

정답 ④

38 아래 워크시트에서 [A2:B6] 영역을 선택한 후, 그림과 같이 중복된 항목을 제거하였다. 다음 중 유지되는 행의 개수로 옳은 것은?

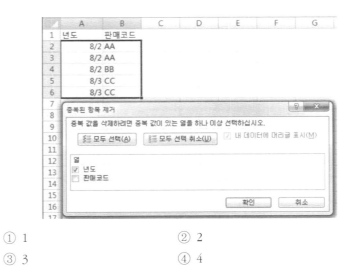

① 1   ② 2
③ 3   ④ 4

중복된 항목의 제거 기준은 '년도'이므로 8/2, 8/3 각각 하나만 남게 되어 유지되는 행이 결과는 2가 됨

정답 ②

39 다음 중 아래의 워크시트를 참조하여 작성한 수식 '=VLOOKUP(LARGE(A2:A9,4),A2:F9,5,0)'의 결과로 옳은 것은?

	A	B	C	D	E	F
1	번호	이름	국어	영어	수학	합계
2	1	이대한	90	88	77	255
3	2	한민국	50	60	80	190
4	3	이효리	10	50	90	150
5	4	김애리	88	74	95	257
6	5	한공주	78	80	88	246
7	6	박초아	33	45	35	113
8	7	박예원	84	57	96	237
9	8	김윤이	64	90	68	222

① 90 ② 95
③ 88 ④ 74

=LARGE(범위, K) : 범위 내에서 K번째 큰 값
=VLOOKUP(찾을 값, 찾고 추출할 범위, 추출할 열 번호, 0 또는 1)
　LARGE(A2:A9,4) → [A2:A9] 영역에서 4번째로 큰 수 → 5
=VLOOKUP(5,A2:F9,5,0)로 변형되어 [A6] 셀에서 시작하여 5번째 열에 있는 값 '88'이
　출력
정답 ③

40 다음 중 [보기] 탭의 [창]-[틀 고정] 기능에 대한 설명으로 옳지 않은 것은?

① 워크시트를 스크롤 할 때 특정 행이나 열이 한 자리에 계속 표시되도록 선택할 수 있는 기능이다.
② 첫 행과 첫 열을 고정하여 표시되도록 한 번에 설정할 수 있다.
③ 틀 고정 선의 아무 곳이나 더블 클릭하여 틀 고정을 취소할 수 있다.
④ 화면에 표시되는 틀 고정 형태는 인쇄 시 적용되지 않는다.

• [보기]-[창]-[틀 고정 취소]
• 창 구분선을 더블 클릭하여 취소하는 기능은 [창 나누기]
정답 ③

06회 최신 기출문제 (2017.03.04 기출)

1 과목 **컴퓨터 일반**

01 다음 중 오디오 데이터와 관련된 용어에 해당하지 않는 것은?

① 시퀀싱(Sequencing)
② 인터레이싱(Interlacing)
③ 샘플링(Sampling)
④ PCM(Pulse Code Modulation)

- 인터레이싱 : 그래픽 관련 용어로 화면에 이미지를 표시할 때 한번에 표시하지 않고 천천히 표시되면서 선명해지는 효과
- 시퀀싱 : 오디오 파일이나 여러 연주, 악기 소리 등을 프로그램에 입력하여 녹음하는 방법으로 음의 수정이나 리듬 변형 등의 여러 편집 작업이 가능함
- PCM : 아날로그 신호를 디지털 펄스로 변환하여 작업한 후 이를 다시 본래의 아날로그 신호로 환원시키는 방식
- 샘플링 : 기존에 녹음되어 있는 연주 등을 샘플로 사용하는 방식으로 오디오 시퀀싱의 대표적인 방식

정답 ②

02 다음 중 무선 랜(WLAN) 시스템을 구성하기 위한 주요 구성 요소에 해당하지 않는 것은?

① 안테나(Antenna)
② AP(Access Point)
③ 무선 랜카드
④ 리피터(Repeater)

리피터(Repeater)
전송거리 연장 및 증폭기 / 장거리 전송으로 인한 신호 감쇄 시 다시 신호를 증폭 재생시킨다..

정답 ④

03 지하철이나 버스 정류장에서 지역과 관련된 지도나 주변 상가 정보 또는 특정 정보를 인터넷과 연결하여 효과적으로 전달하는 입간판 형태의 정보 안내기기는?

① 주문형 비디오(VOD)
② CAI(Computer Assisted Instruction)
③ 키오스크(Kiosk)
④ 화상회의 시스템(VCS)

- 주문형 비디오(VOD) : 각종 영상정보를 데이터베이스로 구축하여 사용자가 원하는 장소, 시간에 원하는 정보를 이용할 수 있는 서비스
- CAI(Computer Assisted Instruction) : 컴퓨터를 이용한 자동 교육 시스템
- 키오스크(Kiosk) : 안내를 위한 컴퓨터 시스템 / 정보안내 장치
- 화상회의 시스템(VCS) : 원격지 사람들과의 TV 화면으로 회의할 수 있는 서비스

정답 ③

04 다음 중 컴퓨터 바이러스에 대한 설명으로 가장 적절하지 않은 것은?

① 사용자가 인지하지 못한 사이 자가 복제를 통해 다른 정상적인 프로그램을 감염시켜 해당 프로그램이나 다른 데이터 파일 등을 파괴한다.

② 보통 소프트웨어 형태로 감염되나 메일이나 첨부파일은 감염의 확률이 매우 적다.
③ 온라인 채팅이나 인스턴트 메신저 프로그램을 통해서 전파되기도 한다.
④ 인터넷의 공개 자료실에 있는 파일을 다운로드하여 설치할 때 감염될 수 있다.

컴퓨터 바이러스나 악성 코드 등은 메일이나 첨부 파일에 의해 감염될 확률 매우 높음
정답 ②

05 여러 대의 컴퓨터를 일제히 동작시켜 대량의 데이터를 한 곳의 서버 컴퓨터에 집중적으로 전송시킴으로써 특정 서버가 정상적으로 동작하지 못하게 하는 공격 방식은?

① 스니핑(Sniffing)
② 분산 서비스 거부(DDoS)
③ 백 도어(Back Door)
④ 해킹(Hacking)

- 스니핑(Sniffing) : 정보를 엿보기 (계정, 패스워드 유출)
- 분산 서비스 거부(DDos) : 분산 서비스 거부 공격 / 수많은 사용자가 일시적으로 서버 마비를 목적으로 서버 연결을 집중
- 백 도어(Back Door) : 트랩 도어 / 시스템 편의상 보안이 실행되지 않는 통로
- 해킹(Hacking) : 컴퓨터 시스템에 불법으로 접근하여 정보를 유출 및 파괴하는 행위

정답 ②

06 다음 중 인터넷에서 사용하는 IPv6에 관한 설명으로 옳은 것은?

① IPv4의 주소 부족 문제를 해결하기 위하여 개발되었다.
② IPv4와는 호환성이 낮아 상호 전환이 어렵다.
③ IPv4에 비해 자료 전송 속도가 느리다.
④ 64비트의 주소 체계를 가진다.

- IPv4 주소 개수의 한계를 해결하기 위해 사용
- 128bit (16bit씩 8개) 16진수로 표현, 콜론(:)으로 구분함

정답 ①

07 ISP(Internet Service Provider) 업체에서 각 컴퓨터의 IP 주소를 동적으로 할당해 주는 프로토콜은?

① HTTP
② TCP/IP
③ SMTP
④ DHCP

- DHCP(Dynamic Host Configuration Protocol) : IP 주소를 자동으로 할당해 주는 동적 호스트 설정 통신 규약으로 어드레스 자동 취득 프로그램을 의미하며 복잡한 설정 작업을 자동화하는 프로토콜
- HTTP(HyperText Transfer Protocol) : 인터넷상에서 하이퍼텍스트를 주고받기 위한 프로토콜
- TCP/IP(Transmission Control Protocol/Internet Protocol) : 네트워크로 연결된 시스템 간의 데이터 전송을 위해 인터넷에서 사용하는 표준 프로토콜
- SMTP(Simple Mail Transfer Protocol) : 전자 우편을 송신하기 위한 프로토콜

정답 ④

08 다음 중 운영체제를 구성하는 제어 프로그램의 종류에 해당하지 않는 것은?

① 감시 프로그램
② 언어 번역 프로그램
③ 작업 관리 프로그램
④ 데이터 관리 프로그램

제어 프로그램
감시 프로그램 / 작업 관리 프로그램 / 데이터 관리 프로그램

정답 ②

09 컴퓨터를 이용한 자료 처리 방식을 발달 과정 순서대로 옳게 나열한 것은?

① 실시간 처리 시스템-일괄 처리 시스템-분산 처리 시스템
② 일괄 처리 시스템-실시간 처리 시스템-분산 처리 시스템
③ 분산 처리 시스템-실시간 처리 시스템-일괄 처리 시스템
④ 실시간 처리 시스템-분산 처리 시스템-일괄 처리 시스템

• 자료 처리 발달 순서 : 일괄 처리 → 실시간 처리 → 분산 처리
• 일괄 처리 : 일정 기간, 양을 모아두었다가 한꺼번에 처리하는 방식
• 실시간 처리 : 발생하는 즉시 처리하는 방식
• 분산 처리 : 여러 개의 처리 시스템을 설치하고 각각 자료를 처리할 수 있도록 유기적으로 연결되어 처리하는 방식

정답 ②

10 다음 중 디지털 컴퓨터와 아날로그 컴퓨터의 차이점에 관한 설명으로 옳은 것은?

① 디지털 컴퓨터는 전류, 전압, 온도 등 다양한 입력 값을 처리하며, 아날로그 컴퓨터는 숫자 데이터만을 처리한다.
② 디지털 컴퓨터는 증폭 회로로 구성되며, 아날로그 컴퓨터는 논리회로로 구성된다.
③ 아날로그 컴퓨터는 미분이나 적분 연산을 주로 하며, 디지털 컴퓨터는 산술이나 논리 연산을 주로 한다.
④ 아날로그 컴퓨터는 범용이며, 디지털 컴퓨터는 특수 목적용으로 많이 사용된다.

구분	디지털 컴퓨터	아날로그 컴퓨터
입력	숫자, 문자, 기호 (비연속적인 자료)	전류, 온도, 속도 (연속적인 자료)
출력		곡선, 그래프
이용회로	논리회로	증폭회로
연산속도	느림	빠름
사용용도	사칙연산	미분, 적분
정확도	필요에 따라 증가	제한적
프로그램	필요	불필요

정답 ③

11 소형화, 경량화를 비롯해 음성과 동작 인식 등 다양한 기술이 적용되어 장소에 구애받지 않고 컴퓨터를 활용할 수 있도록 몸에 착용하는 컴퓨터를 의미하는 것은?

① 웨어러블 컴퓨터
② 서버 컴퓨터
③ 인공지능 컴퓨터
④ 마이크로 컴퓨터

웨어러블(Wearable) 컴퓨터 : 웨어러블 디바이스(Wearable Device)라고도 불리우며 몸에 착용이 가능하므로 항상 컴퓨터나 디바이스의 활용이 편리하고 가능하며 안경이나 시계, 모자, 의복 등에서 응용 개발되고 있음

정답 ①

12 다음 중 프로세서 레지스터에 대한 설명으로 옳은 것은?

① 하드디스크의 부트 레코드에 위치한다.
② 하드웨어 입출력을 전담하는 장치로 속도가 빠르다.
③ 주기억장치보다 큰 프로그램을 실행시켜야 할 때 유용한 메모리이다.
④ 중앙처리장치에서 사용하는 임시기억장치로 메모리 중 가장 빠른 속도로 접근 가능하다.

• 레지스터(Register) : 중앙처리장치(CPU) 내의 임시기억장치
• 속도(빠른 순) : 레지스터>캐시메모리>주기억장치>보조기억장치
• 연산장치 레지스터 : 누산기 / 산기 / 보수기 등
• 제어장치 레지스터 : 프로그램 카운터 / 명령 레지스터 / 명령 해독기 등

정답 ④

13 다음 중 인터넷을 이용한 전자 우편에 관한 설명으로 옳지 않은 것은?

① 기본적으로 8비트의 유니코드를 사용하여 메시지를 전달한다.
② 전자 우편 주소는 '사용자ID@호스트 주소'의 형식으로 이루어진다.
③ SMTP, POP3, MIME 등의 프로토콜을 사용한다.
④ 보내기, 회신, 첨부, 전달, 답장 등의 기능이 있다.

전자 우편은 기본적으로 7비트의 ASCII 코드를 사용하여 전송함

정답 ①

14 HD급 고화질 비디오를 저장할 수 있는 차세대 광학 장치로, 디스크 한 장에 25GB 이상을 저장할 수 있는 것은?

① CD-RW
② DVD
③ Blu-ray 디스크
④ ZIP 디스크

블루레이(Blue-ray) 디스크
CD와 DVD와 같은 크기로 짧은 파장을 갖는 레이저를 사용하고 트랙의 폭이 가장 좁으며 단층 구조는 25GB, 듀얼 레이어는 50GB까지 데이터 저장이 가능함. 최근에는 한 장의 블루레이 디스크에 3층, 4층으로 데이터 기록이 가능하여 100GB에서 128GB까지의 용량을 저장할 수 있음

정답 ③

15 컴퓨터 시스템을 안정적으로 사용하기 위한 관리 방법으로 적절하지 않은 것은?

① 직사광선을 피하고 습기가 적으며 통풍이 잘되고 먼지 발생이 적은 곳에 설치한다.
② 컴퓨터를 이동하거나 부품을 교체할 때는 반드시 전원을 끄고 작업하는 것이 좋다.
③ 시스템 백업 기능을 자주 사용하면 시스템 바이러스 감염 가능성이 높아진다.
④ 디스크 조각 모음에 대해 예약 실행을 설정하여 정기적으로 최적화시킨다.

시스템 백업 기능을 자주 사용한다고 해서 시스템 바이러스 감염 가능성이 높아지는 것은 아님

정답 ③

16 Windows 7의 홈 그룹에 대한 설명으로 옳지 않은 것은?

① 홈 그룹은 라이브러리 및 프린터를 공유할 수 있게 하는 홈 네트워크의 PC 그룹으로 자신이 공유하고 있는 파일은 해당 권한을 부여하지 않은 한 다른 사람이 변경할 수 없다.

② 홈 그룹이 이미 네트워크에 있는 경우 홈 그룹을 새로 만드는 대신 기존 홈 그룹에 연결하라는 메시지가 표시된다.

③ 전원이 꺼져 있거나 최대 절전 모드 또는 절전 모드인 PC는 홈 그룹에 표시되지 않는다.

④ [제어판]-[네트워크 및 공유 센터]의 [고급 공유 설정]에서 '파일 및 프린터 공유 끄기'를 설정하면 자동으로 [홈 그룹에서 나가기] 마법사가 실행된다.

[제어판]-[홈 그룹]에서 [홈 그룹에서 나가기]를 클릭하여 실행해야 홈 그룹의 연결을 끊을 수 있음

정답 ④

17 Windows 원격 지원에 관한 설명으로 옳지 않은 것은?

① 다른 사용자에게 도움을 주기 위해서는 먼저 원격 지원을 시작한 후 도움받을 사용자가 들어오는 연결을 기다려야 한다.

② 다른 사용자의 도움을 요청할 때에는 '간단한 연결'을 사용하거나 '도움 요청 파일'을 사용할 수 있다.

③ '간단한 연결'은 두 컴퓨터 모두 Windows 7을 실행하고 인터넷에 연결되어 있는 경우에 좋은 방법이다.

④ '도움 요청 파일'은 다른 사용자의 컴퓨터에 연결할 때 사용할 수 있는 특수한 유형의 원격 지원 파일이다.

원격 지원을 시작하기 전에 도움을 받을 상대방의 원격 지원에 대한 동의가 필요함

정답 ①

18 Windows 7의 제어판에서 시각 장애가 있는 사용자가 컴퓨터를 사용하기에 편리하도록 설정할 수 있는 기능은?

① 접근성 센터

② 사용자 정의 문자 편집기

③ 동기화 센터

④ 프로그램 호환성 마법사

접근성 센터 : 사용자의 시력, 청력, 기동성에 따라 컴퓨터 설정을 조정하고 음성 인식을 사용하여 음성 명령으로 컴퓨터를 조정함

정답 ①

19 Windows 7에서 [표준 사용자 계정]의 사용자가 할 수 있는 작업으로 옳지 않은 것은?

① 사용자 자신의 암호를 변경할 수 있다.

② 마우스 포인터의 모양을 변경할 수 있다.

③ 관리자가 설정해 놓은 프린터를 프린터 목록에서 제거할 수 있다.

④ 사용자의 사진으로 자신만의 바탕화면을 설정할 수 있다.

관리자가 설정해 놓은 프린터를 제거하려면 [관리자 계정]에서만 가능함

정답 ③

20 Windows 7에서 32비트 운영체제인지 64비트 운영체제인지 확인하는 방법으로 옳은 것은?

① [시작] 단추의 바로가기 메뉴-[속성]

② [시작] 단추-[컴퓨터]의 바로가기 메뉴-[속성]

③ [시작] 단추-[제어판]의 바로가기 메뉴-[시스템]

④ [시작] 단추-[기본 프로그램]의 바로가기 메뉴-[열기]

Windows 7에서 운영체제를 확인하려면 [시작] 단추-[컴퓨터]의 바로가기 메뉴-[속성]에서 확인할 수 있음

정답 ②

2 과목 **스프레드시트 일반**

21 다음 중 데이터 유효성 검사에 대한 설명으로 옳지 않은 것은?

① 목록의 값들을 미리 지정하여 데이터 입력을 제한할 수 있다.

② 입력할 수 있는 정수의 범위를 제한할 수 있다.

③ 목록으로 값을 제한하는 경우 드롭다운 목록의 너비를 지정할 수 있다.

④ 유효성 조건 변경 시 변경 내용을 범위로 지정된 모든 셀에 적용할 수 있다.

[데이터 유효성 검사]에서 목록으로 값을 제한하는 경우 드롭다운 목록의 너비를 지정하는 기능은 지원되지 않음

정답 ③

22 다음 중 아래 워크시트의 [A1:E9] 영역에서 고급 필터를 실행하여 영어 점수가 영어 평균 점수를 초과하거나 성명의 두 번째 문자가 '영'인 데이터를 추출하고자 할 때, 그 조건으로 ㉮와 ㉯에 입력할 내용으로 옳은 것은?

	A	B	C	D	E	F	G	H
1	성명	반	국어	영어	수학		영어평균	성명
2	강동식	1	81	89	99		㉮	
3	남궁영	2	88	75	85			㉯
4	강영주	2	90	88	92			
5	이동수	1	86	93	90			
6	박영민	2	75	91	84			
7	윤영미래	1	88	80	73			
8	이순영	1	100	84	96			
9	영지오	2	95	75	88			

① ㉮ =D2>AVERAGE(D2:D9) ㉯ ="=?영*"

② ㉮ =D2>AVERAGE(D2:D9) ㉯ ="=*영?"

③ ㉮ =D2>AVERAGE($D$2:$D$9) ㉯ ="=?영*"

④ ㉮ =D2>AVERAGE($D$2:$D$9) ㉯ ="=*영?"

③ : ㉮ =D2>AVERAGE(D2:D9) → 영어 평균을 구하는 영역은 변화가 있으면 안 되므로 절대참조를 사용해야 됨. ㉯ ="=?영*" → 성명의 두 번째 문자가 '영'이어야 하고 첫 자는 성이 한 글자이므로 ?를 사용. '영' 다음은 한 글자 이상인 '윤영미래'가 있으므로 *를 사용해야 됨(? : 한 문자, * : 모든 문자)

정답 ③

23 아래의 왼쪽 워크시트에서 성명 데이터를 오른쪽 워크시트와 같이 성과 이름 두 개의 열로 분리하기 위해 [텍스트 나누기] 기능을 사용하고자 한다. 다음 중 [텍스트 나누기]의 분리 방법으로 가장 적절한 것은?

	A
1	김철수
2	박선영
3	최영회
4	한국인

→

	A	B
1	김	철수
2	박	선영
3	최	영회
4	한	국인

① 열 구분선을 기준으로 내용 나누기
② 구분 기호를 기준으로 내용 나누기
③ 공백을 기준으로 내용 나누기
④ 탭을 기준으로 내용 나누기

• [A1:A4] 범위를 선택한 다음 [데이터] 탭 – [데이터 도구] 그룹 – [텍스트 나누기]를 클릭하여 텍스트 마법사를 실행
• [3단계 중 1단계] : 각 필드가 일정한 너비로 정렬되어 있으므로 "너비가 일정함"을 선택
• [3단계 중 2단계] : 마우스로 성과 이름 사이를 클릭하여 열 구분선을 지정함
• [3단계 중 3단계] : 열 데이터 서식을 "일반이나 텍스트" 중 하나를 선택한 다음 [마침]을 클릭함

정답 ①

24 다양한 상황과 변수에 따른 여러 가지 결과 값의 변화를 가상의 상황을 통해 예측하여 분석할 수 있는 도구는?

① 시나리오 관리자
② 목표값 찾기
③ 부분합
④ 통합

• 시나리오 관리자 : 결과값을 낸 입력값이 변경된다면 결과값은 어떻게 변경 될지 예상하는 기능
• 목표값 찾기 : 지정된 결과 값을 변경했을 때 입력 값이 변화를 알아보는 기능
• 부분합 : 데이터의 어떠한 열을 기준으로 정렬된 값을 소계 또는 요약하여 계산된 표
• 통합 : 여러 영역의 값을 하나의 표로 합치는 기능

정답 ①

25 다음 중 데이터 입력에 대한 설명으로 옳지 않은 것은?

① 셀 안에서 줄 바꿈을 하려면 Alt + Enter⏎ 키를 누른다.
② 한 행을 블록 설정한 상태에서 Enter⏎ 키를 누르면 블록 내의 셀이 오른쪽 방향으로 순차적으로 선택되어 행단위로 데이터를 쉽게 입력할 수 있다.
③ 여러 셀에 숫자나 문자 데이터를 한 번에 입력하려면 여러 셀이 선택된 상태에서 데이터를 입력한 후 바로 Shift + Enter⏎ 키를 누른다.
④ 열의 너비가 좁아 입력된 날짜 데이터 전체를 표시하지 못하는 경우 셀의 너비에 맞춰 '#'이 반복 표시된다.

• Alt + Enter⏎ : 하나의 셀에서 줄을 바꾸어 입력하고자 할 때
• Ctrl + Enter⏎ : 선택된 셀 범위에 한꺼번에 입력하고자 할 때
• 셀에 '#'이 반복되는 경우 해당 셀의 열 너비를 조정하여 해결한다.

정답 ③

26 아래 워크시트에서 [A1:B1] 영역을 선택한 후 채우기 핸들을 이용하여 [B3] 셀까지 드래그 했을 때 [A3] 셀, [B3] 셀의 값으로 옳은 것은?

	A	B
1	가-011	01월15일
2		
3		
4		

① 다-011, 01월17일
② 가-013, 01월17일
③ 가-013, 03월15일
④ 다-011, 03월15일

• 문자 데이터 입력 후 채우기 핸들을 사용하면 문자 복사
• 숫자 데이터 입력 후 채우기 핸들을 사용하면 숫자 복사
• 숫자 데이터 입력 후 Ctrl + 채우기 핸들을 사용하면 1씩 증가
• 문자열(문자와 숫자의 조합) 데이터 입력 후 채우기 핸들을 사용하면 문자는 복사 숫자는 1씩 증가
• 날짜 데이터 입력 후 채우기 핸들을 사용하면 1일 단위로 증가
• 시간 데이터 입력 후 채우기 핸들을 사용하면 1시간 단위로 증가

정답 ②

27 다음 중 입력 자료에 주어진 표시형식으로 지정한 경우 그 결과가 옳지 않은 것은?

① 표시형식 : #,##0,
   입력자료 : 12345
   표시결과 : 12
② 표시형식 : 0.00
   입력자료 : 12345
   표시결과 : 12345.00
③ 표시형식 : dd-mmm-yy
   입력자료 : 2015/06/25
   표시결과 : 25-June-15
④ 표시형식 : @@"**"
   입력자료 : 컴활
   표시결과 : 컴활컴활**

• 날짜 서식

날짜 코드		결과
연	YY	19
	YYYY	2019
월	M	1-12
	MM	01-12
	MMM	Jan-Dec
	MMMM	January-December
일	D	1-31
	DD	01-31
요일	DDD	Mon-Sun
	DDDD	Monday-Sunday
	AAA	월-일
	AAAA	월요일-일요일

• 시간 서식

시간코드		결과
시간	H	0 – 23
	HH	00 – 23
분	M	0 – 59
	MM	00 – 59
초	S	0 – 59
	SS	00 – 59
오전 / 오후	AM / PM	09:15 AM / PM

정답 ③

28 다음 중 각 함수식과 그 결과가 옳지 않은 것은?

① =TRIM("1/4분기 수익") → 1/4분기 수익
② =SEARCH("세","세금 명세서", 3) → 5
③ =PROPER("republic of korea") → REPUBLIC OF KOREA
④ =LOWER("Republic of Korea") → republic of korea

• TRIM : 단어 사이에 있는 하나의 공백을 제외하고 텍스트의 모든 공백을 제거
• SEARCH : 대 / 소문자 상관없이 지정한 텍스트를 찾아 시작 위치를 나타냄
• PROPER : 입력된 문자열 중에서 첫 번째 글자만 대문자로 변경
• LOWER : 입력된 문자열을 모두 소문자로 변경

정답 ③

29 아래 워크시트와 같이 평점이 3.0미만인 행 전체에 셀 배경색을 지정하고자 한다. 이를 위해 조건부 서식 설정에서 사용할 수식으로 옳은 것은?

	A	B	C	D
1	학번	학년	이름	평점
2	20959446	2	강혜민	3.38
3	21159458	1	김경식	2.60
4	21059466	2	김병찬	3.67
5	21159514	1	장현정	1.29
6	20959476	2	박동현	3.50
7	21159467	1	이승현	3.75
8	20859447	4	이병훈	2.93
9	20859461	3	강수빈	3.84

① =$D2<3   ② =$D&2<3
③ =D$2<3   ④ =D2<3

• 규칙을 만족하는 데이터가 있는 행 전체에 서식을 지정할 때는 규칙 입력 시 열 이름 앞에만 $를 붙임
• [홈] 탭–[스타일] 그룹–[조건부 서식]에서 [새 규칙] 선택
• 평점이 3.0 미만인 행 전체에 셀 배경색을 지정 → =$D2>3

정답 ①

30 다음 중 매크로의 바로가기 키에 관한 설명으로 옳지 않은 것은?

① 기본적으로 조합 키 Ctrl 과 함께 사용할 영문자를 지정한다.
② 바로가기 키 지정 시 영문자를 대문자로 입력하면 조합 키는 Ctrl + Shift 로 변경된다.
③ 바로가기 키로 영문자와 숫자를 함께 지정할 때에는 조합 키로 Alt 를 함께 사용해야 한다.
④ 바로가기 키를 지정하지 않아도 매크로를 기록할 수 있다.

• 매크로 바로가기 키 설정은 선택사항
• Ctrl 키와 영소문자 조합으로 사용, 대문자로 지정하면 Shift 키로 설정
• 바로가기 키는 영문자로만 조합하여 사용할 수 있다.

정답 ③

31 다음 중 매크로의 특징에 대한 설명으로 옳지 않은 것은?

① 매크로 기록을 시작한 후의 키보드나 마우스 동작은 VBA 언어로 작성된 매크로 프로그램으로 자동 생성된다.
② 기록한 매크로는 편집할 수 없으므로 기능과 조작을 추가 또는 삭제할 수 없다.
③ 매크로 실행의 바로가기 키가 엑셀의 바로가기 키보다 우선한다.
④ 도형을 이용하여 작성된 텍스트 상자에 매크로를 지정한 후 매크로를 실행할 수 있다.

• 매크로 : 반복되는 명령이나 작업을 매크로에 저장하여 한번에 명령으로 반복적인 여러 작업을 빠르고 쉽게 작업할 수 있도록 하는 기능
• Alt + F11 을 누르면 Visual Basic을 기반으로 작성 및 편집
• 매크로 이름은 기호(/ ? ` ` – ※)와 공백은 사용할 수 없음
• 매크로 이름은 자동으로 만들어지며, 기록된 매크로 이름은 변경 가능

정답 ②

32 다음 중 차트의 데이터 계열 서식에 대한 설명으로 옳지 않은 것은?

① 계열 겹치기 수치를 양수로 지정하면 데이터 계열 사이가 벌어진다.
② 차트에서 데이터 계열의 간격을 넓게 또는 좁게 지정할 수 있다.
③ 특정 데이터 계열의 값이 다른 데이터 계열 값과 차이가 많이 나거나 데이터 형식이 혼합되어 있는 경우 하나 이상의 데이터 계열을 보조 세로 (값) 축에 표시할 수 있다.
④ 보조 축에 그려지는 데이터 계열을 구분하기 위하여 보조 축의 데이터 계열만 선택하여 차트 종류를 변경할 수 있다.

계열 겹치기 수치를 양수로 지정하면 데이터 계열이 겹치게 됨

정답 ①

33 다음 중 [A7] 셀에 수식 '=SUMIFS(D2:D6, A2:A6, "연필", B2:B6, "서울")'을 입력한 경우 그 결과 값은?

	A	B	C	D
1	품목	대리점	판매계획	판매실적
2	연필	경기	150	100
3	볼펜	서울	150	200
4	연필	서울	300	300
5	볼펜	경기	300	400
6	연필	서울	300	200
7	=SUMIFS(D			

① 100
② 500
③ 600
④ 750

SUMIFS 함수는 여러 개의 조건이 모두 만족하는 셀의 합계를 계산
=SUMIFS(합을 계산할 실제 셀 범위, 조건비교 범위1, 조건1, 조건비교 범위2, 조건2, ...)

정답 ②

34 다음 중 아래의 워크시트를 참조하여 작성한 수식 '=INDEX (B2:D9,2,3)'의 결과는?

	A	B	C	D
1	코드	정가	판매수량	판매가격
2	L-001	25,400	503	12,776,000
3	D-001	23,200	1,000	23,200,000
4	D-002	19,500	805	15,698,000
5	C-001	28,000	3,500	98,000,000
6	C-002	20,000	6,000	96,000,000
7	L-002	24,000	750	18,000,000
8	L-003	26,500	935	24,778,000
9	D-003	22,000	850	18,700,000

① 19,500   ② 23,200,000
③ 1,000   ④ 805

=INDEX(범위, 행 번호, 열 번호)
해당범위 내에서 행과 열의 교차 지점의 셀의 값을 출력
정답 ②

35 아래의 워크시트에서 '박지성'의 결석 값을 찾기 위한 함수 식은?

	A	B	C	D
1	성적표			
2	이름	중간	기말	결석
3	김남일	86	90	4
4	이천수	70	80	2
5	박지성	95	85	5

① =VLOOKUP("박지성", $A$3:$D$5, 4, 1)
② =VLOOKUP("박지성", $A$3:$D$5, 4, 0)
③ =HLOOKUP("박지성", $A$3:$D$5, 4, 0)
④ =HLOOKUP("박지성", $A$3:$D$5, 4, 1)

• =vlookup(찾을 값, 범위, 열 번호, 방법) : 범위의 첫 번째 열에서 찾을 값을 찾아서 지정한 열에서 같은 행에 있는 값을 표시함
• 찾을 값 → 박지성, 범위 → $A$3:$D$5, 열 번호 → 4(결석), 방법 → 0(정확한 값을 찾음), 1이면 찾을 값의 아래로 근사값
• ③ =HLOOKUP("박지성", $A$3:$D$5, 4, 0)
정답 ②

36 다음 중 통합 문서 저장 시 설정할 수 있는 [일반 옵션]에 대한 설명으로 옳지 않은 것은?

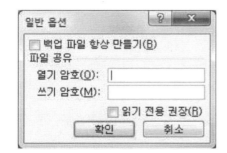

① '백업 파일 항상 만들기'에 체크 표시한 경우에는 파일 저장 시 자동으로 백업 파일이 만들어진다.
② '열기 암호'를 지정한 경우에는 열기 암호를 입력해야 파일을 열 수 있고 암호를 모르면 파일을 열 수 없다.

③ '쓰기 암호'가 지정된 경우에는 파일을 수정하고 다른 이름으로 저장 시 '쓰기 암호'를 입력해야 한다.
④ '읽기 전용 권장'에 체크 표시한 경우에는 파일을 열 때, 읽기 전용으로 열지 여부를 묻는 메시지가 표시된다.

백업 파일 항상 만들기	파일 저장 시 *.xlk 형태의 백업 파일로 함께 저장
열기 암호	파일을 불러올 때 암호를 지정
쓰기 암호	파일 열기 후 변경된 사항을 저장 시 암호를 지정
읽기전용 권장	파일을 열고 난 후 변경할 수 없는 읽기전용 파일로 열기

정답 ③

37 틀 고정 및 창 나누기에 대한 설명으로 옳지 않은 것은?

① 화면에 나타나는 창 나누기 형태는 인쇄 시 적용되지 않는다.
② 창 나누기를 수행하면 셀 포인트의 오른쪽과 아래쪽으로 창 구분선이 표시된다.
③ 창 나누기는 셀 포인트의 위치에 따라 수직, 수평, 수직·수평 분할이 가능하다.
④ 첫 행을 고정하려면 셀 포인트의 위치에 상관없이 [틀 고정]-[첫 행 고정]을 선택한다.

• 창 나누기 : 셀 포인터의 왼쪽 위에 창 구분선이 나타난다.
• 틀 고정 : 셀 포인터 왼쪽 열과 위쪽 행이 고정된다.
정답 ②

38 다음 중 워크시트의 인쇄에 대한 설명으로 옳지 않은 것은?

① 인쇄 영역에 포함된 도형은 기본적으로 인쇄가 되지 않으므로 인쇄를 하려면 도형의 [크기 및 속성] 대화상자에서 '개체 인쇄' 옵션을 선택해야 한다.
② 인쇄하기 전에 워크시트를 미리 보려면 Ctrl+F2 키를 누른다.
③ 기본적으로 화면에 표시되는 열 머리글(A, B, C 등)이나 행 머리글(1, 2, 3 등)은 인쇄되지 않는다.
④ 워크시트의 내용 중 특정 부분만을 인쇄 영역으로 설정하여 인쇄할 수 있다.

• 인쇄 영역에 포함된 도형은 기본적으로 인쇄가 됨
• 인쇄를 하지 않으려면 도형을 클릭하여 선택한 다음 바로가기 메뉴의 [크기 및 속성]을 선택한 후 [속성]에서 '개체 인쇄'의 설정을 해제해야 됨
정답 ①

39 아래 차트에 설정되어 있지 않은 차트 요소는?

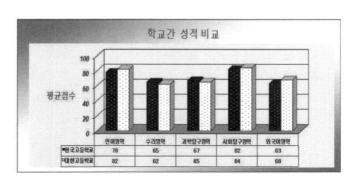

① 차트 제목   ② 데이터 표
③ 데이터 레이블   ④ 세로 (값) 축 제목

[데이터 레이블] : 그려진 막대나 선이 나타내는 표식에 대한 데이터 요소 또는 값 등의 추가 정보로 문제의 차트에서는 없음

정답 ③

---

40 다음 중 추세선을 추가할 수 있는 차트 종류는?

① 표면형   ② 분산형
③ 원형   ④ 방사형

- 추세선을 추가할 수 있는 차트 : 가로막대형, 세로막대형, 꺾은선형, 주식형, 분산형, 거품형, 비누적 2차원 영역형 차트
- 방사형 : 각 항목을 가운데 점에서 축을 뻗고 각각의 값을 연결하여 표시
- 분산형 : 여러 데이터 간의 상관관계를 표시. 각 항목의 값을 점으로 표시. 과학 데이터 처리에 주로 이용
- 원형 : 전체에 대한 항목별 비율 표시. 한 가지 항목만 표현 가능, 한 계열만 선택하여 분리 가능. 첫 조각 각도 변경 가능(0~360˚)
- 표면형 : 데이터 집합 간의 최적의 조합을 찾을 때 주로 이용

정답 ②

07. 최신 기출문제 (2017.09.02 기출)

1 과목　　**컴퓨터 일반**

---

01 모바일 멀티미디어 커뮤니케이션 서비스와 가장 거리가 먼 것은?

① MMS
② LBS
③ DMB
④ 모바일 화상전화

- 커뮤니케이션 서비스는 양방향 통신이 가능한 서비스
- DMB(Digital Multimedia Broadcasting) : 디지털 멀티미디어 방송으로 커뮤니케이션 서비스는 제공되지 않음
- 모바일 화상 전화 : 스마트폰으로 영상통화(화상전화) 할 수 있는 기능. 영상통화하면서 서로 대화를 나눌 수 있는 양방향 통신
- LBS(Location Based Service) : 위치 기반 서비스라고도 하며, 스마트폰, PDA처럼 이동통신망과 IT기술을 종합적으로 활용한 위치정보 기반의 서비스(양방향 통신)
- MMS(Multimedia Messaging Service) : 정지영상을 비롯해 음악 및 음성 그리고 동영상 등 다양한 형식의 데이터를 상대편에게 송부하는 동시에 검색할 수 있는 메시징 시스템(양방향통신)

정답 ③

02 다음 중 멀티미디어 하드웨어에 대한 설명으로 옳지 않은 것은?

① MPEG 보드란 압축된 동영상 파일을 빠른 속도로 복원시켜 재생해 주는 장치이다.
② 비디오 오버레이 보드란 TV나 비디오를 보면서 컴퓨터 작업을 동시에 할 수 있도록 동영상 데이터를 비디오 카드의 데이터와 합성시켜 표현하는 장치이다.
③ 그래픽 카드는 CPU에 의해 처리된 아날로그 데이터를 디지털로 변환하여 모니터로 보내는 장치이다.
④ 사운드 카드의 샘플링이란 아날로그 소리 파형을 일정 시간 간격으로 연속적인 측정을 통해 얻어진 각각의 소리의 진폭을 숫자로 표현하여 디지털 데이터로 생성하는 것을 말한다.

그래픽 카드는 CPU에서 처리된 디지털 신호를, 모니터를 통해 볼 수 있도록 전자 영상 신호로 변환하는 장치

정답 ③

03 다음 중 정보사회의 컴퓨터 범죄 예방과 대책으로 적절하지 않은 것은?

① 바이러스 백신 프로그램을 설치하고 자동 업데이트로 설정한다.
② 보호하고자 하는 컴퓨터나 정보에 비밀번호를 설정하고 주기적으로 변경한다.
③ 정크메일로 의심이 가는 이메일은 본문을 확인한 후 즉시 삭제한다.
④ Windows Update는 자동 설치를 기본으로 설정한다.

- 정크메일은 무작위로 추출한 E-mail 주소 목록을 이용하여 네트워크를 통해 불특정 다수에게 유포된 광고성 메일을 가리키는 용어. 스팸메일(Spam Mail) 또는 벌크메일(Bulk Mail)이라고도 한다.
- 정크메일로 의심 가는 E-mail은 바이러스나 악성코드의 감염이 될 수 있으므로 본문을 확인할 필요 없이 바로 삭제해야 함

정답 ③

04 근거리 통신망(LAN)에 관한 설명으로 옳지 않은 것은?

① 반이중 방식의 통신을 한다.
② 비교적 전송 거리가 짧아 에러 발생률이 낮다.
③ 자원 공유를 목적으로 컴퓨터들을 상호 연결한다.
④ 프린터, 보조기억장치 등 주변장치들을 쉽게 공유할 수 있다.

- 근거리 통신망(LAN)은 전이중 방식으로 통신함
- 반이중 통신 : 양쪽 방향으로 송수신 가능한 양방향 통신이지만, 한 번에 하나의 전송만 이루어지도록 설정된 통신 방식. 대표적인 예로 무전기

정답 ①

05 전자우편에서 사용하는 POP3 프로토콜에 관한 설명으로 옳은 것은?

① 이메일을 전송할 때 필요로 하는 프로토콜이다.
② 원격 서버에 접속하여 이메일을 사용자 컴퓨터로 가져 오기 위한 프로토콜이다.
③ 멀티미디어 이메일을 주고받기 위한 프로토콜이다.
④ 이메일의 회신과 전체 회신을 가능하게 하는 프로토콜이다.

- POP3 : 원격 서버에 접속하여 메일 서버에 도착한 이메일을 사용자 컴퓨터로 가져올 수 있도록 메일 서버에서 제공하는 전자우편을 수신하기 위한 프로토콜
- SMTP(Simple Mail Transfer Protocol) : 인터넷에서 이메일을 보내기 위해 이용되는 프로토콜. 사용하는 TCP 포트번호는 25번
- MIME(Multipurpose Internet Mail Extensions) : 전자 우편을 위한 인터넷 표준 포맷
- IMAP(Internet Message Access Protocol) : 응용 계층 인터넷 프로토콜 중 하나로, 원격 서버로부터 TCP/IP 연결을 통해 이메일을 가져오는 데 사용

정답 ②

06 다음 중 정보 보안을 위협하는 형태에 대한 설명으로 옳은 것은?

① 스니핑(Sniffing) : 검증된 사람이 네트워크를 통해 데이터를 보낸 것처럼 데이터를 변조하여 접속을 시도한다.
② 피싱(Phishing) : 적절한 사용자 동의 없이 사용자 정보를 수집하는 프로그램을 설치하여 사생활을 침해한다.
③ 스푸핑(Spoofing) : 실제로는 악성 코드로 행동하지 않으면서 겉으로는 악성 코드인 것처럼 가장한다.
④ 키 로거(Key Logger) : 키보드 상의 키 입력 캐치 프로그램을 이용하여 개인 정보를 빼낸다.

- 키 로거(Key Logger) : 키보드 상의 키 입력 캐치 프로그램을 이용하여 개인 정보를 빼내는 행위. 컴퓨터 사용자의 키보드 움직임을 탐지해서 ID나 패스워드, 계좌번호, 카드번호 등의 개인정보를 몰래 빼내는 해킹 공격
- 스니핑(Sniffing) : 네트워크 주변을 지나다니는 패킷을 엿보면서 계정과 패스워드를 알아내기 위한 행위
- 피싱(Phishing) : 개인정보(Private Data)와 낚시(Fishing)의 합성어로 금융기관 등으로부터 개인정보를 불법적으로 알아내 이를 이용하는 사기수법. 금융기관 등의 웹사이트나 거기서 보내온 메일로 위장하여 개인의 인증번호나 신용카드번호, 계좌정보 등을 빼내 이를 불법적으로 이용하는 사기수법
- 스푸핑(Spoofing) : 네트워크에 불법으로 고의적인 접근을 하여 상용 소프트웨어 복사 방지를 풀어서 불법적으로 변호하는 행위

정답 ④

07 다음 중 정보 통신 장비와 관련하여 리피터(Repeater)에 관한 설명으로 옳은 것은?

① 프로토콜이 다른 네트워크를 결합하는 장비이다.
② 적절한 전송 경로를 선택하여 데이터를 전달하는 장비이다.
③ 감쇠된 전송 신호를 증폭하여 다음 구간으로 전달하는 장비이다.
④ 같은 프로토콜을 사용하는 독립적인 2개의 근거리 통신망에 상호 접속하는 장비이다.

- 모뎀(Modem) : 변복조장치 / 디지털 신호를 아날로그 신호로 변환, 다시 아날로그 신호를 디지털 신호로 변환
- 허브(Hub) : 통신선로 분배기
- 라우터(Router) : 전송을 위한 최적의 경로를 찾아 연결 / 유무선 공유기는 라우터 기능을 내장함
- 브리지(Bridge) : 같은 구조의 네트워크를 연결
- 게이트웨이(Gateway) : 다른 구조의 네트워크를 연결
- 리피터(Repeater) : 전송거리 연장 및 증폭기 / 장거리 전송으로 인한 신호 감쇠 시 다시 신호를 증폭 재생시킴

 ③

08 인터넷에서 사용하는 도메인 네임에 관한 설명으로 옳은 것은?

① 국가가 다른 경우에는 중복된 도메인 네임을 사용할 수 있다.
② IP 주소를 사람이 이해하기 쉬운 숫자 형태로 표현한 것이다.
③ 소속 국가명, 소속 기관명, 소속 기관 종류, 호스트 컴퓨터명의 순으로 구성된다.
④ 퀵돔(QuickDom)은 2단계 체제와 같이 도메인을 짧은 형태로 줄여 쓰는 것을 말한다.

도메인 네임
- IP주소를 사람이 이해하기 쉬운 문자 형태로 표현한 것
- 퀵돔(QuickDom) : 2단계 kr 영문 도메인으로 빠른 도메인이라는 의미를 강조하기 위해 'Quick'과 'Domain'을 결합한 합성어(3단계 도메인 : nida.or.kr, 2단계 도메인 : nida.kr)
- 호스트 이름, 기관 이름, 기관 종류, 국가 도메인으로 구성
- 국가가 다른 경우에는 중복된 도메인 네임을 사용할 수 없음

정답 ④

09 추상화, 캡슐화, 상속성, 다형성 등의 특징을 지니고 있으며, 크고 복잡한 프로그램 구축이 어려운 절차형 언어의 문제점을 해결하기 위해 개발된 프로그래밍 기법은?

① 구조적 프로그래밍
② 객체지향 프로그래밍
③ 하향식 프로그래밍
④ 비주얼 프로그래밍

- 객체 지향 언어 : 데이터를 오브젝트로 정의하여 설계하는 구조적 프로그램 언어
- 추상화 / 상속성 / 캡슐화 / 다형성 / 오버로딩 / 은닉 등의 특징을 가짐

정답 ②

10 다음 중 상용 소프트웨어가 출시되기 전에 미리 고객들에게 프로그램에 대한 평가를 수행하고자 제작한 소프트웨어로 옳은 것은?

① 알파(Alpha) 버전
② 베타(Beta) 버전
③ 패치(Patch) 버전
④ 데모(Demo) 버전

상용 소프트웨어 (Commercial Software)	정상적인 구매 금액을 지불하고 이용하는 프로그램
공개 소프트웨어 (Freeware)	무료로 사용 허가된 프로그램
셰어웨어 (Shareware)	일정기간 또는 기능상에 제한을 둔 프로그램
데모 버전 (Demo Version)	홍보를 위해 주요 기능만 사용해 볼 수 있는 프로그램

정답 ②

11 다음 중 컴퓨터를 이용한 가상현실(Virtual Reality)에 관한 설명으로 옳은 것은?

① 고도의 컴퓨터 그래픽 기술과 3차원 기법을 통하여 현실의 세계처럼 구현하는 기술이다.
② 고화질 영상을 제작하여 텔레비전에 나타내는 기술이다.
③ 여러 영상을 통합하여 2차원 그래픽으로 표현하는 기술이다.
④ 복잡한 데이터를 단순화시켜 컴퓨터 화면에 나타내는 기술이다.

가상현실(Virtual Reality)
고도의 컴퓨터 그래픽 기술과 3차원 기법을 통하여 현실의 세계처럼 구현하는 기술

정답 ①

12 다음 중 컴퓨터에서 사용하는 ASCII 코드에 관한 설명으로 옳은 것은?

① 패리티 비트를 이용하여 오류 검출과 오류 교정이 가능하다.
② 표준 ASCII 코드는 3개의 존 비트와 4개의 디지트 비트로 구성되며, 주로 대형 컴퓨터의 범용 코드로 사용된다.
③ 표준 ASCII 코드는 7비트를 사용하여 영문 대소문자, 숫자, 문장 부호, 특수 제어 문자 등을 표현한다.
④ 확장 ASCII 코드는 8비트를 사용하며 멀티미디어 데이터 표현에 적합하도록 확장된 코드 표이다.

ASCII 코드 : 3비트의 존(Zone)과 4비트의 디지트(Digit)로 구성되며 7bit 로 128가지의 표현이 가능. ASCII 코드는 개인용 컴퓨터 범용 코드, 데이터 통신에 쓰이고, 대소문자 구별이 가능. 또한 ASCII 코드는 7비트를 사용하고 영문 대소문자, 숫자, 문장 부호, 특수 제어 문자 등을 표현함

정답 ③

13 컴퓨터의 주기억장치인 RAM에 관한 설명으로 옳은 것은?

① 전원이 공급되지 않더라도 기억된 내용이 지워지지 않는다.
② 시스템에서 사용하는 BIOS, POST 등이 저장된다.
③ 현재 사용 중인 응용 프로그램이나 데이터가 저장된다.
④ 주로 하드디스크에서 사용되는 기억장치이다.

RAM(램)
- 램은 전원이 공급되지 않으면 기억된 내용이 지워지는 휘발성 메모리
- 램은 현재 사용 중인 프로그램이나 데이터를 저장하며, 자유롭게 읽고 쓰기가 가능

정답 ③

14 다음 중 컴퓨터의 저장 매체 관리 방법으로 옳지 않은 것은?

① 주기적으로 디스크 정리, 검사, 조각 모음을 수행한다.
② 강한 자성 물체를 외장 하드디스크 주위에 놓지 않는다.
③ 예상치 않은 상황에 대비하여 주기적으로 백업하여 둔다.
④ 오랜 기간 동안 저장된 데이터는 재저장한다.

오랜 기간 동안 저장된 데이터는 새 저장 매체에 복사하여 저장하는 것이 효율적임
정답 ④

15 Windows 7의 사용자 계정을 통해 사용할 수 있는 기능으로 옳지 않은 것은?

① 관리자 계정의 사용자는 다른 계정의 컴퓨터 사용 시간을 제어할 수 있다.
② 관리자 계정의 사용자는 다른 계정의 등급 및 콘텐츠, 제목별로 게임을 제어할 수 있다.
③ 표준 계정의 사용자는 컴퓨터 보안에 영향을 주는 설정을 변경할 수 있다.
④ 표준 계정의 사용자는 컴퓨터에 설치된 대부분의 프로그램을 사용할 수 있고, 자신의 계정에 대한 암호 등을 설정할 수 있다.

• [표준 계정 사용자] : 다른 Windows 사용자에게 영향을 미치지 않는 사용자
• 해당 사용자의 사용자 이름, 암호, 바탕화면 등은 변경 가능
정답 ③

16 다음 중 바로가기 아이콘에 대한 설명으로 옳지 않은 것은?

① 바로가기 아이콘을 삭제해도 해당 프로그램은 지워지지 않는다.
② 바로가기 아이콘은 폴더, 디스크 드라이버, 프린터 등 모든 항목에 대해 만들 수 있다.
③ 바로가기 아이콘은 실제 프로그램이 아니라 응용 프로그램의 경로를 기억하고 있는 아이콘이다.
④ 바로가기 아이콘은 확장자는 '*.exe'이다.

• 프로그램 실행을 빠르게 실행하기 위한 아이콘
• 1KB 미만의 적은 용량으로 링크 파일이라고도 부르며 확장자는 .LNK를 사용
• 바로가기 아이콘에는 왼쪽 아래에 꺾인 화살표로 표시
• 바로가기 아이콘을 삭제해도 원본 프로그램의 영향을 주지 않음
• Ctrl + Shift + 끌기
정답 ④

17 Windows 7에서 작업 표시줄의 바로가기 메뉴에서 설정할 수 있는 항목으로 옳지 않은 것은?

① 계단식 창 배열
② 창 가로 정렬 보기
③ 작업 표시줄 잠금
④ 아이콘 자동 정렬

아이콘 자동 정렬
바탕 화면의 바로가기 메뉴에서 [보기]-[아이콘 자동 정렬]을 사용하여 설정할 수 있음
정답 ④

18 Windows 7의 [Windows 탐색기]에 대한 설명으로 옳지 않은 것은?

① 컴퓨터에 설치된 디스크 드라이브, 파일 및 폴더 등을 관리하는 기능을 가진다.
② 폴더와 파일을 계층 구조로 표시하며, 폴더 앞의 기호는 하위 폴더가 있음을 의미한다.
③ 현재 폴더에서 상위 폴더로 이동하려면 바로가기 키인 Home 키를 누른다.
④ 검색 상자를 사용하여 파일이나 폴더를 찾을 수 있으며, 검색은 입력을 시작함과 동시에 시작된다.

현재 폴더창에서 [Home] 키는 상위폴더로 이동이 아닌, 해당 폴더창안에 맨 처음 파일을 선택해주는 기능
정답 ③

19 Windows 7에서 제어판의 '프로그램 및 기능'에 대한 설명으로 옳지 않은 것은?

① Windows에 포함되어 있는 일부 프로그램 및 기능을 해제할 수 있으며, 기능 해제 시 하드디스크 공간의 크기도 줄어든다.
② 설치된 응용 프로그램의 제거, 변경 또는 복구 등의 작업을 할 수 있다.
③ 컴퓨터에 설치된 업데이트 목록을 확인할 수 있으며 제거도 가능하다.
④ [프로그램 및 기능]을 이용하여 프로그램을 제거하면 Windows가 작동하는 데 영향을 미치지 않도록 프로그램이 정상적으로 삭제된다.

제어판의 [프로그램 및 기능]의 [Window 기능 사용/사용 안 함]에서 '사용 안함'을 선택하면, 해당 프로그램이나 기능을 해제하는 것으로, 기능해제는 설치된 것을 제거하는 것이 아니라 사용을 안 하는 것이므로 하드디스크 공간의 크기가 줄어드는 것은 아님
정답 ①

20 다음 중 플래시 메모리에 대한 설명으로 옳지 않은 것은?

① 소비전력이 작다.
② 휘발성 메모리이다.
③ 정보의 입출력이 자유롭다.
④ 휴대전화, 디지털카메라, 게임기, USB 메모리 등에 널리 이용된다.

플래시 메모리
읽기, 쓰기가 여러 번 가능 / EEPROM의 일종 / 비휘발성 기억장치 / 디지털카메라, MP3 플레이어, 핸드폰 외장메모리 등에 사용
정답 ②

2 과목 — 스프레드시트 일반

21 아래 워크시트에서 총 이익[G12]이 500,000이 되려면 4분기 판매수량 [G3]이 얼마가 되어야 하는지 목표값 찾기를 이용하여 계산하고자 한다. 다음 중 [목표값 찾기] 대화상자에 입력할 내용이 순서대로 바르게 나열된 것은?

	B	C	D	E	F	G
1						
2	구	분	1사분기	2사분기	3사분기	4사분기
3	판매 수량		1,380	1,250	960	900
4	판매 단가		100	100	120	120
5	판매 금액		138,000	125,000	115,200	108,000
6	판매비용	인건비용	3,000	3,100	3,100	3,200
7		광고비용	3,200	4,200	3,000	3,100
8		기타비용	1,900	1,980	2,178	2,396
9	소계		8,100	9,280	8,278	8,696
10	순이 익		129,900	115,720	106,922	99,304
11						
12					총이익	451,846

목표값 찾기

수식 셀(E):
찾는 값(V):
값을 바꿀 셀(C):

확인   취소

① $G$12, 500000, $G$3   ② $G$3, 500000, $G$12
③ $G$3, $G$12, 500000   ④ $G$12, $G$3, 500000

- 목표값 찾기 : 지정된 결과 값을 변경했을 때 입력 값이 변화를 알아보는 기능
- 수식 셀 : 원하는 결과가 나오기를 원하는 수식이나 함수식이 있는 셀을 선택
- 찾는 값 : 수식 셀이 원하는 결과값을 상수로 적어줌
- 값을 바꿀 셀 : 찾는 값을 얻어내기 위해 입력된 데이터를 변경할 단일 셀 선택
- 수식 셀 : '총이익[G12]'이 찾는 값 : '500000'이 되려면
- 값을 바꿀 셀 : '4분기 판매수량[G3]'이 얼마가 되어야 하는지 내용을 순서대로 넣으면 엑셀이 [G3]셀의 값을 구해준다.

정답 ①

22 다음 중 가상 분석 도구인 [데이터 표]에 대한 설명으로 옳지 않은 것은?

① 테스트 할 변수의 수에 따라 변수가 한 개이거나 두 개인 데이터 표를 만들 수 있다.
② 데이터 표를 이용하여 입력된 데이터는 부분적으로 수정 또는 삭제할 수 있다.
③ 워크시트가 다시 계산될 때마다 데이터 표도 변경 여부에 관계없이 다시 계산된다.
④ 데이터 표의 결과값은 반드시 변화하는 변수를 포함한 수식으로 작성해야 한다.

- 데이터 표 : 특정 데이터를 변경시켜 각종 결과 값이 어떻게 변경되는지 계산해 주는 기능
  [데이터] → [데이터 도구] → [가상분석] → [표]
- 결과 값은 반드시 변화하는 변수를 포함한 수식으로 작성해야 함
- 변수의 수에 따라 변수가 한 개이거나 두 개인 데이터 표를 작성 가능
- 데이터 표를 이용하여 입력된 데이터는 부분적으로 수정 또는 삭제할 수 없음

정답 ②

23 다음 중 [데이터 유효성] 대화상자의 [설정] 탭에서 '제한 대상' 목록에 해당하지 않는 것은?

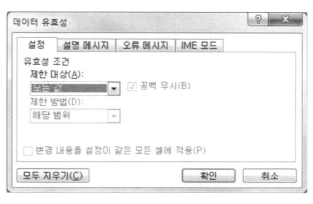

① 정수   ② 소수점
③ 목록   ④ 텍스트

[데이터] 탭-[데이터 도구] 그룹-[데이터 유효성 검사]-[제한 대상]
모든 값 / 정수 / 소수점 / 목록 / 날짜 / 시간 / 텍스트 길이 / 사용자 지정

정답 ④

24 다음 중 아래 그림의 표에서 조건범위로 [A9:B11] 영역을 선택하여 고급필터를 실행한 결과의 레코드 수는 얼마인가?

	A	B	C	D
1	성명	이론	실기	합계
2	김진아	47	45	92
3	이은경	38	47	85
4	장영주	46	48	94
5	김시내	40	42	65
6	홍길동	49	48	97
7	박승수	37	43	80
8				
9	합계	합계		
10	<95	>90		
11		<70		

① 0   ② 3
③ 4   ④ 6

- AND조건 : 같은 행에 필드에 대한 조건 작성
- OR조건 : 다른 행에 필드에 대한 조건 작성
- 조건범위[A9:B11]의 내용은 AND조건 (<95,>90)과 OR조건(<70)이 섞여 있는 형태
- 첫 번째 조건인 [합계가 95미만 이고, 합계가 90초과]을 찾으면 합계가 92인 2행의 김진아 레코드, 합계가 94인 4행의 장영주 레코드가 추출
- 두 번째 조건인 [합계가 70미만]을 찾으면 합계가 65인 5행의 김시내 레코드가 추출
- 첫 번째 조건으로 추출된 2개의 레코드와 두 번째 조건으로 추출된 1개의 레코드를 합하면(OR) 답은 2번 3(개)의 레코드가 추출

정답 ②

25 다음 중 아래 워크시트에서 [A1:B1] 영역을 선택한 후 채우기 핸들을 이용하여 [B3] 셀까지 드래그 했을 때 [A3] 셀, [B3] 셀의 값으로 옳은 것은?

	A	B
1	가-011	01월15일
2		
3		
4		

① 다-011, 01월17일   ② 가-013, 01월17일
③ 가-013, 03월15일   ④ 다-011, 03월15일

- 숫자 데이터를 입력한 경우
  - 숫자 데이터 입력 후에 그냥 채우기 핸들을 하면 똑같은 데이터가 복사
  - 숫자 데이터 입력 후에 Ctrl 키를 누른 채로 채우기 핸들을 하면 하나씩 증가
- 문자 데이터를 입력한 경우 : 문자 데이터를 입력한 뒤에 채우기 핸들을 하면 똑같은 데이터가 복사
- 문자+숫자 혼합하여 입력한 경우
  - 문자+숫자를 혼합하여 입력한 경우 채우기 핸들을 하면 문자는 복사되고 숫자가 하나씩 증가
  - 문자+숫자를 혼합하여 입력한 후에 Ctrl 키를 누른 채로 채우기 핸들을 하면 똑같은 데이터가 복사
  - 숫자가 2개 이상 섞여 있을 경우에는 마지막 숫자만 하나씩 증가
- 날짜/시간 데이터
  - 날짜를 입력한 후에 채우기 핸들을 하면은 1일 단위로 증가
  - 시간을 입력한 후에 채우기 핸들을 하면은 1시간 단위로 증가

정답 ②

---

26 다음 중 데이터 입력에 대한 설명으로 옳지 않은 것은?

① 데이터를 입력하는 도중 입력을 취소하려면 Esc 키를 누른다.
② 셀 안에서 줄을 바꾸어 데이터를 입력하려면 Alt + Enter↵ 키를 누른다.
③ 텍스트, 텍스트/숫자 조합, 날짜, 시간 데이터는 셀에 입력하는 처음 몇 자가 해당 열의 기존 내용과 일치하면 자동으로 입력된다.
④ 여러 셀에 동일한 데이터를 입력하려면 해당 셀을 범위로 지정하여 데이터를 입력한 후 Ctrl + Enter↵ 키를 누른다.

텍스트, 텍스트/숫자 조합은 처음 몇 자가 해당 열의 기존 내용과 일치하면 자동으로 입력이 되지만, 날짜, 시간 데이터는 해당 열의 기존 내용과 일치해도 자동으로 입력되지 않음

정답 ③

---

27 매크로 작성 시 [매크로 기록] 대화상자에서 선택할 수 있는 매크로의 저장 위치로 옳지 않은 것은?

① 새 통합 문서
② 개인용 매크로 통합 문서
③ 현재 통합 문서
④ 작업 통합 문서

- [매크로 기록]-[매크로 저장 위치]
- 현재 통합 문서, 새 통합 문서, 개인용 매크로 통합 문서 세 가지 중에 선택함 매크로를 엑셀이 실행될 때 마다 사용하기 위해서는 개인용 매크로 통합 문서 (Personal.xlsb)로 설정

정답 ④

---

28 참조의 대상 범위로 사용하는 이름 정의 시 이름의 지정 방법에 대한 설명으로 옳지 않은 것은?

① 이름의 첫 글자로 밑줄(_)을 사용할 수 있다.
② 이름에 공백 문자는 포함할 수 없다.
③ 'A1'과 같은 셀 참조 주소 이름은 사용할 수 없다.
④ 여러 시트에서 동일한 이름으로 정의할 수 있다.

- 이름 정의 : 절대 참조로 대상 범위를 참조
- 이름의 첫 글자는 문자, 밑줄(_), 역 슬러시(₩)로 시작해야 함
- 여러 시트에 동일한 이름을 정의할 수 없음
- 이름에 공백을 포함하여 정의할 수 없음

정답 ④

---

29 조건부 서식을 이용하여 [A2:C5] 영역에 EXCEL과 ACCESS 점수의 합계가 170 이하인 행 전체에 셀 배경색을 지정하기 위한 수식으로 옳은 것은?

▲	A	B	C
1	이름	EXCEL	ACCESS
2	김경희	75	73
3	원은형	89	88
4	나도향	65	68
5	최온심	98	96

① =B$2+C$2<=170
② =$B2+$C2<=170
③ =$B$2+$C$2<=170
④ =B2+C2<=170

- 조건부 서식은 셀 주소를 혼합 참조 형태로 주어야 하며 열만 고정시키는 형태로 입력
- ②번 보기처럼 '=$B2+$C2<=170'을 입력하고 서식을 지정함

정답 ②

---

30 다음 중 매크로를 실행하는 방법으로 옳지 않은 것은?

① 매크로 기록 시 Alt 키 조합 바로가기 키를 지정하여 매크로를 실행한다.
② 빠른 실행 도구 모음에 매크로 아이콘을 추가하여 매크로를 실행한다.
③ Alt + F8 키를 눌러 매크로 대화상자를 표시한 후 매크로를 선택하고 [실행] 단추를 클릭하여 실행한다.
④ 그림, 클립아트, 도형 등의 그래픽 개체에 매크로 이름을 연결한 후 그래픽 개체 영역을 클릭하여 실행한다.

매크로 바로가기 키
영문자로만 조합이 가능하며, Ctrl 키를 조합으로 사용, 대문자로 지정하면 Shift 키로 설정

정답 ①

---

31 아래 워크시트의 [A2] 셀에 수식을 작성하는 경우 수식의 결과가 다른 하나는?

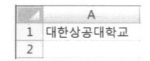

▲	A
1	대한상공대학교
2	

① =MID(A1,SEARCH("대",A1)+2,5)
② =RIGHT(A1,LEN(A1)-2)
③ =RIGHT(A1,FIND("대",A1)+5)
④ =MID(A1,FIND("대",A1)+2,5)

데이터 표
- MID : 해당 문자열의 중간부터 개수만큼 추출
- LEN : 문자열의 글자 수를 출력
- RIGHT : 해당 문자열의 오른쪽부터 개수만큼 추출
- FIND : 대 / 소문자 구별하며, 지정한 텍스트를 찾아 시작 위치를 나타냄
- LEFT : 해당 문자열의 왼쪽부터 개수만큼 추출
- ① MID 함수 안에 SEARCH 함수. SEARCH 함수부터 계산
  =SEARCH("대",A1)=1
  =MID(A1, 1+2, 5)=상공대학교
- ② RIGHT 함수 안에 LEN 함수. LEN 함수부터 계산
  =LEN(A1) = 7
  =RIGHT(A1, 7-2)=상공대학교

- ③ RIGHT 함수 안에 FIND 함수. FIND 함수부터 계산
  =FIND("대",A1) = 1
  =RIGHT(A1, 1+5) = 한상공대학교 ← 정답
- ④ MID 함수 안에 FIND 함수. FIND 함수부터 계산
  =FIND("대",A1) = 1
  =MID(A1, 1+2, 5) = 상공대학교

정답 ③

32 다음 중 시트 보호에 관한 설명으로 옳지 않은 것은?

① 차트 시트의 경우 차트 내용만 변경하지 못하도록 보호할 수 있다.
② '셀 서식' 대화상자의 '보호' 탭에서 '잠금'이 해제된 셀은 보호되지 않는다.
③ 시트 보호 설정 시 암호의 설정은 필수 사항이다.
④ 시트 보호가 설정된 상태에서 데이터를 수정하면 경고 메시지가 나타난다.

- 시트 보호 : 워크시트의 입력된 데이터 요소들을 수정할 수 없도록 보호하는 기능
- [셀 서식] 대화상자-[보호] 탭-잠금 해제된 셀을 보호 제외 대상
- 암호는 선택 사항이므로 암호를 지정하지 않으면 누구든지 시트 보호를 해제하고 보호된 요소를 변경할 수 있음

정답 ③

33 엑셀의 날짜 및 시간 데이터 관련 함수에 대한 설명으로 옳지 않은 것은?

① 시간 데이터는 날짜의 일부로 인식하여 소수로 저장되며, 낮 12시는 0.5로 계산된다.
② 날짜 데이터는 순차적인 일련번호로 저장되기 때문에 날짜 데이터를 이용한 수식을 작성할 수 있다.
③ TODAY 함수는 셀이 활성화 되거나 워크시트가 계산될 때 또는 함수가 포함된 매크로가 실행될 때마다 시스템으로부터 현재 날짜를 업데이트 한다.
④ WEEKDAY 함수는 날짜에 해당하는 요일을 구하는 함수로 Return_type 인수를 생략하는 경우 '일월화수목금토' 중 해당하는 한 자리 요일이 텍스트 값으로 반환된다.

WEEKDAY
사용자가 지정한 날짜의 요일을 번호로 표시해주는 함수
=WEEKDAY(날짜, 옵션(Return_Type))
옵션(Return_Type)
　1 또는 생략 : 일요일(1)부터 토요일(7)까지 반환. 일요일이 1부터 시작
　2 : 월요일(1)부터 일요일(7) 까지 반환. 월요일이 1부터 시작
　3 : 월요일(0)부터 일요일(6) 까지 반환. 월요일이 0부터 시작

정답 ④

34 [페이지 설정] 대화상자의 [머리글/바닥글] 탭에 대한 설명으로 옳지 않은 것은?

① 홀수 페이지의 머리글 및 바닥글을 짝수 페이지와 다르게 지정하려면 '짝수와 홀수 페이지를 다르게 지정'을 선택한다.
② 인쇄되는 첫 번째 페이지에 머리글과 바닥글을 표시하지 않으려면 '첫 페이지를 다르게 지정'을 선택 후 머리글과 바닥글 편집에서 첫 페이지 머리글과 첫 페이지 바닥글에 아무것도 설정하지 않는다.

③ 인쇄될 워크시트를 워크시트의 실제 크기의 백분율에 따라 확대·축소하려면 '문서에 맞게 배율 조정'을 선택한다.
④ 머리글 또는 바닥글을 표시하기에 충분한 머리글 또는 바닥글 여백을 확보하려면 '페이지 여백에 맞추기'를 선택한다.

인쇄될 워크시트를 워크시트의 실제 크기의 백분율에 따라 확대. 축소하려면 [페이지 설정]-[페이지] 탭에서 확대 / 축소 배율을 선택

정답 ③

35 다음 중 [인쇄 미리 보기]에 관한 설명으로 옳지 않은 것은?

① [인쇄 미리 보기] 창에서 셀 너비를 조절할 수 있으나 워크시트에는 변경된 너비가 적용되지 않는다.
② [인쇄 미리 보기]를 실행한 상태에서 [페이지 설정]을 클릭하여 [여백] 탭에서 여백을 조절할 수 있다.
③ [인쇄 미리 보기] 상태에서 '확대/축소'를 누르면 화면에는 적용되지만 실제 인쇄 시에는 적용되지 않는다.
④ [인쇄 미리 보기]를 실행한 상태에서 [여백 표시]를 체크한 후 마우스 끌기를 통하여 여백을 조절할 수 있다.

[인쇄 미리 보기] 창에서 셀 너비를 조정할 수 있으며, 셀 너비를 조절하면 워크시트에도 변경된 너비가 적용됨

정답 ①

36 다음 중 [A7] 셀에 수식 '=SUMIFS(D2:D6,A2:A6, "연필", B2:B6, "서울")'을 입력한 경우 결과값으로 옳은 것은?

▲	A	B	C	D
1	품목	대리점	판매계획	판매실적
2	연필	경기	150	100
3	볼펜	서울	150	200
4	연필	서울	300	300
5	볼펜	경기	300	400
6	연필	서울	300	200
7	=SUMIFS(D			

① 100　　　　　　　　② 500
③ 600　　　　　　　　④ 750

=SUMIFS(합계 범위, 범위1, 조건1, 범위2, 조건2)
　조건이 여러 개일 경우 범위1에서 조건1이 만족하고, 범위2에서 조건2가 만족되면 합계 범위에서 합을 출력.
=SUMIFS(D2:D6,A2:A6, "연필",B2:B6, "서울") → A2:A6에서 "연필", B2:B6에서 "서울"인 두 조건을 만족하는 경우의 판매실적의 합은 300+200이므로 결과는 500이 됨

정답 ②

37 다음 중 차트 편집에 대한 내용으로 옳지 않은 것은?

① 차트의 데이터 범위에서 일부 데이터를 차트에 표시하지 않으려면 행이나 열을 '숨기기'로 지정한다.
② 3차원 차트는 혼합형 차트로 만들 수 없다.
③ F11 키를 눌러 차트 시트를 만들 수 있다.
④ 여러 데이터 계열을 선택하여 한 번에 차트 종류를 변경할 수 있다.

여러 데이터 계열을 선택하여 한 번에 차트 종류를 변경할 수 없음

정답 ④

38 다음 중 차트의 데이터 계열 서식에 대한 설명으로 옳지 않은 것은?

① 계열 겹치기 수치를 양수로 지정하면 데이터 계열 사이가 벌어진다.
② 차트에서 데이터 계열의 간격을 넓게 또는 좁게 지정할 수 있다.
③ 특정 데이터 계열의 값이 다른 데이터 계열의 값과 차이가 많이 나거나 데이터 형식이 혼합되어 있는 경우 보조 세로(값) 축에 하나 이상의 데이터 계열을 나타낼 수 있다.
④ 보조 축에 해당되는 데이터 계열을 구분하기 위하여 보조 축의 데이터 계열만 선택하여 차트 종류를 변경할 수 있다.

계열 겹치기 수치를 양수로 지정하면 데이터 계열 사이가 겹쳐짐

정답 ①

39 아래 차트에 설정되어 있지 않은 차트 구성 요소는?

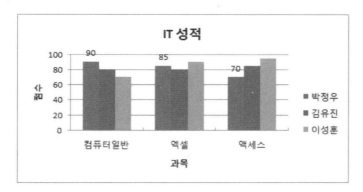

① 차트 제목
② 가로 (항목) 축 보조 눈금선
③ 데이터 레이블
④ 범례

차트 제목, 데이터 레이블, 범례는 있지만, 가로 (항목) 축 보조 눈금선은 적용되지 않음

정답 ②

40 아래 워크시트에서 C열의 수식을 실행했을 때 화면에 표시되는 결과로 옳지 않은 것은?

	A	B	C
1	2017	1	=A1/A2
2	워드	2	=A1*2
3	엑셀	3	=LEFT(A3)
4	파워포인트	4	=VLOOKUP("워",A1:B4,2,FALSE)

① [C1] 셀 : #VALUE!
② [C2] 셀 : 4034
③ [C3] 셀 : #VALUE!
④ [C4] 셀 : #N/A

#VALUE! : 함수의 인수로 잘못된 값을 사용한 경우
=LEFT(문자열, 글자수) : 문자열의 왼쪽에서 지정한 글자수만큼 문자를 추출
③번 : '=LEFT(A3)'은 개수가 생략된 형태이므로 '=LEFT(A3,1)'이 되어 결과는 "엑"이 됨

정답 ③

08회 최신 기출문제 (2018.03.03 기출)

01 다음 중 멀티미디어에 대한 설명으로 옳지 않은 것은?

① 멀티미디어 데이터는 다양한 하드웨어와 소프트웨어 환경에서 생성, 처리, 전송, 이용되므로 상호 호환되기 위한 표준이 필요하다.
② 멀티미디어는 텍스트, 이미지, 사운드, 애니메이션, 동영상 등의 데이터를 아날로그화 시킨 복합 구성 매체이다.
③ 사용자는 정보 제공자와의 상호작용을 통해 어떤 정보를 언제 어떠한 형태로 얻을 것인지 결정하여 데이터를 전달받을 수도 있다.
④ 가상현실, 전자출판, 화상회의, 방송, 교육, 의료 등 사회 전 분야에서 활용되고 있다.

멀티미디어는 텍스트, 이미지, 사운드, 애니메이션, 동영상 등의 데이터를 디지털화시킨 복합 구성 매체임
정답 ②

02 다음 중 비트맵 이미지를 확대하였을 때 이미지의 경계선이 매끄럽지 않고 계단 형태로 나타나는 현상을 의미하는 용어는?

① 디더링(dithering)
② 앨리어싱(aliasing)
③ 모델링(modeling)
④ 렌더링(rendering)

• 디더링(dithering) : 제한된 몇 가지 색상을 혼합하여 비슷한 다른 색상을 내는 효과
• 앨리어싱(aliasing) : 그래픽 확대 시 계단 현상이 나타나는 픽셀 현상
• 모델링(modeling) : 물체의 모형을 입체감 있게 3차원으로 표현
• 렌더링(rendering) : 일반 그래픽에 음영을 주어 3차원의 입체감을 표현
정답 ②

03 다음 중 정보사회의 문제점으로 적절하지 않은 것은?

① 정보기술을 이용한 컴퓨터 범죄가 증가할 수 있다.
② VDT증후군과 같은 컴퓨터 관련 직업병이 발생할 수 있다.
③ 정보의 편중으로 계층 간의 정보수준 차이가 감소할 수 있다.
④ 정보처리기술로 인간관계의 유대감이 약화될 가능성도 있다.

정보사회 역기능
컴퓨터 범죄 증가 / 음란물, 폭력물의 무분별한 유통 / 개인정보 유출과 사생활 침해 / 정보이용 및 수준격차 불평등
정답 ③

04 다음 중 모든 사물을 네트워크로 연결하여 인간과 사물, 사물과 사물 간에 언제 어디서나 서로 소통할 수 있게 하는 새로운 정보통신 환경을 의미하는 것은?

① 클라우드 컴퓨팅(Cloud Computing)
② RSS(Rich Site Summary)
③ IoT(Internet of Things)
④ 빅 데이터(Big Data)

• 클라우드 컴퓨팅(Cloud Computing) : 인터넷상의 서버를 통하여 IT 관련 서비스를 사용 및 공유할 수 있는 컴퓨팅 환경
• RSS(Rich Site Summary) : 웹 사이트 정보를 쉽게 접근할 수 있도록 만들어진 XML 기반의 콘텐츠 포맷
• IoT(Internet of Tings) : 인간과 사물, 사물과 사물 간에 인터넷을 통하여 데이터를 주고받는 기술이나 환경
• 빅 데이터(Big Data) : 방대한 데이터 발생을 통해 정보를 추출, 지식을 통한 의사결정 및 예측을 위한 정보기술
정답 ③

05 다음 중 언어 번역 프로그램인 컴파일러와 인터프리터의 차이점에 대한 설명으로 옳지 않은 것은?

① 컴파일러는 프로그램 전체를 번역하고, 인터프리터는 한 줄씩 번역한다.
② 컴파일러는 목적 프로그램을 생성하고, 인터프리터는 생성하지 않는다.
③ 컴파일러는 번역 속도가 빠르고, 인터프리터는 번역 속도가 느리다.
④ 컴파일러는 실행 속도가 빠르고, 인터프리터는 실행 속도가 느리다.

• 컴파일러 : 프로그램을 한꺼번에 번역 / 목적 프로그램 생성 / 번역 속도 느림
• 인터프리터 : 프로그램 한 줄씩 번역 / 목적 프로그램 미생성 / 번역 속도 빠름
정답 ③

06 다음 중 인터넷에서 사용하는 FTP 프로토콜에 관한 설명으로 옳지 않은 것은?

① FTP 서비스를 사용하기 위해서는 일반적으로 해당 사이트의 계정을 가지고 있어야 한다.
② 파일의 업로드, 다운로드, 삭제, 이름 변경 등의 작업을 할 수 있다.
③ FTP 서버에 있는 응용 프로그램들을 실행할 수 있다.
④ 데이터 전송을 위하여 Binary 모드와 ASCII 모드를 제공한다.

FTP(File Transfer Protocol)
파일 전송 프로토콜. 파일을 전송하거나 받을 때 사용하는 서비스
정답 ③

07 다음 중 인터넷을 이용할 때 자주 방문하게 되는 웹 사이트로 전자우편, 뉴스, 쇼핑, 게시판 등 다양한 서비스를 통합하여 제공하는 사이트를 의미하는 것은?

① 미러 사이트
② 포털 사이트
③ 커뮤니티 사이트
④ 멀티미디어 사이트

• 미러 사이트 : 다른 사이트의 정보를 복제하여 관리하는 웹사이트
• 포털 사이트 : 정보 검색 서비스나 커뮤니티 등 사용자들에게 다양한 서비스를 통합하여 제공하는 사이트
정답 ②

08 다음 중 인터넷에 대한 설명으로 적절하지 않은 것은?

① URL은 인터넷 상에 있는 각종 자원의 위치를 나타내는 표준 주소 체계이다.
② 인터넷은 TCP/IP 프로토콜을 통해 연결된 상업용 네트워크로 중앙 통제기구인 InterNIC에 의해 운영된다.
③ IP주소는 인터넷에 연결된 모든 컴퓨터 자원을 구분하기 위한 고유의 주소이다.
④ www는 웹 브라우저를 통해 인터넷을 효과적으로 사용할 수 있게 하는 서비스이다.

• 인터넷은 중앙통제기구가 없으며, 사용권의 제한이 없음
• TCP / IP는 컴퓨터를 연결하고 데이터 전송에 필요한 통신 프로토콜의 집합을 의미함
• WWW(World Wide Web) : 하이퍼텍스트를 기본으로 글자, 사진, 영상, 그래픽, 소리 형태의 정보 검색을 할 수 있는 서비스
• URL(Uniform Resource Locator) : 인터넷상의 위치 정보를 표시하는 표준 주소 체계
• InterNIC : 국제인터넷정보센터로 com, net, org 등 최상위 도메인을 유지 관리하던 조직이었으나, 1988년 10월 비영리 기구인 ICANN이 새롭게 최상위 도메인 관리자로 지정됨

정답 ②

09 다음 중 컴퓨터 범죄의 유형에 해당하지 않는 것은?

① 전산망을 이용한 개인 정보의 유출과 공개
② 컴퓨터 바이러스 백신의 제작과 유포
③ 해킹에 의한 정보의 위/변조 및 유출
④ 저작권이 있는 웹 콘텐츠의 복사와 사용

컴퓨터 바이러스 백신은 네트워크의 정보를 보호 및 바이러스를 예방하기 위해서 백신을 설치해서 컴퓨터 범죄로부터 예방을 하기 위한 대책임

정답 ②

10 다음 중 컴퓨터의 연산속도 단위로 가장 빠른 것은?

① 1ms
② 1μs
③ 1ns
④ 1ps

컴퓨터의 연산속도

ms	us	ns	ps	fs	as
mili	micro	nano	pico	femto	atto
10^{-3}초	10^{-6}초	10^{-9}초	10^{-12}초	10^{-15}초	10^{-18}초
← 느림				빠름 →	

정답 ④

11 다음 중 시스템 소프트웨어에 대한 설명으로 옳지 않은 것은?

① 컴퓨터와 사용자 사이에서 중계자 역할을 하는 소프트웨어이다.
② 운영체제의 도움을 받아 컴퓨터를 사용할 수 있게 하는 소프트웨어이다.
③ 컴퓨터 시스템을 효율적으로 운영해 주는 소프트웨어이다.
④ 시스템 소프트웨어는 제어 프로그램과 처리 프로그램으로 구분된다.

• 소프트웨어 분류 : 시스템 소프트웨어 / 응용 소프트웨어
• 시스템 소프트웨어 : 운영체제(OS)라고 불리며 하드웨어와 사용자 간 인터페이스 역할
  예 Windows, Linux 등
• 응용 소프트웨어 : 시스템 소프트웨어 기반에 사용자의 편의를 위해 개발된 소프트웨어
  예 Excel, PowerPoint, Photoshop 등
• 운영체제의 도움을 받아 컴퓨터를 사용하여 각종 업무를 처리할 수 있게 하는 소프트웨어는 응용 소프트웨어임

정답 ②

12 다음 중 컴퓨터의 문자 표현 코드인 ASCII 코드의 특징으로 옳은 것은?

① BCD 코드를 확장한 코드로 대형 컴퓨터에서 사용한다.
② 확장 ASCII 코드는 8비트를 사용하여 256가지의 문자를 표현한다.
③ 2진화 10진 코드라고도 하며, 하나의 문자를 4개의 Zone 비트와 4개의 Digit 비트로 표현한다.
④ 에러 검출 및 교정이 가능한 코드로 2비트의 에러 검출 코드가 포함되어 있다.

BCD 코드	6bit로 구성(64가지 문자 표현)
EBCDIC 코드	BCD 코드의 확장형 8bit로 구성(256가지 문자 표현) 4개의 Zone Bit와 4개의 Digit Bit로 구성
ASCII 코드	7bit로 구성(128가지 문자 표현) 3개의 Zone Bit와 4개의 Digit Bit로 구성 D 주로 통신 용도에 이용 1bit의 패리티 비트를 추가

정답 ②

13 다음 중 레지스터에 관한 설명으로 옳지 않은 것은?

① 명령 레지스터는 현재 수행 중인 명령어를 가지고 있다.
② 메모리 중에서 가장 빠른 속도로 접근이 가능하다.
③ 프로그램 카운터는 다음번에 실행할 명령어의 주소를 가지고 있다.
④ 운영체제의 시스템 정보를 기억하고 관리한다.

• 레지스트리(Registry) : 운영체제의 시스템 정보를 기억하고 관리하는 것으로 Windows에서 사용하는 환경 설정 및 각종 시스템과 관련된 정보가 저장되어 있는 계층 구조식 데이터베이스
• 레지스터(Register) : 중앙처리장치의 명령 또는 연산 결과값을 일시적으로 저장하는 기억장치
• 메모리 중에 가장 빠른 속도를 가짐
• 레지스터 > 캐시 메모리 > 주기억장치 > 보조기억장치

정답 ④

14 다음 중 컴퓨터를 업그레이드 하는 경우 수치가 클수록 좋은 것에 해당하지 않는 것은?

① 하드디스크의 용량
② RAM의 접근 속도
③ CPU의 클럭 속도
④ DVD의 배속

RAM의 접근 속도 단위는 ns(나노 초)로 접근 속도 단위가 작은 것이 성능이 좋음

정답 ②

15 다음 중 Windows의 네트워크 및 공유 센터에서 고급 공유 설정 옵션에 해당하지 않는 것은?

① 네트워크 검색
② 파일 및 프린터 공유
③ 공용 폴더 공유
④ 이더넷 공유

• [시작]-[제어판]-[네트워크 및 공유 센터]-[고급 공유 설정변경]
• 네트워크 검색 / 파일 및 프린터 공유 / 공용 폴더 공유 / 미디어 스트리밍 / 파일 공유 연결 / 암호로 보호된 공유

정답 ④

16 다음 중 중앙처리장치의 구성요소에 해당하지 않는 것은?

① ALU(Arithmetic Logic Unit)
② CU(Control Unit)
③ 레지스터(Register)
④ SSD(Solid State Drive)

• 중앙처리장치(CPU) : 연산장치(ALU) / 제어장치(CU) / 레지스터
• SSD(Solid State Drive) : 하드디스크와 달리 반도체 메모리로 구성된 보조기억장치로 기존 하드디스크보다 읽고, 쓰기 속도가 빠름

정답 ④

17 Windows의 [제어판]-[프로그램 및 기능]에서 설정할 수 없는 것은?

① 설치된 업데이트를 제거할 수 있다.
② Windows 기능을 설정(켜기)하거나 해제(끄기)할 수 있다.
③ Windows 업데이트가 자동 수행되도록 설정할 수 있다.
④ Windows에 설치된 응용 프로그램을 변경하거나 제거할 수 있다.

Windows의 자동 업데이트 설정은 [Windows 업데이트]에서 관리함

정답 ③

18 Windows에서 디스크에 저장된 파일의 위치를 재정렬하는 단편화 제거 과정을 통해 디스크에서의 파일 읽기/쓰기 성능을 향상시키는 기능은?

① 리소스 모니터
② 디스크 정리
③ 디스크 포맷
④ 디스크(드라이브) 조각모음

• 디스크 정리 : 컴퓨터 내 불필요한 파일(휴지통, 임시파일, 인터넷 파일, 설치 로그파일 등)을 삭제하여 공간을 확보
• 디스크 조각모음 : 디스크 내에 흩어져 있는 단편화된 파일을 한 곳으로 모아서 디스크 읽기, 쓰기 속도를 향상 시켜주는 기능
• 디스크 포맷 : 디스크의 상태를 초기화 하는 기능

정답 ④

19 Windows 폴더의 [속성] 창에 대한 설명으로 옳지 않은 것은?

① 해당 폴더의 크기를 알 수 있다.
② 해당 폴더의 바로가기 아이콘을 만들 수 있다.
③ 해당 폴더의 읽기 전용 특성을 설정할 수 있다.
④ 해당 폴더의 만든 날짜를 알 수 있다.

[속성] 창의 [일반] 탭에서 종류, 위치, 크기, 디스크 할당 크기, 내용(파일 수, 폴더 수), 만든 날짜, 특성(읽기 전용, 숨김) 등에 대해 알 수 있음

정답 ②

20 다음 중 Windows 바탕화면에서 아래 그림과 같이 열려 있는 모든 창들을 미리 보기로 보면서 활성 창을 전환할 수 있는 바로가기 키는?

① Alt + ⭾   ② Windows 로고 키 + ⭾
③ Ctrl + Esc   ④ Alt + Esc

• Alt + ⭾ : 모든 창들을 미리보기로 보면서 활성창을 전환
• Windows 로고 키 + ⭾ : 열린 프로그램을 3차원 형태로 표시(에어로 피크)
• Ctrl + Esc : [시작] 메뉴를 표시
• Alt + Esc : 작업표시줄에서 실행하고 있는 창을 전환(창 전환 키)

정답 ①

---

2 과목 스프레드시트 일반

21 부분합을 실행했다가 부분합을 실행하지 않은 상태로 다시 되돌리려고 할 때의 방법으로 옳은 것은?

① [부분합] 대화상자에서 [그룹화 할 항목]을 '없음'으로 선택하고 [확인]을 누른다.
② [데이터] 탭의 [윤곽선] 그룹에서 [그룹 해제]를 선택하여 부분합에서 설정된 그룹을 모두 해제한다.
③ [부분합] 대화상자에서 '새로운 값으로 대치'를 선택하고 [확인]을 누른다.
④ [부분합] 대화상자에서 [모두 제거]를 누른다.

[부분합] 대화상자의 [모두 제거] 버튼으로 부분합 이전 상태로 되돌릴 수 있음
• [그룹화 할 항목] : 부분합을 계산할 기준 필드, 미리 오름차순 또는 내림차순으로 정렬되어 있어야 함
• [그룹 해제] : [데이터] 탭-[윤곽선] 그룹의 [그룹]에서 셀 범위를 축소하거나 확장할 수 있게 함께 묶어서 그룹화한 것을 해제하는 것으로 부분합에서 설정된 그룹이 해제되지 않음
• [새로운 값으로 대치] : 이미 부분합이 작성된 목록에서 이전 부분합을 지우고 현재 설정대로 새로운 부분합을 작성하여 삽입함

정답 ④

22 다음 중 피벗 테이블에 대한 설명으로 옳지 않은 것은?

① 값 영역의 특정 항목을 마우스로 더블 클릭하면 해당 데이터에 대한 세부적인 데이터가 새로운 시트에 표시된다.
② 데이터 그룹 수준을 확장하거나 축소해서 요약 정보만 표시할 수도 있고, 요약된 내용의 세부 데이터를 표시할 수도 있다.
③ 행을 열로 또는 열을 행으로 이동하여 원본 데이터를 다양한 방식으로 요약하여 표시할 수 있다.
④ 피벗 테이블과 피벗 차트를 함께 만든 후에 피벗 테이블을 삭제하면 피벗 차트도 자동으로 삭제된다.

피벗 차트의 경우 피벗 테이블을 삭제하면 일반 차트로 전환

정답 ④

23 엑셀에서 기본 오름차순 정렬 순서에 대한 설명으로 옳지 않은 것은?

① 날짜는 가장 이전 날짜에서 가장 최근 날짜의 순서로 정렬된다.
② 논리값의 경우 TRUE 다음 FALSE의 순서로 정렬된다.
③ 숫자는 가장 작은 음수에서 가장 큰 양수의 순서로 정렬된다.
④ 빈 셀은 오름차순과 내림차순 정렬에서 항상 마지막에 정렬된다.

• 오름차순 기준 : 숫자 → 특수문자 → 한글 → 영어소문자 → 영어대문자 → 논리 값 → 오류 값 → 공백
• 내림차순 기준 : 오류 값 → 논리 값 → 영어대문자 → 영어소문자 → 한글 → 특수문자 → 숫자 → 공백
• 오름차순일 때 논리값은 FALSE 다음 TRUE 순으로 정렬

정답 ②

24 아래 견적서에서 총 합계 [F2] 셀을 1,170,000원으로 맞추기 위해서 [D6] 셀의 할인율을 어느 정도로 조정해야 하는지 그 목표값을 찾고자 한다. 다음 중 [목표값 찾기] 대화상자의 각 항목에 들어갈 내용으로 옳은 것은?

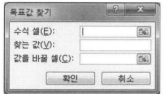

① 수식 셀 : $F$2, 찾는 값 : 1170000, 값을 바꿀 셀 : $D$6
② 수식 셀 : $D$6, 찾는 값 : $F$2, 값을 바꿀 셀 : 1170000
③ 수식 셀 : $D$6, 찾는 값 : 1170000, 값을 바꿀 셀 : $F$2
④ 수식 셀 : $F$2, 찾는 값 : $D$6, 값을 바꿀 셀 : 1170000

• 목표값 찾기 : 지정된 결과 값을 변경했을 때 입력 값이 변화를 알아보는 기능
• 수식셀 : 원하는 결과가 나오기를 원하는 수식이나 함수식이 있는 셀을 선택
• 찾는 값 : 수식 셀이 원하는 결과값을 상수로 적어 줌
• 값을 바꿀 셀 : 찾는 값을 얻어내기 위해 입력된 데이터를 변경할 단일 셀 선택

정답 ①

25 아래 워크시트에서 [A1:A2] 영역을 선택한 후 Ctrl 키를 누른 채 채우기 핸들을 아래쪽으로 드래그 하는 경우 [A5] 셀에 입력되는 값은?

① 2   ② 8
③ 10   ④ 16

• [A1:A2] 영역을 선택한 다음에 Ctrl 키를 누른 채로 드래그를 하면 10 하고 80이 복사되어 표시됨
• [A1:A2] 영역을 선택한 다음에 Ctrl 키를 누르지 않고 그냥 드래그를 해서 채울 경우에는 숫자가 2씩 감소된 숫자가 채워지게 됨

정답 ③

26 셀 서식의 표시 형식에 대한 설명으로 옳지 않은 것은?

① 일반 형식으로 지정된 셀에 열 너비 보다 긴 소수가 '0.123456789'와 같이 입력될 경우 셀의 너비에 맞춰 반올림한 값으로 표시된다.
② 통화 형식은 숫자와 함께 기본 통화 기호가 셀의 왼쪽 끝에 표시되며, 통화 기호의 표시 여부를 선택할 수 있다.
③ 회계 형식은 음수의 표시 형식을 별도로 지정할 수 없고, 입력된 값이 0일 경우 하이픈(−)으로 표시된다.
④ 숫자 형식은 음수의 표시 형식을 빨간색으로 지정할 수 있다.

---

②번 : 통화 기호가 셀의 왼쪽 끝에 표시되는 형식은 회계 형식에 대한 설명임

정답 ②

27 [찾기 및 바꾸기] 대화상자의 각 항목에 대한 설명으로 옳지 않은 것은?

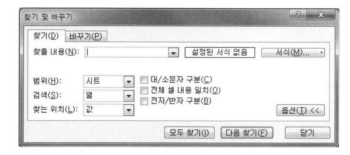

① 찾을 내용 : 검색할 내용을 입력하는 곳으로 와일드카드 문자를 검색 문자열에 사용할 수 있다.
② 서식 : 숫자 셀을 제외한 특정 서식이 있는 텍스트 셀을 찾을 수 있다.
③ 범위 : 현재 워크시트에서만 검색하는 '시트'와 현재 통합 문서의 모든 시트를 검색하는 '통합 문서' 중 선택할 수 있다.
④ 모두 찾기 : 검색 조건에 맞는 모든 항목이 나열된다.

특정 서식이 있는 텍스트 셀도 찾을 수 있음

정답 ②

28 다음 중 아래 시트에서 [C2:G3] 영역을 참조하여 [C5] 셀의 점수 값에 해당하는 학점을 [C6] 셀에 구하기 위한 함수식으로 옳은 것은?

	A	B	C	D	E	F	G
1							
2		점수	0	60	70	80	90
3		학점	F	D	C	B	A
4							
5		점수	76				
6		학점					
7							

① =VLOOKUP(C5,C2:G3,2,TRUE)
② =VLOOKUP(C5,C2:G3,2,FALSE)

③ =HLOOKUP(C5,C2:G3,2,TRUE)

④ =HLOOKUP(C5,C2:G3,2,FALSE)

- HLOOKUP : 범위의 첫 행에서 특정 값을 찾아 지정한 행에 해당하는 열의 셀 값을 반환함
- 형식 : =HLOOKUP(찾을 값, 범위, 행 번호, 찾을 방법)
  찾을 값 : C5(점수)
  범위 : C2:G3
- 행 번호 : 2(참조표 기준으로 점수는 1행, 학점은 2행이므로 학점이 2행에 있으니까 행 번호를 2로 입력)
- 찾을 방법 : TRUE(찾는 값이 숫자이므로 숫자인 경우는 근사값이나 가까운 값을 찾아야 하므로 TRUE 또는 생략해도 됨)

정답 ③

29 조건부 서식 설정을 위한 [새 서식 규칙] 대화상자의 '규칙 유형 선택' 항목에 해당하지 않는 것은?

① 임의의 날짜를 기준으로 셀의 서식 지정
② 셀 값을 기준으로 모든 셀의 서식 지정
③ 다음을 포함하는 셀만 서식 지정
④ 고유 또는 중복 값만 서식 지정

[새 서식 규칙] 대화상자
- 셀 값을 기준으로 모든 셀의 서식 지정
- 다음을 포함하는 셀만 서식 지정
- 상위 또는 하위 값만 서식 지정
- 평균보다 크거나 작은 값만 서식 지정
- 고유 또는 중복 값만 서식 지정
- 수식을 사용하여 서식을 지정할 셀 결정
- [새 서식 규칙] 대화상자의 '규칙 유형 선택' 항목에는 '임의의 날짜를 기준으로 셀의 서식 지정'은 항목에 없음

정답 ①

30 [매크로 기록] 대화상자의 각 항목에 입력하는 내용으로 옳지 않은 것은?

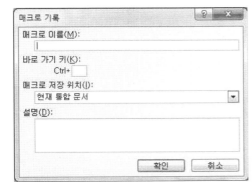

① 매크로 이름 : 공백을 사용할 수 없으므로 단어 구분 기호로 밑줄을 사용한다.
② 바로 가기 키 : 영문자만 사용할 수 있으며, 대문자 입력 시에는 Ctrl + Shift 키가 조합키로 사용된다.
③ 매크로 저장 위치 : '현재 통합 문서'를 선택하면 모든 Excel 문서에서 해당 매크로를 사용할 수 있다.
④ 설명 : 매크로에 대한 설명을 기록할 때 사용하며, 매크로 실행에 영향을 미치지 않는다.

- 매크로 이름은 자동 생성, 공백 사용 불가
- 바로가기 키는 Ctrl 키와 영소문자 조합으로 사용, 대문자로 지정하면 Shift 키로 설정
- 매크로 저장 위치 : 현재 통합 문서 / 새 통합 문서 / 개인용 매크로 통합 문서
- 엑셀을 실행할 때마다 작성한 매크로를 모든 통합 문서에서 사용하려면 '개인용 매크로 통합 문서'로 지정함

정답 ③

31 다음 중 [매크로] 대화상자에 대한 설명으로 옳지 않은 것은?

① 매크로 이름을 선택한 후 [실행] 단추를 클릭하면 매크로가 실행된다.
② [한 단계씩 코드 실행] 단추를 클릭하면 Visual Basic Editor에서 매크로 실행과정을 단계별로 확인할 수 있다.
③ [만들기] 단추를 클릭하면 빠른 실행 도구 모음에 매크로 실행 명령을 추가할 수 있다.
④ [옵션] 단추를 클릭하면 매크로 바로가기 키를 수정할 수 있다.

만들기 단추는 새로운 매크로를 작성하기 위해서 Visual Basic을 실행

정답 ③

32 다음 중 아래 워크시트에서 [E2] 셀의 함수식이 '=CHOOSE(RANK(D2, $D$2:$D$5), "천하", "대한", "영광", "기쁨")'일 때 결과로 옳은 것은?

	A	B	C	D	E
1	성명	이론	실기	합계	수상
2	김나래	47	45	92	
3	이석주	38	47	85	
4	박명호	46	48	94	
5	장영민	49	48	97	

① 천하   ② 대한
③ 영광   ④ 기쁨

- CHOOSE 함수 : 검색 값이 지정된 번째의 결과값을 찾음
- RANK 함수 : 순위를 구하는 함수
- rank(D2,$D$2:$D$5) → 결과 : 3
  - [D2] 셀, 김나래의 합계 92점의 석차를 구함
  - D2:D5 셀은 행, 열 범위가 바뀌지 않도록 절대참조로 고정
- =CHOOSE(RANK(D2,$D$2:$D$5), "천하", "대한", "영광", "기쁨") → 석차가 '3'이므로 3번째 값인 '영광'을 선택하여 결과로 산출

정답 ③

33 [차트 도구]-[레이아웃] 탭의 [레이블] 그룹에서 삽입할 수 없는 항목은?

① 범례   ② 축 제목
③ 차트 제목   ④ 텍스트 상자

[차트 도구]-[레이아웃]-[레이블] 그룹
축 제목 / 차트 제목 / 범례 / 데이터 레이블 / 데이터 표

정답 ④

34 수식에 잘못된 인수나 피연산자를 사용한 경우 표시되는 오류 메시지는?

① #DIV/0!   ② #NUM!
③ #NAME?   ④ #VALUE!

#N / A	함수나 수식에 값을 사용할 수 없음
#NAME	수식에 잘못된 문자열을 사용
#DIV / 0!	수식에 나누기 "0"인 경우
#VALUE!	함수의 인수로 잘못된 값을 사용한 경우
#REF!	셀 참조가 유효하지 않은 경우
#NULL!	워크시트에서 교차되지 않는 두 영역의 논리곱을 지정한 경우 논리곱 연산자는 두 참조 사이에 공백 문자로 표시
#NUM!	숫자가 입력될 속에 잘못된 값을 지정한 경우
#####	셀 너비보다 결과 숫자가 긴 경우

정답 ④

35 아래의 워크시트에서 수식 '=DAVERAGE(A4:E10, "수확량", A1:C2)'의 결과값으로 옳은 것은?

	A	B	C	D	E
1	나무	높이	높이		
2	배	>10	<20		
3					
4	나무	높이	나이	수확량	수익
5	배	18	17	14	105
6	배	12	20	10	96
7	체리	13	14	9	105
8	사과	14	15	10	75
9	배	9	8	8	76.8
10	사과	8	9	6	45

① 15   ② 12
③ 14   ④ 18

=DAVERAGE(데이터베이스, 필드, 조건 범위)
• 데이터베이스 : A4:E10
• 필드 : "수확량"으로 직접 입력.
• 조건범위 : A1:C2 → 나무는 '배'나무이면서 높이가 10보다 크고 20보다 작아야 하는 AND 조건이므로 수확량 14와 10의 평균인 12가 결과로 산출

정답 ②

36 다음 중 엑셀의 화면 제어에 관한 설명으로 옳지 않은 것은?

① 화면의 확대/축소는 화면에서 워크시트를 더 크게 또는 작게 표시하는 것으로 실제 인쇄할 때에도 설정된 화면의 크기로 인쇄된다.
② 리본 메뉴는 화면 해상도와 엑셀 창의 크기에 따라 다른 형태로 표시될 수 있다.
③ 워크시트에서 특정 영역을 마우스로 드래그 하여 블록을 설정한 후 '선택 영역 확대/축소'를 클릭하면 워크시트가 확대/축소되어 블록으로 지정한 영역이 전체 창에 맞게 보인다.
④ 리본 메뉴가 차지하는 공간 때문에 작업이 불편한 경우 리본 메뉴의 활성 탭 이름을 더블 클릭하여 리본 메뉴를 최소화 할 수 있다.

화면의 확대/축소 기능은 인쇄 크기에는 영향을 미치지 않음
정답 ①

37 다음 중 아래 차트에 대한 설명으로 옳지 않은 것은?

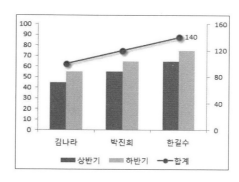

① '합계' 계열이 보조 축으로 설정된 이중 축 차트이다.
② 범례 위치는 '아래쪽'으로 설정되어 있다.
③ '하반기' 계열의 '한길수' 요소에 데이터 레이블이 표시되어 있다.
④ 보조 세로 (값) 축의 주 단위는 '40'으로 설정되어 있다.

'하반기' 계열이 아니라 '합계' 계열의 '한길수' 요소에 데이터 레이블이 표시되어 있음
정답 ③

38 [페이지 설정] 대화상자의 [시트] 탭에 관한 설명으로 옳지 않은 것은?

① '메모'는 시트에 포함된 메모의 인쇄 여부와 인쇄 위치를 지정한다.
② '눈금선'은 시트에 회색으로 표시된 셀 눈금선의 인쇄 여부를 지정한다.
③ '인쇄 영역'은 특정 부분만 인쇄하기 위해 범위를 지정하며, 인쇄 영역 내에 포함된 숨겨진 행과 열도 인쇄된다.
④ 간단하게 인쇄'는 워크시트에 입력된 차트, 도형, 그림 등 모든 그래픽 요소를 제외하고 텍스트만 인쇄한다.

숨겨진 행과 열은 인쇄 영역을 지정하여도 인쇄 대상에서 제외된다.
정답 ③

39 [페이지 레이아웃] 보기 상태에서의 머리글/바닥글 작업에 대한 설명으로 옳지 않은 것은?

① 머리글/바닥글 여백을 충분히 확보하려면 [머리글/바닥글 도구-[디자인] 탭의 [옵션] 그룹에서 '문서에 맞게 배율 조정'을 선택한다.
② [머리글/바닥글 도구-[디자인] 탭의 [머리글/바닥글] 그룹에서 미리 정의된 머리글이나 바닥글을 선택할 수 있다.
③ 워크시트 페이지 위쪽의 머리글 영역을 클릭하면 리본 메뉴에 [머리글/바닥글 도구가 표시된다.
④ 머리글 또는 바닥글의 입력을 마치려면 워크시트에서 아무 곳이나 클릭한다.

머리글 / 바닥글의 충분한 여백 확보는 [페이지 여백에 맞추기]를 선택
정답 ①

40 **차트에 대한 설명으로 옳지 않은 것은?**

① 표면형 차트는 두 개의 데이터 집합에서 최적의 조합을 찾을 때 사용한다.

② 방사형 차트는 분산형 차트의 한 종류로 데이터 계열 간의 항목 비교에 사용된다.

③ 분산형 차트는 데이터의 불규칙한 간격이나 묶음을 보여주는 것으로 주로 과학이나 공학용 데이터 분석에 사용된다.

④ 이중 축 차트는 특정 데이터 계열의 값이 다른 데이터 계열의 값과 현저하게 차이가 나거나 데이터의 단위가 다른 경우 주로 사용한다.

• 표면형 : 두 개의 데이터 집합에서 최적의 조합을 찾을 때 사용
• 방사형 : 각 항목을 가운데 점에서 축을 뻗고 각각의 값을 연결하여 표시
• 분산형 : 여러 데이터 간의 상관관계를 표시. 각 항목의 값을 점으로 표시
• 이중 축 차트 : 계열의 데이터 값의 단위가 다르거나 값의 차이가 있는 성질이 다른 데이터를 표현할 때 보조 축을 사용하여 표시

정답 ②

09회 최신 기출문제(2018.09.01 기출)

1 과목   컴퓨터 일반

01 그래픽 데이터의 표현에서 벡터(Vector) 방식에 관한 설명으로 옳은 것은?

① 점과 점을 연결하는 직선 또는 곡선을 이용하여 이미지를 표현한다.
② 이미지를 확대하면 테두리에 계단 현상과 같은 앨리어싱이 발생한다.
③ 래스터 방식이라고도 하며 화면 표시 속도가 빠르다.
④ 많은 픽셀로 정교하고 다양한 색상을 표시할 수 있다.

- 비트맵 이미지 : 이미지가 픽셀(pixel)로 이루어져 있어서 확대나 축소 시에 계단현상을 보임
- 벡터 이미지 : 이미지가 선으로 연결되어 있어 확대나 축소 시 매끄럽게 표시됨
- ②, ③, ④번은 비트맵 방식

정답 ①

02 멀티미디어와 관련된 용어에 대한 설명으로 옳지 않은 것은?

① VR이란 컴퓨터가 만들어낸 가상 세계의 다양한 경험을 체험할 수 있도록 하는 컴퓨터 그래픽 기술과 시뮬레이션 기능 등 관련 기술을 통틀어 말한다.
② LBS란 멀티미디어 기능 강화 실시간 TV와 생활정보, 교육 등의 방송 서비스를 말한다.
③ VCS란 화상회의 시스템으로 초고속 정보통신망을 이용하여 멀리 떨어져 있는 사람들과 비디오와 오디오를 통해 회의할 수 있도록 하는 멀티미디어 시스템이다.
④ VOD란 주문형 비디오로 보고 싶은 영화나 스포츠 뉴스, 홈 쇼핑 등 가입자가 원하는 시간에 원하는 프로그램을 선택하여 시청할 수 있도록 하는 멀티미디어 서비스이다.

LBS(Location-based service)
무선 인터넷을 사용하여 특정 위치에 따른 특정 정보를 제공하는 서비스

정답 ②

03 Windows에서 아래 그림의 [오류 검사]에 관한 설명으로 옳지 않은 것은?

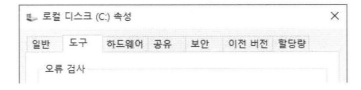

① 폴더와 파일의 오류를 검사하여 발견된 오류를 복구한다.
② 디스크의 물리적 손상 영역인 불량 섹터를 검출한다.
③ 네트워크 드라이브를 선택하여 오류 검사를 할 수 있다.
④ 시스템 성능 향상을 위해 정기적으로 수행하는 것이 좋다.

- 디스크의 불량 섹터를 검사하고 복구하는 기능
- CD-ROM, 네트워크 드라이브는 검사 제외 대상
- 바이러스 검사는 수행하지 않음

정답 ③

04 Windows에서 바로가기 아이콘에 대한 설명으로 옳지 않은 것은?

① 원본 파일이 있는 위치와 다른 위치에 만들 수 있다.
② 원본 파일을 삭제하여도 바로가기 아이콘을 실행할 수 있다.
③ 바로가기 아이콘의 확장자는 LNK이다.
④ 하나의 원본 파일에 대하여 여러 개의 바로가기 아이콘을 만들 수 있다.

- 프로그램 실행을 빠르게 실행하기 위한 아이콘
- 1KB 미만의 적은 용량으로 링크 파일이라고도 부르며 확장자는 .LNK를 사용
- 바로가기 아이콘에는 왼쪽 아래에 꺾인 화살표로 표시
- 바로가기 아이콘을 삭제해도 원본 프로그램의 영향을 주지 않음
- 원본 파일을 삭제하면 바로가기 아이콘을 실행할 수 없음

정답 ②

05 Windows 사용 시 메모리(RAM) 용량 부족 문제의 해결 방법으로 가장 적절하지 않은 것은?

① 불필요한 프로그램을 종료한다.
② 불필요한 자동 시작 프로그램을 삭제한다.
③ 시스템 속성 창에서 가상 메모리의 크기를 적절히 설정한다.
④ 휴지통에 있는 파일을 삭제한다.

휴지통에 있는 파일을 삭제해도 메모리(RAM) 용량 부족 문제는 해결되지 않음

정답 ④

06 Windows에 포함되어 있는 백신 프로그램으로 스파이웨어 및 그 밖의 원치 않는 소프트웨어로부터 컴퓨터를 보호할 수 있는 것은?

① Windows Defender
② BitLocker
③ Archive
④ Malware

- Bit Locker : 윈도우 운영체제에 포함된 디스크 암호화 기능
- Archive : 압축 파일
- Malware : 악성 소프트웨어

정답 ①

07 Windows의 작업 표시줄에 대한 설명으로 옳지 않은 것은?

① 작업 표시줄 잠금을 설정하여 작업 표시줄의 위치나 크기를 변경하지 못하도록 할 수 있다.
② 마우스 포인터 위치에 따라 작업 표시줄이 표시되지 않도록 작업 표시줄 자동 숨기기를 설정할 수 있다.
③ 작업 표시줄의 오른쪽 끝에 있는 [바탕화면 보기] 단추를 클릭하여 바탕화면이 표시되도록 할 수 있다.
④ [작업 표시줄 아이콘 만들기] 기능을 이용하여 작업 표시줄의 바로가기 아이콘을 바탕화면에 설정할 수 있다.

[작업 표시줄 아이콘 만들기] 기능은 지원되지 않음
정답 ④

08 다음 중 컴퓨터의 보조기억장치로 사용하는 SSD(Solid State Drive)의 특징으로 옳지 않은 것은?

① HDD보다 빠른 속도로 데이터의 읽기나 쓰기가 가능하다.
② 물리적인 외부 충격에 약하며 불량 섹터가 발생할 수 있다.
③ 작동 소음이 없으며 전력 소모가 적다.
④ 자기 디스크가 아닌 반도체를 이용하여 데이터를 저장한다.

SSD는 물리적인 충격에 상대적으로 강한 편이며 불량 섹터가 발생하지 않음
정답 ②

09 다음 중 PC의 BIOS(Basic Input Output System)에 관한 설명으로 옳지 않은 것은?

① 기본 입출력장치나 메모리 등 하드웨어 작동에 필요한 명령을 모아놓은 프로그램이다.
② 전원이 켜지면 POST(Power On Self Test)를 통해 컴퓨터를 점검하고 사용 가능한 장치를 초기화한다.
③ RAM에 저장되며, 펌웨어라고도 한다.
④ 칩을 교환하지 않고도 업그레이드 할 수 있다.

BIOS는 ROM에 저장되며 펌웨어의 한 종류. 운영체제에서 가장 기본적인 입출력을 담당하는 소프트웨어
정답 ③

10 다음 중 제어장치에서 사용되는 레지스터로 다음에 실행할 명령어의 번지를 기억하는 것은?

① 프로그램 카운터(PC)
② 누산기(AC)
③ 메모리 주소 레지스터(MAR)
④ 메모리 버퍼 레지스터(MBR)

- 프로그램 카운터(PC) : 다음에 수행할 명령어의 주소를 기억
- 누산기(AC) : 연산된 결과값을 일시적으로 보관
- 메모리 주소 레지스터 (번지 레지스터) : 주소를 기억하는 레지스터
- 메모리 버퍼 레지스터 (기억 레지스터) : 내용을 기억하는 레지스터
정답 ①

11 다음 중 컴퓨터 운영체제에 관한 설명으로 옳지 않은 것은?

① 운영체제는 컴퓨터가 작동하는 동안 하드디스크에 위치하여 실행된다.
② 프로세스, 기억장치, 주변장치, 파일 등의 관리가 주요 기능이다.
③ 운영체제의 평가 항목으로 처리 능력, 응답시간, 사용 가능도, 신뢰도 등이 있다.
④ 사용자들 간의 하드웨어 공동 사용 및 자원의 스케줄링을 수행한다.

운영체제는 컴퓨터가 작동하는 동안에 주기억장치에 위치하여 실행됨
정답 ①

12 다음 중 아래의 ㉠, ㉡, ㉢에 해당하는 소프트웨어의 종류를 올바르게 짝지어 나열한 것은?

홍길동은 어떤 프로그램이 좋은지 알아보기 위해 ㉠ 누구나 임의의 용도로 사용할 수 있는 프로그램과 ㉡ 주로 일정 기간 동안 일부 기능을 제한한 상태로 사용하는 프로그램을 먼저 사용해 보고, 가장 적합한 ㉢ 프로그램을 구입하여 사용하려고 한다.

① ㉠ 프리웨어, ㉡ 셰어웨어, ㉢ 상용 소프트웨어
② ㉠ 셰어웨어, ㉡ 프리웨어, ㉢ 상용 소프트웨어
③ ㉠ 상용 소프트웨어, ㉡ 셰어웨어, ㉢ 프리웨어
④ ㉠ 셰어웨어, ㉡ 상용 소프트웨어, ㉢ 프리웨어

상용 소프트웨어 (Commercial Software)	정상적인 구매 금액을 지불하고 이용하는 프로그램
공개 소프트웨어 (Freeware)	무료로 사용 허가된 프로그램
셰어웨어(Shareware)	일정기간 또는 기능상에 제한을 둔 프로그램
데모 버전(Demo Version)	홍보를 위해 주요 기능만 사용해 볼 수 있는 프로그램
트라이얼 버전(Trial Version)	정상적인 상용 소프트웨어를 일정기간 동안 체험할 수 있는 프로그램
알파 버전(Alpha Version)	완성된 프로그램을 회사 내에서 테스트 할 목적의 프로그램
베타 버전(Beta Version)	정식 출시 전에 일반 사용자에게 무료로 배포하여 테스트 할 목적의 프로그램
패치 프로그램 (Patch Program)	오류 수정이나 기능 향상(Update)을 목적으로 일부 파일을 변경해주는 프로그램
번들 프로그램 (Bundle Program)	제품 구매 시 서비스로 제공되는 프로그램

정답 ①

13 다음 중 처리하는 데이터에 따라 분류되는 디지털 컴퓨터의 특징으로 옳은 것은?

① 산술이나 논리연산을 한다.
② 증폭 회로를 사용한다.
③ 프로그래밍이 필요 없다.
④ 기억 기능이 없다.

구분	디지털 컴퓨터	아날로그 컴퓨터
입력	숫자, 문자, 기호 (비연속적인 자료)	전류, 온도, 속도 (연속적인 자료)
출력		곡선, 그래프
이용회로	논리회로	증폭회로
연산속도	느림	빠름
사용용도	사칙연산	미분, 적분
정확도	필요에 따라 증가	제한적
프로그램	필요	불필요

정답 ①

14 다음 중 1GB(Giga Byte)에 해당하는 것은 어느 것인가?

① 1024Bytes
② 1024×1024Bytes
③ 1024×1024×1024Bytes
④ 1024×1024×1024×1024Bytes

1Byte	8Bit	기억 용량 최소 단위
1KB	1Byte×1,024	2^{10}(Byte) = 1024(Byte)
1MB	1KB×1,024	2^{20}(Byte) = 1024(KB)
1GB	1MB×1,024	2^{30}(Byte) = 1024(MB)
1TB	1GB×1,024	2^{40}(Byte) = 1024(GB)
1PB	1TB×1,024	2^{50}(Byte) = 1024(TB)

정답 ③

15 컴퓨터 사용 시 발생할 수 있는 바이러스 감염에 대한 예방법으로 적절하지 않은 것은?

① 방화벽을 설정하여 사용한다.
② 의심이 가는 메일은 열지 않고 삭제한다.
③ 백신 프로그램을 최신 버전으로 업데이트하여 실행한다.
④ 정기적으로 Windows의 [디스크 정리]를 실행한다.

디스크 정리는 디스크의 사용 가능한 공간을 늘리기 위한 목적이며, 바이러스 감염 예방법하고 관련이 없음

정답 ④

16 유명 기업이나 금융기관을 사칭한 가짜 웹 사이트나 이메일 등으로 개인의 금융정보와 비밀번호를 입력하도록 유도하여 예금 인출 및 다른 범죄에 이용하는 컴퓨터 범죄 유형은?

① 웜(Worm)
② 해킹(Hacking)
③ 피싱(Phishing)
④ 스니핑(Sniffing)

• 웜(Worm) : 다른 프로그램을 감염을 시키지 않으나 자기 자신을 복제를 하여 시스템의 부하를 증가시키는 프로그램
• 해킹(Hacking) : 컴퓨터 시스템에 불법으로 접근을 해서 정보를 유출을 시키거나 파괴하는 행위
• 스니핑(Sniffing) : 네트워크 주변을 지나다니는 패킷을 엿보면서 계정과 패스워드를 알아내기 위한 행위

정답 ③

17 [제어판]에서 [인터넷 옵션] 창의 [일반] 탭을 이용하여 설정할 수 있는 작업으로 옳지 않은 것은?

① 마지막 세션 또는 기본 홈페이지로 웹 브라우저의 시작 여부를 설정할 수 있다.
② 임시 파일, 열어본 페이지 목록, 쿠키 등을 삭제할 수 있다.
③ 웹 페이지의 색, 언어, 글꼴, 접근성 등을 설정할 수 있다.
④ 기본 웹 브라우저와 HTML 편집 프로그램을 설정할 수 있다.

기본 웹 브라우저와 HTML 편집 프로그램은 [제어판]-[인터넷옵션] 창의 [프로그램] 탭을 이용하여 설정

정답 ④

18 다음 중 사물에 전자 태그를 부착하고 무선 통신을 이용하여 사물의 정보 및 주변 상황 정보를 감지하는 센서 기술은?

① 텔레매틱스
② DMB
③ W-CDMA
④ RFID

• 텔레매틱스 : 무선통신과 GPS 기술의 결합
• DMB : 디지털 멀티미디어 방송 전송기술
• W-CDMA : 광대역 다중접속

정답 ④

19 Windows의 [명령 프롬프트] 창에서 사용하는 PING 서비스에 대한 설명으로 옳은 것은?

① 원격으로 다른 컴퓨터를 사용할 수 있는 서비스이다.
② 인터넷이 정상적으로 연결되었는지 확인하는 서비스이다.
③ 인터넷 서버까지의 경로를 추적하는 서비스이다.
④ 특정 시스템을 사용하고 있는 사용자 정보를 알아보는 서비스이다.

①번 : TELNET, ③번 : TRACERT, ④번 : FINGER

정답 ②

20 다음 중 정보통신에서 네트워크 관련 장비에 대한 설명으로 옳지 않은 것은?

① 라우터(Router) : 네트워크를 구성하기 위해 반드시 필요한 장비로 정보 전송을 위한 최적의 경로를 찾아 통신망에 연결하는 장치
② 허브(Hub) : 네트워크를 구성할 때 여러 대의 컴퓨터를 연결하고, 각 회선들을 통합 관리하는 장치
③ 브리지(Bridge) : 네트워크를 구성할 때 디지털 신호를 아날로그 신호로 변환하여 전송하고 다시 수신된 신호를 원래대로 변환하기 위한 전송 장치
④ 게이트웨이(Gateway) : 한 네트워크에서 다른 네트워크로 들어가는 입구 역할을 하는 장치로 근거리통신망(LAN)과 같은 하나의 네트워크를 다른 네트워크와 연결할 때 사용되는 장치

③번은 모뎀(MODEM)에 대한 설명

정답 ③

2 과목　　스프레드시트 일반

21 다음 중 조건부 서식의 서식 스타일에 해당하지 않는 것은?

① 색조
② 아이콘 집합
③ 그림
④ 데이터 막대

조건부 서식의 서식 스타일
셀 강조 규칙, 상위/하위 규칙, 데이터 막대, 색조, 아이콘 집합, 새 규칙, 규칙 지우기, 규칙 관리

정답 ③

22 다음 중 [찾기 및 바꾸기] 대화상자에서 [찾기] 탭의 기능에 대한 설명으로 옳지 않은 것은?

① 대/소문자를 구분하여 찾을 수 있다.
② 수식이나 값에서 찾을 수 있지만, 메모 안의 텍스트는 찾을 수 없다.
③ 이전 항목을 찾으려면 [Shift] 키를 누른 상태에서 [다음 찾기] 단추를 클릭한다.
④ 와일드카드 문자인 '*' 기호를 이용하여 특정 글자로 시작하는 텍스트를 찾을 수 있다.

[찾기 및 바꾸기]-[찾는 위치] : 수식 / 값 / 메모
메모 안의 텍스트도 찾기 및 바꾸기가 가능함
`정답` ②

23 아래 보기는 입력데이터, 표시형식, 결과 순으로 표시한 것이다. 입력 데이터에 주어진 표시 형식으로 지정한 경우 그 결과가 옳지 않은 것은?

① 10 ##0.0 10.0
② 2123500 #,###,"천 원" 2,123.5천 원
③ 홍길동 @"귀하" 홍길동 귀하
④ 123.1 0.00 123.10

• #,###, : 천 단위 구분 기호에 맨 뒤에 쉼표가 붙은 것으로 천의 배수만큼(3자리를 생략함) 생략을 해주어서 나타내주는 서식
• 2,213,500에서 쉼표 이후에 코드가 없으므로 500이 사라지면서 반올림되어 2,214가 되며 "천 원"이 표시됨
`정답` ②

24 다음 중 데이터 편집에 대한 설명으로 옳지 않은 것은?

① [홈] 탭 [셀] 그룹의 [삭제]를 클릭하면 현재 선택되어 있는 셀 자체를 삭제하는 것이다.
② 셀을 선택하고 [Delete] 키를 누르면 셀에 입력된 데이터 내용만 지워진다.
③ 클립보드는 임시 저장소로 한 번에 하나의 데이터만 저장할 수 있기 때문에 추가로 다른 데이터가 저장되면 이전에 저장된 데이터는 사라진다.
④ [선택하여 붙여넣기] 기능을 이용하면 데이터가 입력되어 있는 표의 행과 열을 바꾸어 붙여 넣을 수 있다.

• 클립보드 : 복사, 잘라내기 과정에서 필요한 자료를 임시로 기억하는 기능
• Windows 운영체제에서 클립보드는 한 번에 하나의 데이터만 저장할 수 있지만, 엑셀에서는 클립보드에 최대 23개까지 자료가 임시 저장된다.
`정답` ③

25 다음 중 작성된 매크로를 실행하는 방법으로 옳지 않은 것은?

① 매크로를 지정한 도형을 클릭하여 실행한다.
② 매크로 대화상자에서 매크로를 선택하여 실행한다.
③ 매크로를 기록할 때 지정한 바로가기 키를 이용하여 실행한다.
④ 매크로를 지정한 워크시트의 셀 자체를 클릭하여 실행한다.

매크로를 실행하는 방법은 매크로 대화상자에서 매크로 이름을 선택하거나 매크로 기록 시 지정한 바로가기 키 또는 매크로를 지정시킬 수 있는 도형이나 그림을 클릭하여 실행할 수 있다.
`정답` ④

26 다음 중 매크로에 대한 설명으로 옳지 않은 것은?

① 매크로 이름은 대소문자를 구분하지 않으며, 공백이나 마침표를 포함하여 매크로 이름을 설정할 수 있다.
② 매크로를 실행할 [Ctrl] 키 조합 바로가기 키는 매크로가 포함된 통합 문서가 열려 있는 동안 이와 동일한 기본 엑셀 바로가기 키를 무시한다.
③ 매크로를 기록하는 경우 실행하려는 작업을 완료하는 데 필요한 모든 단계가 매크로 레코더에 기록되며, 리본에서의 탐색은 기록에 포함되지 않는다.
④ 엑셀을 사용할 때마다 매크로를 사용할 수 있게 하려면 매크로 기록 시 매크로 저장 위치 목록에서 '개인용 매크로 통합 문서'를 선택한다.

• 매크로 이름은 기호(/ ? ' . - ※)와 공백은 사용할 수 없음
• 자동으로 만들어지며, 기록된 매크로 이름은 변경 가능
`정답` ①

27 다음 중 입력한 수식에서 발생한 오류 메시지와 그 발생 원인으로 옳지 않은 것은?

① #VALUE! : 잘못된 인수나 피연산자를 사용했을 때
② #DIV/0! : 특정 값(셀)을 0 또는 빈 셀로 나누었을 때
③ #NAME? : 함수 이름을 잘못 입력하거나 인식할 수 없는 텍스트를 수식에 사용했을 때
④ #REF! : 숫자 인수가 필요한 함수에 다른 인수를 지정했을 때

#N / A	함수나 수식에 값을 사용할 수 없음
#NAME	수식에 잘못된 문자열을 사용
#DIV / 0!	수식에 나누기 "0"인 경우
#VALUE!	함수의 인수로 잘못된 값을 사용한 경우
#REF!	셀 참조가 유효하지 않은 경우
#NULL!	워크시트에서 교차되지 않는 두 영역의 논리곱을 지정한 경우 논리곱 연산자는 두 참조 사이에 공백 문자로 표시
#NUM!	숫자가 입력된 속에 잘못된 값을 지정한 경우
#####	셀 너비보다 결과 숫자가 긴 경우

`정답` ④

28 다음 중 함수식에 대한 결과가 옳지 않은 것은?

① =MOD(9,2) → 1
② =COLUMN(C5) → 3
③ =TRUNC(8.73) → 8
④ =POWER(5,3) → 15

=MOD(A,B) : A를 B로 나눈 나머지 값
=COLUMN(A) : A셀의 열 번호
=TRUNC(A) : A의 소수점 아래 절삭
=POWER(A,B) : A의 B거듭제곱한 결과
`정답` ④

29 다음 중 아래 차트에 관한 설명으로 옳지 않은 것은?

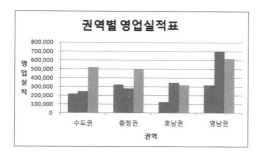

① 범례가 표시되어 있다.
② 차트 제목이 표시되어 있다.
③ 차트 종류는 묶은 세로 막대형이다.
④ 기본 세로 축 제목이 표시되어 있다.

그림의 차트에는 범례가 표시되어 있지 않음

정답 ①

30 아래의 워크시트에서 [표1]을 이용하여 [F3:F5] 영역에 소속별 매출액의 합계를 구하고자 한다. 다음 중 [F3] 셀에 수식을 입력한 후 채우기 핸들을 이용하여 [F5] 셀까지 계산하려고 할 때 [F3] 셀에 입력할 수식으로 옳은 것은?

	A	B	C	D	E	F	G
1	[표1]						
2	성명	소속	매출액		소속	총매출액	평균매출액
3	이민우	영업2부	8,819		영업1부	24,634	6,159
4	차소라	영업3부	8,010		영업2부	42,300	7,050
5	진희경	영업2부	6,985		영업3부	30,128	7,532
6	장용	영업1부	7,580				
7	최병철	영업1부	7,321				
8	김철수	영업2부	4,850				
9	정진수	영업3부	7,623				
10	고희수	영업1부	3,455				
11	조민희	영업2부	4,215				
12	추소영	영업2부	8,521				
13	홍수아	영업3부	6,741				
14	이강식	영업1부	6,278				
15	유동근	영업3부	7,754				
16	이현재	영업2부	8,910				

① =SUMIF(B3:B16,E3,C3:C16)
② =SUMIF(B$3:B$16,E$3,C$3:C$16)
③ =SUMIF($B$3:$B$16,E3,$C$3:$C$16)
④ =SUMIF($B3:$B16,$E3,$C3:$C16)

• =SUMIF(조건비교범위, 조건, 합계를 구할 실제 셀 범위)
• =SUMIF($B$3:$B$16,E3,$C$3:$C$16) : 조건비교범위와 합계를 구할 실제 셀 범위는 [F3]셀의 수식을 채우기 핸들로 [F5] 셀까지 복사할 때 범위를 고정해야 하기 때문에 절대 참조를 지정하고 조건은 [E3]셀을 상대 참조로 지정

정답 ③

31 다음 중 함수식에 대한 결과가 옳은 것은?

① =COUNT(1, "참", TRUE, "1") → 1
② =COUNTA(1, "거짓", TRUE, "1") → 2
③ =MAX(TRUE, "10", 8, 3) → 10
④ =ROUND(215.143, -2) → 215.14

• COUNT : 숫자의 개수
• COUNTA : 비어 있지 않은 모든 문자(숫자 포함) 개수

• ROUND : 해당 인수를 반올림
　①번 : =COUNT(1, "참", TRUE, "1") → 3
　②번 : =COUNTA(1, "거짓", TRUE, "1") → 4
　④번 : =ROUND(215.143, -2) → 200

정답 ③

32 다음 중 워크시트 사용 방법에 대한 설명으로 옳은 것은?

① 다음 워크시트로 전환하려면 시트 탭에서 Shift + [Pg] 키를 누르고, 이전 워크시트로 전환하려면 Shift + [Pg] 키를 누른다.
② 시트를 복사하려면 Shift 키를 누른 채 해당 시트의 시트 탭을 마우스로 드래그 앤 드롭한다.
③ 현재의 워크시트 앞에 새로운 워크시트를 삽입하려면 Shift + F11 키를 누른다.
④ 인접하지 않은 둘 이상의 시트를 선택할 때는 Shift 키를 누른 채 원하는 시트 탭을 순서대로 클릭한다.

• Shift + F11 키를 누르면 현재의 워크시트 앞에 새로운 워크시트가 삽입
• ①번 : 다음 워크시트로 전환하려면 시트 탭에서 Ctrl + [Pg] 키를 누르고, 이전 워크시트로 전환하려면 Ctrl + [Pg] 키를 누른다.
• ②번 : 시트를 복사하려면 Ctrl 키를 누른 채 해당 시트의 시트 탭을 마우스로 드래그 앤 드롭
• ④번 : 인접하지 않은 둘 이상의 시트를 선택할 때는 Ctrl 키를 누른 채 원하는 시트 탭을 순서대로 클릭

정답 ③

33 다음 중 원형 차트에 대한 설명으로 옳지 않은 것은?

① 차트 계열 요소의 값들을 '데이터 표'로 나타낼 수 있다.
② 항상 한 개의 데이터 계열만을 가지고 있으므로 축이 없다.
③ 차트의 각 조각을 분리하거나 첫째 조각의 각을 조정할 수 있다.
④ 전체 항목의 합에 대한 각 항목의 비율을 표시할 수 있다.

• 원형 차트는 차트 계열 요소들의 값들을 '데이터 표'로 나타낼 수 없음
• 원형 차트 : 전체에 대한 항목별 비율 표시, 한 가지 항목만 표현 가능, 한 계열만 선택하여 분리 가능, 첫 조각 각도 변경 가능

정답 ①

34 다음 중 차트 작업에 대한 설명으로 옳지 않은 것은?

① 차트에 표시되는 계열의 순서는 차트 생성 후에도 변경할 수 있다.
② 데이터 계열 값으로 참조되는 셀 영역에서 표시 형식을 변경하는 경우 차트에 표시되는 값에도 적용된다.
③ 사용자가 차트 요소에 지정한 서식은 해당 요소 선택 후 [홈]-[편집]-[지우기]-[서식 지우기]를 이용하여 원래 스타일로 되돌릴 수 있다.
④ 데이터 계열 값으로 참조되는 셀 영역에서 값을 변경하는 경우 차트에 표시되는 값도 함께 변경된다.

[홈]-[편집]-[지우기]-[서식 지우기]는 선택한 셀에 적용된 서식만 지우며 차트 요소에서는 [서식 지우기]는 활성화가 되지 않으며 기능을 사용할 수 없음

정답 ③

35 다음 중 [페이지 나누기 미리 보기] 기능에 대한 설명으로 옳지 않은 것은?

① 수동으로 삽입한 페이지 나누기는 실선으로 표시되고, 자동으로 추가된 페이지 나누기는 파선으로 표시된다.
② 자동 페이지 나누기 구분선을 이동하면 수동 페이지 나누기로 바뀐다.
③ 수동으로 삽입한 페이지 나누기를 제거하려면 페이지 나누기를 페이지 나누기 미리 보기 영역 밖으로 끌어 놓는다.
④ 행 높이와 열 너비를 변경하여도 자동 페이지 나누기는 영향을 받지 않고 원래대로 유지된다.

• 행 높이와 열 너비를 변경하면 자동 페이지 나누기도 크기에 따라 변경됨
• 한 화면에서 최대 4개까지 나누기 할 수 있다.
정답 ④

36 다음 중 창 나누기에 대한 설명으로 옳지 않은 것은?

① 창 나누기를 실행하면 하나의 작업 창은 최대 4개 부분으로 나눌 수 있다.
② 첫 행과 첫 열을 제외한 나머지 셀에서 창 나누기를 수행하면 현재 셀의 위쪽과 왼쪽에 창 분할선이 생긴다.
③ 화면에 표시되는 창 나누기 형태는 인쇄 시 적용되지 않는다.
④ 현재의 창 나누기 상태를 유지하면서 추가로 창 나누기를 지정할 수 있다.

창 나누기 상태에서 추가로 창 나누기를 지정할 수 없음
정답 ④

37 다음 중 아래와 같이 조건을 설정한 고급 필터의 실행 결과에 대한 설명으로 옳은 것은?

소속	근무경력
<>영업팀	>=30

① 소속이 '영업팀'이 아니면서 근무경력이 30년 이상인 사원 정보
② 소속이 '영업팀'이면서 근무경력이 30년 이상인 사원 정보
③ 소속이 '영업팀'이 아니거나 근무경력이 30년 이상인 사원 정보
④ 소속이 '영업팀'이거나 근무경력이 30년 이상인 사원 정보

• AND 조건(~이고, ~이면서) : 조건이 모두 만족할 때 실행
• OR 조건(~이거나, 또는) : 여러 조건들 중에서 하나라도 만족하면 실행
• 연산자의 의미
　〉= : 크거나 같다. 이상, 이후
　〈= : 작거나 같다. 이하, 이전
　 = : 같다
　〈〉 : 같지 않다. 아니다. 다르다
　〉 : 크다. 초과
　〈 : 작다. 미만
정답 ①

38 다음 중 시나리오에 관한 설명으로 옳지 않은 것은?

① 하나의 시나리오에 변경 셀을 최대 32개까지 지정할 수 있다.
② 요약 보고서나 피벗 테이블 보고서로 시나리오 결과를 작성할 수 있다.
③ 시나리오 병합을 통하여 다른 통합 문서나 다른 워크시트에 저장된 시나리오를 가져올 수 있다.
④ 입력된 자료들을 그룹별로 분류하고, 해당 그룹별로 원하는 함수를 이용한 계산 결과를 볼 수 있다.

④번 : 부분합에 대한 설명
정답 ④

39 다음 중 피벗 테이블에 대한 설명으로 옳지 않은 것은?

① 원본의 자료가 변경되면 [모두 새로 고침] 기능을 이용하여 일괄 피벗 테이블에 반영할 수 있다.
② 작성된 피벗 테이블을 삭제하는 경우 함께 작성한 피벗 차트는 자동으로 삭제된다.
③ 피벗 테이블을 삭제하려면 피벗 테이블 전체를 범위로 지정한 후 Delete 키를 누른다.
④ 피벗 테이블의 삽입 위치는 새 워크시트뿐만 아니라 기존 워크시트에서 시작 위치를 선택할 수도 있다.

피벗 테이블과 함께 작성된 피벗 차트는 피벗 테이블이 삭제되면 일반 차트로 변경됨
정답 ②

40 다음 중 아래 그림과 같이 [목표값 찾기]를 실행했을 때 이에 대한 의미로 옳은 것은?

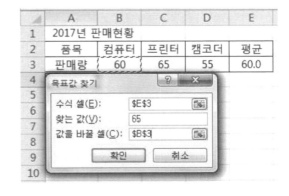

① 평균이 65가 되려면 컴퓨터의 판매량이 얼마가 되어야 하는가?
② 컴퓨터 판매량이 65가 되려면 평균은 얼마가 되어야 하는가?
③ 평균이 65가 되려면 프린트의 판매량은 얼마가 되어야 하는가?
④ 컴퓨터 판매량이 65가 되려면 캠코더의 판매량은 얼마가 되어야 하는가?

• 목표값 찾기 : 수식의 결과값은 알고 있으나 그 결과값을 얻기 위한 입력값을 모를 때 사용한다.
• 수식 셀 : $E$3(평균), 찾는 값 : 65, 값을 바꿀 셀 : $B$3(컴퓨터 판매량)
• "평균이 현재 60에서 65가 되려면 컴퓨터 판매량이 얼마가 되어야 하는가?"를 의미한다.
정답 ①

10. 최신 기출문제 (2019.03.02 기출)

1 과목 컴퓨터 일반

01 다음 중 폴더의 [속성] 창에 대한 설명으로 옳지 않은 것은?

① 폴더의 특정 하위 폴더를 삭제할 수 있다.
② 폴더가 포함하고 있는 하위 폴더 및 파일의 개수를 알 수 있다.
③ 폴더를 네트워크와 연결되어 있는 다른 컴퓨터에서 접근할 수 있도록 공유시킬 수 있다.
④ 폴더에 '읽기 전용' 속성을 설정하거나 해제할 수 있다.

폴더를 삭제하려면 속성 대화상자에서는 할 수 없으며, 해당 폴더를 선택하여 삭제할 수 있음

정답 ①

02 다음 중 추상화, 캡슐화, 상속성, 다형성 등의 특징을 지니고 있으며, 크고 복잡한 프로그램 구축이 어려운 절차형 언어의 문제점을 해결하기 위해 개발된 프로그래밍 기법은?

① 구조적 프로그래밍
② 객체지향 프로그래밍
③ 하향식 프로그래밍
④ 비주얼 프로그래밍

• 구조적 프로그래밍 : 하나의 입력과 출력을 갖는 구조로 GOTO 문을 사용하지 않는 기법이며 순서적, 선택적, 반복적인 세 가지 논리 구조를 사용
• 하향식 프로그래밍 기법 : 프로그램을 작성할 때 상위에서 하위 모듈 순으로 작성해 나가는 기법이며 오류 발생시 수정이 어려운 단점
• 비주얼 프로그래밍 : 윈도의 GUI 환경에서 아이콘과 마우스를 이용해서 대화 형식으로 효율적이고 쉽게 프로그래밍하는 기법

정답 ②

03 Windows에서 [디스크 정리]를 수행할 때 정리 대상 파일에 해당하지 않는 것은?

① 임시 인터넷 파일
② 사용하지 않은 폰트(*.TTF) 파일
③ 휴지통에 있는 파일
④ 다운로드한 프로그램 파일

디스크 정리 : 다운로드 한 프로그램 파일, 임시 인터넷 파일, 휴지통, 오프라인 웹 페이지, 서비스 팩 백업 파일, Windows 업데이트 정리, 시스템 로그 파일, 시스템 오류 메모리 덤프 파일, 임시 파일, 미리 보기 사진, Windows 오류 보고 파일을 사용자가 직접 선택하여 정리

정답 ②

04 컴퓨터에서 사용되는 바이트(Byte)에 대한 설명으로 옳지 않은 것은?

① 1바이트는 8비트로 구성된다.
② 일반적으로 영문자나 숫자는 1Byte로 한 글자를 표현하고, 한글 및 한자는 2Byte로 한 글자를 표현한다.
③ 1바이트는 컴퓨터에서 각종 명령을 처리하는 기본단위이다.
④ 1바이트로는 256가지의 정보를 표현할 수 있다.

워드(Word) : 컴퓨터에서 각종 명령을 처리하는 기본단위

정답 ③

05 다음 중 인터넷 서비스를 위한 프로토콜로 웹페이지와 웹브라우저 사이에서 하이퍼텍스트 문서를 전송하기 위한 것은?

① TCP/IP
② HTTP
③ FTP
④ WAP

HTTP : 웹페이지와 웹브라우저 사이에서 하이퍼텍스트 문서를 전송하기 위한 프로토콜
• ①번 TCP/IP(Transmission Control Protocol/Internet Protocol) : 네트워크로 연결된 시스템 간의 데이터 전송을 위해 인터넷에서 사용하는 표준 프로토콜
• ③번 FTP(File Transfer Protocol) : 파일을 주고받을 때(송수신) 사용하는 프로토콜
• ④번 WAP(Wireless Application Protocol) : 무선망에서 인터넷 서비스를 효율적으로 제공하기 위해 정의된 무선 인터넷 프로토콜

정답 ②

06 인터넷을 이용한 전자 우편(E-mail)에 관한 설명으로 옳지 않은 것은?

① 전자 우편에서는 SMTP, MIME, POP3 프로토콜 등이 사용된다.
② 전자 우편 주소는 "아이디@도메인 네임"으로 구성된다.
③ 한 사람이 동시에 여러 사람에게 동일한 전자 우편을 보낼 수 있다.
④ 받은 메일에 대해 작성한 답장만 발송자에게 전송하는 기능을 전달(Forward)이라 한다.

전자우편 기능
• 회신 : 받은 메일에 대하여 답장을 작성하여, 발송자에게 다시 전송하는 기능
• 전달 : 받은 메일을 다른 사람에게 그대로 다시 보내는 기능
• 첨부 : 전자우편에 그림, 텍스트 파일 등을 같이 보내는 기능

정답 ④

07 다음 중 컴퓨터에서 문자 데이터를 표현하는 방법으로 옳지 않은 것은?

① EBCDIC
② Unicode
③ ASCII
④ Parity bit

패리티 비트(Parity bit) : 에러 검출을 목적으로 원래의 데이터에 추가되는 1비트

정답 ④

08 컴퓨터에서 그래픽 데이터 표현 방식인 비트맵(Bitmap) 방식에 관한 설명으로 옳지 않은 것은?

① 점과 점을 연결하는 직선이나 곡선을 이용하여 이미지를 표현한다.
② 이미지를 확대하면 테두리가 거칠어진다.
③ 파일 형식에는 BMP, GIF, JPEG 등이 있다.
④ 다양한 색상을 사용하여 사실적 이미지를 표현할 수 있다.

벡터(Vector) 방식 : 점과 점을 연결하는 직선이나 곡선을 이용하여 이미지를 표현하는 것

정답 ①

09 Windows의 [작업 관리자]에서 설정할 수 있는 작업으로 옳지 않은 것은?

① 실행 중인 응용 프로그램을 [작업 끝내기]로 종료할 수 있다.
② 현재 실행 중인 프로세스와 프로세스에서 실행되는 서비스를 볼 수 있다.
③ CPU 사용정도와 CPU 사용현황을 확인할 수 있다.
④ 실행 중인 응용 프로그램의 실행 순서를 변경할 수 있다.

Windows의 [작업 관리자] : 컴퓨터에서 현재 실행 중인 프로그램과 프로세스에 대한 정보를 확인하고 응답하지 않는 프로그램을 종료할 때 사용함
정답 ④

10 다음 중 멀티미디어와 관련하여 동영상 전문가 그룹에 의해서 제안된 비디오 또는 오디오 압축에 관한 일련의 표준으로 옳은 것은?

① XML
② SVG
③ JPEG
④ MPEG

• XML : 기존 HTML 단점을 보완하여 문서의 구조적인 특성들을 고려하여 문서들을 상호 교환할 수 있도록 설계된 프로그래밍 언어
• JPEG : 정지 영상 압축 기술에 관한 표준화 규격. 비손실 압축, 손실 압축을 모두 지원
정답 ④

11 프로그램이 실행될 때 발생하는 메인 메모리 부족 문제를 보완하기 위해 하드 디스크의 일부를 메인 메모리처럼 사용하게 하는 메모리 관리 기법을 의미하는 것은?

① 캐시 메모리
② 디스크 캐시
③ 연관 메모리
④ 가상 메모리

가상 메모리 : 보조 기억 장치의 일부, 즉, 하드디스크의 일부를 주기억장치처럼 사용하는 메모리. 프로그램이 실행될 때 발생하는 메인 메모리 부족 문제를 보완하기 위해 하드 디스크의 일부를 메인 메모리처럼 사용하게 하는 메모리 관리 기법
• ①번 캐시 메모리 : CPU와 주기억장치 사이에 있으며, 컴퓨터의 처리 속도를 향상시켜 메모리접근 시간을 감소시키는데 목적이 있음
• ②번 디스크 캐시 : 디스크의 엑세스를 빠르게 하기 위해 주기억장치 내에 설치한 버퍼 메모리이며 디스크 캐시로 파일을 미리 읽어 들여 속도를 높이는 방법으로 프로세스의 지역성을 이용한 방식
• ③번 연관 메모리 : 저장된 내용의 일부를 이용하여 기억 장치에 접근하여 데이터를 읽어 오는 기억장치이며 메모리에 기억된 정보를 찾는데 저장된 내용에 의하여 접근. 병렬 탐색 가능
정답 ④

12 다음 중 인터넷 주소 체계인 IPv6에 대한 설명으로 옳은 것은?

① 주소는 8비트씩 16개 부분으로 총 128비트로 구성되어 있다.
② 주소를 네트워크 부분의 길이에 따라 A클래스에서 E클래스까지 총 5단계로 구분한다.
③ IPv4와의 호환성은 낮으나 IPv4에 비해 품질 보장은 용이하다.
④ 주소의 단축을 위해 각 블록에서 선행되는 0은 생략할 수 있다.

• ①번 : IPv6은 16비트씩 8부분으로 총 128비트로 구성
• ②번 : IPv4에 해당하는 내용
• ③번 : IPv4와 호환성 및 주소의 확장성, 융통성, 연동성이 뛰어남
정답 ④

13 다음 중 컴퓨터에서 사용하는 일반 하드디스크에 비하여 속도가 빠르고 기계적 지연이나 에러의 확률 및 발열 소음이 적으며, 소형화, 경량화 할 수 있는 하드디스크 대체 저장 장치는?

① DVD
② HDD
③ SSD
④ ZIP

SSD는 일반 하드디스크(HDD)보다 속도도 빠르고 소음 및 발열이 적으며 소형화, 경량화 된 NAND플래시 또는 DRAM 등 초고속 반도체 메모리를 저장 매체로 사용하는 대용량 저장 장치
정답 ③

14 Windows에서 하드 디스크를 포맷하기 위한 [포맷] 창에서 설정 가능한 항목으로 옳지 않은 것은?

① 볼륨 레이블 입력
② 파티션 제거
③ 파일 시스템 선택
④ 빠른 포맷 선택

파티션 : [제어판] – [관리도구] – [컴퓨터관리] – [저장] – [디스크관리]
정답 ②

15 다음 중 인터넷 익스플로러의 [인터넷 옵션] – [프로그램] 탭에서 설정 가능한 기능으로 옳지 않은 것은?

① HTML 파일을 편집하는 데 사용할 프로그램을 지정할 수 있다.
② 시스템에 설치된 브라우저의 추가 기능을 사용하도록 설정할 수 있다.
③ 웹 사이트를 열 때 사용할 기본 웹 브라우저를 지정할 수 있다.
④ 수정된 홈페이지를 업로드하기 위한 FTP 서버를 지정할 수 있다.

수정된 홈페이지를 업로드하기 위한 FTP 서버를 지정하는 기능은 프로그램 탭에는 없음
정답 ④

16 다음 중 컴퓨터 범죄 예방과 대책에 관한 설명으로 옳지 않은 것은?

① 해킹 여부를 정기적으로 검사한다.
② 의심이 가는 이메일은 열어서 내용을 확인하고 삭제한다.
③ 백신 프로그램을 설치하고 자동 업데이트 기능을 설정한다.
④ 회원 가입한 사이트의 패스워드를 주기적으로 변경한다.

의심이 가는 이메일은 내용을 확인하지 않고 삭제
정답 ②

17 다음 중 Windows의 [메모장]에 대한 설명으로 옳지 않은 것은?

① 작성한 문서를 저장할 때 확장자는 기본적으로 .txt가 부여된다.
② 특정한 문자열을 찾을 수 있는 찾기 기능이 있다.
③ 그림, 차트 등의 OLE 개체를 삽입할 수 있다.
④ 현재 시간/날짜를 삽입하는 기능이 있다.

메모장 특징
• 확장자는 기본적으로 .txt가 부여
• 그림, 차트, OLE 관련 개체는 삽입할 수 없음
• 웹 페이지용 HTML 문서를 만들 때 사용할 수 있음
• 문서 첫 줄 왼쪽에 .LOG(대문자)를 입력하고 저장한 다음 다시 그 파일을 열면 시간과 날짜가 자동으로 삽입. 시간/날짜 삽입할 때 바로가기 키는 F5
• 특정 문자열을 찾을 수 있는 찾기 기능이 있음
• 자동 줄 바꿈 기능, 찾기, 바꾸기 기능을 제공하며 서식 변경은 문제 전체 단위로 이루어지고, 부분적인 변경은 지원하지 않음
• 용지 방향, 여백, 머리글, 바닥글, 미리 보기의 설정이 가능. 나누기 기능은 제공되지 않음
• 글꼴, 글꼴 스타일 크기의 변경은 가능하지만 글자 색은 지원하지 않음

정답 ③

---

18 다음 중 Windows의 [키보드 속성] 창에서 설정할 수 있는 내용으로 옳지 않은 것은?

① 포인터 자국 표시
② 커서 깜박임 속도
③ 문자 반복을 위한 반복 속도
④ 문자 반복을 위한 재입력 시간

포인터 자국 표시 : [제어판]-[마우스]-[포인터옵션]
정답 ①

---

19 다음 중 Windows에서 프린터 설치에 관한 설명으로 옳지 않은 것은?

① 새로운 프린터를 설치하기 위하여 [장치 및 프린터]창에서 [프린터 추가]를 클릭하여 [프린터 추가 마법사]를 이용한다.
② 설치할 프린터 유형은 로컬 프린터와 네트워크, 무선 또는 Bluetooth 프린터 중에서 하나를 선택할 수 있다.
③ 네트워크 프린터를 선택한 경우에는 연결할 프린터의 포트를 지정한다.
④ 컴퓨터에 설치된 여러 대의 프린터 중에 현재 설치 중인 프린터를 기본 프린터로 설정할 것인지 선택한다.

③번 : 프린터 공유에 대한 설명
정답 ③

---

20 다음 중 Windows의 바로가기 키에 대한 설명으로 옳지 않은 것은?

① Ctrl + Esc 키를 누르면 Windows 시작 메뉴를 열수 있다.
② 바탕 화면에서 아이콘을 선택한 후 Alt + Enter↵ 키를 누르면 선택된 항목의 속성 창을 표시한다.
③ 바탕 화면에서 폴더나 파일을 선택한 후 F2 키를 누르면 이름을 변경할 수 있다.
④ 폴더 창에서 Alt + Space Bar 키를 누르면 특정 폴더 내의 모든 파일이나 폴더를 선택할 수 있다.

• Ctrl + A 키 : 특정 폴더 내의 모든 파일이나 폴더를 선택
• Alt + Space Bar 키 : 활성창의 바로가기 메뉴를 표시
정답 ④

---

21 셀 범위를 선택한 후 그 범위에 이름을 정의하여 사용하는 것에 대한 설명으로 옳지 않은 것은?

① 이름에는 공백이 없어야 한다.
② 이름은 대소문자를 구별하지 않는다.
③ 이름은 기본적으로 상대참조를 사용한다.
④ 정의된 이름은 다른 시트에서도 사용할 수 있다.

셀 범위를 선택한 후 그 범위에 이름을 정의
• 이름은 기본적으로 절대참조로 사용
• 이름은 공백이 없어야 함
• 이름은 대소문자를 구별하지 않음
• 정의된 이름은 다른 시트에서도 사용할 수 있음
• 이름의 첫 글자는 문자나 밑줄(_)만 사용할 수 있음
• 셀 주소와 같은 형태의 이름은 사용할 수 없음
• 같은 통합 문서에서 동일한 이름을 중복하여 사용할 수 없음
• 낱말을 구분하려면 밑줄이나 마침표를 사용
정답 ③

---

22 다음 중 아래와 같이 설정된 [매크로 기록] 대화상자에 대한 설명으로 옳지 않은 것은?

매크로 기록

매크로 이름(M):
Macro1
바로 가기 키(K):
Ctrl+ a
매크로 저장 위치(I):
개인용 매크로 통합 문서
설명(D):
매크로 기록에 관한 문제

① 매크로 이름은 Macro1이며, 변경하고자 할 경우 [매크로]대화상자에서만 변경할 수 있다.
② 작성된 'Macro1' 매크로는 'Personal.xlsb'에 저장된다.
③ 설명은 일종의 주석으로 반드시 지정해 주지 않아도 된다.
④ 작성된 'Macro1' 매크로는 Ctrl + A 키를 눌러 실행할 수 있다.

매크로 기록 창에서 'Macro1'이라고 되어 있는 이름을 변경할 수 있으며, 매크로 대화상자에서 [편집] 버튼 눌러서 [Visual Basic 편집기] 화면에서 기록한 매크로의 이름을 변경할 수 있음
정답 ①

---

23 다음 중 워크시트에 숫자 '2234543'을 입력한 후 사용자 지정 표시 형식을 설정하였을 때, 화면에 표시되는 결과로 옳지 않은 것은?

① 형식 : #,##0.00, 결과 : 2,234,543.00
② 형식 : 0.00, 결과 : 2234543.00
③ 형식 : #,###,"천원", 결과 : 2,234천원
④ 형식 : #%, 결과 : 223454300%

- #,###, : 천 단위 구분 기호에 맨 뒤에 쉼표가 붙은 것으로 천의 배수만큼(3자리를 생략함) 생략을 해주어서 나타내는 서식
- 2,234,543에서 쉼표 이후에 코드가 없으므로 5430이 사라지면서 반올림되어 2,235가 되며 "천 원"이 표시됨 → 결과 : 2,235천 원

정답 ③

24 다음 중 이미 부분합이 계산되어 있는 상태에서 새로운 부분합을 추가하고자 할 때 수행해야 할 작업으로 옳은 것은?

① [모두 제거] 단추를 클릭
② '새로운 값으로 대치' 설정을 해제
③ '그룹 사이에 페이지 나누기'를 설정
④ '데이터 아래에 요약 표시' 설정을 해제

- 이미 부분합이 계산이 되어 있는 상태로 새로운 부분합을 추가를 하고자 할 경우는 '새로운 값으로 대치' 설정을 해제
- [모두 제거] 단추는 부분합을 하기 전 상태로 되돌리는 것

정답 ②

25 다음 중 채우기 핸들에 대한 설명으로 옳은 것은?

① 문자와 숫자가 혼합된 셀의 채우기 핸들을 Ctrl 키를 누른 채 드래그하면 동일한 내용으로 복사된다.
② 숫자가 입력된 첫 번째 셀과 두 번째 셀을 범위로 설정한 후 채우기 핸들을 드래그하면 두 번째 셀의 값이 복사된다.
③ 숫자가 입력된 셀에서 Ctrl 키를 누른 채 채우기 핸들을 오른쪽으로 드래그하면 숫자가 1씩 감소한다.
④ 사용자 정의 목록에 정의된 목록 데이터의 첫 번째 항목을 입력하고 Ctrl 키를 누른 채 채우기 핸들을 드래그하면 목록 데이터가 입력된다.

[숫자데이터를 입력한 경우]
- 숫자 데이터 입력 후에 그냥 채우기 핸들을 하면 똑같은 데이터가 복사
- 숫자 데이터 입력 후에 Ctrl 키를 누른 채로 채우기 핸들을 하면 하나씩 증가
[문자 데이터를 입력한 경우]
문자 데이터를 입력한 뒤에 채우기 핸들을 하면 똑같은 데이터가 복사
[문자＋숫자 혼합하여 입력한 경우]
- 문자＋숫자를 혼합하여 입력한 경우 채우기 핸들을 하면 문자는 복사되고 숫자가 하나씩 증가
- 문자＋숫자를 혼합하여 입력한 후에 Ctrl 키를 누른 채로 채우기 핸들을 하면 똑같은 데이터가 복사
- 숫자가 2개 이상 섞여 있을 경우에는 마지막 숫자만 하나씩 증가
[날짜/시간 데이터]
- 날짜를 입력한 후에 채우기 핸들을 하면은 1일 단위로 증가
- 시간을 입력한 후에 채우기 핸들을 하면은 1시간 단위로 증가

정답 ①

26 다음 중 [페이지 설정] 대화상자에서 워크시트에 포함된 메모의 인쇄 여부 및 인쇄 위치를 지정하기 위해 선택해야 할 탭은?

① [페이지] 탭
② [여백] 탭
③ [머리글/바닥글] 탭
④ [시트] 탭

- [시트] 탭 : 워크시트에 포함된 메모의 인쇄 여부 및 인쇄 위치를 지정
- [페이지] 탭 : 용지 방향(세로, 가로), 배율 설정(확대/축소 배율), 자동 맞춤, 용지 너비, 용지 높이, 용지 크기, 인쇄 품질, 시작페이지 번호 설정 등
- [여백] 탭 : 용지 여백 설정, 페이지 가운데 맞춤, 인쇄 미리 보기 등
- [머리글/바닥글] 탭 : 머리글 편집, 바닥글 편집, 짝수와 홀수 페이지를 다르게 설정, 첫 페이지를 다르게 지정, 문서에 맞게 배율 조정, 페이지 여백에 맞추기 등

정답 ④

27 다음 중 날짜 및 시간 데이터에 관한 설명으로 옳지 않은 것은?

① 날짜 데이터를 입력할 때 연도와 월만 입력하면 일자는 자동으로 해당 월의 1일로 입력된다.
② 셀에 '4/9'을 입력하고 Enter↵ 키를 누르면 셀에는 '04월 09일'로 표시된다.
③ 날짜 및 시간 데이터의 텍스트 맞춤은 기본 왼쪽 맞춤으로 표시된다.
④ Ctrl + : 키를 누르면 시스템의 오늘 날짜, Ctrl + Shift + : 키를 누르면 현재 시간이 입력된다.

날짜 및 시간 데이터의 텍스트 맞춤은 기본적으로 오른쪽 맞춤으로 표시

정답 ③

28 다음 중 아래의 데이터를 이용하여 각 데이터 간 값을 비교하는 차트를 작성하려고 할 때 가장 적절하지 않은 차트는?

	A	B	C	D	E
	성명	1사분기	2사분기	3사분기	4사분기
	홍길동	83	90	95	70
	성춘향	91	70	70	88
	이몽룡	93	98	91	93

① 세로 막대형
② 꺾은선형
③ 원형
④ 방사형

- 원형 차트 : 전체에 대한 항목별 비율 표시, 항상 한 가지의 데이터 계열만으로 표현 가능, 한 계열만 선택하여 분리 가능, 첫 조각 각도 변경 가능
- 원형 차트는 각 데이터 간의 값을 비교하는 데는 적합하지 않음

정답 ③

29 판정[G2:G5] 영역에 총점이 160 이상이면 '우수', 100 이상 160 미만이면 '보통', 100 미만이면 '노력'으로 입력하려고 할 경우 [G2] 셀에 입력할 수식으로 옳은 것은?

	A	B	C	D	E	F	G
1		번호	이름	영어	상식	총점	판정
2		1	원빈	97	80	177	우수
3		2	장동신	87	72	159	보통
4		3	현자	60	40	100	보통
5		4	한길	40	50	90	노력

① =IF(F2>=160,IF(F2>=100,"우수","보통","노력"))
② =IF(F2>=160,"우수",IF(F2>=100,"보통","노력"))
③ =IF(OR(F2>=160,"우수",IF(F2>=100,"보통","노력"))
④ =IF(F2>=160,"우수",IF(F2>=100,"보통",IF(F2=100,"노력")))

- IF함수 : 조건식에 따라 참, 거짓 결과를 출력
  =IF(조건, 참, 거짓)
- 다중 IF함수 : =IF(조건, 참, IF(조건, 참, 거짓))
- 첫 번째 IF문 조건 : F2)=160 → 총점(F2) 셀이 160이상이면 참 : 우수를 반환, 거짓 : 두 번째 IF문을 실행
- 두 번째 IF문 조건 : F2)=100 → 총점(F2) 셀이 100이상이면 참 : 보통을 반환, 거짓 : 노력을 반환

정답 ②

30 다음 중 [텍스트 나누기] 기능에 대한 설명으로 옳지 않은 것은?

① 영역을 선택한 후 [데이터] 탭 [데이터 도구] 그룹의 [텍스트 나누기]를 클릭하면 [텍스트 마법사] 대화 상자가 실행된다.
② [데이터 미리 보기]에서 나눠진 열을 선택한 후 드래그하여 열의 순서를 변경할 수 있다.
③ 각 열을 선택하여 데이터 서식을 지정할 수 있다.
④ 일정한 열 너비 또는 구분 기호로 구분하여 데이터를 나눌 수 있다.

[텍스트 마법사] 대화 상자에 있는 [데이터 미리 보기]에서 나눠진 열에 대해서는 순서를 변경할 수 없음

정답 ②

31 다음 중 매크로에 대한 설명으로 옳은 것은?

① 한 번 작성된 매크로는 삭제할 수 없다.
② 매크로의 이름은 문자로 시작하여야 하고, 공백을 포함할 수 있다.
③ 매크로 작성을 위해 Visual Basic 언어를 따로 설치해야 한다.
④ 매크로란 반복적인 작업을 단순화하기 위해 작업과정을 자동화하는 기능이다.

• 매크로 이름 첫 글자는 반드시 문자이여야 하고 매크로 이름에 공백이나 #. @. $. %, &등의 기호 문자는 사용할 수 없음
• [매크로] 대화 상자-[삭제] 단추를 눌러 매크로를 삭제할 수 있음
• 매크로의 경우 작업을 하면 VBA 언어로 작성된 매크로 프로그램으로 자동 생성됨

정답 ④

32 다음 중 아래 워크시트에서 '부산' 대리점의 판매수량의 합계를 [D11] 셀에 구하기 위한 수식으로 옳지 않은 것은?

	A	B	C	D
1	대리점	단가	공급단가	판매수량
2	부산	500	450	120
3	인천	500	420	150
4	부산	500	450	170
5	서울	500	410	250
6	광주	500	440	300
7	이천	500	420	260
8	광주	500	440	310
9	부산	500	450	290
10				
11	부산 판매수량 합계			

① =SUM(D2,D4,D9)
② =SUMIF(A2:A9,"부산",D2:D9)
③ =DSUM(A1:D9,D1,A2)
④ =SUMIF(A2:D9,A2,D2:D9)

• SUMIF 함수 : =SUMIF(조건범위, 조건, 합계범위)
• DSUM 함수 : =DSUM(전체범위, 열 번호, 조건범위)
  =DSUM(A1:D9,4,A1:A2) : A1:D9 전체 범위에서 합계를 구할 판매수량의 열 번호(또는 필드 지정) 4 입력(또는 D1셀 선택), '부산' 대리점의 조건에 해당하는 A1:A2 조건범위 지정

정답 ③

33 다음 중 [A8] 셀에 아래 함수식을 입력했을 때 나타나는 결과로 옳은 것은?

=COUNTBLANK(A1:A7)+COUNT(A1:A7)

	A
1	민영호
2	
3	이민정
4	노치국
5	6
6	2019-09-09
7	
8	

① 4
② 5
③ 6
④ 7

• COUNTBLANK(range) 함수 : 범위(range)에서 비어 있는 셀의 개수를 구함
  =COUNTBLANK(A1:A7) → 공백의 개수는 2
• COUNT(value1,value2…) 함수 : 범위에서 숫자가 포함된 셀의 개수를 구함
  =COUNT(A1:A7) → 숫자의 개수는 2
  =COUNTBLANK(A1:A7)+COUNT(A1:A7) → 2+2의 결과로 4

정답 ①

34 다음 중 아래 그림과 같이 소수점 자동 삽입의 소수점 위치를 '3'으로 설정한 상태에서 숫자 5를 입력하였을 때 화면에 표시되는 결과로 옳은 것은?

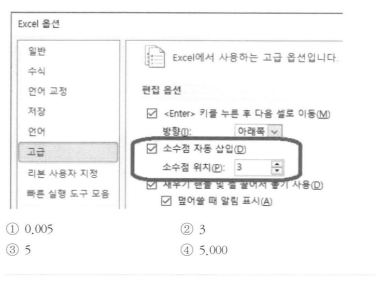

① 0.005
② 3
③ 5
④ 5.000

[파일] 탭-[옵션]-[고급] 에서 [소수점 자동 삽입]에 체크 후 소수점 위치를 3으로 지정하게 되면 소수점 세 자리가 표시되어 출력됨

정답 ①

35 다음 중 시스템의 현재 날짜에서 연도를 구하는 수식으로 옳은 것은?

① =DAYS360(YEAR())
② =DAY(YEAR())
③ =YEAR(TODAY())
④ =YEAR(DATE())

• YEAR 함수 : 날짜 중에서 년도만 추출
  =YEAR(날짜)
• TODAY 함수 : 현재 날짜를 출력
  =TODAY()

정답 ③

36 [보기] 탭의 [창] 그룹에 대한 설명으로 옳지 않은 것은?

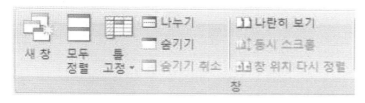

① [나란히 보기]를 클릭하면 2개의 통합 문서를 동시에 비교 보기 할 수 있다.
② [숨기기]를 클릭하면 선택되어 있는 현재 워크시트를 숨긴다.
③ [나누기]를 취소하려면 창을 나누고 있는 창 구분선을 더블클릭한다.
④ [모두 정렬]은 현재 열려진 여러 개의 통합문서를 한 화면에 모두 표시할 때 사용한다.

숨기기 메뉴를 클릭하면 현재 워크시트가 아니라 현재 통합문서가 숨겨짐.
정답 ②

37 다음 중 [시나리오 추가] 대화 상자에 대한 설명으로 옳지 않은 것은?

① [데이터]-[데이터 도구]-[가상 분석]-[시나리오 관리자]대화상자에서 [추가] 단추를 클릭하면 표시되는 대화 상자이다.
② '변경 셀'은 변경 요소가 되는 값의 그룹이며, 하나의 시나리오에 최대 32개까지 지정할 수 있다.
③ '설명'은 시나리오에 대한 추가적인 설명으로 반드시 입력해야 한다.
④ '보호'의 체크 박스들은 [검토]-[변경 내용]-[시트 보호]를 설정한 경우에만 적용되는 항목들이다.

[시나리오 추가] 대화 상자에 있는 '설명'은 기본적으로 컴퓨터에 있는 사용자 이름이 입력되며 반드시 입력할 필요는 없음
정답 ③

38 다음 중 데이터 정렬에 대한 설명으로 옳지 않은 것은?

① 사용자 지정 목록을 사용하면 사용자가 정의한 순서대로 정렬할 수 있다.
② 색상별 정렬이 가능하여 글꼴 색 또는 셀 색을 기준으로 정렬할 수도 있다.

③ 정렬 옵션을 이용하면 데이터를 열 방향 또는 행 방향으로 선택하여 정렬할 수 있다.
④ 표에 병합된 셀들이 포함되어 있는 경우 병합된 셀들은 맨 아래쪽으로 정렬된다.

표에 병합된 셀들이 포함되어 있는 경우 병합된 셀들은 정렬이 되지 않음
정답 ④

39 다음 중 차트의 범례 설정에 대한 설명으로 옳지 않은 것은?

① 범례 위치는 [범례 서식] 대화상자나 [레이아웃] 탭 [레이블] 그룹에서 쉽게 변경할 수 있다.
② 차트에서 범례 또는 범례 항목을 클릭한 후 delete 키를 누르면 범례를 쉽게 제거할 수 있다.
③ 기본적으로 범례의 위치는 차트의 다른 구성요소와 겹치지 않게 표시된다.
④ 마우스로 범례를 이동하거나 크기를 변경하면 그림 영역의 크기 및 위치는 자동으로 조정된다.

마우스로 범례를 이동하거나 크기를 변경한다고 해서 차트의 그림 영역의 크기 및 위치가 자동으로 조정되지 않으며, [범례 서식]-[범례 옵션]에서 위치를 선택할 수 있음
정답 ④

40 아래 차트에 대한 설명으로 옳은 것은 어느 것인가?

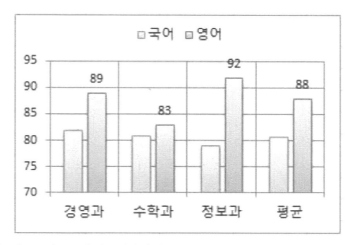

① 세로 (값) 축의 축 서식에서 주 단위 간격을 '95'로 설정하였다.
② 데이터 계열 서식의 '계열 겹치기' 값을 0보다 작은 음수 값으로 설정하였다.
③ '영어'의 데이터 레이블은 안쪽 끝에 표시되고 있다.
④ 가로 (항목) 축의 주 눈금선과 보조 눈금선이 함께 표시되고 있다.

[데이터 계열 서식]-[계열 옵션] 탭에서 '계열 겹치기' 값을 입력하거나 막대 바를 이동. 값이 작아질수록 사이 간격이 벌어지고 값이 증가할수록 계열이 겹쳐짐
정답 ②

COMPUTER EFFICIENCY

핵심 기출문제

01. 핵심 기출문제(2015.03.07 기출)

1 과목   컴퓨터 일반

01 다음 중 아래에서 설명하는 용어는?

① VOD
② VDT
③ PDA
④ MOD

02 다음 중 개인용 컴퓨터에서 정보통신용으로 가장 많이 사용되는 코드로 3개의 Zone 비트와 4개의 Digit 비트로 구성된 코드는?

① BINARY
② BCD
③ EBCDIC
④ ASCII

03 다음 중 전자우편과 관련하여 스팸(SPAM)에 관한 설명으로 옳은 것은?

① 바이러스를 유포시키는 행위이다.
② 수신인이 원하지 않는 메시지나 정보를 일방적으로 보내는 행위이다.
③ 다른 사용자의 개인 정보를 허락 없이 가져가는 행위이다.
④ 고의로 컴퓨터 프로그램 파일이나 데이터를 파괴하는 행위이다.

04 다음 중 Windows 7에서 [디스크 정리]를 수행할 때 정리 대상 파일로 옳지 않은 것은?

① 임시 인터넷 파일
② 사용하지 않은 폰트(*.TTF) 파일
③ 휴지통에 있는 파일
④ 다운로드 한 프로그램 파일

05 다음 중 인터넷 기능을 결합한 TV로 각종 앱을 설치하여 웹 서핑, VOD 시청, 게임 등 다양한 기능을 활용할 수 있는 다기능 TV를 의미하는 용어는?

① HDTV
② Cable TV
③ IPTV
④ Smart TV

06 다음 멀티미디어 파일 형식 중에서 이미지 형식에 해당하지 않는 것은?

① BMP
② GIF
③ TIFF
④ WAV

07 다음 중 Windows 7에서 시스템 관리와 관련된 설명으로 옳지 않은 것은?

① Windows에 문제가 생겼을 때를 대비하여 시스템이 최적의 상태일 때 시스템 복원을 위한 복원 지점을 만들어 둔다.
② 컴퓨터의 프로그램이 응답하지 않으면 Windows에서 문제를 검색하여 자동으로 해결하려고 하지만, 기다리지 않으려면 작업 관리자를 사용하여 프로그램을 직접 끝낸다.
③ 하드디스크의 파일이 손상되었을 경우 [디스크 조각 모음]을 실행하여 디스크 최적화를 유지한다.
④ 하드웨어가 작동하지 않을 때는 [장치 관리자]를 이용하여 드라이버의 업데이트를 실행한다.

08 다음 중 인터넷을 이용할 때 자주 방문하게 되는 웹 사이트로 전자우편, 뉴스, 쇼핑, 게시판 등 다양한 서비스를 통합하여 제공하는 사이트는?

① 미러 사이트
② 포털 사이트
③ 커뮤니티 사이트
④ 멀티미디어 사이트

09 다음 중 Windows 7에서 사용하는 바로가기 아이콘에 관한 설명으로 옳지 않은 것은?

① 하나의 원본 파일에 대하여 하나의 바로가기 아이콘만 만들 수 있다.
② 바로가기 아이콘을 실행하면 연결된 원본 파일이 실행된다.
③ 다른 컴퓨터나 프린터 등에 대해서도 바로가기 아이콘을 만들 수 있다.
④ 원본 파일이 있는 위치와 관계없이 만들 수 있다.

10 다음 중 컴퓨터의 전원이 연결된 상태에서 장치를 연결하거나 분리할 수 있도록 하는 기능을 의미하는 것은?

① 플러그 앤 플레이(Plug and Play)
② 핫 스와핑(Hot swapping)
③ 채널(Channel)
④ 인터럽트(Interrupt)

11 다음 컴퓨터의 기본 기능 중에서 제어 기능에 대한 설명으로 옳은 것은?

① 자료와 명령을 컴퓨터에 입력하는 기능
② 입출력 및 저장, 연산 장치들에 대한 지시 또는 감독 기능을 수행하는 기능
③ 입력된 자료들을 주기억장치나 보조기억장치에 기억하거나 저장하는 기능
④ 산술적/논리적 연산을 수행하는 기능

12 다음 중 국제표준화기구에서 네트워크 통신의 접속에서부터 완료까지의 과정을 구분하여 정의한 통신 규약 명칭은?

① Network 3 계층
② Network 7 계층
③ OSI 3 계층
④ OSI 7 계층

13 다음 중 Windows의 폴더에 대한 설명으로 옳지 않은 것은?

① 폴더는 일반 항목, 문서, 사진, 음악, 비디오 등의 유형을 선택하여 각 유형에 최적화된 폴더로 사용 할 수 있다.
② 폴더는 새로 만들기, 이름 바꾸기, 삭제, 복사 등이 가능하며, 파일이 포함된 폴더도 삭제할 수 있다.
③ 하나의 폴더 내에 같은 이름의 파일이나 폴더가 존재할 수 있으나 이름에 ₩, /, :, *, ?, ", 〈, 〉, | 등의 문자는 사용할 수 없다.
④ 폴더의 [속성] 창에서 해당 폴더에 포함된 파일과 폴더의 개수를 확인할 수 있다.

14 다음 중 컴퓨터를 처리 능력에 따라 분류할 때 이에 해당되지 않는 컴퓨터는?

① 하이브리드 컴퓨터
② 메인프레임 컴퓨터.
③ 퍼스널 컴퓨터
④ 슈퍼 컴퓨터

15 다음 중 학교를 나타내는 기관 도메인과 종류에 대한 연결이 옳지 않은 것은?

① es – 초등학교
② ms – 중학교
③ sc – 고등학교
④ ac – 대학교

16 다음 중 1GB(Giga Byte)에 해당하는 것은?

① 1024 Bytes
② 1024 × 1024 Bytes
③ 1024 × 1024 × 1024 Bytes
④ 1024 × 1024 × 1024 × 1024 Bytes

17 다음 입출력 장치 중 성격이 다른 장치는?

① 터치패드
② OCR
③ LCD
④ 트랙볼

18 다음 중 프린터의 스풀 기능에 관련된 설명으로 옳지 않은 것은?

① 프린터와 같은 저속의 입출력 장치를 CPU와 병행하여 작동시켜 컴퓨터의 전체 효율을 향상시켜 준다.
② 프린터가 인쇄 중이라도 다른 응용 프로그램을 실행할 수 있다.
③ 인쇄 대기 중인 문서의 용지 방향, 용지 종류, 인쇄 매수 등의 설정을 변경할 수 있다.
④ 기본적으로 모든 사용자는 자신의 문서에 대해 인쇄 일시 중지, 계속, 다시 시작, 취소를 할 수 있다.

19 다음 중 컴퓨터가 부팅되지 않을 때의 원인으로 가장 적절하지 않은 것은?

① 전원 공급 장치의 이상
② 롬 바이오스의 이상
③ 키보드 연결의 이상
④ 바이러스의 감염

20 다음 중 Windows 탐색기에서 파일이나 폴더를 선택하는 방법으로 옳은 것은?

① 폴더 내의 모든 항목을 선택하려면 Alt + A 키를 누른다.
② 선택한 항목 중에서 하나 이상의 항목을 제외하려면 Ctrl 키를 누른 상태에서 제외할 항목을 클릭한다.
③ 연속되어 있지 않은 파일이나 폴더를 선택하려면 Shift 키를 누른 상태에서 선택하려는 각 항목을 클릭한다.
④ 연속되는 여러 개의 파일이나 폴더 그룹을 선택하려면 첫째 항목을 클릭한 다음 Ctrl 키를 누른 상태에서 마지막 항목을 클릭한다.

---

2 과목 **스프레드시트 일반**

21 다음 중 자동필터가 설정된 표에서 사용자 지정 필터를 사용하여 검색이 불가능한 조건은?

① 성별이 '남자'인 데이터
② 성별이 '남자'이고, 주소가 '서울'인 데이터
③ 나이가 '20'세 이하이거나 '60'세 이상인 데이터
④ 주소가 '서울'이거나 직업이 '학생'인 데이터

22 다음 중 [시트 보호] 기능에 대한 설명으로 옳지 않은 것은?

① 새 워크시트의 모든 셀은 기본적으로 '잠금' 속성이 설정되어 있다.
② 워크시트에 있는 셀을 보호하기 위해서는 먼저 셀의 '잠금' 속성을 해제해야 한다.
③ 시트 보호를 설정하면 셀에 데이터를 입력하거나 수정하려고 했을 때 경고 메시지가 나타난다.
④ 셀의 '잠금' 속성과 '숨김' 속성은 시트를 보호하기 전까지는 아무런 효과를 내지 못한다.

23 다음 중 아래 워크시트에서 [D2]셀에 그림과 같이 수식을 입력할 때 발생하는 문제는?

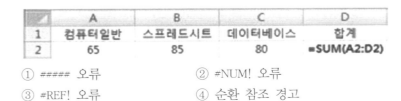

	A	B	C	D
1	컴퓨터일반	스프레드시트	데이터베이스	합계
2	65	85	80	=SUM(A2:D2)

① ##### 오류
② #NUM! 오류
③ #REF! 오류
④ 순환 참조 경고

24 다음 중 엑셀에서 사용할 수 있는 파일형식과 그에 대한 설명이 바르게 연결된 것은?

① *.txt : 공백으로 분리된 텍스트 파일
② *.prn : 탭으로 분리된 텍스트 파일
③ *.xlsm : Excel 매크로 사용 통합 문서
④ *.xltm : Microsoft Office Excel 추가 기능

25 다음 중 정렬 기능에 대한 설명으로 옳지 않은 것은?

① 워크시트에 입력된 자료들을 특정한 순서에 따라 재배열하는 기능이다.
② 정렬 옵션 방향은 '위쪽에서 아래쪽' 또는 '왼쪽에서 오른쪽' 중 선택하여 정렬할 수 있다.
③ 오름차순 정렬과 내림차순 정렬에서 공백은 맨 처음에 위치하게 된다.
④ 선택한 데이터 범위의 첫 행을 머리글 행으로 지정할 수 있다.

26 다음 중 아래 워크시트에서 [E2] 셀의 함수식이 =CHOOSE(RANK(D2, $D$2:$D$5), "천하", "대한", "영광", "기쁨")일 때 결과 값으로 옳은 것은?

	A	B	C	D	E
1	성명	이론	실기	합계	수상
2	김나래	47	45	92	
3	이석주	38	47	85	
4	박명호	46	48	94	
5	장영민	49	48	97	

① 천하
② 대한
③ 영광
④ 기쁨

27 다음 중 아래의 〈수정 전〉 차트를 〈수정 후〉 차트와 같이 변경하려고 할 때 사용해야 할 서식은?

〈수정 전〉

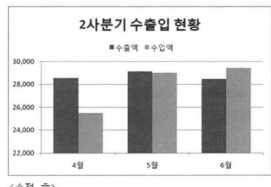

〈수정 후〉

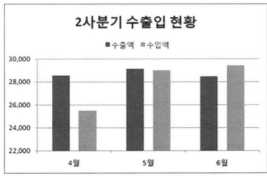

① 차트 영역 서식
② 그림 영역 서식
③ 데이터 계열 서식
④ 축 서식

28 다음 중 [데이터 유효성] 기능의 오류 메시지 스타일에 해당하지 않는 것은?

① 경고(⚠)
② 중지(❌)
③ 정보(ℹ)
④ 확인(✔)

29 다음 중 아래 워크시트에서 참고표를 참고하여 55,000원에 해당하는 할인율을 [C6]셀에 구하고자 할 때의 적절한 함수식은?

	A	B	C	D	E	F
1		〈참고표〉				
2		금액	30,000	50,000	80,000	150,000
3		할인율	3%	7%	10%	15%
4						
5		금액	55,000			
6		할인율	7%			

① =LOOKUP(C5,C2:F2,C3:F3)
② =HLOOKUP(C5,B2:F3,1)
③ =VLOOKUP(C5,C2:F3,1)
④ =VLOOKUP(C5,B2:F3,2)

30 다음 중 워크시트의 [틀 고정] 기능에 관한 설명으로 옳지 않은 것은?

① 워크시트에서 화면을 스크롤할 때 행 또는 열 레이블이 계속 표시되도록 설정하는 기능이다.
② 행과 열을 모두 잠그려면 창을 고정할 위치의 오른쪽 아래 셀을 클릭한 후 '틀 고정'을 실행한다.
③ [틀 고정] 기능에는 현재 선택 영역을 기준으로 하는 '틀 고정'외에도 '첫 행 고정', '첫 열 고정' 등의 옵션이 있다.
④ 화면에 표시되는 틀 고정 형태는 인쇄 시에도 그대로 적용되어 출력된다.

31 다음 중 아래 그림의 표에서 조건범위로 [A9:B11] 영역을 선택하여 고급필터를 실행한 결과의 레코드 수는?

	A	B	C	D
1	성명	이론	실기	합계
2	김진아	47	45	92
3	이은경	38	47	85
4	장영주	46	48	94
5	김시내	40	42	65
6	홍길동	49	48	97
7	박승수	37	43	80
8				
9	합계	합계		
10	<95	>90		
11		<70		

① 0
② 3
③ 4
④ 6

32 다음 중 항목 레이블이 월, 분기, 연도와 같이 일정한 간격의 값을 나타내는 경우에 적합한 차트로 일정 간격에 따라 데이터의 추세를 표시하는 데 유용한 것은?

① 분산형 차트
② 원형 차트
③ 꺾은선형 차트
④ 방사형 차트

33 다음 중 피벗 테이블에 대한 설명으로 옳지 않은 것은?

① 원본의 자료가 변경되면 [모두 새로 고침] 기능을 이용하여 피벗 테이블에 반영할 수 있다.
② 작성된 피벗 테이블을 삭제하면 함께 작성한 피벗 차트도 삭제된다.
③ 피벗 테이블을 삭제하려면 피벗 테이블 전체를 범위로 지정하고 Delete 키를 누른다.
④ 피벗 테이블 보고서에서는 값 영역에 표시된 데이터를 삭제하거나 수정할 수 없다.

34 다음 중 [페이지 나누기] 기능에 대한 설명으로 옳지 않은 것은?

① [보기] 탭의 [페이지 나누기 미리 보기]를 클릭하면 페이지가 나누어진 상태가 더 명확하게 구분된다.
② [페이지 나누기 미리 보기] 상태에서는 페이지 구분선을 마우스로 드래그하여 페이지 나눌 위치를 조정할 수 있다.
③ [페이지 레이아웃] 탭의 [나누기]-[페이지 나누기 모두 원래대로]를 클릭하여 페이지 나누기 전 상태로 원상 복귀할 수 있다.
④ [페이지 나누기 미리 보기] 상태에서는 데이터를 입력하거나 편집할 수 없으므로 [기본] 보기 상태로 변경해야 한다.

35 다음 중 새 매크로를 기록할 때의 과정에 대한 설명으로 옳지 않은 것은?

① Alt + F8 키를 눌러 매크로 기록 대화상자를 실행시켰다.
② 매크로 이름을 '서식변경'으로 지정하였다.
③ 바로가기 키를 Ctrl + Shift + C로 지정하였다.
④ 매크로 저장 위치를 '새 통합 문서'로 지정하였다.

36 다음 중 참조의 대상 범위로 사용하는 이름 정의 시 이름의 지정 방법에 대한 설명으로 옳지 않은 것은?

① 이름의 첫 글자로 밑줄(_)을 사용할 수 있다.
② 이름에 공백 문자는 포함할 수 없다.
③ A1과 같은 셀 참조 주소 이름은 사용할 수 없다.
④ 여러 시트에서 동일한 이름으로 정의할 수 있다.

37 다음 중 아래 워크시트에서 [A1:A2] 영역은 '범위1', [B1:B2] 영역은 '범위2'로 이름이 정의되어 있는 경우 각 수식의 결과로 옳지 않은 것은?

	A	B
1	1	2
2	3	4

① =COUNT(범위1, 범위2) → 4
② =AVERAGE(범위1, 범위2) → 2.5
③ =범위1 + 범위2 → 10
④ =SUMPRODUCT(범위1, 범위2) → 14

38 다음 중 워크시트 셀에 데이터를 자동으로 입력하는 방법에 대한 설명으로 옳지 않은 것은?

① 셀에 입력하는 문자 중 처음 몇 자가 해당 열의 기존 내용과 일치하면 나머지 글자가 자동으로 입력된다.
② 실수인 경우 채우기 핸들을 이용한 [연속 데이터 채우기]의 결과는 소수점 이하 첫째 자리의 숫자가 1씩 증가한다.
③ 채우기 핸들을 이용하면 숫자, 숫자/텍스트 조합, 날짜 또는 시간 등 여러 형식의 데이터 계열을 빠르게 입력할 수 있다.
④ 사용자 지정 연속 데이터 채우기를 사용하면 이름이나 판매 지역 목록과 같은 특정 데이터의 연속 항목을 더 쉽게 입력할 수 있다.

39 다음 중 각 수식에 대한 결과가 옳지 않은 것은?

① =MONTH(EDATE("2015-3-20", 2)) → 5
② =EDATE("2015-3-20", 3) → 2015-06-20
③ =EOMONTH("2015-3-20", 2) → 2015-05-20
④ =EDATE("2015-3-20", -3) → 2014-12-20

40 다음 중 엑셀의 매크로 사용에 대한 설명으로 옳지 않은 것은?

① 리본 메뉴에 [개발 도구] 탭의 표시 여부는 [Excel 옵션]에서 선택할 수 있다.
② 엑셀에서 기본적으로 사용하는 통합 문서(.xlsx)는 매크로 제외 통합 문서이다.
③ 엑셀의 매크로 보안 설정은 기본적으로 '디지털 서명된 매크로만 포함'으로 설정되어 있다.
④ [개발 도구] 탭을 사용하면 매크로와 양식 컨트롤을 쉽게 사용할 수 있다.

02. 핵심 기출문제 (2014.10.18 기출)

1 과목　컴퓨터 일반

01 다음 중 컴퓨터에 저장되는 이미지 파일 포맷인 래스터(raster) 방식에 대한 설명으로 옳지 않은 것은?

① 주로 스캐너나 디지털 카메라를 이용해서 생성된다.
② 픽셀 단위로 이미지를 저장한다.
③ WMF는 Windows에서 기본으로 사용되는 래스터 파일 형식이다.
④ 파일의 크기는 이미지의 해상도에 비례해서 커진다.

02 다음 중 컴퓨터에서 사용하는 소리 파일인 웨이브(wave) 파일에 관한 설명으로 옳지 않은 것은?

① 파일의 확장자는 .wav이다.
② 녹음 조건에 따라 파일의 크기가 가변적이다.
③ Windows Media Player로 파일을 재생할 수 있다.
④ 음높이, 음길이, 세기 등 다양한 음악 기호가 정의되어 있다.

03 다음 중 인터넷을 사용하기 위한 웹 브라우저에 해당하지 않는 것은?

① 파이어폭스　　　　② 사파리
③ 구글　　　　　　　④ 오페라

04 다음 중 네트워크 규모에 따른 통신망의 종류로 적절하지 않은 것은?

① MAN　　　　　　② WAN
③ PCM　　　　　　④ LAN

05 다음 중 HD급 고화질 비디오를 저장할 수 있는 차세대 광학 장치로, 디스크 한 장에 25GB 이상을 저장할 수 있는 것은?

① CD－RW
② DVD
③ 블루레이 디스크
④ ZIP 디스크

06 다음 중 Windows 7의 [디스크 정리] 기능에 관한 설명으로 옳은 것은?

① 하드 디스크에서 불필요한 파일의 수를 줄여 디스크에 여유 공간을 확보한다.
② 분산되어 있는 저장 파일들을 연속된 공간에 저장함으로써 디스크 접근 속도를 향상시킨다.

③ 개인 파일에 영향을 주지 않고, 컴퓨터에 대한 시스템 변경 내용 실행을 취소한다.
④ 심각한 오류가 발생한 경우에 Windows를 복구하는 데 사용한다.

07 다음 중 유명 기업이나 금융기관을 사칭한 가짜 웹 사이트나 이메일 등으로 개인의 금융정보와 비밀번호를 입력하도록 유도하여 예금 인출 및 다른 범죄에 이용하는 수법인 것은?

① 웜(Worm)　　　　　② 해킹(Hacking)
③ 피싱(Phishing)　　　④ 스니핑(Sniffing)

08 다음 중 사용자의 기본 설정을 사이트가 인식하도록 하거나, 사용자가 웹 사이트로 이동할 때마다 로그인해야 하는 번거로움을 생략할 수 있도록 하여 사용자 환경을 향상시키는 것은?

① 쿠키(Cookie)　　　　② 즐겨찾기(Favorites)
③ 웹 서비스(Web Service)　④ 히스토리(History)

09 다음 중 네트워크 연결을 위하여 사용하는 프로토콜에 대한 설명으로 옳지 않은 것은?

① 통신을 원하는 두 개체 간에 무엇을, 어떻게, 언제 통신할 것인가에 대해 약속한 통신 규정이다.
② OSI 7계층 모델의 3번째 계층은 데이터 링크 계층이다.
③ 프로토콜에는 흐름 제어 기능, 동기화 기능, 에러 제어 기능 등이 있다.
④ 인터넷에서 사용하고 있는 대표적인 프로토콜은 TCP/IP이다.

10 ASCII 코드는 한 문자를 표시하는데 7개의 데이터 비트와 1개의 패리티 비트를 사용한다. 다음 중 ASCII 코드로 표현 가능한 문자 수는?

① 32　　　　　　　② 64
③ 128　　　　　　④ 256

11 다음 중 파일 삭제 시 파일이 [휴지통]에 임시 보관되어 복원이 가능한 경우는?

① 바탕 화면에 있는 파일을 [휴지통]으로 드래그 앤 드롭 하여 삭제한 경우
② USB 메모리에 저장되어 있는 파일을 Delete 키로 삭제한 경우
③ 네트워크 드라이브의 파일을 바로가기 메뉴의 [삭제]를 클릭하여 삭제한 경우
④ [휴지통]의 크기를 0%로 설정한 후 [내 문서] 폴더 안의 파일을 삭제한 경우

12 다음 중 Windows 7의 [제어판]-[디스플레이]-[해상도 조정] 설정에 대한 설명으로 옳지 않은 것은?

① 높은 화면 해상도에서는 텍스트와 이미지가 더 선명 하지만 크기는 더 작게 표시된다.
② 해상도를 변경하면 해당 컴퓨터에 로그온한 모든 사용자에게 변경 내용이 적용된다.
③ 다중 디스플레이 옵션은 Windows에서 둘 이상의 모니터가 PC에 연결되어 있음을 인식할 때만 나타난다.
④ 두 대의 모니터가 연결된 경우 좌측 모니터가 주 모니터로 설정되므로 해상도가 높은 모니터를 반드시 좌측에 배치해야 한다.

13 다음 중 Windows 7의 [폴더 옵션]에서 설정할 수 있는 작업에 해당되지 않는 것은?

① 숨김 파일 및 폴더를 표시할 수 있다.
② 색인된 위치에서는 파일 이름뿐만 아니라 내용도 검색하도록 설정할 수 있다.
③ 숨긴 파일 및 폴더의 숨김 속성을 일괄 해제할 수 있다.
④ 파일이나 폴더를 한 번 클릭해서 열 것인지, 두 번 클릭해서 열 것인지를 설정할 수 있다.

14 다음 중 Windows 7의 [제어판]에서 보기 기준을 '범주'로 하였을 경우 [시스템 및 보안] 범주에서 설정할 수 있는 기능에 해당하지 않는 것은?

① 백업 및 복원
② 관리 도구
③ Windows Update
④ 사용자 계정 추가

15 다음 중 Windows 7의 [Windows 탐색기]에 대한 기능과 구조에 대한 설명으로 옳지 않은 것은?

① 컴퓨터에 설치된 디스크 드라이브, 파일 및 폴더 등을 관리하는 기능을 가진다.
② 폴더와 파일을 계층 구조로 표시하며, 폴더 앞의 ▷ 기호는 하위 폴더가 있음을 의미한다.
③ 현재 폴더에서 상위 폴더로 이동하려면 바로가기 키인 Home 키를 누른다.
④ [구성]-[레이아웃]을 선택하면 메뉴 모음, 세부 정보 창, 미리 보기 창, 탐색 창 등의 표시 여부를 선택할 수 있다.

16 다음 중 각 소프트웨어에 대한 설명으로 옳지 않은 것은?

① 공개 소프트웨어(Open Software) : 특정한 하드웨어나 소프트웨어를 구매하였을 때 무료로 주는 프로그램
② 셰어웨어(Shareware) : 정상적인 프로그램을 구매 하도록 유도하기 위해 사용기간이나 기능 등을 제한하여 배포하는 프로그램

③ 데모 버전(Demo Version) : 정식 프로그램을 홍보하기 위해 사용 기간이나 기능을 제한하여 배포하는 프로그램
④ 패치 버전(Patch Version) : 이미 제작하여 배포된 프로그램의 오류 수정이나 성능 향상을 위해 프로그램의 일부 파일을 변경해 주는 프로그램

17 다음 중 PC에서 사용하는 BIOS(Basic Input Output System)에 관한 설명으로 옳지 않은 것은?

① 기본 입출력장치나 메모리 등 하드웨어 작동에 필요한 프로그램이다.
② 전원이 켜지면 POST를 통해 컴퓨터를 점검하고 사용 가능한 장치를 초기화한다.
③ RAM에 저장되며, 펌웨어라고도 한다.
④ 칩을 교환하지 않고도 업그레이드를 할 수 있다.

18 다음 중 Windows 7의 [메모장]에 대한 설명으로 옳지 않은 것은?

① 작성한 문서를 저장할 때 확장자는 기본적으로 .txt가 부여된다.
② 특정한 문자열을 찾을 수 있는 찾기 기능이 있다.
③ 그림, 차트 등의 OLE 개체를 삽입할 수 있다.
④ 현재 시간을 삽입하는 기능이 있다.

19 다음 중 Windows 7의 [제어판]-[디스플레이]에서 할 수 있는 작업에 해당하지 않는 것은?

① 색 보정
② 디스플레이 설정 변경
③ 해상도 조정
④ 바탕 화면에 가젯 추가

20 다음 중 데이터를 효과적으로 이용할 수 있도록 저장, 갱신, 조직, 검색할 수 있는 응용 소프트웨어를 의미하는 것은?

① 그룹웨어
② 데이터베이스 관리시스템
③ 스프레드시트
④ 전자출판

2 과목 스프레드시트 일반

21 다음 중 [부분합] 대화상자의 각 항목 설정에 대한 설명으로 옳지 않은 것은?

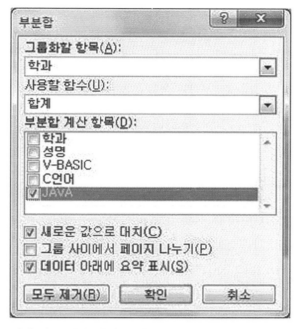

① '그룹화할 항목'에서 선택할 필드를 기준으로 미리 오름차순 또는 내림차순으로 정렬한 후 부분합을 실행해야 한다.
② 부분합 실행 전 상태로 되돌리려면 부분합 대화 상자의 [모두 제거] 단추를 클릭한다.
③ 세부 정보가 있는 행 아래에 요약 행을 지정하려면 '데이터 아래에 요약 표시'를 선택하여 체크 표시한다.
④ 이미 작성된 부분합을 유지하면서 부분합 계산 항목을 추가할 경우에는 '새로운 값으로 대치'를 선택하여 체크한다.

22 왼쪽 워크시트의 성명 데이터를 오른쪽 워크시트와 같이 성과 이름 두 개의 열로 분리하기 위해 [텍스트 나누기] 기능을 사용하고자 한다. 다음 중 [텍스트 나누기]의 분리 방법으로 가장 적절한 것은?

	A
1	김철수
2	박선영
3	최영희
4	한국인

	A	B
1	김	철수
2	박	선영
3	최	영희
4	한	국인

① 열 구분선을 기준으로 내용 나누기
② 구분 기호를 기준으로 내용 나누기
③ 공백을 기준으로 내용 나누기
④ 탭을 기준으로 내용 나누기

23 다음 중 아래의 수식을 [A7] 셀에 입력한 경우 표시되는 결과 값으로 옳은 것은?

= IFERROR(VLOOKUP(A6,$A$1:$B$4,2),"입력오류")

	A	B
1	0	미흡
2	10	분발
3	20	적정
4	30	우수
5		
6	-5	
7		

① 미흡
② 분발
③ 입력오류
④ #N/A

24 다음 중 아래의 〈데이터〉와 〈고급필터 조건〉을 이용하여 고급 필터를 실행한 결과로 옳은 것은?

〈데이터〉

	A	B	C
1	성명	부서명	성적
2	명진수	총무	70
3	김진명	영업	78
4	나오명	경리	90
5	김진수	영업	78

〈고급필터 조건〉

성명	부서명	성적
??명		
	영업	>80

①

성명	부서명	성적
김진명	영업	78

②

성명	부서명	성적
김진명	영업	78
나오명	경리	90

③

성명	부서명	성적
명진수	총무	70
김진명	영업	78
나오명	경리	90

④

성명	부서명	성적
명진수	총무	70
김진명	영업	78
나오명	경리	90

25 다음 중 잘못된 인수나 피연산자를 사용하였거나 수식 자동 고침 기능으로 수식을 고칠 수 없을 때 나타나는 오류 메시지는 무엇인가?

① #NAME? ② #NUM!
③ #DIV/0! ④ #VALUE!

26 다음 중 아래 그림과 같이 [A2:D5] 영역을 선택하여 이름을 정의한 경우에 대한 설명으로 옳지 않은 것은?

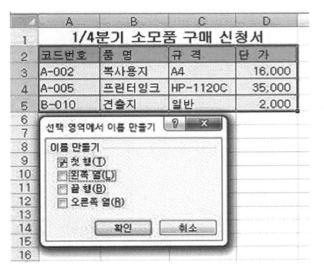

① 정의된 이름은 모든 시트에서 사용할 수 있으며, 이름 정의 후 참조 대상을 편집할 수도 있다.
② 현재 통합문서에 이미 사용 중인 이름이 있는 경우 기존 정의를 바꿀 것인지 묻는 메시지 창이 표시된다.
③ 워크시트의 이름 상자에서 '코드번호'를 선택하면 [A3:A5] 영역이 선택된다.
④ [B3:B5] 영역을 선택하면 워크시트의 이름 상자에 '품 명'이라는 이름이 표시된다.

27 다음 중 [A1] 셀을 선택하고 [연속 데이터] 대화상자의 항목을 아래 그림과 같이 설정하였을 경우 [C1] 셀에 채워질 값으로 옳은 것은?

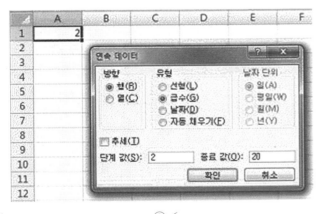

① 4 ② 6
③ 8 ④ 16

28 다음 중 [찾기 및 바꾸기] 대화상자의 각 항목에 대한 설명으로 옳지 않은 것은?

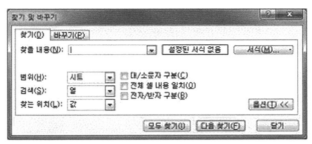

① 찾을 내용 : 검색할 내용을 입력할 곳으로 와일드카드 문자를 검색 문자열에 사용할 수 있다.
② 서식 : 숫자 셀을 제외한 특정 서식이 있는 텍스트 셀을 찾을 수 있다.
③ 범위 : 현재 워크시트에서만 검색하는 '시트'와 현재 통합 문서의 모든 시트를 검색하는 '통합 문서' 중 선택할 수 있다.
④ 모두 찾기 : 검색 조건에 맞는 모든 항목이 나열된다.

29 다음 중 매크로 기록에 대한 설명으로 옳은 것은?

① 매크로 이름의 첫 글자는 반드시 숫자이어야 하며, 문자, 숫자, 공백문자 등을 혼합하여 지정할 수 있다.
② 매크로의 바로가기 키는 숫자 0~9 중에서 선택하여 사용해야 한다.
③ 선택된 셀의 위치에서 매크로가 실행되도록 하려면 상대 참조로 기록해야 한다.
④ 매크로 기록 후 매크로의 이름은 변경할 수 없으나 바로가기 키는 변경할 수 있다.

30 다음 중 수식의 실행 결과가 옳지 않은 것은?

① $=MOD(13, -3) \Rightarrow -2$
② $=POWER(3,2) \Rightarrow 9$
③ $=INT(-7.4) \Rightarrow -7$
④ $=TRUNC(-8.6) \Rightarrow -8$

31 다음 중 아래 워크시트에서 근무일수를 구하기 위해 [B9]셀에 사용한 함수로 옳은 것은?

	A	B	C	D
1	9월 아르바이트 현황			
3	날짜	김은수	한규리	정태경
4	09월 22일	V	V	
5	09월 23일	V		V
6	09월 24일	V	V	
7	09월 25일	V	V	V
8	09월 26일	V	V	V
9	근무일수	5	4	3

① =COUNTA(B4:B8) ② =COUNT(B4:B8)
③ =COUNTBLANK(B4:B8) ④ =DCOUNT(B4:B8)

32 다음 중 엑셀에서 저장할 수 있는 파일 형식에 해당하지 않는 것은?

① Excel 매크로 사용 통합 문서(*.xlsm)
② Excel 바이너리 통합 문서(*.xlsb)
③ dBASE 파일(*.dbf)
④ XML 데이터(.xml)

33 다음 중 차트의 범례 설정에 대한 설명으로 옳지 않은 것은?

① 차트에 범례가 표시되어 있으면 개별 범례 항목을 선택하여 데이터 계열 서식을 변경할 수 있다.
② 차트에서 범례 또는 범례 항목을 클릭한 후 Delete 키를 누르면 범례를 쉽게 제거할 수 있다.
③ 범례는 기본적으로 차트와 겹치지 않게 표시된다.
④ 마우스로 범례를 이동하거나 크기를 변경하면 그림 영역의 크기 및 위치는 자동으로 조정된다.

34 다음 중 매크로를 실행하는 방법에 대한 설명으로 옳지 않은 것은?

① [개발 도구]-[코드] 그룹의 [매크로]를 클릭한 후 매크로를 선택하여 실행한다.
② 셀의 바로가기 메뉴에서 [매크로 지정]을 클릭하여 셀에 매크로를 연결한 후 실행한다.
③ 매크로를 기록할 때 지정한 바로가기 키를 눌러 실행한다.
④ 빠른 실행 도구 모음에 매크로를 선택하여 아이콘으로 추가한 후 아이콘을 클릭하여 실행한다.

35 다음 중 [홈]-[클립보드] 그룹의 [붙여넣기]에서 선택 가능한 붙여넣기 옵션으로 옳지 않은 것은?

① 값 붙여넣기
② 선택하여 붙여넣기
③ 테두리만 붙여넣기
④ 연결하여 붙여넣기

36 다음 중 수식의 실행 결과가 옳지 않은 것은?

① =ROUND(4561.604, 1) ⇒ 4561.6
② =ROUND(4561.604, −1) ⇒ 4560
③ =ROUNDUP(4561.604, 1) ⇒ 4561.7
④ =ROUNDUP(4561.604, −1) ⇒ 4562

37 다음 중 [페이지 나누기 미리 보기] 상태에 대한 설명으로 옳지 않은 것은?

① 차트나 그림 등의 개체를 삽입할 수는 없으나 데이터를 입력하거나 편집할 수는 있다.
② 페이지 구분선을 마우스로 드래그하여 페이지를 나눌 위치를 조정할 수 있다.
③ [페이지 레이아웃]-[페이지 설정] 그룹의 [나누기]-[페이지 나누기 모두 원래대로]를 클릭하면 사용자가 삽입한 페이지 구분선이 모두 삭제된다.
④ 자동으로 표시된 페이지 구분선은 점선, 사용자가 삽입한 페이지 구분선은 실선으로 표시된다.

38 다음 중 사용자가 자주 사용하거나 원하는 기능에 해당하는 명령들을 버튼으로 표시하며, 리본 메뉴의 위쪽이나 아래에 표시하는 엑셀의 화면 구성 요소는?

① 오피스 버튼
② 빠른 실행 도구 모음
③ 리본 메뉴
④ 제목 표시줄

39 다음 중 워크시트의 [머리글/바닥글] 설정에 대한 설명으로 옳지 않은 것은?

① '페이지 레이아웃' 보기 상태에서는 워크시트 페이지 위쪽이나 아래쪽을 클릭하여 머리글/바닥글을 추가할 수 있다.
② 첫 페이지, 홀수 페이지, 짝수 페이지의 머리글/바닥글 내용을 다르게 지정할 수 있다.
③ 머리글/바닥글에 그림을 삽입하고, 그림 서식을 지정할 수 있다.
④ '페이지 나누기 미리 보기' 상태에서는 미리 정의된 머리글이나 바닥글을 선택하여 쉽게 추가할 수 있다.

40 다음 중 아래 차트에 대한 설명으로 옳지 않은 것은?

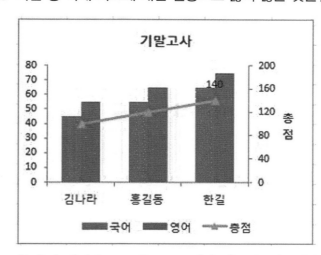

① 총점 계열이 보조 축으로 표시된 이중 축 차트이다.
② 범례는 아래쪽에 배치되어 있다.
③ 영어 계열의 홍길동 요소에 데이터 레이블이 있다.
④ 보조 세로(값) 축의 주 단위는 40이다.

03. 핵심 기출문제 (2014.06.28 기출)

1 과목 · 컴퓨터 일반

01 다음 중 멀티미디어와 관련된 기술인 VOD(Video On Demand)에 대한 설명으로 옳지 않은 것은?

① 비디오를 디지털로 압축하여 비디오 서버에 저장하고, 가입자가 원하는 콘텐츠를 제공하며 재생, 제어, 검색, 질의 등이 가능하다.
② 사용자의 요구에 따라 영화나 뉴스 등의 콘텐츠를 통신 케이블을 통하여 서비스하는 영상 서비스이다.
③ 사용자 간 커뮤니케이션을 목적으로 원거리에서 영상을 공유하며, 공간적 시간적 제약을 극복할 수 있다.
④ VCR 같은 기능의 셋톱박스는 비디오 서버로부터 압축되어 전송된 디지털 영상과 소리를 복원, 재생하는 역할을 한다.

02 다음 중 인터넷 주소 체계인 IPv6에 대한 설명으로 옳은 것은?

① 주소는 8비트씩 16개 부분으로 총 128비트로 구성되어 있다.
② 주소를 네트워크 부분의 길이에 따라 A클래스에서 E클래스까지 총 5단계로 구분한다.
③ IPv4와의 호환성은 낮으나 IPv4에 비해 품질 보장은 용이하다.
④ 주소의 한 부분이 0으로만 연속되는 경우 연속된 0은 ':'으로 생략하여 표시할 수 있다.

03 다음 중 멀티미디어에 관련된 설명으로 옳지 않은 것은?

① 다중(Multi)과 매체(Media)의 합성어로 그래픽, 이미지, 텍스트, 오디오, 비디오 등의 매체들이 통합된 것을 의미한다.
② 멀티미디어는 매체 정보를 디지털화하고, 대용량으로 생성되므로 이를 저장할 수 있는 저장장치를 사용해야 한다.
③ 대용량의 멀티미디어 정보를 효율적으로 저장하기 위해 다양한 압축 기술이 개발되었으나 아직 동영상 압축 기술의 개발은 미비하다.
④ 초고속 통신망의 기술이 발달되어 대용량의 멀티미디어 정보를 통신망을 통해 전송할 수 있다.

04 다음 중 컴퓨터 보안과 관련된 기술에 해당하지 않은 것은?

① 인증(Authentication)
② 암호화(Encryption)
③ 방화벽(Firewall)
④ 브리지(Bridge)

05 다음 중 인터넷을 이용한 자체 검색 기능은 가지고 있지 않으나, 한 번의 검색어 입력으로 여러 개의 검색 엔진에서 정보를 찾아 주는 검색 엔진은?

① 디렉토리형 검색 엔진
② 키워드형 검색 엔진
③ 메타 검색 엔진
④ 하이브리드형 검색 엔진

06 다음 중 컴퓨터 네트워크에서 정보를 전달하기 위한 구성 요소에 해당되지 않는 것은?

① 송·수신자
② 음성인식
③ 전송매체
④ 프로토콜

07 다음 중 각 통신망에 대한 설명으로 옳지 않은 것은?

① LAN : 전송거리가 짧은 구내에서 사용하는 통신망
② WAN : 국가 간 또는 대륙 간처럼 넓은 지역을 연결하는 통신망
③ B-ISDN : 초고속으로 대용량 데이터를 전송하며 동기식 전달방식을 사용하는 통신망
④ VAN : 통신 회선을 빌려 기존의 정보에 새로운 가치를 더해 다수의 사용자에게 판매하는 통신망

08 다음 중 디지털 컴퓨터에 대한 설명으로 옳지 않은 것은?

① 입력 형태는 부호화된 숫자, 문자, 이산자료 등이다.
② 출력 형태는 곡선, 그래프 등 연속된 자료 형태이다.
③ 자료처리를 위해서는 프로그래밍이 필요하다.
④ 우리가 일상생활에서 사용하는 대부분의 컴퓨터이다.

09 다음 중 컴퓨터의 연산속도 단위로 가장 빠른 것은?

① 1ms
② $1\mu s$
③ 1ns
④ 1ps

10 다음 중 이진수 (0110)의 2의 보수 표현으로 옳은 것은?

① 1001
② 1010
③ 1011
④ 1000

11 다음 중 CPU의 성능에 영향을 미치는 요인으로 적절하지 않은 것은?

① 클럭 주파수
② 캐시 메모리
③ 워드(명령어)의 크기
④ 직렬 처리

12 키보드는 키의 기능에 따라 몇 개의 그룹으로 분류할 수 있다. 다음 중 키보드의 분류와 그에 속하는 키의 연결이 옳지 않은 것은?

① 기능 키 — F1, F2, F3
② 입력(문자, 숫자) 키 — A, B, %
③ 탐색 키 — ⭾, Enter↵, Space Bar
④ 제어 키 — Ctrl, Alt, Esc

13 다음 중 컴퓨터에서 사용하는 캐시 메모리(Cache Memory)에 대한 설명으로 옳지 않은 것은?

① 기억 용량은 작으나 속도가 빠른 버퍼 메모리이다.
② 가능한 최대 속도를 얻기 위해 소프트웨어로 구성한다.
③ 기본적인 성능은 히트율(Hit Ratio)로 표현한다.
④ CPU와 주기억장치 사이에 위치한다.

14 다음 중 Windows 7의 제어판에서 시각 장애가 있는 사용자가 컴퓨터를 사용하기에 편리하도록 설정할 수 있는 항목은?

① 동기화 센터
② 사용자 정의 문자 편집기
③ 접근성 센터
④ 프로그램 호환성 마법사

15 다음 중 제어판 작업에서 플러그앤플레이(PNP)의 지원 여부에 따라 작업 방법이 달라지는 것은?

① 날짜와 시간
② 전원 구성
③ 프로그램 및 기능
④ 장치 및 프린터 추가

16 다음 중 Windows 7에서 [표준 사용자 계정]의 사용자가 할 수 있는 작업으로 옳지 않은 것은?

① 사용자 자신의 암호를 변경할 수 있다.
② 마우스 포인터의 모양을 변경할 수 있다.
③ 관리자가 설정해 놓은 프린터를 프린터 목록에서 제거할 수 있다.
④ 사용자의 사진으로 자신만의 바탕 화면을 설정할 수 있다.

17 다음 중 Windows 7의 휴지통에 대한 설명으로 옳지 않은 것은?

① 휴지통은 지워진 파일뿐만 아니라 시간, 날짜, 파일의 경로에 대한 정보까지 저장하고 있다.
② 휴지통은 Windows 탐색기의 폴더와 유사한 창으로 열려, 파일의 보기 방식도 같은 방법으로 변경하여 볼 수 있다.
③ 휴지통에 들어 있는 파일은 명령을 통해 되살리거나 실행할 수 있다.
④ 휴지통에 파일이나 폴더가 없으면 휴지통 아이콘은 빈 휴지통 모양으로 표시된다.

18 다음 중 Windows 7의 [키보드 속성] 대화상자에서 설정할 수 없는 것은?

① 문자 재입력 시간
② 문자 반복 속도
③ 한 번에 스크롤할 줄의 수
④ 커서 깜박임 속도

19 다음 중 Windows 7의 절전 모드에 대한 설명으로 옳지 않은 것은?

① 절전 모드는 작업을 다시 시작하려 할 때 컴퓨터를 빠르게 다시 켤 수 있는 전력 절약 상태이다.
② 최대 절전 모드는 주로 랩톱용으로 디자인된 전력 절약 상태로 열려 있는 문서와 프로그램을 하드 디스크에 저장한 다음 컴퓨터를 끈다.
③ 하이브리드 절전 모드는 주로 데스크톱 컴퓨터용으로 설계되었으며, 전원 오류가 발생할 경우 하드 디스크에서 작업을 복원할 수 있다.
④ 절전 모드는 오랫동안 컴퓨터를 사용하지 않을 예정이고, 그 시간 동안 배터리를 충전할 기회가 없을 경우 가장 적합한 모드이다.

20 다음 중 Windows 7에서 [제어판]-[프로그램] 범주에서 수행할 수 있는 기능으로 옳지 않은 것은?

① 바탕 화면에 가젯 추가
② 프로그램 제거
③ 기본 프로그램 설정
④ 임시 인터넷 파일 삭제

2 과목 　스프레드시트 일반

21 다음 중 부분합에 관한 설명으로 옳지 않은 것은?

① 부분합을 작성할 때 기준이 되는 필드가 반드시 정렬되어 있지 않아도 제대로된 부분합을 실행할 수 있다.
② 부분합에 특정한 데이터만 표시된 상태에서 차트를 작성하면 표시된 데이터에 대해서만 차트가 작성된다.
③ [부분합] 대화상자에서 '새로운 값으로 대치'는 이미 작성한 부분합을 지우고, 새로운 부분합으로 실행할 경우에 설정한다.
④ 부분합 계산에 사용할 요약 함수를 두 개 이상 사용하기 위해서는 함수의 종류 수만큼 부분합을 반복 실행해야 한다.

22 다음 중 고급 필터를 이용하여 국어 점수가 70점 이상에서 90점 미만인 데이터 행을 추출하기 위한 조건으로 옳은 것은?

①
국어	국어
>=70	<90

②
국어
>=70
<90

③
국어	국어
>=70	
	<90

④
국어	국어
>=70	<90

23 다음 중 다양한 상황과 변수에 따른 여러 가지 결과 값의 변화를 가상의 상황을 통해 예측하여 분석할 수 있는 도구는?

① 시나리오 관리자
② 목표값 찾기
③ 해찾기
④ 데이터 표

24 다음 중 정렬에 대한 설명으로 옳지 않은 것은?

① 머리글의 값이 정렬 작업에 포함 또는 제외되도록 설정하거나 해제할 수 있다.
② 숨겨진 열이나 행도 정렬시 이동되므로 데이터를 정렬하기 전에 숨겨진 열과 행을 표시하는 것이 좋다.
③ 사용자 지정 목록을 사용하여 사용자가 정의한 순서대로 정렬할 수 있다.
④ 셀 범위나 표 열의 서식을 직접 또는 조건부 서식으로 설정한 경우 셀 색 또는 글꼴 색을 기준으로 정렬할 수 있다.

25 다음 중 데이터가 입력된 셀에서 Delete 키를 눌렀을 때의 상황에 대한 설명으로 옳지 않은 것은?

① 셀에 설정된 메모는 지워지지 않는다.
② 셀에 설정된 내용과 서식이 함께 지워진다.
③ [홈]-[편집]-[지우기]-[내용 지우기]를 실행한 것과 동일한 결과가 발생한다.
④ 바로가기 메뉴에서 〈내용 지우기〉를 실행한 것과 동일한 결과가 발생한다.

26 아래 워크시트는 채우기를 이용하여 데이터를 입력한 결과이다. 다음 중 연속 데이터 대화상자에서 방향은 '열', 유형은 '급수'일 때 단계 값으로 옳은 것은?

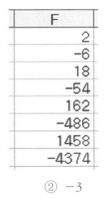

F
2
-6
18
-54
162
-486
1458
-4374

① 2
② -3
③ 3
④ -6

27 다음 중 원 단위로 입력된 숫자를 백만원 단위로 표시하기 위한 사용자 지정 표시 형식으로 옳은 것은?

① #,###
② #,###,
③ #,###,,
④ #,###,,,

28 다음 중 찾기에 관한 설명으로 옳지 않은 것은?

① 대/소문자를 구분하여 찾을 수 있다.
② 수식이나 값을 찾을 수 있지만, 메모 안의 텍스트는 찾을 수 없다.
③ 위쪽 방향이나 왼쪽 방향으로 검색 방향을 바꾸려면 Shift 키를 누른 채 [다음 찾기]를 클릭한다.
④ 와일드카드 문자인 '*'는 모든 문자를 대신할 수 있고, '?'는 해당 위치의 한 문자를 대신할 수 있다.

29 다음 중 아래 워크시트에서 가입일이 2000년 이전이면 회원등급을 '골드회원', 아니면 '일반회원'으로 표시하려고 할 때 [C19] 셀에 입력할 수식으로 옳은 것은?

⊿	A	B	C
17	회원가입현황		
18	성명	가입일	회원등급
19	강민호	2000-01-05	골드회원
20	김보라	1996-03-07	골드회원
21	이수연	2002-06-20	일반회원
22	황정민	2006-11-23	일반회원
23	최경수	1998-10-20	골드회원
24	박정태	1999-12-05	골드회원

① =TODAY(IF(B19<=2000,"골드회원","일반회원")
② =IF(TODAY(B19)<=2000,"일반회원","골드회원")
③ =IF(DATE(B19)<=2000,"골드회원","일반회원")
④ =IF(YEAR(B19)<=2000,"골드회원","일반회원")

30 다음 중 아래의 [매크로 기록] 대화상자의 각 항목에 입력하는 내용으로 옳지 않은 것은?

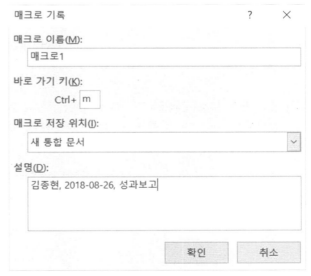

① 매크로 이름을 '매크로 연습'으로 입력하였다.
② 바로가기 키 값을 'm'으로 입력하였다.
③ 매크로 저장 위치를 '새 통합 문서'로 지정하였다.
④ 설명에 매크로 기록자의 이름, 기록한 날짜, 간단한 설명 등을 기록하였다.

31 다음 중 수식의 실행 결과가 다르게 나타나는 것은?

① =POWER(2, 5)
② =SUM(3, 11, 25, 0, 1, -8)
③ =MAX(32, -4, 0, 12, 42)
④ =INT(32.2)

32 다음 중 [A1:C4] 영역에 대한 수식의 실행 결과가 다르게 나타나는 것은?

	A	B	C
1	바나나	7	2500
2	오렌지	6	1500
3	사과	5	1200
4	배	3	1300

① =COUNTIF(B1:B4,"〈〉"&B3)
② =COUNTIF(B1:B4,"〉3")
③ =INDEX(A1:C4,4,2)
④ =TRUNC(SQRT(B1))

33 아래 워크시트에서 [B2:D6] 영역을 참조하여 [C8] 셀에 표시된 바코드에 대한 단가를 [C9] 셀에 표시하였다. 다음 중 [C9] 셀의 수식으로 옳은 것은?

	A	B	C	D
1		바코드	상품명	단가
2		351	CD	1,000
3		352	칫솔	1,500
4		353	치약	2,500
5		354	종이쪽	800
6		355	케이스	1,100
7				
8		바코드	352	
9		단가	1,500	

① =VLOOKUP(C8,$B$2:$D$6,3,0)
② =HLOOKUP(C8,$B$2:$D$6,3,0)
③ =VLOOKUP($B$1:$D$6,C8,3,1)
④ =HLOOKUP($B$1:$D$6,C8,3,1)

34 다음 중 각 워크시트에서 채우기 핸들을 [A3]로 끌었을 때 [A3] 셀에 입력되는 값으로 옳지 않은 것은?

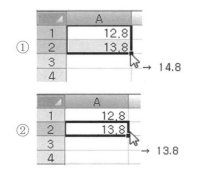

35 다음 중 [셀 서식] 대화상자에서 '표시형식'의 각 범주에 대한 설명으로 옳지 않은 것은?

① '일반' 서식은 각 자료형에 대한 특정 서식을 지정하는데 사용된다.
② '숫자' 서식은 일반적인 숫자를 나타나는데 사용된다.
③ '회계' 서식은 통화 기호와 소수점에 맞추어 열을 정렬하는데 사용된다.
④ '기타' 서식은 우편번호, 전화번호, 주민등록번호 등의 형식을 설정하는데 사용된다.

36 다음 중 추세선을 사용할 수 있는 차트 종류는?

① 3차원 묶은 세로 막대형 차트
② 분산형 차트
③ 방사형 차트
④ 표면형 차트

37 다음 중 아래의 피벗 테이블과 이를 활용한 데이터 추출에 대한 설명으로 옳지 않은 것은?

평균 : TOEIC	열 레이블	
행 레이블	경영학과	컴퓨터학과
김경호	880	
김영민	790	
박찬진	940	
최미진		990
최우석		860
총합계	870	925

① 피벗 테이블 옵션에서 열 총합계 표시가 해제되었다.
② 총 합계는 TOEIC 점수에 대한 평균이 계산되었다.
③ 행 레이블 영역, 열 레이블 영역, 그리고 값 영역에 각각 하나의 필드가 표시되었다.
④ 행 레이블 필터를 이용하면 성이 김씨인 사람에 대한 자료만 추출할 수도 있다.

38 다음 중 차트에서 계열의 순서를 변경할 때 선택해야 할 바로가기 메뉴는?

① 차트 이동
② 데이터 선택
③ 차트 영역 서식
④ 그림 영역 서식

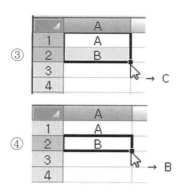

39 다음 중 창 나누기 기능에 대한 설명으로 옳지 않은 것은?

① 화면에 표시되는 창 나누기 형태는 인쇄 시에는 적용되지 않는다.
② 셀 포인터의 위치에 따라 수직, 수평, 수직 · 수평 분할이 가능하다.
③ 창 나누기를 수행하여 나누기 한 각각의 구역의 확대/축소 비율을 다르게 설정할 수 있다.
④ 나누기를 취소하려면 창을 나누고 있는 분할 줄을 아무 곳이나 두 번 클릭한다.

40 다음 중 [페이지 설정] 대화상자에 대한 설명으로 옳지 않은 것은?

① '셀 오류 표시' 옵션을 이용하여 오류 값이 인쇄되지 않도록 할 수 있다.
② 인쇄할 내용이 페이지의 가로/세로의 가운데에 위치하도록 설정할 수 있다.
③ '시작 페이지 번호' 옵션을 이용하여 인쇄할 페이지의 시작 페이지 번호를 지정할 수 있다.
④ 설치된 여러 대의 프린터 중에서 인쇄할 프린터를 선택할 수 있다.

04회 핵심 기출문제 (2014.03.08 기출)

1 과목 컴퓨터 일반

01 다음 중 컴퓨터 범죄에 관한 대비책으로 옳지 않은 것은?

① 컴퓨터 바이러스 예방 및 치료에 대한 프로그램을 지속적으로 개발한다.
② 크랙커(cracker)를 지속적으로 양성한다.
③ 인터넷을 통한 해킹으로부터 보호하기 위해 방화벽과 해킹 방지 시스템을 설치한다.
④ 정기적인 보안 검사를 통해 해킹여부를 감시하도록 한다.

02 다음 중 네트워크 구성에 대한 설명과 프로토콜이 바르게 연결된 것은?(일부 컴퓨터에서 보기가 보이지 않아서 괄호 뒤에 다시 적어 둡니다.)

구성	네트워킹 프로토콜
㉮ 노트북을 무선 핫스팟(hotspot)에 연결 ㉯ 무선 마우스를 PC에 연결 ㉰ 비즈니스 네트워크나 유선 홈 네트워크 구성	ⓐ 블루투스 ⓑ Wi-Fi ⓒ Ethernet

① ㉮ → ⓑ, ㉯ → ⓒ, ㉰ → ⓐ(가 → b, 나 → c, 다 → a)
② ㉮ → ⓒ, ㉯ → ⓐ, ㉰ → ⓑ(가 → c, 나 → a, 다 → b)
③ ㉮ → ⓑ, ㉯ → ⓐ, ㉰ → ⓒ(가 → b, 나 → a, 다 → c)
④ ㉮ → ⓐ, ㉯ → ⓑ, ㉰ → ⓒ(가 → a, 나 → b, 다 → c)

03 다음 중 Windows 7에서 인터넷 익스플로러의 작업 내용과 바로가기의 연결이 옳지 않은 것은?

① 현재 창 닫기 : Ctrl + Q
② 홈 페이지로 이동 : Alt + Home
③ 현재 웹 페이지를 새로 고침 : F5
④ 브라우저 창의 기본 보기와 전체 화면 간 전환 : F11

04 다음 중 Windows 7의 [명령 프롬프트] 창에서 원격 장비의 네트워크 연결 상태 및 작동여부를 확인할 때 사용하는 명령어로 옳은 것은?

① echo
② ipconfig
③ regedit
④ ping

05 다음 중 멀티미디어의 특징으로 옳지 않은 것은?

① 정보의 디지털화
② 정보 제공의 단방향성
③ 정보 처리의 비선형성
④ 정보의 통합성

06 다음 중 컴퓨터를 사용한 정보 통신과 관련된 통신 용어에 대한 설명으로 옳지 않은 것은?

① 흐름 제어(Flow Control) : 자료를 송수신할 때 버퍼를 사용하여 그 속도의 흐름을 조절하기 위한 기능
② 정지 비트(Stop Bit) : 전송되는 데이터의 끝을 알리기 위해 보내는 비트
③ 패리티 비트(Parity Bit) : 데이터 전송 시 에러 검출을 위해 데이터 비트에 붙여서 보내는 비트
④ 전송 속도(bps) : Bytes Per Second의 약자로 초당 전송되는 바이트 수를 의미한다.

07 다음 중 zip 파일과 같이 압축된 파일이나 '보관 속성' 또는 '저장 속성'을 가진 파일을 의미하는 것으로 옳은 것은?

① 실행 파일
② 아카이브 파일
③ 동적 링크 라이브러리 파일
④ 배치 파일

08 다음 중 컴퓨터의 발전 과정을 세대별로 구분할 때, 5세대 컴퓨터의 특징으로 볼 수 없는 것은?

① 퍼지 컴퓨터
② 인공지능
③ 패턴인식
④ 집적회로(IC) 사용

09 다음 중 디지털 컴퓨터의 특성을 설명한 것으로 옳지 않은 것은?

① 부호화된 숫자와 문자, 이산 데이터 등을 사용한다.
② 산술논리 연산을 주로 한다.
③ 증폭 회로를 사용한다.
④ 연산속도가 아날로그 컴퓨터보다 느리다.

10 다음 중 플래시 메모리에 대한 설명으로 옳지 않은 것은?

① 소비전력이 작다.
② 휘발성 메모리이다.
③ 정보의 입출력이 자유롭다.
④ 휴대전화, 디지털카메라, 게임기, MP3 플레이어 등에 널리 이용된다.

11 다음 중 컴퓨터의 연산장치에 있는 누산기(Accumulator)에 관한 설명으로 옳은 것은?

① 연산 결과를 일시적으로 기억하는 장치이다.
② 명령의 순서를 기억하는 장치이다.
③ 명령어를 기억하는 장치이다.
④ 명령을 해독하는 장치이다.

12 다음 중 Windows 7의 기능에 대한 설명으로 옳지 않은 것은?

① 하나의 컴퓨터를 사용하는 여러 사용자가 사용자마다 사용 환경을 다르게 설정할 수 있다.
② Windows Media Player를 이용하여 간단하게 동영상을 편집할 수 있다.
③ 소규모 네트워크를 구축할 수 있다.
④ 파일 시스템으로 FAT32와 NTFS 등을 지원한다.

13 다음 중 Windows 7에서 작업 표시줄의 바로가기 메뉴에서 설정할 수 있는 항목으로 옳지 않은 것은?

① 계단식 창 배열
② 창 가로 정렬 보기
③ 작업 표시줄 잠금
④ 아이콘 자동 정렬

14 다음 중 Windows 7에서 프린터 설치에 대한 설명으로 옳지 않은 것은?

① [프린터 추가 마법사를 실행하여 새로운 프린터를 로컬 프린터와 네트워크 프린터로 구분하여 설치할 수 있다.
② 한 대의 컴퓨터에는 한 대의 프린터만 설치되어야 하며 한 대의 프린터를 네트워크로 공유하여 여러 대의 컴퓨터에서 사용할 수 있다.
③ 네트워크 프린터를 사용할 때는 프린터의 공유 이름과 프린터가 연결되어 있는 컴퓨터 이름을 알아야 한다.
④ 네트워크 프린터를 설치하면 다른 컴퓨터에 연결된 프린터를 내 컴퓨터에 연결된 프린터와 같이 사용할 수 있다.

15 다음 중 그래픽 파일 형식 중 GIF에 대한 설명으로 옳지 않은 것은?

① 비손실 압축과 손실 압축을 모두 지원한다.
② 여러 번 압축을 하여도 원본과 비교해 화질의 손상은 없다.
③ 최대 256 색상까지만 표현할 수 있다.
④ 배경을 투명하게 처리할 수 있다.

16 다음 중 Windows 7에서 휴지통에 관한 설명으로 옳지 않은 것은?

① 작업 도중 삭제된 자료들이 임시로 보관되는 장소로 필요한 경우 복원이 가능하다.
② 각 드라이브마다 휴지통의 크기를 다르게 설정하는 것이 가능하다.
③ 원하는 경우 휴지통에 보관된 폴더나 파일을 직접 실행할 수도 있고 복원할 수도 있다.
④ 지정된 휴지통의 용량을 초과하면 가장 오래 전에 삭제되어 보관된 파일부터 지워진다.

17 다음 중 컴퓨터에서 사용하는 일반 하드디스크에 비하여 속도가 빠르고 기계적 지연이나 에러의 확률 및 발열소음이 적으며, 소형화, 경량화할 수 있는 하드 디스크 대체 저장 장치로 옳은 것은?

① DVD
② HDD
③ SSD
④ ZIP

18 다음 중 Windows 7에서 Ctrl + Esc 키를 눌러 수행되는 작업으로 옳은 것은?

① 시작 메뉴가 나타난다.
② 실행 창이 종료된다.
③ 작업 중인 항목의 바로가기 메뉴가 나타난다.
④ 창 조절 메뉴가 나타난다.

19 다음 중 Windows 7의 [제어판]-[프로그램 및 기능]을 사용하는 이유로 가장 적절한 것은?

① 저작권에 의한 사용료를 지불하기 위하여
② 다른 사용자의 프로그램을 임의로 사용하는 것을 막기 위하여
③ 컴퓨터 바이러스를 예방하기 위하여
④ 컴퓨터에 설치된 프로그램을 제거하거나 변경하기 위하여

20 다음 중 Windows 7의 [제어판]-[개인 설정]에서 설정할 수 있는 기능으로 옳지 않은 것은?

① 화면 보호기
② 마우스 포인터 변경
③ 바탕 화면 배경
④ 가젯 설정

21 다음 중 아래의 윤곽 설정에 대한 설명으로 옳은 것은?

① [A3:D6]의 영역을 선택한 후 [데이터]−[윤곽선]−[그룹]을 '행' 기준으로 실행한 상태이다.
② [A3:D6]의 영역을 선택한 후 [데이터]−[윤곽선]−[그룹]−[자동 윤곽]을 실행한 상태이다.
③ [A3:D6]의 영역을 선택한 후 [데이터]−[윤곽선]−[그룹 해제]를 '행' 기준으로 실행한 상태이다.
④ [A3:D6]의 영역을 선택한 후 [데이터]−[윤곽선]−[그룹]을 '열' 기준으로 실행한 상태이다.

22 다음 중 오름차순 정렬에 관한 설명으로 옳지 않은 것은?

① 숫자는 가장 작은 음수에서 가장 큰 양수의 순서로 정렬된다.
② 영숫자 텍스트는 왼쪽에서 오른쪽으로 정렬된다. 예를 들어, 텍스트 "A100"이 들어 있는 셀은 "A1"이 있는 셀보다 뒤에, "A11"이 있는 셀보다 앞에 정렬된다.
③ 논리값은 TRUE보다 FALSE가 앞에 정렬되며 오류값의 순서는 모두 같다.
④ 공백(빈 셀)은 항상 가장 앞에 정렬된다.

23 다음 중 시나리오에 관한 설명으로 옳지 않은 것은?

① 하나의 시나리오에 최대 32개까지 변경 셀을 지정할 수 있다.
② 시나리오의 결과는 요약 보고서나 피벗테이블 보고서로 작성할 수 있다.
③ 시나리오 병합을 통하여 다른 통합문서나 다른 워크시트에 저장된 시나리오를 가져올 수 있다.
④ 시나리오는 입력된 자료들을 그룹별로 분류하고 해당 그룹별로 특정한 계산을 수행하는 기능이다.

24 다음 중 데이터 통합에 관한 설명으로 옳지 않은 것은?

① 데이터 통합은 위치를 기준으로 통합할 수도 있고, 영역의 이름을 정의하여 통합할 수도 있다.
② '원본 데이터에 연결'기능은 통합할 데이터가 있는 워크시트와 통합 결과가 작성될 워크시트가 같은 통합문서에 있는 경우에만 적용할 수 있다.

③ 다른 원본 영역의 레이블과 일치하지 않는 레이블이 있는 경우에 통합하면 별도의 행이나 열이 만들어 진다.
④ 여러 시트에 있는 데이터나 다른 통합 문서에 입력되어 있는 데이터를 통합할 수 있다.

25 다음 중 참조의 대상 범위로 사용하는 이름에 대한 설명으로 옳은 것은?

① 이름 정의 시 첫 글자는 반드시 숫자로 시작해야 한다.
② 하나의 통합문서 내에서 시트가 다르면 동일한 이름을 지정할 수 있다.
③ 이름 정의 시 영문자는 대소문자를 구분하므로 주의하여야 한다.
④ 이름은 기본적으로 절대참조로 대상 범위를 참조한다.

26 다음 중 원본 데이터를 지정된 서식으로 설정하였을 때, 결과가 옳지 않은 것은?

① 원본 데이터 : 5054.2, 서식 : ### → 결과 데이터 : 5054
② 원본 데이터 : 대한민국, 서식 : @"화이팅" → 결과 데이터 : 대한민국화이팅
③ 원본 데이터 : 15:30:22, 서식 : hh:mm:ss AM/PM → 결과 데이터 : 3:30:22 PM
④ 원본 데이터 : 2013−02−01, 서식 : yyyy−mm−ddd → 결과 데이터 : 2013−02−Fri

27 다음 중 하이퍼링크에 대한 설명으로 옳지 않은 것은?

① 단추에는 하이퍼링크를 지정할 수 있지만 도형에는 하이퍼링크를 지정할 수 없다.
② 다른 통합 문서에 있는 특정 시트의 특정 셀로 하이퍼링크를 지정할 수 있다.
③ 특정 웹 사이트로 하이퍼링크를 지정할 수 있다.
④ 현재 사용 중인 통합 문서의 다른 시트로 하이퍼링크를 지정할 수 있다.

28 다음 중 메모에 대한 설명으로 옳지 않은 것은?

① 메모 상자의 크기는 조절이 가능하다.
② 인쇄 시 메모의 인쇄 여부를 설정할 수 있다.
③ 정렬을 하면 메모도 메모가 삽입된 셀과 함께 이동된다.
④ 피벗 테이블 보고서의 레이아웃(행, 열, 보고서 필터, 값)이 변경되면 메모도 메모가 삽입된 셀과 함께 이동된다.

29 다음 중 매크로에 관한 설명으로 옳지 않은 것은?

① 매크로 이름은 자동으로 부여되며, 변경할 수 있다.
② 매크로의 바로가기 키는 Ctrl 과 영문자 또는 숫자로 조합하여 사용할 수 있다.
③ 매크로는 해당 작업에 대한 일련의 명령과 함수를 비주얼 베이직 모듈로 저장한 것이다.
④ 매크로가 저장되는 위치는 '개인용 매크로 통합 문서', '새 통합 문서', '현재 통합 문서'중 선택하여 지정할 수 있다.

30 다음 중 선택 가능한 매크로 보안 설정으로 옳지 않은 것은?

① 모든 매크로 제외(알림 표시 없음)
② 모든 매크로 제외(알림 표시)
③ 디지털 서명된 매크로만 포함
④ 모든 매크로 포함(알림 표시)

31 다음 중 아래 그림에서 [E2] 셀의 함수식이 ＝CHOOSE(RANK (D2,$D$2:$D$5), "대상", "금상", "은상", "동상")일 때, 결과값으로 옳은 것은?

	A	B	C	D	E
1	성명	이론	실기	합계	순위
2	갈나래	47	45	92	
3	이석주	38	47	85	
4	박명권	46	48	94	
5	장영주	49	48	97	

① 대상
② 금상
③ 은상
④ 동상

32 다음 중 아래 시트에서 [A7] 셀에 수식 ＝$A$1＋$A2를 입력한 후 [A7] 셀을 복사하여 [C8] 셀에 붙여넣기 했을 때, [C8] 셀에 표시되는 결과로 옳은 것은?

	A	B	C
1	1	2	3
2	2	4	6
3	3	6	9
4	4	8	12
5	5	10	15
6			
7			
8			

① 3
② 4
③ 7
④ 10

33 다음 중 동일한 통합문서에서 Sheet1의 [C5]셀, Sheet2의 [C5]셀, Sheet3의 [C5]셀의 합을 구하는 수식으로 옳은 것은?

① ＝SUM([Sheet1:Sheet3]!C5)
② ＝SUM(Sheet1:Sheet3![C5)
③ ＝SUM(Sheet1:Sheet3!C5)
④ ＝SUM(['Sheet1:Sheet3'!C5)

34 다음 중 ＝SUM(A3:A9) 수식이 ＝SUM(A3A9)와 같이 범위 참조의 콜론(:)이 생략된 경우 나타나는 오류 메시지로 옳은 것은?

① #N/A
② #NULL!
③ #REF!
④ #NAME?

35 다음 중 엑셀의 화면 구성 요소를 설명한 것으로 옳지 않은 것은?

① 엑셀에서 열 수 있는 통합 문서 개수는 사용 가능한 메모리와 시스템 리소스에 의해 제한된다.
② 워크시트란 숫자, 문자와 같은 데이터를 입력하고 입력된 결과가 표시되는 작업공간이다.
③ 각 셀에는 행 번호와 열 번호가 있으며, [A1] 셀은 A행과 1열이 만나는 셀로 그 셀의 주소가 된다.
④ 하나의 통합 문서에는 최대 255개의 워크시트를 포함할 수 있다.

36 다음 중 차트에 대한 설명으로 옳지 않은 것은?

① 표면형 차트 : 두 개의 데이터 집합에서 최적의 조합을 찾을 때 사용한다.
② 방사형 차트 : 분산형 차트의 한 종류로 데이터 계열간의 항목 비교에 사용된다.
③ 분산형 차트 : 데이터의 불규칙한 간격이나 묶음을 보여주는 것으로 주로 과학이나 공학용 데이터 분석에 사용된다.
④ 이중 축 차트 : 특정 데이터 계열의 값이 다른 데이터 계열의 값과 현저하게 차이가 날 경우나 두 가지 이상의 데이터 계열을 가진 차트에 사용한다.

37 다음 중 엑셀의 출력에 대한 설명으로 옳지 않은 것은?

① 엑셀에서 그림을 시트 배경으로 사용하면 화면에 표시된 형태로 시트 배경이 인쇄된다.
② 시트 배경은 통합 문서를 저장할 때 워크시트 데이터와 함께 저장된다.
③ 워크시트에 삽입된 그림, 도형 및 SmartArt 등 일러스트레이션은 출력할 수 있다.
④ 차트를 클릭한 후 [Office 단추]-[인쇄]를 선택하면 '인쇄' 대화상자의 인쇄 대상이 '선택한 차트'로 지정 된다.

38 다음 중 아래 차트에 설정되지 않은 차트 요소는?

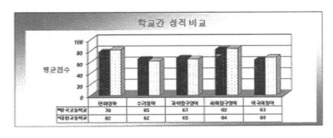

① 차트제목
② 데이터 표
③ 데이터 레이블
④ 세로(값) 축 제목

39 다음 중 아래 그림과 같이 왼쪽 차트를 수정하여 오른쪽 차트로 변환하였을 때, 변환과 관련된 설명으로 옳지 않은 것은?

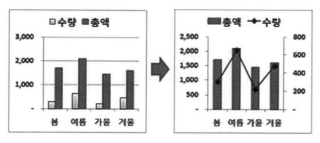

① '수량' 계열의 차트 종류를 변경하였다.
② 기본 세로축의 주 눈금선을 없앴다.
③ 보조 축으로 총액 계열을 사용하였다.
④ 기본 세로축의 주 단위를 500으로 설정하였다.

40 다음 중 [인쇄 미리 보기]에 관한 설명으로 옳지 않은 것은?

① [인쇄 미리 보기] 창에서 셀 너비를 조절할 수 있으나 워크시트에는 변경된 너비가 적용되지 않는다.
② [인쇄 미리 보기]를 실행한 상태에서 [페이지 설정]을 클릭하여 [여백] 탭에서 여백을 조절할 수 있다.
③ [인쇄 미리 보기] 상태에서 '확대/축소'를 누르면 화면에는 적용되지만 실제 인쇄 시에는 적용되지 않는다.
④ [인쇄 미리 보기]를 실행한 상태에서 [여백 표시]를 체크한 후 마우스 끌기를 통하여 여백을 조절할 수 있다.

05. 회 핵심 기출문제 (2013.10.19 기출)

1 과목   컴퓨터 일반

01 다음 중 컴퓨터를 이용하여 학습자에게 교육 내용을 설명하거나 연습 문제를 주어서 학습자가 개별적으로 학습을 진행하는 것을 가능하게 하는 교육 시스템을 의미하는 약어는?

① VOD   ② CAI
③ VCS   ④ PACS

02 다음 중 멀티미디어의 발전 배경에 대한 설명으로 적절하지 않은 것은?

① 인터넷 기술의 발전
② 초고속 통신망 기술의 발전
③ 컴퓨터의 보급과 아날로그 기술의 발전
④ 압축 기법과 같은 데이터 처리 기술의 발전

03 다음 중 컴퓨터 범죄에 해당하지 않는 것은?

① 전자문서의 불법 복사
② 전산망을 이용한 개인 정보 유출
③ 컴퓨터 시스템 해킹을 통한 중요 정보의 위조 또는 변조
④ 웹 검색 엔진을 이용한 상품 검색

04 다음 중 전자우편(E-mail)에 대한 설명으로 옳지 않은 것은?

① 송신자가 작성한 메일을 수신자의 계정에 전송하는 역할을 담당하는 프로토콜은 SMTP이다.
② 전자우편을 통해 한 사람이 동시에 여러 사람에게 동일한 전자우편을 보낼 수 있다.
③ 멀티미디어 파일의 내용을 확인하고 실행시켜주는 프로토콜은 POP3이다.
④ 불특정 다수에게 대량으로 보내는 광고성 메일을 스팸메일이라 한다.

05 다음 중 인터넷 환경에서 파일을 송수신 할 때 사용되는 원격 파일 전송 프로토콜로 옳은 것은?

① DHCP
② HTTP
③ FTP
④ TCP

06 다음 중 우리나라의 공식 인터넷주소자원을 관리하는 조직으로 IP주소와 도메인 이름의 등록 관리뿐만 아니라 인터넷주소자원에 관한 정책연구, 제도개선, 인터넷 이용 활성화를 위한 지원, 국제 인터넷 주소관련 기구와의 협력 등의 업무를 수행하는 곳은?

① WWW-KR   ② INTERNIC
③ KRNIC   ④ KNC

07 다음 중 한글 Windows 7에서 하드 디스크에 저장된 파일을 다시 정렬하는 단편화 제거 과정을 통해 디스크의 파일 읽기/쓰기 성능을 향상시키는 프로그램으로 옳은 것은?

① 디스크 검사   ② 디스크 정리
③ 디스크 포맷   ④ 디스크 조각모음

08 다음 중 아래 내용이 설명하는 네트워크 장비는?

> 네트워크에서 디지털 신호를 일정한 거리 이상으로 전송시키면 신호가 감쇠되므로 디지털 신호의 장거리 전송을 위해 수신한 신호를 재생하거나 출력 전압을 높여 전송한다.

① 라우터   ② 리피터
③ 브리지   ④ 게이트웨이

09 다음 중 컴퓨터의 특징에 관한 설명으로 옳지 않은 것은?

① 컴퓨터에서 사용되는 용어 중 'GIGO'는 입력 데이터가 옳지 않으면 출력 결과도 옳지 않다는 의미의 용어로 'Garbage In Garbage Out'의 약자이다.
② 호환성은 컴퓨터 기종에 상관없이 데이터 값을 동일하게 공유하여 처리할 수 있는 것을 의미한다.
③ 컴퓨터의 처리 속도 단위는 KB, MB, GB, TB 등으로 표현된다.
④ 컴퓨터 사용에는 사무처리, 학습, 과학계산 등 다양한 분야에서 이용될 수 있는 특징이 있으며, 이러한 특징을 범용성이라고 한다.

10 다음 중 플래시 메모리에 대한 설명으로 옳은 것은?

① 중앙처리장치와 주기억장치 사이에 위치하여 컴퓨터의 처리 속도를 향상시키는 역할을 한다.
② 보조기억장치의 일부를 주기억장치처럼 사용하는 메모리 관리 기법으로 주기억장치보다 큰 프로그램을 불러와 실행해야 할 때 유용하다.
③ 주기억장치에 저장된 정보에 접근할 때 주소 대신 기억된 정보의 내용의 일부를 이용하여 직접 접근하는 장치이다.
④ 전기적인 방법으로 수정이 가능한 EEPROM을 개선한 메모리칩으로, MP3 플레이어, 휴대전화, 디지털 카메라 등에 널리 사용된다.

11 다음 중 컴퓨터에서 사용하는 레지스터(Register)에 관한 설명으로 옳지 않은 것은?

① CPU와 주기억장치의 속도 차이 문제를 해결하여 준다.
② 플립플롭(Flip-Flop)과 래치(Ratch)들을 연결하여 구성된다.
③ 컴퓨터에서 사용하는 기억장치 중에서 처리 속도가 가장 빠르다.
④ 처리할 명령어나 연산의 중간 결과 값 등을 일시적으로 저장한다.

12 다음 중 모니터 화면의 이미지를 얼마나 세밀하게 표시할 수 있는가를 나타내는 정보로 픽셀 수에 따라 결정되는 것은?

① 재생률(refresh rate)
② 해상도(resolution)
③ 색 깊이(color depth)
④ 색 공간(color space)

13 다음 중 자기 디스크에서 헤드가 지정된 트랙에 도착하는 트랙 이동 시간을 나타내는 용어로 옳은 것은?

① 접근 시간(Access Time)
② 탐색 시간(Seek Time)
③ 회전 지연 시간(Latency Time)
④ 전송 시간(Transmission Time)

14 다음 중 Windows에서 프린터 설정과 관련된 설명으로 옳지 않은 것은?

① 여러 개의 프린터를 한 대의 컴퓨터에 설치할 수 있다.
② 기본 프린터는 두 대까지 설치할 수 있으며 기본 프린터로 설정된 프린터는 삭제할 수 없다.
③ 로컬 프린터와 네트워크 프린터 모두 기본 프린터로 설정이 가능하다.
④ 스풀(SPOOL) 기능이 설정되면 인쇄 도중에도 다른 작업을 할 수 있는 병행처리 기능을 갖게 되어 컴퓨터의 활용성을 높여준다.

15 다음 중 한글 Windows에서 [연결 프로그램] 메뉴에 대한 설명으로 옳지 않은 것은?

① 내 컴퓨터나 Windows 탐색기에서 특정한 파일을 더블 클릭했을 때 실행될 프로그램을 설정하는 것이다.
② 프로그램이 지정된 파일에서 [열기]를 선택하면 자동으로 연결 프로그램에서 설정된 프로그램이 실행된다.
③ 확장자에 의해 연결 프로그램이 결정되므로 확장자가 다르면 연결 프로그램도 달라야 한다.
④ 일반적으로 응용 프로그램을 설치하면 해당 프로그램에서 사용하는 파일은 연결 프로그램이 자동으로 설정된다.

16 다음 중 언어 번역 프로그램에 대한 설명으로 옳지 않은 것은?

① 컴파일러에 입력되는 프로그램을 원시 프로그램이라 하고, 기계어로 출력되는 프로그램을 목적 프로그램이라 한다.
② 인터프리터는 원시 프로그램을 입력으로 받아 기계어를 생성하고 이를 실행해서 그 결과를 출력하여 주는 프로그램이다.
③ 어셈블리 언어는 어셈블러라고 하는 언어 번역기에 의해서 기계어로 번역된다.
④ 언어번역 프로그램에는 컴파일러, 어셈블러, 인터프리터 등이 있다.

17 다음 중 Windows에서 파일을 삭제한 후 복원할 수 없는 경우로 옳은 것은?

① USB 메모리에 저장된 파일을 삭제한 경우
② [탐색기] 창에서 바탕 화면의 파일을 선택하고 바로가기 메뉴의 [삭제]를 선택하여 파일을 삭제한 경우
③ [내문서] 창에 있는 파일을 ⌫ 키를 눌러서 삭제한 경우
④ [탐색기] 창에서 바탕 화면의 파일을 마우스를 이용하여 휴지통으로 드래그하여 삭제한 경우

18 다음 중 Windows 탐색기에서 사용하는 바로가기 키에 대한 설명으로 옳지 않은 것은?

① F4 : 선택한 파일/폴더의 이름 변경하기
② F3 : 검색
③ F1 : 도움말 보기
④ F5 : 목록 내용을 최신 정보로 수정

19 다음 중 Windows의 [디스플레이] 등록정보 창에서 설정 가능한 항목으로 옳지 않은 것은?

① 바탕화면의 배경 그림을 변경할 수 있다.
② 화면에 표시되는 픽셀수를 변경할 수 있다.
③ 화면의 손상을 방지하도록 움직이는 이미지를 표시하는 화면 보호기를 설정할 수 있다
④ 읽기 쉽도록 구성된 색상과 글꼴을 사용하기 위한 고대비를 설정할 수 있다.

20 다음 중 한글 Windows의 [제어판]-[프로그램 추가/제거]-[Windows 구성 요소 추가/제거]에서 선택 가능한 Windows 구성 요소로 옳지 않은 것은?

① 프린터 서비스
② 관리 및 모니터링 도구
③ 네트워킹 서비스
④ 보조프로그램 및 유틸리티

2 과목   스프레드시트 일반

21 다음 중 필터링에 대한 설명으로 옳지 않은 것은?

① 자동 필터를 사용하여 데이터를 필터링하면 셀 범위나 표 열에서 원하는 데이터를 쉽고 빠르게 찾아 작업할 수 있다.

② 데이터에 필터를 적용하면 지정한 조건에 맞는 행만 표시되고 나머지 행은 숨겨진다.

③ 자동 필터에서는 여러 열에 동시에 '또는(OR)' 조건으로 결합시킬 수 없다.

④ 필터를 사용하려면 기준이 되는 필드를 반드시 오름차순이나 내림차순으로 정렬해야 한다.

22 다음 중 피벗 테이블 보고서에 관한 설명으로 옳지 않은 것은?

① 피벗 테이블 보고서를 작성한 후에 사용자가 새로운 수식을 추가하여 표시할 수 있다.

② 원본데이터가 변경되는 즉시 피벗 테이블 보고서의 데이터도 자동으로 변경된다.

③ 피벗 테이블 보고서는 현재 작업 중인 워크시트나 새로운 워크시트에 작성할 수 있다.

④ 피벗테이블을 삭제하더라도 피벗테이블과 연결된 피벗 차트는 삭제되지 않고 일반 차트로 변경된다.

23 다음 중 데이터 유효성 검사에서 유효성 조건의 제한대상으로 '목록'을 설정하였을 때의 설명으로 옳지 않은 것은?

① 목록의 원본으로 정의된 이름의 범위를 사용하려면 등호(=)와 범위의 이름을 입력한다.

② 유효하지 않은 데이터를 입력할 때 표시할 메시지 창의 내용은 [오류 메시지] 탭에서 설정한다.

③ 드롭다운 목록의 너비는 데이터 유효성 설정이 있는 셀의 너비에 의해 결정된다.

④ 목록 값을 입력하여 원본을 설정하려면 세미콜론(;)으로 구분하여 입력한다.

24 다음 중 조건부 서식에 대한 설명으로 옳지 않은 것은?

① 조건부 서식의 규칙별로 다른 서식을 적용할 수 있다.

② 해당 셀이 여러 개의 조건을 동시에 만족하는 경우 가장 나중에 만족된 조건부 서식이 적용된다.

③ 조건을 수식으로 입력할 경우 수식 앞에 등호(=)를 반드시 입력해야 한다.

④ 조건부 서식에 의해 서식이 설정된 셀에서 값이 변경되어 조건에 만족하지 않을 경우 적용된 서식은 바로 해제된다.

25 다음 중 워크시트 상에서 매크로를 연결할 수 없는 양식 컨트롤의 유형은?

① 레이블   ② 텍스트 필드
③ 단추   ④ 확인란

26 아래 시트에서 [C2:C5] 영역을 선택하고 선택된 셀들의 내용을 모두 지우려고 할 경우 다음 중 결과가 다르게 나타나는 것은?

	A	B	C	D	E
1	성명	출석	과제	실기	총점
2	박경수	20	20	55	95
3	이정수	15	10	60	85
4	경동식	20	14	50	84
5	김미경	5	11	45	61

① 키보드의 ⊡ 키를 누른다.

② 마우스의 오른쪽 버튼을 눌러서 나온 바로가기 메뉴에서 [내용 지우기]를 선택한다.

③ [홈]-[편집]-[지우기] 메뉴에서 [내용 지우기]를 선택한다.

④ 키보드의 Delete 키를 누른다.

27 다음 중 아래 그림과 같이 [선택 영역에서 이름 만들기]를 실행한 결과에 대한 설명으로 옳지 않은 것은?

	A	B	C	D
1	거래처명	단 가	수량	판매가
2	나라유통	45,000	125	5,625,000
3	조은전자	25,000	350	8,750,000
4	대한실업	252,000	35	8,820,000
5	서울상사	55,000	225	12,375,000
6	합계	377,000	735	35,570,000

선택 영역에서 이름 만들기

이름 만들기
☑ 첫 행(T)
☑ 왼쪽 열(L)
☐ 끝 행(B)
☐ 오른쪽 열(R)

확인   취소

① 수식에서 '수량'이라는 이름을 사용하면 [C2:C6]영역이 참조된다.

② =COUNTA(거래처명) 이라는 수식을 실행하면 화면에는 15가 표시된다.

③ [B2:B6] 영역의 이름은 '단가'로 정의된다.

④ 이름 상자에서 '합계'를 선택하면 [B6:D6] 영역이 선택된다.

28 다음 중 워크시트에 2234543 숫자를 입력한 후 사용자 지정 표시 형식을 설정하였을 때, 화면에 표시되는 결과로 옳지 않은 것은?

① 형식 : #,##0.00   결과 : 2,234,543.00

② 형식 : 0.00   결과 : 2234543.00

③ 형식 : #,###,"천 원"   결과 : 2,234천 원

④ 형식 : #%   결과 : 223454300%

29 아래 워크시트에서 [D10] 셀에 '서울' 지점 금액의 평균을 계산하는 수식으로 적합하지 않은 것은?

	A	B	C	D
1	지점명	수량	단가	금액
2	서울	100	800	80,000
3	부산	120	750	90,000
4	대구	130	450	58,500
5	대전	140	660	92,400
6	서울	100	990	99,000
7	부산	90	450	40,500
8	광주	140	760	106,400
9				
10	서울지점 금액의 평균			

① =AVERAGEIF(A2:A8,A2,D2:D8)
② =AVERAGE(D2,D6)
③ =DAVERAGE(A1:D8,D1,A2)
④ =SUMIF(A2:A8,A2,D2:D8)/COUNTIF(A2:A8,A2)

30 다음 중 워크시트 작업 및 관리에 대한 설명으로 옳지 않은 것은?

① 시트 삭제 작업은 실행을 취소할 수 없다.
② Shift + F10 키를 누르면 현재 시트의 뒤에 새 워크시트가 삽입된다.
③ 그룹화 된 시트에서 데이터 입력 및 편집 등의 작업을 실행하면 그룹 내 시트에 동일한 작업이 실행된다.
④ 연속된 시트의 선택은 Shift 키를 사용하면 편리하다.

31 다음 중 매크로의 특징에 대한 설명으로 옳지 않은 것은?

① 매크로를 기록할 때 리본 메뉴에서의 탐색은 기록된 단계에 포함되지 않는다.
② 매크로로 작성한 내용은 필요에 따라 삭제, 편집이 가능하다.
③ '절대 참조'를 이용하면 현재 셀의 위치에 따라 작업의 대상이 되는 영역을 달리할 수 있다.
④ 매크로는 반복적인 작업이나 시간이 많이 걸리는 작업을 보다 신속하게 처리하기 위해 사용된다.

32 다음 중 아래 시트를 이용한 수식의 실행 결과가 나머지와 다르게 나타나는 것은?

	A
1	3
2	7
3	5
4	3
5	0
6	2

① =MOD(A3,A6)　　　② =MODE(A1:A6)
③ =MEDIAN(A1:A6)　　④ =SMALL(A1:A6,3)

33 아래 그림과 같이 '기록(초)' 필드를 이용하여 순위 [C2:C5]를 계산하였다. 다음 중 [C2] 셀의 수식으로 옳은 것은?

	A	B	C
1	선수명	기록(초)	순위
2	홍길동	12	3
3	이기자	15	4
4	금나래	10	1
5	나도국	11	2

① =RANK(B1,$C$2:$C$5)
② =RANK(B2,$A$2:$A$5)
③ =RANK(B2,$B$2:$B$5,1)
④ =RANK(B2,$B$2:$B$5,0)

34 아래 워크시트는 '수량'과 '상품코드'별 단가를 이용하여 금액을 산출한 것이다. 다음 중 [D2] 셀에 사용된 함수식으로 옳은 것은?(금액 = 수량×단가)

	A	B	C	D
1	매장명	상품코드	수량	금액
2	강북	AA-10	15	45,000
3	강남	BB-20	25	125,000
4	강서	AA-10	30	90,000
5	강동	CC-30	35	245,000
6				
7		상품코드	단가	
8		AA-10	3000	
9		BB-20	7000	
10		CC-30	5000	

① =C2*VLOOKUP(B2,$B$8:$C$10, 1, 1)
② =B2*HLOOKUP(C2,$B$8:$C$10, 2, 0)
③ =C2*VLOOKUP(B2,$B$8:$C$10, 2, 0)
④ =C2*HLOOKUP($B$8:$C$10, 2, B2)

35 다음 중 엑셀 창의 오른쪽 하단에서 선택할 수 없는 페이지 보기 방식은?

① 기본
② 확대/축소
③ 전체 화면
④ 페이지 나누기 미리 보기

36 다음 중 전체 항목의 합에 대한 각 항목의 비율을 나타내기에 적합한 차트는?

① 혼합형 차트
② 원형 차트
③ 방사형 차트
④ 영역형 차트

37 다음 중 아래 차트에 대한 설명으로 옳지 않은 것은?

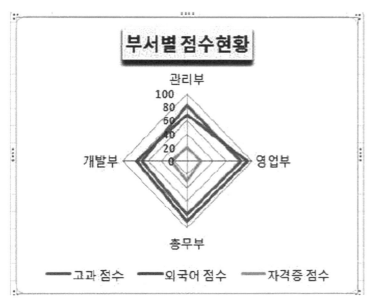

① 데이터 계열이 중심점에서 외곽선으로 나오는 축을 갖는다.
② 여러 데이터 계열의 집계 값을 비교할 때 사용한다.
③ 같은 계열에 있는 모든 값들이 선으로 연결되며, 각 계열마다 축을
  갖는다.
④ 두 데이터 계열에서 최적의 조합을 찾는데 유용하다.

38 다음 중 아래 차트에 설정되어 있지 않은 차트 구성 요소는?

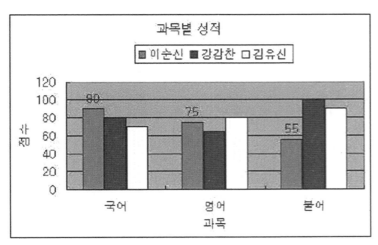

① 차트 제목
② X (항목) 축 보조 눈금선
③ 데이터 레이블
④ 범례

39 다음 중 [창]-[틀 고정]에 대한 설명으로 옳지 않은 것은?

① 셀 포인터의 이동에 상관없이 항상 제목 행이나 제목 열을 표시하
  고자 할 때 설정한다.
② 제목 행으로 설정된 행은 셀 포인터를 화면의 아래쪽으로 이동시
  켜도 항상 화면에 표시된다.
③ 제목 열로 설정된 열은 셀 포인터를 화면의 오른쪽으로 이동시켜
  도 항상 화면에 표시된다.
④ 틀 고정을 취소할 때에는 반드시 셀 포인터를 틀 고정된 우측 하
  단에 위치시키고 [창]-[틀 고정 취소]를 클릭해야 한다.

40 여러 페이지 분량의 시트를 인쇄하고자 한다. 다음 중 각 페이
지 상단에 작성자의 이름을 넣기 위해 [페이지 설정] 대화상자
에서 설정해야 할 옵션은?

① 메모   ② 머리글
③ 페이지 이름   ④ 인쇄 영역

06. 핵심 기출문제 (2013.06.22 기출)

1 과목 컴퓨터 일반

01 다음 중 한글 Windows의 [명령 프롬프트] 창에서 ping 명령을 실행한 후 확인할 수 있는 내용으로 옳지 않은 것은?

① 대상이 되는 IP 주소의 호스트 이름
② 전송 신호의 손실률
③ 전송 신호의 응답 시간
④ 게이트웨이와 DNS의 IP 주소

02 다음 중 아래 내용의 설명에 해당하는 것은?

웹사이트의 정보를 그대로 복사하여 관리하는 사이트를 말한다. 방문자가 많은 웹사이트의 경우 네트워크상의 트래픽이 빈번해지기 때문에 접속이 힘들고 속도가 떨어지므로 이런 상황을 방지하기 위해 자신이 가진 정보와 같은 정보를 세계 여러 곳에 복사해 두는 것이다.

① 미러(Mirror) 사이트
② 페어(Pair) 사이트
③ 패밀리(Family) 사이트
④ 서브(Sub) 사이트

03 다음 중 네트워크 장비의 하나인 허브에 대한 설명으로 옳지 않은 것은?

① 네트워크를 구성할 때 한꺼번에 여러 대의 컴퓨터를 연결하는 장치이다.
② OSI 7계층 중 물리 계층에서 사용되는 장비이다.
③ 허브의 종류에는 더미 허브, 스위칭 허브 등이 있다.
④ 일반적으로 스위칭 허브보다 더미 허브의 속도가 빠르다.

04 다음 중 압축에 관한 설명으로 옳지 않은 것은?

① 한글 Windows에서는 기본적으로 파일/폴더의 크기를 줄여주는 압축 기능을 제공한다.
② 파일을 압축하는 목적은 저장 공간 및 통신 시간의 절약이다.
③ 파일 압축 프로그램에는 ARJ, PKZIP, RAR, LHA 등이 있다.
④ 압축 파일을 재 압축하는 방식으로 파일의 크기를 계속 줄일 수 있다.

05 다음 중 한글 Windows에서 재생할 수 있는 표준 동영상 파일의 형식으로 옳은 것은?

① JPG 파일
② GIF 파일
③ BMP 파일
④ AVI 파일

06 다음 중 한글 Windows의 폴더 창에서 폴더나 파일을 선택하여 바로가기 메뉴의 [삭제] 기능을 이용하여 삭제한 후, 바로 이를 복원하기 위한 방법으로 옳지 않은 것은?

① [휴지통]에 있는 해당 파일의 바로가기 메뉴에서 [복원]을 선택한다.
② 폴더 창의 [편집] 메뉴에서 [삭제 취소]를 선택한다.
③ 폴더 창의 바로가기 메뉴에서 [붙여넣기]를 선택한다.
④ Ctrl + Z 키를 누른다.

07 다음 중 한글 Windows의 인쇄 기능에 대한 설명으로 옳지 않은 것은?

① 인쇄 대기 중인 문서의 인쇄 우선순위를 변경할 수 있다.
② 인쇄 대기 중인 문서에 대해서 용지방향, 용지공급 및 인쇄매수를 변경할 수 있다.
③ 인쇄 대기열을 이용하여 인쇄상태, 소유자, 인쇄할 페이지 수 등 문서에 대한 정보를 알 수 있다.
④ 인쇄 대기열에서 프린터로 보낸 문서의 인쇄를 취소하거나 일시 중지할 수 있다.

08 다음 중 한글 Windows에서 다른 사용자 계정의 이름, 암호 및 계정 유형을 변경할 수 있는 [사용자 계정]의 유형으로 옳은 것은?

① 컴퓨터 관리자 계정
② Guest 계정
③ 제한된 계정
④ 모든 사용자 계정

09 다음 중 한글 Windows의 [Windows 작업 관리자] 창에서 할 수 있는 작업으로 옳지 않은 것은?

① 실행 중인 응용 프로그램의 작업 끝내기를 할 수 있다.
② 시스템을 종료할 수 있다.
③ 사용자 전환을 할 수 있다.
④ 실행 중인 응용프로그램의 실행 순서를 변경할 수 있다.

10 다음 중 [디스크 조각 모음]을 실행하였을 때 표시되지 않는 것은?

① 조각난 파일
② 인접한 파일
③ 사용 가능한 파일
④ 이동할 수 없는 파일

11 다음 중 한글 Windows의 [제어판]에 있는 [키보드]를 이용하여 설정할 수 있는 내용으로 옳지 않은 것은?

① 문자 반복의 재입력 시간을 설정할 수 있다.
② 문자 반복의 반복 속도를 설정할 수 있다.
③ 커서 깜빡임 속도를 설정할 수 있다.
④ 마우스 포인터를 숫자 키패드를 사용하여 움직일 수 있게 설정할 수 있다.

12 다음 중 한글 Windows 제어판의 [범주] 보기에서 프린터를 설치하기 위해 선택해야 할 항목으로 옳은 것은?

① [제어판]-[하드웨어 및 소리]-[장치 및 프린터]-[프린터 추가]
② [제어판]-[하드웨어 및 소리]-[자동 실행]-[프린터 추가]
③ [제어판]-[시스템 및 보안]-[관리 도구]-[프린터 추가]
④ [제어판]-[시스템 및 보안]-[시스템]-[프린터 추가]

13 다음 중 처리속도의 단위에 대한 설명으로 옳지 않은 것은?

① $ps = 10^{-12}sec$
② $ns = 10^{-6}sec$
③ $ms = 10^{-3}sec$
④ $fs = 10^{-15}sec$

14 다음 중 컴퓨터 내부에서 중앙처리장치와 메모리 사이의 데이터 전송을 위해 사용되는 버스(Bus)로 옳지 않은 것은?

① 제어 버스(Control Bus)
② 프로그램 버스(Program Bus)
③ 데이터 버스(Data Bus)
④ 주소 버스(Address Bus)

15 다음 중 중앙 컴퓨터와 일정 지역의 단말장치까지는 하나의 통신 회선으로 연결시키고, 이웃하는 단말장치는 일정 지역 내에 설치된 중간 단말장치로부터 다시 연결시키는 형태로 분산 처리 환경에 적합한 망의 구성 형태는?

① 　②

③ 　④

16 다음 중 십진수 13을 16진수로 올바르게 표현한 것은?

① 15　　　　② B
③ D　　　　④ 100

17 다음 중 한글 Windows에서 사용되는 클립보드에 관한 설명으로 옳지 않은 것은?

① 클립보드를 사용하면 서로 다른 프로그램 간에 데이터를 쉽게 전달할 수 있다.
② 클립보드의 내용은 여러 번 사용이 가능하지만 가장 최근에 저장된 것 하나만 기억한다.
③ 클립보드에 저장된 데이터는 시스템을 다시 시작하여도 재사용이 가능하다.
④ 한 위치에서 복사하거나 이동하고 다른 위치에서 사용할 정보의 임시 저장 영역이다.

18 다음 중 컴퓨터 범죄의 예방 방법으로 가장 적절하지 않은 것은?

① 시스템에 방화벽을 구성하여 사용한다.
② 다운로드 받은 파일은 백신 프로그램으로 검사한 후 사용한다.
③ 게시판에 업로드 된 프로그램은 안전하므로 다운로드 해서 바로 사용한다.
④ 백신 프로그램은 수시로 업데이트한다.

19 다음 중 컴퓨터에 연결하여 사용하는 모니터에 관한 설명으로 옳지 않은 것은?

① 출력 장치의 하나로 문자나 그림을 화면에 표시해 주는 장치이다.
② 비디오 어댑터와 관계없이 모니터는 영상을 표현하기 위하여 도트(Dot)라는 화소 단위를 사용한다.
③ 모니터의 해상도가 높을수록 모니터에 나타나는 영상은 선명하다.
④ 모니터는 표현 방식에 따라 PDP, LCD, CRT, LED 등으로 분류된다.

20 다음 중 전시장이나 쇼핑센터 등에 설치하여 방문객이 각종 안내를 받을 수 있도록 한 것으로, 터치 패널을 이용해 메뉴를 손가락으로 선택해서 정보를 얻을 수 있는 것이 특징인 것은?

① 킨들　　　　② 프리젠터
③ 키오스크　　④ UPS

2 과목　스프레드시트 일반

21 다음 중 하이퍼링크에 대한 설명으로 옳지 않은 것은?

① 단추에는 하이퍼링크를 지정할 수 있지만 도형에는 하이퍼링크를 지정할 수 없다.
② 다른 통합문서에 있는 특정 시트의 특정 셀로 하이퍼링크를 지정할 수 있다.
③ 특정 웹사이트로 하이퍼링크를 지정할 수 있다.
④ 현재 사용 중인 통합문서의 다른 시트로 하이퍼링크를 지정할 수 있다.

22 아래 시트에서 [A1:A2] 영역은 '범위1', [B1:B2] 영역은 '범위2'로 이름을 정의하였다. 다음 중 아래 시트를 이용하여 연산을 수행하였을 때 수식과 결과가 옳지 않은 것은?

	A	B
1	1	2
2	3	4

① =COUNT(범위1, 범위2) → 4
② =AVERAGE(범위1, 범위2) → 2.5
③ =범위1 + 범위2 → 10
④ =SUMPRODUCT(범위1, 범위2) → 14

23 워크시트의 [F8] 셀에 수식 "=E8/$F5"를 입력하는 중 '$'를 한글 'ㄴ'으로 잘못 입력하였다. 이 경우 [F8]셀에 나타나는 오류 메시지로 옳은 것은?(단, [E8] 셀과 [F5] 셀에는 숫자 100과 20이 입력되어 있다.)

① #N/A
② #NAME?
③ #NULL!
④ #VALUE!

24 아래 시트에서 할인율을 변경하여 "판매가격"의 목표 값을 150,000으로 변경하려고 할 때, [목표값 찾기] 대화 상자의 수식 셀에 입력할 값으로 옳은 것은?

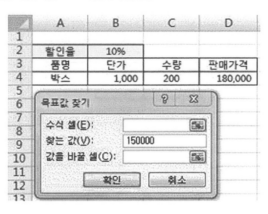

① D4
③ B2
② C4
④ B4

25 다음 중 매크로에 관한 설명으로 옳지 않은 것은?

① 서로 다른 매크로에 동일한 이름을 부여할 수 없다.
② 매크로는 반복적인 작업을 자동화하여 복잡한 작업을 단순한 명령으로 실행할 수 있도록 한다.
③ 사용자의 마우스 동작은 그대로 기록되지만, 키보드 동작은 그대로 기록되지 않는다.
④ 현재 셀의 위치를 기준으로 실행되게 하려면 상대 셀 참조를 사용하여 매크로를 기록하면 된다.

26 다음 중 텍스트 나누기에 대한 설명으로 옳지 않은 것은?

① 각 필드가 일정한 너비로 정렬되어 있는 경우 사용자가 열 구분선 위치를 지정하여 데이터를 분리할 수 있다.
② 텍스트 마법사에서는 탭, 세미콜론, 쉼표, 공백 등의 구분 기호가 기본으로 제공되며, 사용자가 원하는 구분 기호를 지정할 수도 있다.
③ 데이터의 필드 사이에 두 가지 이상의 문자 구분 기호가 있는 경우에는 텍스트 나누기를 실행할 수 없다.
④ 텍스트 마법사 3단계에서는 분리된 데이터가 입력될 각 열의 데이터 서식을 설정할 수 있다.

27 다음 중 매크로와 관련된 바로가기 키에 대한 설명으로 옳지 않은 것은?

① Alt + M 키를 누르면 [매크로 기록] 대화상자가 표시되어 매크로를 기록할 수 있다.
② Alt + F11 키를 누르면 Visual Basic Editor가 실행되며, 매크로를 수정할 수 있다.
③ Alt + F8 키를 누르면 [매크로] 대화상자가 표시되어 매크로 목록에서 매크로를 선택하여 실행할 수 있다.
④ 매크로 기록 시 Ctrl 키와 영문 문자를 조합하여 해당 매크로의 바로가기 키를 지정할 수 있다.

28 아래 그림의 시나리오 요약 보고서에 대한 설명으로 옳지 않은 것은?

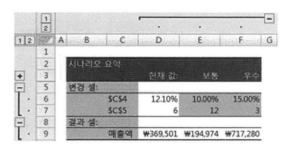

① 추가된 시나리오의 이름은 '현재 값', '보통', '우수'이다.
② 결과 셀은 "매출액"으로 이름이 정의되어 있다.
③ 결과 셀에는 [C4] 셀과 [C5] 셀을 참조하는 수식이 입력되어 있다.
④ 시나리오 요약 보고서가 있는 위 그림의 시트를 삭제해도 작성된 시나리오는 삭제되지 않는다.

29 다음 중 아래 그림과 같이 [변경 전] 차트를 [변경 후] 차트로 수정하였을 때 변경된 내용에 해당하지 않는 것은?

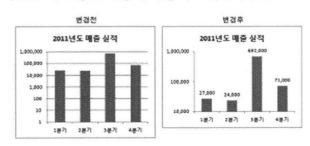

① 최소값을 10000으로 변경하였다.
② 세로 (값) 축 주 눈금선을 없앴다.
③ 가로 축 교차 축 값을 100000으로 설정하였다.
④ 데이터 레이블 '값'이 추가되었다.

30 다음 중 인수 목록에서 공백이 아닌 문자열이나 숫자가 입력된 셀의 개수를 계산하는 함수는?

① COUNT 함수　　　　② COUNTA 함수
③ COUNTIF 함수　　　④ COUNTBLANK 함수

31 다음 중 수식의 결과 값이 다른 것은?

① ="20" − "10"
② =20 − 10
③ ="12/20" − "12/10"
④ =12/20 − 12/10

32 다음 중 [페이지 설정]대화상자의 [시트] 탭에 대한 설명으로 옳지 않은 것은?

① [행/열 머리글] 항목은 행/열 머리글이 인쇄되도록 설정하는 기능이다.
② [인쇄 제목] 항목을 이용하면 특정 부분을 매 페이지 마다 반복적으로 인쇄할 수 있다.
③ [눈금선] 항목을 선택하여 체크 표시하면 작업시트의 셀 구분선은 인쇄되지 않는다.
④ [메모] 항목에서 '(없음)'을 선택하면 셀에 메모가 있더라도 인쇄되지 않는다.

33 아래 그림은 [보기] 탭 [창]그룹의 일부이다. 이에 대한 설명으로 옳지 않은 것은?

① [나란히 보기]를 클릭하면 두 개의 통합 문서를 한 화면의 위, 아래에 열어 놓고 비교할 수 있다.
② [숨기기]를 클릭하면 현재 통합문서에서 선택된 워크시트만 숨겨진다.
③ [나누기]를 취소하려면 창을 나누고 있는 분할줄을 더블 클릭한다.
④ [모두 정렬]은 창을 정렬하는 방식으로 바둑판식/ 가로/세로/계단식 중에서 선택할 수 있다.

34 다음 중 시트 관리에 대한 설명으로 옳지 않은 것은?

① [Shift] 키를 이용하여 시트 그룹을 설정할 수 있다.
② 여러 개의 워크시트를 선택한 후 [Ctrl] 키를 누른 채 시트 탭을 드래그하면 선택된 시트들이 복사된다.
③ 시트 이름에는 공백을 사용할 수 없으며, 최대 31자까지 지정할 수 있다.
④ 시트 보호를 설정해도 시트의 이름 바꾸기 및 숨기기 작업을 수행할 수 있다.

35 아래 시트에서 고급필터 기능을 이용하여 TOEIC 점수 상위 5위까지의 데이터를 추출하고자 한다. 다음 중 고급 필터의 조건식으로 옳은 것은?

	A	B	C
1	학과명	성명	TOEIC
2	경영학과	김영민	790
3	영어영문학과	박찬진	940
4	컴퓨터학과	최우석	860
5	물리학과	황종규	750
6	역사교육과	서진동	880
7	건축학과	강석우	900
8	기계공학과	한경수	740

①
TOEIC
=RANK(C2, $C$2:$C$8) <= 5

②
TOEIC
=LARGE($C$2:$C$8, 5)

③
점수
=RANK(C2, $C$2:$C$8) <= 5

④
점수
=LARGE($C$2:$C$8, 5)

36 아래 그림과 같이 차트에서 '전기난로' 계열의 직선을 부드러운 선으로 나타내는 방법은?

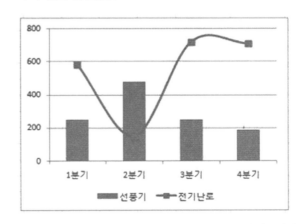

① [데이터 계열 서식] 대화상자의 [선 스타일] 탭에서 [완만한 선]을 설정한다.
② [데이터 계열 서식] 대화상자의 [표식 옵션] 탭에서 [곡선]을 설정한다.
③ [데이터 계열 서식] 대화상자의 [선 색] 탭 [선 종류]에서 [곡선]을 설정한다.
④ [데이터 계열 서식] 대화상자의 [표식 채우기] 탭 [선]에서 [곡선]을 설정한다.

37 다음 중 수식의 결과 값이 옳지 않은 것은?

① =RIGHT("Computer",5) → puter
② =SQRT(25) → 5
③ =TRUNC(5.96) → 5
④ =AND(6〈5, 7〉5) → TRUE

38 다음 중 입력 자료에 셀 서식의 표시 형식을 지정한 결과가 옳지 않은 것은?

① (입력자료) 2006/5/4 (표시형식) yy.m.d (결과) 06.5.4
② (입력자료) 0.57 (표시형식) 0#.# (결과) 0.6
③ (입력자료) 우리 (표시형식) @사랑 (결과) 우리사랑
④ (입력자료) 8:5 (표시형식) hh:mm:ss (결과) 00:08:05

39 다음 중 시간의 흐름에 따른 각 항목의 변화나 경향을 파악하고자 할 때 가장 적합한 차트는?

① 원형
② 꺾은선형
③ 영역형
④ 가로 막대형

40 다음 중 아래 시트에서 [A1] 셀을 선택하고 채우기 핸들을 [A4] 셀까지 드래그 했을 때 [A4] 셀에 입력되는 값은?

① 1학년 1반 001번
② 1학년 1반 004번
③ 1학년 4반 001번
④ 4학년 4반 004번

07. 핵심 기출문제 (2013.03.09 기출)

1 과목 컴퓨터 일반

01 다음 중 한글 Windows에서 [작업 표시줄]의 바로가기 메뉴에 있는 [도구 모음]에서 선택할 수 있는 항목으로 옳지 않은 것은?

① 바탕 화면 ② 연결
③ 빠른 실행 ④ 알림 영역

02 다음 중 웹상에서 정보를 효과적으로 나타내기 위해 문서와 문서를 연결하여 관련된 정보를 쉽게 찾아볼 수 있도록 하는 기능으로 옳은 것은?

① 멀티미디어 ② 프레젠테이션
③ 하이퍼링크 ④ 인덱스

03 다음 중 컴퓨터의 처리 속도를 높이기 위한 가장 효율적인 방법은?

① EIDE 포트 확장 ② 모니터 교체
③ RAM 확장 ④ CD-ROM 교체

04 다음 중 사물에 전자 태그를 부착하고 무선 통신을 이용하여 사물의 정보 및 주변 상황 정보를 감지하는 센서 기술로 옳은 것은?

① 텔레매틱스 서비스
② DMB 서비스
③ W-CDMA 서비스
④ RFID 서비스

05 다음 중 한글 Windows를 부팅하는 과정에서 컴퓨터의 자기 진단과 주변 기기 등의 점검을 먼저 실시하는 기능을 하는 프로그램으로 옳은 것은?

① SYS ② BIOS
③ DOS ④ WIN

06 다음 중 인터넷을 이용한 전자우편에 관한 설명으로 옳지 않은 것은?

① 인터넷에 접속하여 사용자들끼리 서로 편지를 주고받을 수 있는 서비스를 말한다.
② 전자 우편 주소는 '사용자ID@호스트' 주소의 형식으로 이루어진다.

③ 일반적으로 SMTP는 메일을 수신하는 용도로, MIME는 송신하는 용도로 사용되는 프로토콜이다.
④ POP3를 이용하면 전자메일 클라이언트를 통해 전자메일을 받아볼 수 있다.

07 다음 중 Windows 7의 제어판 기능 중 [디스플레이]에서 설정할 수 없는 것은?

① 테마 기능을 이용하여 바탕화면의 배경, 창 색, 소리 및 화면 보호기 등을 한 번에 변경할 수 있다.
② 연결되어 있는 모니터의 개수를 감지하고 모니터의 방향과 화면 해상도를 설정할 수 있다.
③ 화면에 표시되는 텍스트를 읽기 쉽도록 사용자 지정 텍스트 크기(DPI)를 설정할 수 있다.
④ ClearType 텍스트 조정을 이용하여 텍스트의 가독성을 향상시킬 수 있다.

08 다음 중 처리할 데이터를 일정한 분량이 될 때까지 모아서 한 꺼번에 처리하는 시스템으로 옳은 것은?

① 일괄처리 시스템 ② 실시간처리 시스템
③ 시분할 시스템 ④ 분산처리 시스템

09 다음 중 컴퓨터의 악성 코드에 대한 설명으로 옳지 않은 것은?

① 악의적인 용도로 사용될 수 있는 유해 프로그램을 말한다.
② 외부침입을 탐지하고 분석하는 프로그램으로 잘못된 경보를 남발할 수 있다.
③ 때로는 실행하지 않은 파일이 저절로 삭제되거나 변형되는 모습으로 나타난다.
④ 대표적인 악성 코드로는 스파이웨어와 트로이 목마 등이 있다.

10 다음 중 한글 Windows에서 프린터 인쇄에 대한 설명으로 옳지 않은 것은?

① 특정한 지정 없이 문서의 인쇄를 선택하면 기본 프린터로 인쇄된다.
② 인쇄 관리자 창에서 파일의 인쇄 진행 상황을 파악할 수 있다.
③ 인쇄 관리자 창에서 인쇄 대기 중인 문서를 편집할 수 있다.
④ 인쇄 관리자 창에서 문서 파일의 인쇄 작업을 취소할 수 있다.

11 다음 중 컴퓨터의 중앙처리장치가 한 번의 연산 처리에서 사용하는 데이터의 단위를 나타내는 것으로 옳은 것은?

① BIT ② BYTE
③ WORD ④ BPS

12 다음 중 컴퓨터의 인터럽트에 관한 설명으로 옳지 않은 것은?

① 프로그램 실행 중에 현재의 처리 순서를 중단시키고 다른 동작을 수행하도록 하는 것이다.
② 인터럽트 수행을 위한 인터럽트 서비스 루틴 프로그램이 따로 있다.
③ 하드웨어 결함이 생긴 경우에는 인터럽트가 발생하지 않는다.
④ 인터럽트 서브루틴이 끝나면 주프로그램으로 돌아간다.

13 다음 중 인터넷에서 제공되는 서비스로 옳지 않은 것은?

① FTP
② TELNET
③ USB
④ WWW

14 다음 중 한글 Windows의 [디스플레이]에서 설정할 수 있는 기능으로 옳지 않은 것은?

① 텍스트 및 기타 항목 크거나 작게 만들기
② 화면 해상도 조정
③ 외부 디스플레이에 연결
④ 소리 효과 변경

15 다음 중 멀티미디어가 발전할 수 있었던 기술에 관한 설명으로 옳지 않은 것은?

① 저장 장치의 기술 발전으로 대량의 멀티미디어 데이터를 저장할 수 있다.
② 멀티미디어 데이터의 아날로그화 기술을 통하여 처리속도를 향상할 수 있다.
③ 압축기술의 발전으로 대량의 멀티미디어 데이터를 효율적으로 저장할 수 있다.
④ 인터넷 기술의 발전으로 대용량의 멀티미디어 정보를 통신망을 통해 전송할 수 있다.

16 다음 중 인터넷 상에 존재하는 각종 자원들의 위치를 같은 형식으로 나타내기 위한 표준주소체계를 뜻하는 용어로 옳은 것은?

① DNS
② URL
③ HTTP
④ NIC

17 다음 중 한글 Windows에서 인쇄가 안 되는 경우에 대한 대처 방법으로 적절하지 않은 것은?

① 프린터 드라이버 설정이 올바른지 확인한다.
② [프린터]의 속성에서 스풀 기능에 관련된 설정사항을 확인한다.
③ 프린터에 [인쇄 일시 중지] 옵션이 지정되었는지 확인한다.
④ 프린터의 전원이 켜져 있는지 확인한다.

18 다음 중 컴퓨터의 시스템 클록 속도를 나타낼 때 사용하는 단위로 옳은 것은?

① ms
② ns
③ MHz
④ CPS

19 다음 중 한글 Windows의 [마우스 속성]에서 설정 가능한 작업으로 옳지 않은 것은?

① 키보드의 숫자 키패드를 사용한 마우스 포인터의 이동을 설정할 수 있다.
② 마우스 드라이버를 업데이트할 수 있다.
③ 마우스의 휠을 한번 돌릴 때 스크롤 할 양을 변경할 수 있다.
④ Ctrl 키를 누르면 포인터 위치가 표시되도록 설정할 수 있다.

20 다음 중 컴퓨터에서 사용하는 일반 하드디스크에 비하여 속도가 빠르고 기계적 지연이나 에러의 확률 및 발열소음이 적으며, 소형화, 경량화할 수 있는 하드 디스크 대체 저장 장치로 옳은 것은?

① DVD
② HDD
③ SSD
④ ZIP

---

2 과목   스프레드시트 일반

21 아래 시트에서 중간고사와 기말고사 점수를 이용하여 기말고사가 큰 경우에만 증가된 점수의 20%를 가산점으로 주려고 한다. 다음 중 [D2] 셀의 가산점 계산에 대한 수식으로 옳지 않은 것은?

	A	B	C	D
1	이름	중간고사	기말고사	가산점
2	홍길동	80	90	2
3	성춘향	60	90	6
4	이몽룡	90	70	0
5	변학도	70	80	2

① =IF(C2>B2,(C2−B2)*20%,0)
② =IF(B2−C2>0,(C2−B2)*20%,0)
③ =IF(C2−B2>0,(C2−B2)*0.2,0)
④ =IF(B2>=C2,0,ABS(B2−C2)*0.2)

22 다음 중 하이퍼링크를 삽입할 때 연결 대상이 될 수 없는 것은?

① 매크로 바로가기 키
② 인터넷 웹페이지 주소
③ 현재 통합문서 시트의 특정 셀 위치
④ 전자 메일 주소

23 다음 중 워크시트에 대한 설명으로 옳지 않은 것은?

① 새 통합 문서의 시트 개수는 [Excel 옵션]-[기본 설정]-[새 통합 문서 만들기]에서 정의할 수 있다.
② 행과 열이 만나는 지점을 셀이라 한다.
③ 통합 문서 내의 워크시트를 모두 숨기기 할 수 있다.
④ 여러 워크시트에 동시에 같은 자료를 입력할 수 있다.

24 다음 차트는 기대수명 20년에 대한 예측을 표시한 것이다. 이 때 사용한 기능으로 옳은 것은?

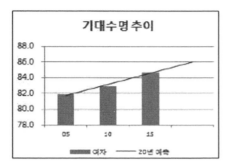

① 자동 합계
② 추세선
③ 오차 막대
④ 평균 구하기

25 다음 중 오류 값의 표시 내용에 대한 설명으로 옳지 않은 것은?

① #NUM! : 수식이나 함수에 잘못된 숫자 값을 사용할 때 발생한다.
② #VALUE : 셀에 입력된 숫자 값이 너무 커서 셀 안에 나타낼 수 없음을 의미한다.
③ #REF! : 유효하지 않은 셀 참조를 지정할 때 발생한다.
④ #NAME : 수식의 텍스트를 인식하지 못할 때 발생한다.

26 [페이지 설정] 대화상자의 [시트] 탭에서 '반복할 행'에 [$4:$4]을 지정하고 워크시트 문서를 출력하였다. 다음 중 출력 결과에 대한 설명으로 옳은 것은?

① 첫 페이지만 1행부터 4행의 내용이 반복되어 인쇄된다.
② 모든 페이지에 4행의 내용이 반복되어 인쇄된다.
③ 모든 페이지에 4열의 내용이 반복되어 인쇄된다.
④ 모든 페이지에 4행과 4열의 내용이 반복되어 인쇄된다.

27 아래 시트에서 [D3] 셀의 위치에서 [홈]-[편집]-[찾기 및 선택]-'찾기'를 실행한 후 아래와 같이 찾을 조건을 지정하고 '다음 찾기'를 실행하였을 때 셀 포인터가 위치할 셀의 주소로 옳은 것은?

조건) 찾을 내용 : 90, 검색 : 열, 찾는 위치 : 값

	A	B	C	D	E
1	번호	이름	국어	국사	윤리
2	1	김근태	85	95	85
3	2	정은주	75	90	80
4	3	황경민	87	87	90
5	4	송진원	95	78	90
6	5	유승철	90	90	85

① [C6]
② [E4]
③ [D6]
④ [E5]

28 [차트1]을 완성한 후 [차트2]와 같이 변경하려고 한다. 이때 사용되지 않은 기능은?

[차트1]

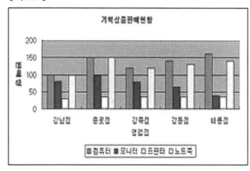

[차트2]

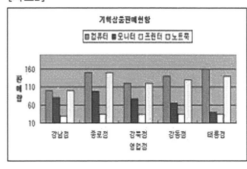

① 축 제목 서식의 텍스트 맞춤 방향을 변경하였다.
② 데이터 계열 서식을 변경하여 보조 축을 지정하였다.
③ 축 서식을 사용하여 최소값과 최대값을 변경하였다.
④ 범례 위치를 위쪽으로 변경하였다.

29 다음 중 2234543 숫자에 아래와 같이 '사용자 지정' 표시 형식을 설정하였을 경우의 결과로 옳지 않은 것은?

① 형식 : #,##0.00   결과 : 2,234,543.00
② 형식 : 0.00   결과 : 2234543.00
③ 형식 : #,###,"천원"   결과 : 2,234천원
④ 형식 : #%   결과 : 223454300%

30 다음 중 정렬 방법에 대한 설명으로 옳지 않은 것은?

① 정렬은 데이터 목록을 특정 기준에 따라 재배열하는 기능이다.
② 정렬 방식에는 오름차순, 내림차순, 사용자 지정목록 등이 있다.
③ 영어는 대소문자를 구별해서 정렬할 수 있다.
④ 정렬 옵션의 방향은 '위쪽에서 아래쪽'과 '아래쪽에서 위쪽'이 있다.

31 다음 시나리오 요약 시트에 대한 설명으로 옳지 않은 것은?

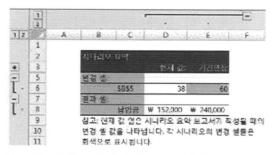

① 시나리오에서 설정된 변경 셀은 [B5]셀이다.
② 시나리오 관리자에 생성된 시나리오는 '현재 값'과 '기간연장' 두 가지이다.
③ 결과 셀은 [B5]셀을 참조하는 수식으로 입력되어 있다.
④ 결과 셀에는 "납입금"으로 이름이 정의되어 있다.

32 아래 시트에서 키(Cm)가 170 이상인 사람의 수를 구하려고 한다. 다음 중 [E7] 셀에 입력할 수식으로 옳지 않은 것은?

	A	B	C	D	E	F
1	번호	이름	키(Cm)	몸무게(Kg)		
2	12001	홍길동	165	67		키(Cm)
3	12002	이대한	171	69		>=170
4	12003	한민국	177	78		
5	12004	이우리	162	80		
6						
7	키가 170Cm 이상인 사람의 수?				2	
8						

① =DCOUNT(A1:D5,2,F2:F3)
② =DCOUNTA(A1:D5,2,F2:F3)
③ =DCOUNT(A1:D5,3,F2:F3)
④ =DCOUNTA(A1:D5,3,F2:F3)

33 다음 중 피벗테이블에 대한 설명으로 옳지 않은 것은?

① 피벗테이블 결과가 표시되는 장소는 동일한 시트 내에만 지정된다.
② 피벗테이블로 작성된 목록에서 행 필드를 열 필드로 편집할 수 있다.
③ 피벗테이블 작성 후에도 사용자가 새로운 수식을 추가하여 표시할 수 있다.
④ 피벗테이블은 많은 양의 데이터를 손쉽게 요약하기 위해 사용되는 기능이다.

34 다음 중 '1학년 1반' 파일의 '기말고사' 시트에서 [A5]셀을 참조하고자 하는 표현으로 옳은 것은?

① =1학년 1반.XLSX.기말고사!A5
② ='〈1학년 1반.XLSX〉기말고사'!A5
③ ='[1학년 1반.XLSX]기말고사'!A5
④ =(1학년 1반.XLSX.기말고사)!A5

35 다음 중 [페이지 설정] 대화상자에서 실행 가능한 작업이 아닌 것은?

① [페이지] 탭에서 '자동 맞춤' 옵션을 이용하여 한 장에 모아서 인쇄할 수 있다.
② [여백] 탭에서 '페이지 나누기' 옵션을 이용하여 새 페이지가 시작되는 위치를 설정할 수 있다.
③ [머리글/바닥글] 탭에서 머리말과 꼬리말이 짝수와 홀수 페이지에 다르게 표시되도록 설정할 수 있다.
④ [시트] 탭에서 '간단하게 인쇄' 옵션을 이용하여 워크시트에 삽입된 차트나 일러스트레이션 개체 등이 인쇄되지 않도록 설정할 수 있다.

36 아래 시트에서 고급 필터를 그림과 같이 실행하였다. 다음 중 고급 필터의 실행 결과로 옳은 것은?

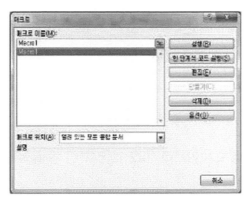

①
12	학과명
13	경영학과
14	영어영문학과
15	컴퓨터학과

②
12	학과명
13	경영학과
14	영어영문학과
15	컴퓨터학과
16	물리학과
17	건축학과
18	기계공학과

③
12	학과명
13	물리학과
14	영어영문학과
15	건축학과
16	기계공학과
17	컴퓨터학과
18	경영학과

④
12	학과명
13	경영학과
14	영어영문학과
15	컴퓨터학과
16	물리학과
17	영어영문학과
18	건축학과
19	기계공학과
20	컴퓨터학과
21	경영학과

37 다음 매크로 대화상자에 대한 설명으로 옳지 않은 것은?

① 매크로 이름을 선택한 후 실행 단추를 누르면 매크로가 실행된다.
② '한 단계씩 코드 실행' 단추를 클릭하면 VBE가 실행되어 매크로 실행과정을 확인할 수 있다.
③ 매크로 대화상자에서는 새 매크로를 작성할 수 없다.
④ '옵션' 단추를 클릭하면 매크로 바로가기 키를 수정할 수 있다.

38 아래 시트를 이용하여 차트를 작성할 때 데이터를 제대로 표현할 수 없는 차트는 어느 것인가?

분기	강남	강동	강서	강북
1사분기	1,340	2,045	1,900	2,040
2사분기	2,100	3,200	2,400	1,950
3사분기	2,300	2,790	2,500	2,300
4사분기	1,800	2,800	2,100	3,299

① 세로 막대 그래프 ② 꺾은선형 그래프
③ 원형 차트 ④ 도넛형 차트

39 다음 중 매크로의 특징에 대한 설명으로 옳지 않은 것은?

① 키보드나 마우스 동작에 의해 매크로를 작성하면 VBA 언어로 작성된 매크로 프로그램이 자동으로 생성된다.
② 기록한 매크로는 편집할 수 없으므로 기능과 조작을 추가 또는 삭제할 수 없다.
③ 매크로 실행의 바로가기 키가 엑셀의 바로가기 키보다 우선이다.
④ 도형을 이용하여 작성된 텍스트 상자에 매크로를 지정한 후 매크로를 실행할 수 있다.

40 다음 중 메모에 대한 설명으로 옳지 않은 것은?

① 통합 문서에 포함된 메모를 시트에 표시된 대로 인쇄하거나 시트 끝에 인쇄할 수 있다.
② 메모에는 어떠한 문자나 숫자, 특수 문자도 지정하여 표현할 수 있다.
③ 모든 메모를 표시하려면 [검토] 탭의 [메모] 그룹에서 '메모 모두 표시'를 클릭한다.
④ 셀에 입력된 데이터를 지우면 메모도 자동으로 삭제된다.

08. 핵심 기출문제 (2012.09.22 기출)

1 과목 컴퓨터 일반

01 다음에 주어진 보기 중에서 가장 작은 컴퓨터 정보 표현 단위는 무엇인가?

① 바이트(byte)
② 워드(word)
③ 레코드(record)
④ 니블(nibble)

02 다음 중 '모의실험'이라는 의미로 컴퓨터로 특정 상황을 설정해서 구현하는 기술로 옳은 것은?

① 워크스테이션
② 에뮬레이션
③ 시뮬레이션
④ 테라플롭스

03 파일 시스템은 디스크에 존재하는 파일의 정보가 저장되어 있는 섹터들을 찾아볼 수 있도록 정보를 저장하는 특수영역이다. 다음 중 FAT16과 비교하여 NTFS의 장점으로 옳지 않은 것은?

① 하드디스크의 공간 낭비를 줄일 수 있다.
② 시스템 안정성이 향상된다.
③ 하드디스크의 성능을 최적화하여 시스템을 보다 빨리 사용할 수 있다.
④ 시스템 리소스를 최대화할 수 있다.

04 다음 중 한글 Windows에서의 프린터 스풀 기능에 대한 설명으로 옳지 않은 것은?

① 프린터와 같은 저속의 입출력 장치를 CPU와 병행하여 작동시켜 컴퓨터의 전체 효율을 향상시켜 준다.
② 인쇄 대기 중인 문서에 대해서는 용지 방향, 용지 공급 및 인쇄 매수와 같은 설정을 변경할 수 있다.
③ 프린터가 인쇄 중이라도 다른 응용 프로그램을 실행할 수 있다.
④ 기본적으로 모든 사용자는 자신의 문서에 대한 인쇄를 일시 중지, 계속, 다시 시작, 취소할 수 있다.

05 다음 중 한글 Windows에서 바탕 화면에 바로가기 아이콘을 만들기 위한 방법으로 옳지 않은 것은?

① 바탕 화면의 바로가기 메뉴에서 [새로 만들기]-[바로가기]를 선택한 후에 실행 파일을 찾아 바로가기 아이콘을 생성한다.
② [탐색기] 창에서 실행 파일을 마우스 오른쪽 버튼으로 누른 상태에서 바탕 화면으로 드래그한 후에 표시되는 바로가기 메뉴에서 [여기에 바로가기 만들기]를 선택한다.

③ [탐색기] 창에서 실행파일을 Shift를 누른 상태로 바탕 화면에 드래그한다.
④ [탐색기] 창에서 실행 파일의 바로가기 메뉴에서 [바로가기 만들기]를 선택한 후에 같은 폴더 안에 만들어진 해당 바로가기 아이콘을 바탕 화면으로 드래그한다.

06 다음 중 멀티미디어 하드웨어에 대한 설명으로 옳지 않은 것은?

① 사운드 카드의 샘플링이란 아날로그 소리 파형을 일정 시간 간격으로 연속적인 측정을 통해 얻어진 각각의 소리의 진폭을 숫자로 표현하여 디지털 데이터로 생성하는 것을 말한다.
② MPEG 보드란 압축된 동영상 파일을 빠른 속도로 복원시켜 재생해 주는 장치이다.
③ 비디오 오버레이 보드란 TV나 비디오를 보면서 컴퓨터 작업을 동시에 할 수 있도록 동영상 데이터를 비디오 카드의 데이터와 합성시켜 표현하는 장치이다.
④ 그래픽 카드는 CPU에 의해 처리된 아날로그 데이터를 디지털로 변환하여 모니터로 보내는 장치이다.

07 다음 중 Windows 탐색기에서 사용하는 바로가기 키에 대한 설명으로 옳지 않은 것은?

① F4 : 선택한 파일/폴더의 이름 변경하기
② F3 : 검색
③ F1 : 도움말 보기
④ F5 : 목록 내용을 최신 정보로 수정

08 다음에서 설명하는 MPEG 규격으로 옳은 것은?

차세대 텔레비전 방송이나 ISDN, 케이블 망 등을 이용한 영상 전송을 위하여 제정된 것으로 HDTV, 위성방송, DVD 등이 이 규격을 따르고 있다.

① MPEG-2
② MPEG-3
③ MPEG-4
④ MPEG-7

09 다음 중 한글 Windows에서 휴지통을 거치지 않고 바로 삭제하는 단축키로 옳은 것은?

① Shift + Delete
② Shift + D
③ Ctrl + D
④ Ctrl + Delete

10 다음 중 인터넷에서 동영상 전송 기술과 관련하여 스트리밍(Streaming) 전송이 가능한 파일의 형식으로 옳지 않은 것은?

① ASF
② JPG
③ WMV
④ RAM

11 다음 중 RISC(Reduced Instruction Set Computer) 설계 방식에 대한 설명으로 옳지 않은 것은?

① 전력 소모가 적다.
② 처리 속도가 빠르다.
③ 프로그래밍이 간단하다.
④ 명령어 종류가 적다.

12 다음 중 객체지향 프로그래밍 언어가 아닌 것은?

① COBOL
② JAVA
③ SmallTalk
④ C++

13 다음 중 컴퓨터에서 산술논리 연산의 결과를 일시적으로 저장하는 임시기억장소로 옳은 것은?

① 프로그램 카운터
② 누산기
③ 가산기
④ 스택 포인터

14 다음 중 Windows 7에서 작업 표시줄의 바로가기 메뉴에서 설정할 수 있는 항목으로 옳지 않은 것은?

① 계단식 창 배열
② 창 가로 정렬 보기
③ 작업 표시줄 잠금
④ 아이콘 자동 정렬

15 다음 중 인터넷상에서 실시간으로 다른 사람과 채팅을 할 수 있도록 지원하는 서비스는?

① FTP
② ASP
③ XML
④ IRC

16 다음에서 설명하고 있는 인터넷 용어로 옳은 것은?

인터넷상에서 특정 사이트로 동시에 많은 이용자들이 접속하는 것을 방지하기 위하여 같은 내용을 복사해 놓은 사이트

① 미러 사이트(Mirror Site)
② 피싱(Phishing)
③ 포털 사이트(Portal Site)
④ 유비쿼터스(Ubiquitous)

17 인터넷 익스플로러에서 과도한 노출이나 폭력적인 사이트에는 접속을 할 수 없도록 등급을 사용하여 볼 수 있는 인터넷 내용을 제한하도록 설정하는 방법으로 옳은 것은?

① [도구]-[인터넷 옵션]-[고급] 탭에서 설정
② [도구]-[인터넷 옵션]-[일반] 탭에서 설정
③ [도구]-[인터넷 옵션]-[보안] 탭에서 설정
④ [도구]-[인터넷 옵션]-[연결] 탭에서 설정

18 다음 중 하드디스크의 사양과 관계없는 항목은?

① 재생률(refresh rate)
② 용량(capacity)
③ 전송률(transfer rate)
④ 버퍼메모리(buffer memory)

19 다음 중 정보 통신을 위한 디지털 방식의 통신 선로에서 전송 신호를 증폭하거나 재생하고 전달하는 중계 장치로 옳은 것은?

① 게이트웨이(Gateway)
② 모뎀(Modem)
③ 리피터(Repeater)
④ 라우터(Router)

20 다음 중에서 제작자가 의도적으로 사용자에게 피해를 주기 위해 악의적 목적으로 만든 악성 코드에 해당하지 않는 것은?

① 웜(Worm)
② 트로이 목마(Trojan House)
③ 드로퍼(Dropper)
④ 파이어 월(Fire wall)

---

2 과목 스프레드시트 일반

21 아래의 그림처럼 워크시트의 내용을 화면의 여러 창에서 동시에 표시하려고 할 때 사용하는 기능으로 옳은 것은?

	A	B		A	B
1	학번	국어		학번	국어
2	2012001	90		2012001	90
3	2012004	85		2012004	85
1	학번	국어		학번	국어
2	2012001	90		2012001	90
3	2012004	85		2012004	85

① [나누기]
② [선택 영역 확대/축소]
③ [틀 고정]
④ [모두 정렬]

22 다음과 같이 하나의 셀에 두 줄 이상의 데이터를 입력하려고 하는 경우, '컴퓨터'를 입력한 후 줄을 바꾸기 위하여 사용하는 키로 옳은 것은?

① Ctrl + Enter↵
② Ctrl + Shift + Enter↵
③ Alt + Enter↵
④ Shift + Enter↵

23 다음 중 영문 대/소문자를 구분하도록 설정했을 때 오름차순 정렬의 순서가 옳은 것은?

① A－a－@－5－3
② 3－5－@－a－A
③ a－A－@－5－3
④ 3－5－@－A－a

24 아래 표에서 주어진 함수식에 대한 결과값이 옳지 않은 것은?

번호	함수식	결과값
A	=SQRT(49)	7
B	=NOT(4>5)	FALSE
C	=MODE(5,10,15,10)	10
D	=ROUND(13200,-3)	13000

① A
② B
③ C
④ D

25 다음 중 시나리오에 대한 설명으로 옳지 않은 것은?(문제 오류로 실제 시험장에서는 1, 4번이 정답처리 되었습니다. 여기서는 1번을 정답 처리합니다.)

① 시나리오는 별도의 파일로 저장하고 자동으로 바꿀 수 있는 값의 집합이다.
② 시나리오를 사용하여 워크시트 모델의 결과를 예측할 수 있다.
③ 여러 시나리오를 비교하기 위해 시나리오를 한 페이지의 피벗 테이블로 요약할 수 있다.
④ 시나리오 요약 보고서를 만드는 데는 결과 셀이 필요 없지만, 시나리오 피벗 테이블 보고서에는 결과 셀이 반드시 있어야 한다.

26 아래의 시트와 같이 누계를 구하기 위해 [C2] 셀에 수식을 입력한 후 [C3:C5] 영역은 채우기 핸들을 이용하여 계산하려고 한다. 다음 중 [C2] 셀에 들어갈 수식으로 옳은 것은?

	A	B	C
1	성명	자격증수	누계
2	김한준	2	2
3	박현수	1	3
4	송지영	3	6
5	황성일	4	10

① =SUM(B2:B2)
② =SUM(B2:B5)
③ =SUM($B$2:B2)
④ =SUM($B$2:B5)

27 아래 그림을 [데이터 계열 서식] 메뉴를 이용하여 수정하고자 할 때, 다음 중 설명이 옳지 않은 것은?

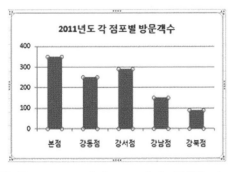

① [계열 겹치기]는 －100%에서 100%까지 조절할 수 있다.
② [간격 너비]는 0%에서 500%까지이다.

③ [요소마다 다른 색 사용]에 체크표시를 하면 막대의 색깔이 각각 달라진다.
④ [간격 너비]의 숫자를 늘리면 각 막대의 너비가 커진다.

28 다음 중 차트에 대한 설명으로 옳지 않은 것은?

① 차트를 클릭하면 차트 도구가 표시되고 디자인, 레이아웃, 서식 탭이 추가된다.
② 사용자가 제작한 차트를 차트 서식 파일 목록에서 선택할 수 있도록 차트 서식 파일로 등록할 수 있다.
③ 차트에서 데이터 요소의 크기를 조절하면 워크시트의 값이 자동으로 고쳐진다.
④ 워크시트의 셀과 차트의 제목을 연결하려면 차트에 제목이 입력되어 있어야 한다.

29 다음 중 워크시트의 인쇄에 대한 설명으로 옳지 않은 것은?

① 작업 중인 워크시트 화면의 축소/확대 비율은 10%에서 400%까지 설정할 수 있지만, 인쇄 시에는 적용되지 않는다.
② 창 나누기와 틀 고정의 결과는 화면에서만 영향을 줄 뿐 인쇄 시에는 적용되지 않는다.
③ [페이지 설정]－[시트] 탭에서 [메모] 항목 중에 '시트 끝'을 선택하면 메모가 시트 끝에 모아서 인쇄된다.
④ [페이지 설정]의 [시트] 탭에서 [눈금선] 항목을 선택하면 워크시트의 셀 눈금선을 인쇄할 수 없다.

30 다음 중 필터에 관한 설명으로 옳지 않은 것은?

① 자동 필터는 데이터 영역에 표시되는 목록 단추를 이용하여 쉽고 빠르게 데이터를 추출할 수 있다.
② 필터를 이용하여 추출한 데이터는 항상 레코드(행 단위)로 표시된다.
③ 자동 필터에서는 여러 열에 동시에 조건을 설정하고 '또는(OR)'으로 결합시킬 수는 없다.
④ 필터를 사용하려면 기준이 되는 필드를 반드시 오름차순이나 내림차순으로 정렬하여야 한다.

31 아래 시트는 평균 [D2:D6]을 이용하여 순위[E2:E6]를 계산한 것이다. [E2]셀에 수식을 입력하고 자동 채우기 핸들을 이용하여 [E6]셀까지 드래그하였다면, [E2]셀에 들어갈 수식으로 옳은 것은?

	A	B	C	D	E
1	수험번호	엑셀	DB	평균	순위
2	30403	89	86	87.5	2
3	30402	78	70	74	3
4	30405	92	90	91	1
5	30410	56	42	49	5
6	30404	60	62	61	4

① =RANK($D$2:$D$6,D2,0)
② =RANK($D$2:$D$6,D2,1)
③ =RANK(D2,$D$2:$D$6,0)
④ =RANK(D2,$D$2:$D$6,1)

32 다음 중 열 너비에 대한 설명으로 옳지 않은 것은?

① [셀]-[서식]-[열 너비 자동 맞춤]을 실행하면 현재 선택한 셀에 입력된 길이의 문자열에 맞추어 현재 열의 너비를 조절할 수 있다.
② 열 너비를 조정하려면 열 머리글의 너비 경계선에서 원하는 너비가 될 때까지 마우스를 이용하여 조절할 수 있다.
③ 열 너비를 조정하려면 [셀]-[서식]-[열 너비]를 선택한 후 [열 너비] 상자에 원하는 값을 입력한다.
④ 해당 열 너비를 크게 하면 글자의 크기도 같이 조정된다.

33 다음 중 부분합의 계산 항목에 사용할 수 있는 함수의 종류로 옳지 않은 것은?

① 최대값
② 표준 편차
③ 중앙값
④ 수치 개수

34 피벗 테이블의 레이아웃이 다음과 같이 설정되었을 때 피벗 테이블 보고서로 옳은 것은?

①

②

③

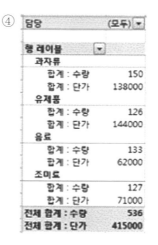

35 다음 중 원 단위로 입력된 숫자를 백만 원 단위로 표시하기 위한 셀 서식으로 옳은 것은?

① #,###
② #,###,,
③ #,###,
④ #,###,,,

36 국어, 영어, 수학 점수의 평균이 70점이다. 평균이 80점이 되기 위해서 영어 점수는 몇 점을 맞아야 하는지 알아보려고 사용한 목표값 찾기가 올바른 것은?

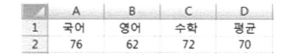

①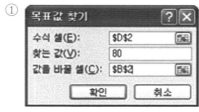

②

③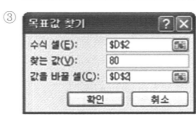

④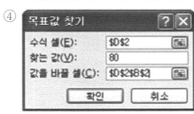

37 다음 중 매크로 이름으로 적합한 것은?

① 합계_생성
② 2012년_합계
③ Chart－1
④ 1사분기실적

38 아래 시트와 같이 [B10] 셀에 '영업1부'의 '1/4분기'의 합계를 구하고자 한다. 다음 중 [B10] 셀의 수식으로 옳은 것은?

	A	B	C	D
1	성명	부서	1/4분기	2/4분기
2	김날이	영업1부	357	245
3	이지영	영업2부	476	513
4	하나미	영업1부	231	474
5	임진태	영업2부	175	453
6	현민대	영업2부	634	401
7	한민국	영업1부	597	347
8				
9	부서	1/4분기합계	2/4분기합계	총합계
10	영업1부	1185	1066	2251
11	영업2부	1285	1367	2652

① =SUMIF($A$10,$B$2:$B$7,$C$2:$C$7)
② =SUMIF($B$2:$B$7,A10,C$2:C$7)
③ =SUMIF($B$2:$B$7,$C$2:$C$7,"영업1부")
④ =SUMIF(C$2:C$7,$B$2:$B$7,$A10)

39 다음 중 아래 차트에 대한 설명으로 옳지 않은 것은?

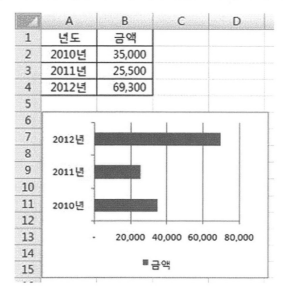

① 표의 데이터를 수정하면 차트도 자동으로 수정된다.
② 차트에서 주 눈금선을 선택하여 삭제하면 주 눈금선이 사라진다.
③ 표의 [A5:B5]셀에 새로운 데이터를 추가하면 차트에도 자동으로 추가된다.
④ 표의 [A3:B3]셀과 [A4:B4]셀 사이에 새로운 데이터를 삽입하면 차트에도 자동으로 삽입된다.

40 다음 중 조건부 서식에 대한 설명으로 옳지 않은 것은?

① 조건부 서식에서 사용하는 수식은 등호(＝)로 시작해야 한다.
② 규칙에 맞는 셀 범위는 해당 규칙에 따라 서식이 지정되고 규칙에 맞지 않는 셀 범위는 서식이 지정되지 않는다.
③ 조건부 서식이 적용된 후 셀 값이 바뀌어 규칙과 일치하지 않아도 셀 서식 설정은 해제되지 않는다.
④ 고유 또는 중복 값에 대해서만 서식을 지정할 수도 있다.

09. 회 핵심 기출문제 (2012.06.16 기출)

1 과목 컴퓨터 일반

01 다음 중 멀티미디어 특성에 대한 설명으로 옳지 않은 것은?

① 디지털화
② 쌍방향성
③ 선형성
④ 통합성

02 다음 중 한글 Windows의 [제어판] 창에서 [범주] 보기 방식을 이용하여 수행할 수 있는 작업의 설명으로 옳지 않은 것은?

① 시스템 및 보안 : 컴퓨터 상태 검토, 컴퓨터 백업
② 사용자 계정 : 새로운 사용자 계정을 만들거나, 기존 사용자 계정을 제거
③ 네트워크 및 인터넷 : 네트워크 상태 및 작업 보기, 홈 그룹 및 공유 옵션 선택
④ 모양 및 개인 설정 : 날짜 및 시간, 언어, 국가 또는 지역

03 다음 중 인터넷을 사용할 때 문자로 되어 있는 도메인 네임을 숫자로 구성된 IP 주소로 변환해 주는 장비는?

① 게이트웨이
② DNS 서버
③ 서브넷 마스크
④ 라우터

04 다음 중 한글 Windows에서 [휴지통]에 관한 설명으로 옳지 않은 것은?

① [휴지통 비우기]를 실행 한 파일 은 [휴지통]에서 다시 복구할 수 있다.
② [휴지통]에 있는 파일의 아이콘을 정렬하여 표시할 수 있다.
③ [휴지통]에 있는 파일을 바탕 화면 또는 다른 폴더에 끌어놓기를 하여 파일을 복구할 수 있다.
④ Shift + Delete를 눌러 삭제하면 [휴지통]에 들어가지 않는다.

05 다음 중 고정 IP 주소를 설정하여 인터넷 서비스를 사용하려고 한다. 한글 Windows의 [인터넷 프로토콜 버전4(TCP/IPv4) 속성] 창에서 설정해야 하는 항목으로 옳지 않은 것은?

① IP 주소
② 서브넷 마스크
③ 홈페이지 주소
④ 기본 게이트웨이

06 다음 중 Windows 7의 [제어판]−[프로그램 및 기능]에서 설정할 수 있는 기능으로 옳지 않은 것은?

① 설치된 업데이트를 제거할 수 있다.
② Windows 기능을 설정하거나 해제할 수 있다.
③ Windows 업데이트를 자동으로 수행하도록 설정할 수 있다.
④ Windows에 설치된 응용 프로그램을 변경하거나 제거할 수 있다.

07 다음 중 운영체제의 구성에서 제어 프로그램에 해당되지 않는 것은?

① 데이터 관리 프로그램
② 작업 관리 프로그램
③ 감시 프로그램
④ 문서 편집 프로그램

08 다음 중 한글 Windows의 [명령 프롬프트] 창에서 인터넷 서버까지의 경로를 추적하기 위해 사용하는 네트워크 관련 명령어로 옳은 것은?

① telnet
② winipcfg
③ tracert
④ ipconfig

09 다음 중 네트워크 연결을 위하여 사용하는 프로토콜에 대한 설명으로 옳지 않은 것은?

① 통신을 원하는 두 개체 간에 무엇을, 어떻게, 언제 통신할 것인가에 대해 약속한 통신 규정이다.
② 프로토콜 전환이 필요한 다른 네트워크와 연결하기 위해서는 브리지가 사용된다.
③ 프로토콜에는 흐름 제어 기능, 동기화 기능, 에러제어 기능이 있다.
④ 인터넷에서 사용하고 있는 대표적인 프로토콜은 TCP/IP이다.

10 다음 중 컴퓨터를 사용한 범죄 행위에 해당되는 내용으로 옳지 않은 것은?

① 인터넷을 이용하여 다른 사람의 신용 정보를 유출하는 행위
② 인터넷을 이용하여 음란물을 유통하는 행위
③ 다른 사람의 ID와 비밀번호를 불법으로 사용하거나 유출하는 행위
④ 인터넷을 통하여 프리웨어 프로그램을 다운받는 행위

11 다음 중 인터넷 브라우저를 이용하여 사용자가 열어 본 웹사이트 주소들을 순서대로 보관하는 기능으로 옳은 것은?

① 북마크(Bookmark)
② 히스토리(History)
③ 캐싱(Caching)
④ 쿠키(Cookie)

12 다음 중 컴퓨터에서 사용하는 자료의 표현 단위가 작은 것부터 큰 순서대로 표시한 것으로 옳은 것은?

① 바이트－워드－필드－레코드
② 바이트－필드－레코드－워드
③ 바이트－워드－레코드－필드
④ 워드－바이트－필드－레코드

13 다음 중 컴퓨터에서 사용하는 하드 디스크의 파티션에 대한 설명으로 옳지 않은 것은?

① 하나의 물리적인 하드 디스크를 여러 개의 파티션으로 나눌 수 있다.
② 파티션을 나눈 후에 하드 디스크를 사용하기 위해서는 포맷을 해야 한다.
③ 하나의 하드 디스크 내의 모든 파티션에는 동일한 운영체제만 설치할 수 있다.
④ 하나의 파티션에는 한 가지 파일 시스템만을 설치할 수 있다.

14 다음 중 연속적인 데이터 형식을 사용하는 아날로그 컴퓨터의 주요 구성 회로로 옳은 것은?

① 논리 회로
② 증폭 회로
② 연산 회로
④ 제어 회로

15 다음 중 한글 Windows에서 설치된 모든 하드웨어와 소프트웨어의 실행정보를 모아 관리하는 계층적인 시스템 데이터베이스를 의미하는 것은?

① Registry
② File System
③ Zip Drive
④ Partition

16 다음 중 한글 Windows에서 '디스크 공간이 부족하다'는 메시지가 나타날 때 디스크 공간을 확보하는 방법으로 옳지 않은 것은?

① Windows 임시 파일을 제거한다.
② 인터넷에서 다운로드한 ActiveX 컨트롤 및 Java 애플릿 등 불필요한 프로그램 파일을 제거한다.
③ 사용하지 않는 Windows 구성 요소를 제거한다.
④ 드라이브 검사(디스크 검사)를 수행하여 하드 디스크의 불필요한 파티션을 제거한다.

17 다음 중 한글 Windows에서 음성 데이터를 저장하는 파일명의 확장자로 옳은 것은?

① pcx
② jpg
③ wma
④ doc

18 다음 중 컴퓨터가 부팅되지 않을 때의 원인으로 가장 거리가 먼 것은?

① 롬 바이오스에 이상이 발생했다.
② 디스크에 단편화가 발생했다.
③ 전원 공급 장치에 이상이 생겼다.
④ 바이러스에 감염되었다.

19 다음 중 한글 Windows에서 파일이 복사되는 경우로 옳지 않은 것은?

① 이동식 디스크에 있는 해당 파일을 마우스로 선택한 후에 하드 디스크로 끌어놓기 한다.
② 해당 파일을 마우스로 선택한 후에 같은 드라이브의 다른 폴더로 끌어놓기 한다.
③ 해당 파일을 마우스로 선택한 후에 다른 드라이브로 끌어놓기 한다.
④ 해당 파일을 마우스로 선택한 후에 Ctrl 키를 누른 상태로 같은 드라이브의 다른 폴더로 끌어놓기 한다.

20 다음 중 한글 Windows에서 [디스플레이]의 기능이 아닌 것은?

① 텍스트 및 기타 항목 크거나 작게 만들기
② 화면 보호기 변경
③ 외부 디스플레이 연결
④ 화면 해상도 조정

2 과목　　스프레드시트 일반

21 다음 시트에서 수식 =COUNTIFS(B2:B11, B2, C2:C11, C2)의 결과값으로 옳은 것은?

	A	B	C	D
1	성명	부서	직급	연봉
2	강원철	교육팀	과장	23,900,000
3	강진용	영업팀	사원	14,100,000
4	구자춘	교육팀	부장	32,000,000
5	권부규	기획팀	부장	32,900,000
6	김진규	기획팀	대리	16,200,000
7	김한일	교육팀	사원	15,000,000
8	문덕석	교육팀	과장	22,900,000
9	박상철	교육팀	대리	16,600,000
10	박종훈	기획팀	사원	13,300,000
11	서병일	기획팀	대리	20,200,000

① 0
② 2
③ 7
④ 10

22 다음 중 매크로에 대한 설명으로 옳지 않은 것은?

① 모든 통합 문서에서 매크로를 실행시키고자 할 경우 '개인용 매크로 통합 문서'로 저장 위치를 설정한다.
② 매크로 이름에는 공백이 포함될 수 없으며 항상 문자로 시작되어야 한다.
③ 매크로는 VBA 언어로 기록되며, 잘못 기록하더라도 Visual Basic 편집기를 사용하여 매크로를 편집할 수 있다.
④ 바로가기 키로 엑셀에서 이미 사용하고 있는 바로가기 키를 지정할 수 있으나, 바로가기 키로 매크로를 실행하면 오류 메시지가 표시된다.

23 다음 중 함수식에 대한 설명으로 옳은 것은?

① LARGE() – 인수 중에서 가장 큰 값을 구한다.
② SMALL() – 인수 중에서 가장 작은 값을 구한다.
③ COUNTA() – 인수 중에서 공백이 아닌 셀의 개수를 구한다.
④ COUNTIF() – 인수 중에서 숫자 데이터의 개수를 구한다.

24 다음 중 셀의 값이나 그래픽 개체에 다른 파일 또는 웹 페이지로 연결되게 하는 기능으로 옳은 것은?

① 워크시트
② 차트
③ 통합
④ 하이퍼링크

25 다음 중 그림에 표시된 시나리오 요약에 대한 설명으로 옳지 않은 것은?

시나리오 요약			
	현재 값:	판매량 감소	판매량 증가
변경 셀:			
$B$2	1,250	1,100	1,400
결과 셀:			
$D$2	₩6,250,000	₩5,500,000	₩7,000,000

① 현재 2개의 시나리오가 작성되어 있다.
② [B2]셀의 값이 변경될 때 [D2]셀 값의 변화를 볼 수 있다.
③ [D2] 셀은 계산식이어야 하고, [B2]셀은 [D2] 셀의 계산식에 포함되어 있어야 한다.
④ [B2] 셀 외에 최대 63개까지 변경 셀을 추가하여 지정할 수 있다.

26 다음 시트에서 직책이 '과장'인 직원들의 급여총액의 합을 구하려고 한다. [D14] 셀에 들어갈 함수식으로 옳은 것은?

	A	B	C	D	E
1			급여 현황		
2					단위 : 만원
3	사번	직책	기본급	수능	급여총액
4	10101	과장	250	50	300
5	10102	과장	190	50	240
6	10103	사원	150	30	180
7	10214	사원	145	30	175
8	10215	과장	195	50	245
9	10216	부장	300	70	370
10	10315	사원	160	30	190
11	10316	과장	200	50	250
12					
13			직책	급여총액	
14			과장		

① =DSUM(A3:E11,5,C13:C14)
② =DSUM(A3:E11,E3,C13:D13)
③ =DSUM(5,A3:E11,C13:C14)
④ =DSUM(A3:E11,C13:C14,E3)

27 다음 차트에 대한 설명으로 옳지 않은 것은?

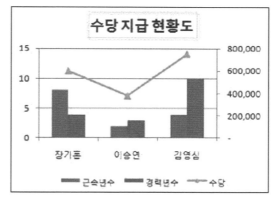

① 두 개의 차트 종류가 혼합되어 있으며, 값 축이 두 개로 설정된 이중 축 혼합형 차트이다.
② 막대그래프 계열 옵션의 계열 겹치기는 '0%'로 설정되었다.
③ 데이터 레이블이 표시되어 있는 차트이다.
④ 기본 가로 축 제목이 표시되어 있지 않은 차트이다.

28 다음 중 워크시트에서 숨겨져 있는 [C]열과 [D]열을 다시 보이도록 하기 위한 작업과정으로 옳은 것은?

① [B]열을 선택한 다음 마우스 오른쪽 단추를 눌러 '숨기기 취소'를 선택한다.
② [B]열부터 [E]열까지 드래그한 다음 [보기] 탭 [창] 그룹에서 [숨기기 취소]명령을 선택한다.
③ [E]열을 선택한 다음 마우스 오른쪽 단추를 눌러 '숨기기 취소'를 선택한다.
④ [B]열부터 [E]열까지 드래그한 다음 마우스 오른쪽 단추를 눌러 '숨기기 취소'를 선택한다.

29 다음 중 범례에 대한 설명으로 옳지 않은 것은?

① 차트에 범례가 표시되어 있으면 워크시트에서 상응하는 데이터를 편집하여 개별 범례 항목을 수정할 수 있다.
② 차트에서 범례 또는 범례 항목을 클릭한 다음 Delete 키를 누르면 범례를 쉽게 제거할 수 있다.
③ 범례는 기본적으로 차트와 겹치지 않게 표시된다.
④ 마우스로 범례를 이동하거나 크기를 변경하는 경우에 그림 영역의 크기나 위치는 자동으로 조정된다.

30 다음 중 매크로에 관한 설명으로 옳지 않은 것은?

① 매크로에서 지정한 바로가기 키와 엑셀의 바로가기 키가 같은 경우 매크로에서 지정한 바로가기 키가 적용된다.
② 매크로에 지정된 바로가기 키를 변경한 경우 도구모음이나 단추에 연결된 매크로는 다시 연결해야 한다.

③ 매크로의 바로가기 키는 Ctrl+〈영문 소문자〉 또는 Ctrl+Shift +〈영문 대문자〉의 결합으로 구성해야 한다.

④ 작성된 매크로는 VBE(Visual Basic Editor)에서 해당하는 코드를 제거하면 매크로가 삭제된다.

---

31 다음 중 숫자 서식 코드를 적용한 결과가 옳지 않은 것은?(확정답안 발표 시 3,4번 모두 정답 처리 됨)

① 원본 데이터 : 911.58, 지정한 서식 : ###, 결과 데이터 : 912

② 원본 데이터 : 43.1, 지정한 서식 : ##.#0, 결과 데이터 : 43.10

③ 원본 데이터 : 424000000, 지정한 서식 : #,###,,"백만 원", 결과 데이터 : 424백만 원

④ 원본 데이터 : 5135600, 지정한 서식 : #.###,"천 원", 결과 데이터 : 5,135천 원

---

32 다음 중 차트의 기본 구성 요소에 대한 설명으로 옳지 않은 것은?

① 범례 : 차트를 구성하는 데이터 계열의 무늬 및 색상과 데이터 계열의 이름을 표시하는 것이다.

② 데이터 요소 : 데이터의 계열을 포함하는 값을 숫자로 나타낸다.

③ 데이터 레이블 : 그려진 막대나 선이 나타내는 표식에 대한 데이터 요소 또는 값 등의 추가정보를 표시한다.

④ 가로(항목) 축 : 차트를 구성하는 데이터 항목을 나타내는 것으로 일반적으로 X축이라 한다.

---

33 어떤 시트의 [D2] 셀에 문자열 '123456 – 1234567'이 입력되어 있을 때 수식의 결과가 다른 하나는 무엇인가?

① =IF(MOD(MID(D2, 8, 1), 2)=1, "남", "여")

② =IF(OR(MID(D2, 8, 1)="2", MID(D2, 8, 1)="4"), "여","남")

③ =IF(AND(MID(D2, 8, 1)=1, MID(D2, 8, 1)=3), "남","여")

④ =CHOOSE(MID(D2, 8, 1), "남", "여", "남", "여")

---

34 다음 중 엑셀 통합 문서를 다른 이름으로 저장하는 것에 대한 설명으로 옳지 않은 것은?

① Excel 97 – 2003 통합 문서로 저장하면 확장자는 xls이며, 이전 버전의 엑셀에서 사용할 수 있다.

② 매크로가 포함된 이전 버전의 통합 문서를 Excel 2007에서 사용하기 위해 매크로가 포함된 통합 문서로 저장한 경우 확장자는 xlsm이다.

③ Excel 서식 파일로 저장하면 다른 통합 문서를 만드는데 사용할 수 있으며, 확장자는 xltm이다.

④ CSV(쉼표로 분리) 파일로 저장하면 현재 워크시트만 쉼표로 분리된 텍스트 파일로 저장된다.

---

35 다음 중 워크시트의 데이터 입력에 관한 설명으로 옳지 않은 것은?

① 문자열 데이터는 셀의 왼쪽에 정렬된다.

② 수치 데이터는 셀의 오른쪽으로 정렬되며 공백과 '&' 특수문자를 사용할 수 있다.

③ 기본적으로 수식 데이터는 워크시트 상에 수식 결과 값이 표시된다.

④ 특수문자는 한글자음(ㄱ, ㄴ, ㄷ 등)을 입력한 후 〈한자〉 키를 눌러 나타나는 목록상자에서 원하는 문자를 선택하여 입력할 수 있다.

---

36 다음 중 피벗 테이블 보고서 만들기에 대한 설명으로 옳지 않은 것은?

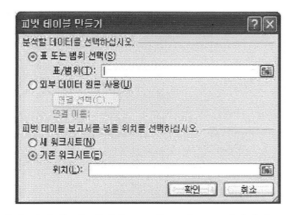

① 표/범위 상자에 셀 범위나 표 이름 참조를 입력한다.

② 새 워크시트를 클릭하면 피벗 테이블 보고서가 위치할 셀의 시작 위치를 지정할 수 있다.

③ 기존 워크시트를 선택하면 피벗 테이블 보고서를 배치할 셀 범위의 첫 번째 셀을 지정하여 작성할 수 있다.

④ 피벗 테이블 보고서는 각 필드에 다양한 조건을 지정할 수 있으며, 일정한 그룹별로 데이터 집계가 가능하다.

---

37 리본 메뉴 중 [보기] 탭 [창]그룹에서 수행하는 작업에 대한 설명으로 옳지 않은 것은?

① 새 창 : 새 통합 문서를 만들어 손쉽게 새로운 작업을 할 수 있도록 한다.

② 나누기 : 현재 작업 중인 워크시트를 나눠서 보는 기능으로 구분선을 드래그하여 크기 조정을 할 수 있다.

③ 모두 정렬 : 현재 실행 중인 통합 문서들을 한 화면에 정렬하여 표시한다.

④ 틀 고정 : 데이터의 양이 많은 경우 특정 행이나 열을 고정시켜 시트를 스크롤하는 동안 항상 표시되도록 한다.

38 아래 시트에서 고급필터 기능을 이용하여 TOEIC 점수 상위 5위까지의 데이터를 추출하고자 한다. 다음 중 고급필터의 조건식으로 옳은 것은?

◢	A	B	C
1	학과명	성명	TOEIC
2	경영학과	김영민	790
3	영어영문학과	박찬진	940
4	컴퓨터학과	최우석	860
5	물리학과	황종규	750
6	역사교육과	서진동	880
7	건축학과	강석우	900
8	기계공학과	한경수	740

①
TOEIC
=RANK(C2,$C$2:$C$8) <= 5

②
TOEIC
=LARGE($C$2:$C$8, 5)

③
점수
=RANK(C2,$C$2:$C$8) <= 5

④
점수
=LARGE($C$2:$C$8, 5)

39 다음 중 셀에 입력한 자료를 숨기고자 할 때의 사용자 지정 표시 형식으로 옳은 것은?

① @@@
② ;;;
③ 000
④ ### 2

40 다음 중 데이터 분석을 쉽게 하기 위해 수행하는 정렬에 대한 설명으로 옳지 않은 것은?

① 정렬 조건을 최대 64개까지 지정할 수 있어 다양한 기준으로 정렬할 수 있다.
② 색상별 정렬이 가능하여 글꼴 색 또는 셀 색을 기준으로 정렬할 수도 있다.
③ 정렬 옵션을 이용하면 데이터를 열 방향 또는 행 방향으로 선택하여 정렬할 수 있다.
④ 표에 병합된 셀이 포함되어 있어도 정렬을 할 수 있으며 병합된 셀은 맨 아래에 정렬된다.

10. 회 핵심 기출문제 (2012.03.17 기출)

01 다음 중 Windows 7의 [폴더 옵션]에서 설정할 수 있는 작업에 해당되지 않는 것은?

① 숨김 파일 및 폴더를 표시할 수 있다.
② 색인된 위치에서는 파일 이름뿐만 아니라 내용도 검색하도록 설정할 수 있다.
③ 숨긴 파일 및 폴더의 숨김 속성을 일괄 해제할 수 있다.
④ 파일이나 폴더를 한 번 클릭해서 열 것인지, 두 번 클릭해서 열 것인지를 설정할 수 있다.

02 다음 중 한글 Windows의 바탕화면에서 Ctrl + Esc 키를 누를 경우에 수행되는 작업으로 옳은 것은?

① 시작 메뉴가 나타난다.
② 실행 창이 종료된다.
③ 작업 중인 항목의 바로가기 메뉴가 나타난다.
④ 창 조절 메뉴가 나타난다.

03 다음 중 컴퓨터 구조에서 제어 장치(Control Unit)의 구성 요소로 옳지 않은 것은?

① 부호기(Encoder)
② 프로그램 카운터(Program Counter)
③ 보수기(Complementor)
④ 명령 해독기(Instruction Decoder)

04 다음 중 한글 Windows에서 하드디스크를 포맷할 때 사용하는 포맷 대화상자에서 설정하는 항목으로 옳지 않은 것은?

① 볼륨 레이블
② 파티션 제거
③ 압축 사용
④ 빠른 포맷

05 다음 중 인터넷의 주소 체계 중 IPv4에 대한 설명으로 옳지 않은 것은?

① 각 자리를 점(.)으로 구분한다.
② 각 자리는 0부터 256까지의 숫자를 사용한다.
③ 네 자리로 구분되며 10진 숫자로 표현한다.
④ 전체 32비트로 구성된다.

06 다음 중 컴퓨터에서 사용되는 자료를 크기가 작은 순서부터 나열한 것으로 옳은 것은?

① bit – nibble – byte – word
② bit – byte – nibble – word
③ bit – nibble – word – byte
④ bit – byte – word – nibble

07 다음 중 한글 Windows에서 [디스크 정리] 프로그램을 수행할 때 대상 파일로 옳지 않은 것은?

① 임시 인터넷 파일
② 사용하지 않은 폰트(*.TTF) 파일
③ 휴지통에 있는 파일
④ 다운로드 한 프로그램 파일

08 다음 중 감염대상을 갖고 있지는 않으나 연속으로 자신을 복제하여 시스템의 부하를 높이는 악성 프로그램은?

① 웜(Worm)
② 해킹(Hacking)
③ 스푸핑(Spoofing)
④ 스파이웨어(Spyware)

09 다음 중 컴퓨터를 이용할 때 발생하는 인터럽트(Interrupt)에 대한 설명으로 옳지 않은 것은?

① 인터럽트가 발생하면 처리하던 일을 잠시 보류하고, 신호를 파악하여 정해진 인터럽트 루틴이 수행된다.
② 인터럽트 종류에는 외부 인터럽트, 내부 인터럽트, 소프트웨어 인터럽트가 있다.
③ 내부 인터럽트를 트랩(Trap)이라고도 부른다.
④ 외부 인터럽트는 불법적 명령이나 데이터를 사용할 때 발생한다.

10 다음 중 Windows의 [키보드 속성] 창에서 설정할 수 있는 내용으로 옳지 않은 것은?

① 문자 반복을 위한 재입력 시간
② 커서 깜박임 속도
③ 포인터 자국 표시
④ 문자 반복을 위한 반복 속도

11 다음 중 한글 Windows에서 [제어판]의 [프로그램 및 기능]에서 선택할 수 있는 작업 항목으로 옳지 않은 것은?

① 프로그램 제거
② 현재 설치된 업데이트 확인
③ Windows 기능 켜기/끄기(사용/사용 안 함)
④ 시스템 복원

12 다음 중 인터넷을 사용하여 다른 사람에게 보낸 E-Mail이 반송되었을 경우에 원인으로 옳지 않은 것은?

① 수신자의 개인용 컴퓨터에 고장이 발생한 경우
② 수신자 메일 주소의 형식이 틀린 경우
③ 해당 메일 서버가 문제가 있을 경우
④ 해당 사용자의 메일 보관함이 가득 차 있을 경우

13 다음 중 [제어판]에서 [인터넷 옵션] 창의 [일반] 탭을 이용하여 설정할 수 있는 작업으로 옳지 않은 것은?

① 마지막 세션 또는 기본 홈페이지로 웹 브라우저의 시작 여부를 설정할 수 있다.
② 임시 파일, 열어본 페이지 목록, 쿠키 등을 삭제할 수 있다.
③ 웹 페이지의 색, 언어, 글꼴, 접근성 등을 설정할 수 있다.
④ 기본 웹 브라우저와 HTML 편집 프로그램을 설정할 수 있다.

14 다음 중 Windows의 제어판 기능 중 [디스플레이]에서 설정할 수 없는 것은?

① 테마 기능을 이용하여 바탕화면의 배경, 창 색, 소리 및 화면 보호기 등을 한 번에 변경할 수 있다.
② 연결되어 있는 모니터의 개수를 감지하고 모니터의 방향과 화면 해상도를 설정할 수 있다.
③ 화면에 표시되는 텍스트를 읽기 쉽도록 사용자 지정 텍스트 크기 (DPI)를 설정할 수 있다.
④ ClearType 텍스트 조정을 이용하여 텍스트의 가독성을 향상시킬 수 있다.

15 다음 중 정지 영상 데이터에 대한 설명으로 옳지 않은 것은?

① JPEG 파일 형식은 사진과 같은 정지 영상 표준 압축기술이다.
② PNG 파일 형식은 GIF와 JPEG의 효과적인 기능들을 조합하여 만든 그래픽 파일 포맷이다.
③ BMP 파일 형식은 비트맵 방식으로 압축을 하지 않는다.
④ GIF 파일 형식은 이미지 표현 방식으로 벡터 방식의 손실압축 방식을 이용한다.

16 다음 중 컴퓨터에서 사용하는 USB 장치에 관한 설명으로 옳지 않은 것은?

① 주변장치를 127개까지 연결할 수 있다.
② 컴퓨터의 전원이 켜진 상태에서도 장치를 연결하거나 제거할 수 있다.
③ 기존의 직렬, 병렬, PS/2 포트 등을 하나의 포트로 대체하기 위한 범용 직렬 버스이다.
④ 한번에 8비트의 데이터가 동시에 전송되는 방식을 사용한다.

17 다음 중 메모장에서 현재 시스템의 시간과 날짜를 자동으로 추가하려고 할 때 사용하는 방법으로 옳은 것은?

① 작업표시줄 가장 오른쪽에 있는 시스템 트레이의 시간을 끌어다 문서의 원하는 위치에 놓는다.
② 시간과 날짜를 입력할 곳에 커서를 두고 F5 키를 누른다.
③ =Now() 함수를 입력한다.
④ [삽입] 메뉴에서 [시간/날짜]를 선택한다.

18 다음 중 컴퓨터 소프트웨어 버전과 관련하여 패치(Patch) 프로그램에 관한 설명으로 옳은 것은?

① 정식 프로그램의 기능을 홍보하기 위하여 사용 기간이나 기능을 제한하여 배포하는 프로그램이다.
② 베타 테스트를 하기 전에 제작 회사 내에서 테스트 할 목적으로 제작하는 프로그램이다.
③ 이미 제작하여 배포된 프로그램의 오류 수정이나 성능 향상을 위해 프로그램의 일부를 변경해 주는 프로그램이다.
④ 정식 프로그램을 출시하기 전에 테스트를 목적으로 일반인에게 공개하는 프로그램이다.

19 다음 중 인터넷에서 사용하는 도메인 네임에 대한 설명으로 옳지 않은 것은?

① 숫자로 구성된 IP주소를 사람들이 기억하고 이해하기 쉽도록 문자열로 만든 주소이다.
② 우리나라에서 도메인 네임을 관리하는 기관은 KRNIC 이다.
③ 인터넷의 모든 도메인 네임은 전 세계적으로 유일하게 존재해야 한다.
④ 도메인 네임을 사용자가 컴퓨터에서 임의로 설정하여 사용할 수 있다.

20 다음 중 컴퓨터에서 사용하는 멀티미디어 정보의 특징으로 옳지 않은 것은?

① 양방향성
② 저용량성
③ 통합성
④ 비선형성

21 아래의 워크시트에서 엑셀이 80 이상인 인원수를 구하는 수식으로 옳은 것은?

	A	B	C	D	E
1	성명	엑셀	상식	총점	순위
2	홍길동	60	78	138	4
3	임꺽정	89	70	159	3
4	장보고	90	90	180	1
5	강감찬	79	87	166	2
6					
7		엑셀			
8		>=80	2		

① =COUNT(A2:E5,2,B7:B8)

② =DCOUNT(A2:E5,2,B7:B8)

③ =COUNTIF(A1:E5,2,B7:B8)

④ =DCOUNT(A1:E5,2,B7:B8)

22 다음의 입력 내용을 수식에 입력할 때 셀 참조에 대한 설명으로 옳지 않은 것은?

① A:A → A열 전체를 참조

② 1:3 → 1행에서 3행까지의 모든 셀 참조

③ A1:D7 C5:E7 → A1셀에서 D7까지의 셀과 C5셀에서 E7까지의 셀 범위를 참조

④ Sheet1!A1:A5 → 'Sheet1'시트의 A1셀에서 A5까지의 셀 범위 참조

23 아래 시트에서 [A1] 셀을 선택한 후 Ctrl 키를 누른 채 채우기 핸들을 [D1] 셀까지 드래그 하였다. 다음 중 [D1] 셀에 입력되는 값으로 옳은 것은?

① 4학년 A반

② 1학년 D반

③ 1학년 A반

④ 4학년 D반

24 다음 중 참조의 대상 범위로 사용하는 이름에 대한 설명으로 옳은 것은?

① 이름 정의 시 첫 글자는 반드시 숫자로 시작해야 한다.

② 시트가 다른 경우에는 이름 상자를 이용하여 동일한 이름을 지정할 수 있다.

③ 이름 정의 시 영문자는 대소문자를 구분하므로 주의하여야 한다.

④ 이름은 기본적으로 절대참조로 대상 범위를 참조한다.

25 다음 중 [페이지 설정] 대화상자를 이용한 머리글/바닥글 편집에 대한 설명으로 옳지 않은 것은?

① 서식을 지정할 텍스트를 블록 설정하고 ┛ 단추를 클릭하여 글꼴 서식을 지정할 수 있다.

② 그림이 있는 구역에 커서를 넣고 ┛ 단추를 클릭하여 그림 서식을 지정할 수 있다.

③ 페이지 번호를 '-1-'처럼 표시하려면 '&-[페이지 번호]-'를 입력한다.

④ 머리글 또는 바닥글 내용에 '&' 문자를 포함시키려면 '&&'를 사용해야 한다.

26 다음 중 아래에서 설명하는 엑셀의 기능으로 옳은 것은?

> 특정 항목의 구성 비율을 살펴보기 위하여 워크시트에 입력된 수치 값들을 막대나 선, 도형, 그림 등을 사용하여 시각적으로 표현한 것으로 데이터의 상호 관계나 경향 또는 추세를 쉽게 분석할 수 있다.

① 피벗 테이블   ② 시나리오

③ 차트   ④ 매크로

27 다음 중 엑셀의 매크로 사용에 대한 설명으로 옳지 않은 것은?

① 리본 메뉴에 [개발 도구] 탭의 표시 여부는 [Excel 옵션]에서 선택할 수 있다.

② 엑셀에서 기본적으로 사용하는 통합 문서(.xlsx)는 매크로 제외 통합 문서이다.

③ 엑셀의 매크로 보안 설정은 기본적으로 '디지털 서명된 매크로만 포함'으로 설정되어 있다.

④ [개발 도구] 탭을 사용하면 매크로와 양식 컨트롤을 쉽게 사용할 수 있다.

28 다음 중 아래 워크시트를 이용한 수식의 결과로 옳지 않은 것은?

	A
1	수량
2	10
3	20
4	30
5	TRUE
6	40

① =AVERAGE(A2:A6) → 25

② =AVERAGEA(A2:A6) → 20

③ =AVERAGE(A2:A4,A6) → 25

④ =AVERAGEIF(A2:A6,"<40") → 20

29 다음 중 셀에 데이터를 입력할 때 사용하는 Enter↵ 키에 대한 설명으로 옳지 않은 것은?

① [Excel 옵션]의 '고급', '편집 옵션'에서 Enter↵ 키를 누를 때 이동할 셀의 방향을 지정할 수 있다.

② 여러 셀을 선택하고 값을 입력한 후 Ctrl + Enter↵ 키를 누르면 선택된 셀에 동일한 값을 입력할 수 있다.

③ 셀에 값을 입력하고 Alt + Enter↵ 키를 누르면 해당 셀 내에서 줄을 바꿔 입력할 수 있다.

④ 셀에 값을 입력하고 Shift + Enter↵ 키를 누르면 셀을 한 번에 두 칸씩 빨리 이동할 수 있다.

30 다음 중 아래 차트에 대한 설명으로 옳지 않은 것은?

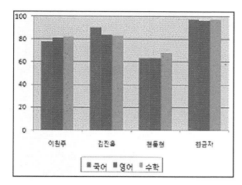

① 세로 (값) 축의 '주 단위'가 20으로 설정되어 있다.
② 데이터 계열은 4개로 구성되어 있다.
③ 범례의 위치는 아래쪽에 있다.
④ 주 단위의 가로 눈금선이 표시되어 있다.

31 아래 그림은 조건부 서식에 의해 셀의 배경색이 변경된 결과이다. 다음 중 [A2:C5] 영역에 설정된 조건부 서식의 규칙으로 옳은 것은?

	A	B	C
1	이름	엑셀	ACCESS
2	김경희	75	73
3	원은형	89	88
4	나도향	65	68
5	최은심	98	96

① =B$2+C$2<=170
② =$B2+$C2<=170
③ =$B$2+$C$2<=170
④ =B2+C2<=170

32 다음 중 홍길동의 성적표에서 컴퓨터 과목들의 점수 변동에 따르는 전체 평균 점수의 변화 과정을 구하고자 할 때 사용할 도구로 적절한 것은?

① 통합
② 데이터 표
③ 목표값 찾기
④ 부분합

33 다음 중 데이터의 정렬에 대한 설명으로 옳지 않은 것은?

① 정렬기준은 최대 64개까지 지정할 수 있으며, 기본적으로 위에서 아래로 행 단위로 정렬한다.
② 숨겨진 열이나 행은 정렬 시 이동되지 않으므로 데이터를 정렬하기 전에 숨겨진 열과 행을 표시하는 것이 좋다.
③ 영문자 대/소문자 구분하여 정렬하는 기능을 제공하며, 오름차순으로 정렬하면 대문자가 우선순위를 갖는다.
④ '사용자 지정 정렬' 기능을 이용하여 셀 색 또는 글꼴 색을 기준으로 정렬할 수 있다.

34 다음 중 피벗 테이블 보고서에 대한 설명으로 옳지 않은 것은?

① 피벗 테이블 보고서는 대량의 데이터를 빠르게 요약하는데 사용할 수 있는 대화형 테이블이다.
② 보고서 필터 필드에서 하위 데이터 집합에 대한 정렬 및 필터 기능을 설정할 수 있다.
③ [피벗 테이블 옵션]에서 하위 수준 데이터의 확장/축소에 사용하는 [+], [−] 단추의 인쇄여부를 설정할 수 있다.
④ 피벗 테이블은 행/열 레이블, 보고서 필터 필드, 값 필드로 구성된다.

35 다음 중 [하이퍼링크 삽입] 대화상자에서 연결 대상으로 선택할 수 없는 것은?

① 전자 메일 주소
② 매크로 연결 단추 및 그래픽
③ 새 문서 만들기
③ 현재 문서

36 아래 시트에서 주민등록번호의 첫 두 글자를 이용하여 출생연도를 계산하고자 한다. 이때 [C3] 셀에 입력해야 할 수식으로 옳은 것은?

	A	B	C
1			
2	이름	주민등록번호	출생년도
3	김유신	020805-3123456	2002
4	사하라	010301-4123456	2001
5	홍길동	991231-1123456	1999

① =YEAR(LEFT(B3,2))+LEFT(B3,2)
② =YEAR(LEFT(B3,2)&"/"&MID(B3,3,2)&"/"&MID(B3,5,2))
③ =YEAR(LEFT(B3,2))
④ =YEAR(LEFT(B3,2)&LEFT(B3,2))

37 다음 중 매크로 기록에 대한 설명으로 옳은 것은?

① 매크로 이름의 첫 글자는 반드시 문자여야 하며 나머지는 문자, 숫자, 공백문자 등을 사용할 수 있다.
② 매크로의 바로가기 키는 숫자 0~9 중에서 선택하여 사용해야 한다.
③ 선택된 셀의 위치에서 매크로가 실행되도록 하려면 상대 참조로 기록해야 한다.
④ 매크로를 기록 중 [개발 도구] 탭, [코드]그룹에서 [매크로 기록] 버튼을 클릭하면 매크로 기록이 완료된다.

38 다음 중 부분합 기능을 이용하여 구할 수 있는 각 집단의 특성 값이 아닌 것은?

① 합계
② 평균
③ 중앙값
④ 개수

39 [페이지 설정] 대화상자의 [시트] 탭에서 '반복할 행'에 [$3:$3]을 지정하고 워크시트 문서를 출력하였다. 다음 중 출력 결과에 대한 설명으로 옳은 것은?

① 첫 페이지만 1행부터 3행의 필드명이 반복되어 인쇄된다.
② 모든 페이지에 3행의 필드명이 반복되어 인쇄된다.
③ 모든 페이지에 3열의 필드명이 반복되어 인쇄된다.
④ 모든 페이지에 3행과 3열의 필드명이 반복되어 인쇄된다.

40 아래 괄호에 알맞은 엑셀 차트의 종류는?

• 원형 차트를 개선한 것으로 원형 차트는 하나의 계열을 가지는 데 비해 (   ) 차트는 다중 계열을 가질 수 있다.
• 3차원 차트로 작성할 수 없다.

① 쪼개진 원형 차트
② 원형 대 원형 차트
③ 도넛형 차트
④ 원형 대 가로 막대 차트

핵심 기출문제 정답 및 해설

| 1회 | 핵심 기출문제 해설(2015.03.07) |

정답

01 ④	02 ④	03 ②	04 ②	05 ④	06 ④	07 ③	08 ②	09 ①	10 ②
11 ②	12 ④	13 ③	14 ①	15 ③	16 ③	17 ③	18 ③	19 ③	20 ②
21 ④	22 ②	23 ④	24 ③	25 ③	26 ②	27 ③	28 ④	29 ①	30 ④
31 ②	32 ③	33 ②	34 ④	35 ①	36 ④	37 ③	38 ②	39 ①	40 ③

01
- MOD(Music On Demend : 주문형 음악 서비스
- VOD(Video On Demend) : 주문형 비디오 서비스
- PDA(Personal Digital Assistant) : 휴대 정보 단말기
- VDT 증후군 : 오랜 시간 컴퓨터 작업을 하는 사람들에게서 나타나는 직업병의 총칭

02 ASCII
미국 표준 정보 교환용 코드. 총 7비트로 구성되어 있으며 3개의 Zone 비트와 4개의 Digit 비트로 구성

03 스팸은 바이러스 유포를 목적으로 하지 않으며 ③,④번은 해킹에 더 가까운 의미임

04 디스크 정리
다운로드한 프로그램 파일, 임시 인터넷 파일, 휴지통, 오프라인 웹 페이지, 서비스 팩 백업 파일, Windows 업데이트 정리, 시스템 로그 파일, 시스템 오류 메모리 덤프 파일, 임시 파일, 미리 보기 사진, Windows 오류 보고 파일을 사용자가 직접 선택하여 정리

05
- HDTV : (High-Definition Television) : 고선명 TV나 고화질 TV
- Cable TV(유선방송) : 동축이나 광케이블에 영상이나 음성 및 데이터 등 수많은 정보를 주파수 분할 다중방식을 이용하여 가입자의 단말기까지 전송하는 방송방식
- IPTV(Internet Protocol Television) : 초고속 인터넷망을 기반으로 제공되는 양방향 TV 서비스

06 WAV 파일
음성을 녹음한 소리 파일

07 하드디스크의 파일이 손상되었을 경우 [디스크 오류 검사]를 통하여 복구

08
- 포털 사이트 : 수많은 사이트를 특정한 분류에 따라 정리해 놓고 주소를 링크시켜서 사용자들이 원하는 곳을 쉽게 찾아갈 수 있도록 만든 사이트
- 미러 사이트 : 다른 사이트의 정보를 그대로 복사하여 관리하는 사이트

09 하나의 원본에 대하여 여러 개의 바로가기 아이콘을 만들 수 있음

10
- 플러그 앤 플레이(Plug and Play) : 컴퓨터에 주변기기를 추가할 때 별도의 물리적인 설정을 하지 않아도 설치만 하면 그대로 사용할 수 있도록 하는 기능
- 채널(Channel) : 신호들이 보내지는 통로
- 인터럽트(Interrupt) : 컴퓨터 작동 중에 예치기 않은 문제가 발생한 경우라도 업무 처리가 계속될 수 있도록 하는 컴퓨터 운영체계의 한 기능

11
- ①번 : 입력기능
- ③번 : 기억기능
- ④번 : 연산기능

12 OSI 7 계층
물리 계층(Physical Layer), 데이터 링크 계층(Data Link Layer), 네트워크 계층(Network Layer), 전송 계층(Transport Layer), 세션 계층(Session Layer), 표현 계층(Presentation Layer), 응용 계층(Application Layer)

13 하나의 폴더 내에 같은 이름의 파일이나 폴더가 존재할 수 없음

14 처리하는 데이터 종류에 따른 분류
디지털 컴퓨터, 아날로그 컴퓨터, 하이브리드 컴퓨터

15 sc
기타학교 도메인

16 1GB(Giga Byte)
1024 x 1024 x 1024Bytes

17
- LCD : 액정표시장치(출력장치)
- 터치패드 : 마우스를 대신하는 장치
- OCR : 광학식 문자판독기. 인쇄된 문자 또는 사람이 손으로 쓴 문자를 읽는 장치
- 트랙볼 : 손가락으로 볼을 굴리면 커서가 움직이는 장치

18 인쇄 대기 중인 문서의 용지 방향, 용지 종류, 인쇄 매수 설정을 변경할 수 없음

19 키보드와 마우스는 연결되어 있지 않아도 부팅 시에는 아무런 지장이 없음

20
- 폴더 내의 모든 항목을 선택하려면 Ctrl + A 키를 누름
- 연속되어 있지 않은 파일이나 폴더를 선택하려면 Ctrl 키를 누른 상태로 항목을 클릭
- 연속되어 있는 파일이나 폴더를 선택하려면 Shift 키를 누른 상태로 항목을 클릭

21 자동필터에서 하나의 항목에는 AND조건, OR조건이 가능하지만 여러 항목 간에 OR 조건을 설정할 수 없음

22 셀의 '잠금' 속성을 해제하면 [시트 보호]를 할 수 없음

23
- 순환 참조(Circular reference) : 참조하는 대상이 서로 물려 있어서 참조할 수 없게 되는 현상
- [D2]셀에는 SUM이 구해지는 곳인데 SUM 수식에 [D2]셀이 포함되어 있음
- #####오류 : 셀 너비보다 큰 숫자, 날짜 또는 시간이 있거나, 계산 결과가 음수인 날짜와 시간이 있을 때
- #NUM! 오류 : 표현할 수 있는 숫자의 범위를 벗어났을 때
- #REF! 오류 : 셀 참조가 유효하지 않을 때

24
- ①번(*.txt) : 탭으로 분리된 텍스트 파일
- ②번(*.prn) : 공백으로 분리된 텍스트 파일
- ④번(*.xltm) : Excel 서식이 포함된 매크로 문서

25 오름차순 정렬과 내림차순 정렬에서 공백은 맨 마지막에 위치

26 • CHOOSE 함수 : 검색 값이 지정된 번째의 결과값을 찾음
• RANK 함수 : 순위를 구하는 함수
• rank(D2,$D$2:$D$5) → 결과 : 3
  −[D2] 셀, 김나래의 합계 92점의 석차를 구함
  −D2:D5 셀은 행, 열 범위가 바뀌지 않도록 절대참조로 고정
• =CHOOSE(RANK(D2,$D$2:$D$5),"천하","대한","영광","기쁨") → 석차가 '3'이므로 3
  번째 값인 '영광'을 선택하여 결과로 산출

27 [데이터 계열 서식]−[계열 옵션] 탭에서 '계열 겹치기' 값을 입력하거나 막대 바를 이동.
값이 작아질수록 사이 간격이 벌어지고 값이 증가할수록 계열이 겹쳐짐

28 오류 메시지에는 확인 메시지가 없음

29 • Lookup(찾을값, 범위1, 범위2) : 배열이나 한 행 또는 한 열 범위에서 값을 찾음
• Vlookup(찾을값, 범위, 열 번호, 방법) : 범위의 첫 번째 열에서 특정 값을 찾아 지정한
  열에 해당하는 행의 셀 값을 구함
• Hlookup(찾을값, 범위, 행번호, 방법) : 범위의 첫 행에서 특정 값을 찾아 지정한 행에
  해당하는 열의 셀 값을 구함

30 • [보기]−[창]−[틀 고정 취소]
• 창 구분선을 더블 클릭하여 취소하는 기능은 [창 나누기]

31 • AND 조건 : 같은 행에 필드에 대한 조건 작성
• OR 조건 : 다른 행에 필드에 대한 조건 작성
• 조건범위[A9:B11]의 내용은 AND조건 (〈95, 〉90)과 OR조건(〈70)이 섞여 있는 형태
• 첫 번째 조건인 [합계가 95미만 이고, 합계가 90초과]을 찾으면 합계가 92인 2행의
  김진아 레코드, 합계가 94인 4행의 장영주 레코드가 추출
• 두 번째 조건인 [합계가 70미만]을 찾으면 합계가 65인 5행의 김시내 레코드가 추출
• 첫 번째 조건으로 추출된 2개의 레코드와 두 번째 조건으로 추출된 1개의 레코드를
  합하면(OR) 답은 2번 3(개)의 레코드가 추출

32 • 분산형 차트 : 항목의 값을 점으로 표시하여 여러 데이터 값들이 관계를 보여줌
• 원형 차트 : 각 항목의 값을 전체에 대한 백분율로 전환하여 차트를 그려주며 각 항목
  의 구성 비율이나 기여도를 보고자 할 때 사용함
• 방사형 차트 : 데이터를 방사형의 선으로 표시하여 데이터 계열의 총 값을 비교하고자
  할 때 사용함

33 피벗 테이블과 함께 작성된 피벗 차트는 피벗 테이블이 삭제되면 일반 차트로 변경됨

34 [페이지 나누기 미리보기] 상태에서도 차트나 그림 등의 개체 삽입이 가능하고 데이터를
입력하거나 편집 가능

35 Alt + F8은 키는 매크로 상자를 호출

36 • 이름 정의 : 절대 참조로 대상 범위를 참조
• 이름의 첫 글자는 문자, 밑줄(_), 역 슬러시(₩)로 시작해야 함
• 여러 시트에 동일한 이름을 정의할 수 없음
• 이름에 공백을 포함하여 정의할 수 없음

37 SUMPRODUCT 함수
배열 또는 범위의 대응되는 값끼리 곱해서 그 합을 구함

38 • 실수인 경우 채우기 핸들을 이용한 [연속 데이터 채우기]의 결과는 일의 자리 숫자가
  1씩 증가
• 시간의 경우 채우기 핸들을 이용한 [연속 데이터 채우기]의 결과는 시간이 증가

39 =EOMONTH("2015−3−20",2) : 날짜에 지정한 수만큼 달이 연산되어 그 달의 마지막
날짜로 나옴. 3+2=5월이 되므로, 셀 서식이 날짜형식이라면 2015−5−31로 입력

40 디지털 서명 매크로만 포함
해당 매크로와 파일에 대한 디지털 서명 파일이 있을 경우에만 매크로를 열어서 실행할
수 있음

2회 핵심 기출문제 해설(2014.10.18)

핵심 기출문제

정답									
01 ③	02 ④	03 ③	04 ③	05 ③	06 ①	07 ③	08 ①	09 ②	10 ③
11 ①	12 ④	13 ③	14 ④	15 ③	16 ①	17 ③	18 ③	19 ④	20 ②
21 ④	22 ①	23 ③	24 ②	25 ④	26 ④	27 ③	28 ②	29 ③	30 ③
31 ①	32 ③	33 ④	34 ②	35 ③	36 ④	37 ①	38 ②	39 ④	40 ③

01
- 래스터(Raster) 방식을 쉽게 말해서 비트맵 방식이라고 함
- WMF(Windows Metafile) : Windows 운영체제의 그래픽 파일포맷 방식이며 비트맵, 벡터그래픽스 둘 다 포함

02
MID(MIDI : Musical Instrument Digital Interface)
디지털 뮤직 규격에 사용되는 음악 파일. MID 파일에는 음높이, 음길이, 세기 등 다양한 음악 기호가 정의

03
- 파이어폭스(Fire Fox) : Mozilla에서 제작한 웹브라우저
- 사파리(Safari) : 애플사에서 제작한 웹브라우저
- 구글 : 전세계에서 가장 큰 포털사이트
- 오페라(Opera) : 노르웨이 오슬로의 오페라 소프트웨어에서 제작한 웹브라우저

04
- MAN(Metropolitan area network) : 도시권 통신망
- WAN(Wide Area Network) : 광역 통신망, 국가 또는 대륙간망
- PCM(Pulse-code modulation) : 펄스 부호 변조
- LAN(Local Area Network) : 근거리통신망

05
블루레이 디스크(Blu-ray Disc)
소니사가 개발한 광 기록방식 저장매체. 25GB 이상

06
- 디스크 정리 : 하드디스크에 불필요한 자료를 지워서 빈 공간을 확보하는 기능
- ②번 : 디스크 조각모음
- ③번 : 시스템 복구 디스크 만들기

07
- 웜(Worm) : 다른 프로그램을 감염을 시키지 않으나 자기 자신을 복제를 하여 시스템의 부하를 증가시키는 프로그램
- 해킹(Hacking) : 컴퓨터 시스템에 불법으로 접근을 해서 정보를 유출을 시키거나 파괴하는 행위
- 스니핑(Sniffing) : 네트워크 주변을 지나다니는 패킷을 엿보면서 계정과 패스워드를 알아내기 위한 행위

08
- 쿠키(Cookie) : 사용자가 방문한 웹 주소를 지우지 않고 기억했다가 다음에 사용자가 이전에 방문한 주소를 몇 자 입력하면 나머지를 기억하여 모두 나타내어 사용자가 나머지 주소를 입력하지 않아도 되도록 기억된 이전에 방문했던 주소를 쿠키라고 함
- 즐겨찾기(Favorites) : 자주 쓰는 웹사이트를 저장하는 모음. 북마크
- 웹 서비스(Web Service) : 웹 서비스(web service)는 네트워크상에서 서로 다른 종류의 컴퓨터들 간에 상호작용을 하기 위한 소프트웨어 시스템
- 히스토리(History) – 방문했던 웹사이트의 정보를 보관하고 있는 곳

09
- 1계층 – 물리 계층
- 2계층 – 데이터링크 계층
- 3계층 – 네트워크 계층
- 4계층 – 전송 계층
- 5계층 – 세션 계층
- 6계층 – 표현 계층
- 7계층 – 응용 계층

10
- 아스키(ASCII, American Standard Code for Information Interchange) 코드 : 미국 정보 교환 표준 부호
- 패리티 비트는 오류 검출용으로 사용되는 것으로 실제 표현 가능한 문자수와는 관련이 없으며, 실제 ASCII 코드는 크기는 7비트로 2의 7승 개, 즉 128개의 문자 표현이 가능

11
- 휴지통에 들어 있는 자료는 복원 가능.
- 휴지통의 크기는 0%~100%까지 설정가능하며 0% 설정 시 무조건 바로 삭제되기 때문에 복원 불가능

12 두 대 이상의 모니터는 연결 시 주 모니터의 설정은 사용자의 편의대로 설정

13 숨긴 파일 및 폴더의 숨김 속성을 일괄 해제는 폴더 창에서 직접 설정

14 [사용자 계정 추가]
[제어판]–[사용자 계정 및 가족 보호]–[사용자 계정]–[계정관리]에서 추가/변경 가능

15 상위폴더로 이동하려면 방향키를 누르거나 를 누르면 상위 폴더로 이동

16
- ①번 : 셰어웨어(Shareware)에 대한 설명임
- 공개 소프트웨어(Open Software) : 개발자가 소스를 공개한 소프트웨어로 누구나 자유롭게 사용하고 수정 및 재배포할 수 있음

17 BIOS는 롬(Rom)에 저장되어지며 컴퓨터 초기에는 Mask-Rom에 저장되어졌지만, 1990년 이후에는 EEPROM(플래시메모리)에 저장되어 BIOS 내용도 변경 또는 업데이트(펌웨어)가 가능해짐

18 메모장 특징
- 확장자는 기본적으로 .txt가 부여
- 그림, 차트, OLE 관련 개체는 삽입할 수 없음
- 웹 페이지용 HTML 문서를 만들 때 사용할 수 있음
- 문서 첫 줄 왼쪽에 .LOG(대문자)를 입력하고 저장한 다음 다시 그 파일을 열면 시간과 날짜가 자동으로 삽입. 시간/날짜 삽입할 때 바로가기 키는 〈F5〉
- 특정 문자열을 찾을 수 있는 찾기 기능이 있음
- 자동 줄 바꿈 기능, 찾기, 바꾸기 기능을 제공하며 서식 변경은 문제 전체 단위로 이루어지고, 부분적인 변경은 지원하지 않음
- 용지 방향, 여백, 머리글, 바닥글, 미리 보기의 설정이 가능. 나누기 기능은 제공되지 않음
- 글꼴, 글꼴 스타일 크기의 변경은 가능하지만 글자 색은 지원하지 않음

19 [제어판]–[디스플레이] 에서 할 수 있는 작업 : 색보정, 디스플레이 설정, 해상도 조정, 프로젝터 연결, ClearType 텍스트 조정, 사용자 지정 텍스트 크기 설정 가능

20
- 그룹웨어(groupware) : 협동 소프트웨어 또는 일반적으로 협동작업 프로그램이라고 함
- 스프레드시트(spreadsheet) : 표계산 프로그램, 일반적으로 표 계산(함수)을 하는 프로그램을 지칭함
- 전자 출판(electronic publishing) : 문자나 화상정보, 멀티미디어 등을 이용하여 출판하는 디지털 책

21 '새로운 값으로 대치' 항목을 체크된 상태로 부분합을 진행하게 되면 이미 작성된 부분합 결과는 사라짐

22 그림에서 김과 철수 사이에는 어떠한 구분기호(,, ; 탭 등)도 없으며 공백 또한 없으므로 열 구분선 기준으로 내용 나누기가 되었음

23
- =VLOOKUP(A6,$A$1:$B$4,2) → #N/A
- =IFERROR(#N/A,"입력오류") → 입력오류

24 첫 번째 조건에서 물음표 한 개는 글자 수 한 개를 뜻하며, 성명에서 '??명'으로 끝나는 세 글자의 성명이거나, 두 번째 조건 부서명이 영업이면서 성적이 80초과인 조건에 충족하는 결과는 2번

25
- #NAME? : 엑셀에서 인식할 수 없는 텍스트를 수식에 사용한 경우
- #NUM! : 수식이나 함수에 잘못된 인수를 사용했을 경우
- #DIV/0! : 수식에서 값을 0으로 나누었을 경우

26 첫 행의 자료에 공백이 포함된 경우는 공백만큼 언더바(_)로 바뀌고, 기존의 셀 주소이라면 마지막에 언더바(_)가 추가되어서 이름이 정의

27
- 선형 : 단계 값만큼 더하여 입력함.
- 급수 : 단계 값만큼 곱하여 입력함.
- 날짜 : 날짜 단위에서 지정한 값만큼 증가하여 입력함
- 자동 채우기 : 채우기 핸들로 자동 채우기를 수행한 것과 같은 결과를 표시함
- 각 셀에 입력 값
  - [A1] 셀 → 2
  - [B1] 셀 → 4
  - [C1] 셀 → 8
  - [D1] 셀 → 16

28 서식 : 특정 서식이 있는 텍스트나 숫자를 찾을 수 있음

29
- 매크로 이름의 첫 글자는 반드시 문자이어야 하며, 두 번째부터 문자, 숫자, _ 등 사용 가능
- 매크로 바로가기 키는 영문자만 가능, 입력하지 않아도 매크로 기록 가능
- 매크로 기록 창에서 이름을 변경할 수 있으며, 매크로 대화상자에서 [편집] 버튼 눌러서 [Visual Basic 편집기] 화면에서 기록한 매크로의 이름을 변경할 수 있음
- 바로가기 키는 [보기]-[매크로]-[매크로 보기]에서 매크로 선택 후 옵션에서 변경이 가능

30
- INT 함수 : 소수점 아래를 버리고 가장 가까운 정수로 내림
- =INT(-7.4) → -8

31
- COUNT : 숫자의 개수
- COUNTA : 비어 있지 않은 모든 문자(숫자포함) 개수
- COUNTBLANK : 비어 있는 셀의 개수
- DCOUNT : 전체 범위 내 조건에 만족하는 열의 숫자 데이터의 셀 개수

- ①번 : 5
- ②번 : 0
- ③번 : 0
- ④번 : 함수의 인수가 부족하여 작성 불가

32 dBASE 파일(*.dbf) : 데이터베이스(Database) 프로그램에서 사용되는 파일 형식의 확장자

33 마우스로 범례를 이동하거나 크기를 변경한다고 해서 차트의 그림 영역의 크기 및 위치가 자동으로 조정되지 않으며, [범례 서식]-[범례 옵션]에서 위치를 선택할 수 있음

34 셀에는 매크로를 연결할 수 없음

35 [홈]-[클립보드]그룹의 [붙여넣기] 옵션 : 붙여넣기, 수식, 값 붙여넣기, 테두리 없음, 바꾸기, 연결하여 붙여넣기, 선택하여 붙여넣기, 하이퍼링크로 붙여넣기, 그림 형식

36
- ROUNDUP(4561.604, -1) ⇒ 4570
- =ROUND( ) : 지정한 자리수로 반올림
- =ROUNDUP( ) : 0과 멀어지도록 올림
- =ROUNDDOWN( ) : 0과 가까워지도록 내림

37 [페이지 나누기 미리 보기] 상태에서도 차트나 그림 등의 개체를 삽입할 수 있음

38 엑셀 왼쪽 상단에 작게 나열된 아이콘을 빠른 실행 도구 모음이라고 함

39
- [페이지 레이아웃] : 입력 및 편집이 가능하고 머리글이나 바닥글을 쉽게 추가할 수 있음
- [페이지 나누기 미리보기] : 입력 및 편집이 가능하고, 파란색 실선으로 페이지를 손쉽게 나눌 수 있음

40
- '총점' 계열의 '한길' 요소에 데이터 레이블이 있음

핵심 기출문제

3회 핵심 기출문제 해설(2014.06.28)

01 ③번 : 화상회의 시스템(VCS)

02
- ①번 : IPv6은 16비트씩 8부분으로 총 128비트로 구성
- ②번 : IPv4에 해당하는 내용
- ③번 : IPv4와 호환성 및 주소의 확장성, 융통성, 연동성이 뛰어남

03 동영상 압축기술 MPEG 표준은 IPTV, 3DTV 등 멀티미디어 응용제품 등에 활용되고 있음

04 브리지(Bridge)
네트워크 관련용어로 같은 종류의 네트워크를 서로 연결하는 장치

05
- 디렉토리형 검색 엔진 : 이용자가 직접 자신의 웹 페이지의 정보를 등록한 후 이를 제공하는 검색엔진 카테고리에 의한 체계적인 링크정보 제공
- 키워드형 검색 엔진 : 제목이나 본문에서 특정 단어 또는 검색어를 입력함으로 원하는 정보를 찾도록 하는 검색 엔진
- 하이브리드형 검색 엔진 : 키워드형 검색엔진과 주제별 검색엔진 기능을 모두 제공

06 정보 전달을 위한 구성요소 : 정보원(정보가 전송되는 출발지, 송신자), 정보 목적지(정보가 도착되는 목적지, 수신자), 전송매체와 프로토콜(통신규약) 등이 필요

07 B-ISDN : 동기식이 아닌 비동기식(ATM전송방식) 전달방식

08
- 아날로그 컴퓨터 : 출력형태가 곡선, 그래프와 같은 연속된 자료
- 디지털 컴퓨터 : 출력형태가 숫자나 문자 같은 비연속적인 자료

09 〈느림〉ms-μs-ns-ps-fs-as 〈빠름〉

10
- 1의 보수 : 0을 1로 1을 0으로 바꾸는 것
- 2의 보수 : 0을 1로 1을 0으로 바꾼 다음 맨 뒷자리에 1을 더한 값
- 0110 → 1의 보수로 표현하면 1001
- 1001 → 2의 보수로 표현하면 1의 보수의 마지막에 1을 더해서 1010(2의 보수)

11
- CPU를 직렬 연결하는 것은 없음
- 클럭 주파수 : CPU의 동작 속도 결정
- 캐시메모리 : CPU와 주기억장치 사이에 위치, 속도를 향상시킴
- 워드 : CPU가 한번에 처리할 수 있는 명령어의 단위

12 탐색키
[Ins], [Home], [Page Up], [Delete], [End], [Page Down], [←], [→], [↑], [↓]

13 캐시메모리
SRAM으로 만들어지므로 소프트웨어가 아니라 하드웨어

14 접근성 센터
사용자의 시력, 청력, 기동성에 따라 컴퓨터 설정을 조정하고 음성 인식을 사용하여 음성 명령으로 컴퓨터를 조정함

15 프린터 추가 시 플러그앤플레이(PNP)가 지원되는 경우 자동으로 해당 하드웨어에 대한 프로그램이 설치되지만, 플러그앤플레이(PNP)가 지원되지 않는 경우 수동으로 해당 하드웨어에 대한 프로그램을 설치해야 함

16 관리자가 설정해 놓은 프린터는 관리자 계정에서만 제거 가능

17 휴지통의 파일은 명령이나 드래그를 통해 복원할 수 있으나 실행을 할 수는 없음

18 ③번 '한 번에 스크롤 할 줄의 수' : [제어판]-[마우스] 에서 설정

19
- 절전 모드 : 컴퓨터를 끄지 않은 상태에서 소비 전력을 최소화하는 모드
- 오랫동안 컴퓨터를 사용하지 않을 예정이라면 컴퓨터 전원을 OFF하는 게 효과적

20 임시인터넷 파일 삭제는 인터넷 등록정보 탭에서 삭제

21 부분합을 구하기 위해서는 부분합을 구하고자 하는 항목(필드)를 기준으로 반드시 정렬이 되어 있어야 함

22
- AND 조건 : 같은 행에 필드에 대한 조건 작성
- OR 조건 : 다른 행에 필드에 대한 조건 작성

23
- 목표값 찾기 : 결과를 알고 변수가 하나일 때 사용
- 해찾기 : 결과를 알고 변수가 여러 개일 때 사용
- 데이터 표 : 특정한 값의 변화에 따른 결과값의 변화를 표의 형태로 표시해주는 도구

24 숨겨진 행이나 열은 정렬을 수행해도 이동되지 않으므로 데이터를 정렬하기 전에 모두 표시해 놓는 것이 좋음

25 Delete 키를 눌렀을 때 데이터 내용만 지워지는 내용 지우기 작업이며, 서식이나 메모가 함께 지워지지 않음

26 채우기에서 유형 급수는 곱하기 연산이므로 단계 값은 -3

27
- ①번 #,### : 원 단위에 쉼표스타일
- ②번 #,###, : 천 단위에 쉼표스타일
- ③번 #,###,, : 백만 단위에 쉼표스타일
- ④번 #,###,,, : 십억 단위에 쉼표스타일

28 [찾기 및 바꾸기]-[옵션]-[찾는 위치] : 수식, 값, 메모 선택 가능

29
- 가입일이 2000년 이전이라고 했으므로 가입일중 년도만을 사용, 년도 함수 YEAR를 이용하여 B19 셀이 2000년 이전인지 판단하여 YEAR(B19)〈=2000
- =IF(YEAR(B19)〈=2000,"골드회원","일반회원") → YEAR(B19)〈=2000 조건에 만족하면 "골드회원", 아니면 "일반회원"이 출력됨

30 매크로의 이름은 공백을 넣을 수 없으며 반드시 문자로 시작해야 함

31 ㆍ①번 : 거듭제곱 값으로 2*2*2*2 = 32
ㆍ②번 : 모두 더하면 32
ㆍ③번 : 최대값은 42
ㆍ④번 : 넘지 않는 정수 32

32 ㆍ①번 COUNTIF 함수 : 조건에 맞는 개수
  = COUNTIF(B1:B4,"<>"&B3) → 3
ㆍ②번 COUNTIF 함수 : 조건에 맞는 개수
  = COUNTIF(B1:B4,")3") → 3
ㆍ③번 INDEX 함수 : 행번호와 열번호에 해당하는 데이터를 구함
  = INDEX(A1:C4,4,2) → 3
ㆍ④번 TRUNC함수 : 소수 아래 절삭, SQRT 함수 : 양의 제곱근을 구함
  = TRUNC(SQRT(B1)) → 2

33 ㆍ = VLOOKUP(찾을값, 찾을범위를 포함한 참조영역, 찾을 열번호, 옵션) 형식
  '찾을값'은 C8, '찾을범위를 포함한 참조영역'은 B2:D6, '찾을 열번호'는 단가를 찾아야
  하므로 열번호 3, 옵션은 단가를 정확히 표시했기 때문에 FALSE 또는 0

34 ③번 : 문자는 복사되므로 A와 B가 반복됨

35 [셀서식]-[표시형식]의 [일반] 서식은 해당 셀에 특정 서식을 지정하지 않음

36 ㆍ3차원이 불가능한 차트 : 도넛형, 분산형, 주식형, 방사형
ㆍ혼합형이 불가능한 차트 : 도넛형, 분산형, 주식형, 3차원
ㆍ추세선이 불가능한 차트 : 원형, 도넛, 방사형, 표면형, 3차원

37 그림에서 나타나는 '총합계 870 925' 데이터 부분이 열 총합계로, [테이블 옵션]에서
[열 총합계] 표시를 해제하면 화면에서 보이지 않아야 함. 해당 그림은 행 총합계가 해
제되었음

38 차트 도구의 [디자인] 탭-[데이터선택] 대화 상자 : 차트 데이터의 범위, 계열(범례)의
편집, 가로 항목의 편집 작업을 수행

39 창 나누기 상태에서 구역의 확대/축소 비율을 별도로 지정할 수 없음

40 인쇄할 프린터를 선택하는 작업은 [인쇄] 대화상자에서 선택

4회 · 핵심 기출문제 해설(2014.03.08)

01 **크래커(Cracker)**
고의로 다른 사람의 컴퓨터 시스템에 침입하여 자료를 파괴하거나 불법적으로 자료를 가져가는 행위를 일삼은 사람이므로 컴퓨터 범죄에 관한 대비책으로 옳지 않음

02 • 블루투스(Bluetooth) : 무선 기기 간 정보를 교환하는 목적으로 하는 근거리 무선 기술 표준
• Wi–Fi(Wireless Fidelity) : 무선 접속 장치가 설치된 곳에서 전파나 적외선 전송 방식을 이용하여 일정 거리 안에서 무선 인터넷을 할 수 있는 근거리 통신망을 칭하는 기술
• Ethernet : 로컬 네트워크인 근거리통신망(LAN)을 구축하기 위한 대표적 표준 방식으로 비즈니스 네트워크나 유선 홈네트워크 구성 시 사용

03 • 현재 창 닫기 바로가기 : Ctrl + W
• 프로그램 종료 또는 창 닫기 : Alt + F4

04 • ①번 echo 명령어 : 화면에 메시지를 띄워주는 명령어
• ②번 ipconfig 명령어 : 사용자 IP주소를 확인하는 명령어
• ③번 regedit 명령어 : 레지스트리 편집기 명령어

05 **멀티미디어 특징**
정보의 통합성, 디지털화, 쌍방향성, 비선형성

06 **전송 속도(bps)**
Bit Per Second의 약자로 초당 전송되는 비트 수

07 **아카이브(Archive) 파일**
파일 디렉터리 구조나 복구 정보 등의 저장 속성을 가진 파일로 무손실 데이터의 압축 형식임

08 • 1세대 : 진공관
• 2세대 : 트랜지스터(TR)
• 3세대 : 집적회로(IC)
• 4세대 : 고밀도 집적회로(LSI)
• 5세대 : 초고밀도 집적회로(VLSI)

09 **증폭 회로**
연속적인 물리량을 사용하는 아날로그 컴퓨터의 구성 회로

10 플래시 메모리는 전원이 끊겨도 내용이 지워지지 않는 비휘발성 메모리

11 • ①번 누산기 : 연산 결과를 일시적으로 기억하는 장치
• ②번 프로그램 카운터 : 명령의 순서를 기억하는 장치
• ③번 명령 레지스터 : 명령어를 기억하는 장치
• ④번 명령 해독기 : 명령을 해독하는 장치

12 Windows Media Player : 동영상 재생

13 **아이콘 자동 정렬**
바탕 화면의 바로가기 메뉴에서 [보기]–[아이콘 자동 정렬]을 사용하여 설정할 수 있음

14 컴퓨터에 설치할 수 있는 프린터 개수는 제한이 없음

15 • GIF : 비손실 압축 방법을 사용하기 때문에 이미지의 손상은 없지만 압축률이 좋지 않음
• JPG : 비손실 압축, 손실 압축 모두 지원

16 휴지통에 있는 파일은 복원은 할 수 있지만 실행은 할 수 없음. 복원 후에 실행 가능

17 SSD는 일반 하드디스크(HDD)보다 속도도 빠르고 소음 및 발열이 적으며 소형화, 경량화된 NAND플래시 또는 DRAM 등 초고속 반도체 메모리를 저장 매체로 사용하는 대용량 저장 장치

18 • 실행창이 종료 : Alt + F4
• 작업 중인 항목의 바로가기 메뉴 : Shift + F10
• 창 조절 메뉴 : Alt + Space Bar

19 [제어판]–[프로그램 및 기능] : 컴퓨터에 설치된 프로그램을 제거 또는 변경

20 • [개인 설정] : 바탕 화면 아이콘 변경, 마우스 포인터 변경, 바탕 화면 배경, 창 색, 소리, 화면 보호기 등
• 해상도 변경은 [디스플레이]에서 변경 가능함

21 윤곽선이 행을 기준을 행 번호가 왼쪽에 작성되어 있으므로 [윤곽선]–[그룹]이 행 기준으로 작성된 상태

22 정렬 시 오름차순이나 내림차순에서 공백(빈 셀)은 맨 마지막에 정렬됨

23 ③번 : 부분합에 대한 설명

24 '원본 데이터에 연결'기능은 통합할 데이터가 있는 워크시트와 통합 결과가 작성될 워크시트가 다른 경우나 워크시트가 다른 통합 문서에 있는 경우에만 적용할 수 있음

25 • 이름 정의 : 절대 참조로 대상 범위를 참조
• 이름의 첫 글자는 문자, 밑줄(_), 역 슬러시(₩)로 시작해야 함
• 여러 시트에 동일한 이름을 정의할 수 없음
• 이름에 공백을 포함하여 정의할 수 없음

26 ③번 : 원본 데이터 '15'의 서식 'hh' → 결과는 오후 3시가 두 자리로 표시된 형식인 '03'으로 표시됨

27 단추에는 하이퍼링크를 지정할 수 없으며 도형에는 하이퍼링크를 지정할 수 있음

28 피벗 테이블 보고서의 레이아웃이 변경되는 것과 메모는 상관없음

29 • 매크로 이름은 자동 생성, 공백 사용 불가
• 바로가기 키는 Ctrl 키와 영소문자 조합으로 사용, 대문자로 지정하면 Shift 키로 설정
• 매크로 저장 위치 : 현재 통합 문서 / 새 통합 문서 / 개인용 매크로 통합 문서

30 모든 매크로 포함(위험성 있는 코드가 실행할 수 있으므로 권장하지 않음)

31 RANK(D2,$D$2:$D$5) → 합계가 높은 순으로 순위가 구해지며 CHOOSE 함수가 적용되어 순위가 1이면 '대상', 2이면 '금상', 3이면 '은상', 4이면 '동상'이 출력됨. 갈나래의 순위가 3이므로 세 번째 값인 '은상'이 구해짐

32 • $A$1 : 셀 주소의 값은 1이며 절대 참조이므로 수식을 복사해도 변하지 않음
• $A2 : 혼합참조이므로 $A는 수식을 복사하더라도 변하지 않고 $A3으로 복사되며 $A3 셀 주소의 값은 3이므로 =$A$1+$A3는 1+3이며 결과는 4가 됨
• A7 셀에 수식 =$A$1+$A2를 입력한 후 [A7] 셀을 복사하여 [C8] 셀에 붙여넣기 했을 때 =$A$1+$A3로 변경되어 그 결과는 4가 됨

33 • 다른 워크시트의 셀 참조 시 워크시트 이름과 셀 주소 사이는 느낌표(!)로 구분함
• 다른 통합 문서의 셀 참조 시 통합 문서의 이름을 대괄호([ ])로 묶음

34

#N / A	함수나 수식에 값을 사용할 수 없음
#NAME	수식에 잘못된 문자열을 사용
#DIV / 0!	수식에 나누기 "0"인 경우
#VALUE!	함수의 인수로 잘못된 값을 사용한 경우
#REF!	셀 참조가 유효하지 않은 경우
#NULL!	워크시트에서 교차되지 않는 두 영역의 논리곱을 지정한 경우 논리곱 연산자는 두 참조 사이에 공백 문자로 표시
#NUM!	숫자가 입력된 속에 잘못된 값을 지정한 경우
#####	셀 너비보다 결과 숫자가 긴 경우

35 [A1]셀은 A는 열을 의미하고 1은 행을 의미하므로 A열 1행이 됨

36 • 거품형 : 분산형 차트의 한 종류로 데이터 계열 간의 항목 비교에 사용
• 방사형 : 많은 데이터 계열의 집합적인 값을 나타낼 때 사용

37 엑셀에서 그림을 시트 배경으로 사용한 경우 화면에는 표시되지만 시트 배경이 인쇄되지는 않음

38 데이터 레이블
그려진 막대나 선이 나타내는 표식에 대한 데이터 요소 또는 값 등의 추가 정보를 표시하는 것으로 해당 그림에는 설정되어 있지 않음

39 보조 축으로 수량 계열을 사용

40 [인쇄 미리 보기]창에서 조절한 셀 너비는 워크시트에서도 적용됨

5회 핵심 기출문제 해설(2013.10.19)

01
- 주문형 비디오(VOD) : 각종 영상정보를 데이터베이스로 구축하여 사용자가 원하는 장소, 시간에 원하는 정보를 이용할 수 있는 서비스
- CAI(Computer Assisted Instruction) : 컴퓨터를 이용한 자동 교육 시스템
- VCS(Video Conference System) : 화상 회의 시스템
- PACS(Picture Archiving and Communication System) : 의학 영상정보 시스템

02 멀티미디어의 발전 배경에는 컴퓨터의 보급과 디지털 기술의 발전이 해당됨

03 웹 검색 엔진을 이용한 상품 검색은 컴퓨터 범죄에 해당되지 않음

04
- MIME(Multipurpose Internet Mail Extensions) : 전자우편으로 멀티미디어 정보를 전송할 수 있도록 해 주는 멀티미디어 지원 프로토콜
- POP3(Post Office Protocol 3) : 전자우편을 수신하기 위한 프로토콜

05
- DHCP(Dynamic Host Configuration Protocol) : IP 주소를 자동으로 할당해 주는 동적 호스트 설정 통신 규약으로 어드레스 자동 취득 프로그램을 의미하며 복잡한 설정 작업을 자동화하는 프로토콜
- HTTP(HyperText Transfer Protocol) : 인터넷상에서 하이퍼텍스트를 주고받기 위한 프로토콜
- TCP/IP(Transmission Control Protocol/Internet Protocol) : 네트워크로 연결된 시스템 간의 데이터 전송을 위해 인터넷에서 사용하는 표준 프로토콜

06
- KRNIC(Korea Network Information Center) : 한국 인터넷 정보 센터로 인터넷 주소 자원 관리 업무를 담당함
- WWW-KR : W3C(World Wide Web Consortium)에 가입된 인터넷 관련 단체로 서비스 간의 중복을 방지하는 업무를 수행
- INTERNIC(Internet network information center) : 국제적 인터넷 도메인 관리 기구

07
- 디스크 검사 : 디스크의 논리적, 물리적 오류 검사
- 디스크 정리 : 불필요한 파일을 지워 빈 공간을 확보
- 디스크 포맷 : 비어 있는 파일 시스템을 설정하고, 사용할 저장 매체나 하드디스크를 준비하는 작업

08
- 라우터(Router) : 전송을 위한 최적의 경로를 찾아 연결/유무선 공유기는 라우터 기능을 내장함
- 브리지(Bridge) : 같은 구조의 네트워크를 연결
- 게이트웨이(Gateway) : 다른 구조의 네트워크를 연결

09
- 컴퓨터 처리 속도 단위 : ms → us → ns → ps → fs → as
- 기억용량 단위 : KB, MB, GB, TB 등

10
- ①번 : 캐시메모리
- ②번 : 가상메모리
- ③번 : 연관메모리

11 캐시메모리
CPU와 주기억장치의 속도 차이 문제를 해결

12 해상도
디스플레이 모니터 내에 포함되어 있는 픽셀의 숫자를 말하는데, 일반적으로 그래픽 화면의 선명도를 나타내는 것으로, 픽셀의 수가 많아질수록 해상도는 높아짐

13
- 접근 시간(Access Time) : 탐색 시간+회전 지연 시간+전송 시간
- 회전 지연 시간(Latency Time) : 읽기/쓰기 헤드가 원하는 데이터가 있는 트랙(실린더)을 찾은 후 디스크가 회전하여 원하는 섹터가 헤드에 올 때까지 걸리는 시간
- 전송 시간(Transmission Time) : 데이터의 전송이 완료될 때까지 소요되는 시간

14 기본 프린터는 한 대만 지정할 수 있으며, 기본 프린터로 설정된 프린터도 삭제할 수 있음

15 확장자가 다르더라도 같은 연결 프로그램을 설정할 수 있음

16 인터프리터(Interpreter)
원시 프로그램을 기계어로 변환하지 않고 줄 단위로 번역하여 바로 실행해주는 프로그램

17 완전 삭제로 복원할 수 없는 경우
플로피 디스크, DOS 환경, USB 메모리, 네트워크 상태, [Shift]+[Delete]로 삭제한 경우나 휴지통을 비우기 한 경우, 휴지통 속성에서 [파일을 휴지통에 버리지 않고 삭제할 때 바로 제거]를 선택한 경우 등

18
- [F1] : 도움말 보기
- [F2] : 선택한 파일/폴더의 이름 변경하기
- [F3] : 검색
- [F4] : 인터넷 사용 시 주소 창 선택
- [F5] : 목록 내용을 최신 정보로 수정

19 화면 해상도는 [디스플레이]에서 설정할 수 있음

20 프린터 추가
[제어판]-[장치 및 프린터]에서 설정

21 필터는 정렬하지 않아도 되며, 부분합을 구할 때는 먼저 오름차순이나 내림차순으로 정렬을 해야 함

22 원본 데이터가 변경되면 피벗 테이블 보고서의 데이터도 자동으로 변경되지 않으며, [피벗 테이블 도구]-[옵션] 탭-[데이터] 그룹-[새로고침] 단추를 누르면 변경됨

23 목록 값을 입력하여 원본을 설정할 경우 쉼표(,)로 구분하여 입력

24 여러 개의 규칙이 모두 만족될 경우 지정한 서식이 충돌하지 않으면 규칙이 모두 적용되며, 서식이 충돌하면 우선 순위가 높은 규칙의 서식이 적용됨

25 매크로 지정은 텍스트가 아닌 도형 등에 지정 가능

26 셀 영역을 선택하고 키보드의 [Delete] 키를 누르면 [C2]셀의 내용만 지워짐

27 이름 정의하려는 열 레이블에 공백이 있을 경우 공백 대신 밑줄이 들어간 이름으로 정의됨

28
- #,###, : 천 단위 구분 기호에 맨 뒤에 쉼표가 붙은 것으로 천의 배수만큼(3자리를 생략함) 생략을 해주어서 나타내주는 서식
- 2,234,543에서 쉼표 이후에 코드가 없으므로 543이 사라지면서 반올림되어 2,235가 되며 "천 원"이 표시됨 → 결과 : 2,235천 원

29 =DAVERAGE(A1:D8,D1,A1:A2)처럼 조건 범위에 [A1:A2]가 입력되어야 함

30 Shift + F11 키를 누르면 현재 선택된 시트 앞에 새로운 시트 삽입

31 '상대 참조'를 이용하면 현재 셀의 위치에 따라 작업의 대상이 되는 영역을 달리할 수 있음

32
- ①번 MOD : A3에서A6을 나눈 값의 나머지 1
- ②번 MODE : A1:A6에서 가장 자주 발생하는 값이 최빈수 3
- ③번 MEDIAN : A1:A6에서 중간 값을 구하므로 3
- ④번 SMALL : A1:A6에서 3번째로 작은 값이기 때문에 3

33 =RANK(B2,$B$2:$B$5,1) → 기록(초)처럼 낮은 수치가 1등이 되기 위한 수식은 =RANK(numner,ref,order)의 order 부분이 0이 아닌 수가 와야 되며(일반적으로 1이 사용), 순위를 구하는 구간인 ref는 절대 참조가 사용되고, 채우기 핸들을 이용하여 수식을 복사하므로 number는 상대 참조로 사용

34 =C2*VLOOKUP(B2,$B$8:$C$10,2,0) → 상품코드별 단가가 세로(열) 형태로 되어 있으므로 그 단가를 가져오기 위해서는 VLOOKUP 함수를 이용, 상품코드별 단가에 수량(C2)을 곱함. ,$B$8:$C$10에서 단가는 2열이고 반드시 같은 상품코드(B2)를 가져와야 되므로 0(false)를 사용하여 VLOOKUP(B2,$B$8:$C$10,2,0)처럼 수식을 작성함

35 엑셀 창의 오른쪽 하단에서 선택할 수 있는 것은 기본, 확대/축소, 페이지 나누기 미리보기, 페이지 레이아웃 중에서 선택할 수 있음

36
- 혼합형 차트 : 두 개 이상의 데이터 계열이 포함되어 있는 차트에서 특정계열의 차트를 다르게 표시
- 방사형 차트 : 많은 데이터 계열의 합계 값을 비교할 때
- 영역형 차트 : 일정한 시간에 따라 데이터 변화추세를 표시

37
- 해당 그림은 방사형 차트
- ④번 : 표면형 차트에 해당

38
- 차트 제목 → 과목별 성적
- 데이터 레이블 → 90, 75, 55
- 범례 → 이순신, 강감찬, 김유신

39 셀 포인터의 위치와 상관없이 틀 고정을 취소할 수 있음

40 각 페이지 상단에 작성자의 이름을 넣기 위해 [페이지 설정]의 [머리글/바닥글] 탭–[머리글 편집]에서 설정함

6회 핵심 기출문제 해설(2013.06.22)

01 게이트웨이와 DNS의 IP 주소는 ipconfig라는 명령어를 사용하여 확인할 수 있음

02 미러(Mirror)사이트
다른 사이트의 정보를 거울처럼 그대로 복사하는 사이트

03 • 스위칭 허브는 단말 개수에 상관없이 속도가 일정하므로 더미 허브보다 스위칭 허브의 속도가 빠름
• 스위칭 허브 : 공유된 컴퓨터 중 데이터를 필요로 하는 컴퓨터에 데이터 전달
• 더미 허브 : 공유된 컴퓨터 모두에게 같은 데이터 전달

04 한번 압축한 파일은 재 압축을 하여도 크기가 줄어들지 않음

05 AVI 파일
Windows의 표준 동영상 파일 형식으로 디지털 비디오 압축 방식

06 붙여넣기는 복사나 잘라내기를 한 폴더나 파일에 한에서 가능하므로 삭제를 한 폴더나 파일은 붙여넣기 해도 복원되지 않음

07 인쇄 대기 중인 문서에 대해서는 용지 방향, 용지 공급 및 매수를 변경할 수 없음

08 관리자 계정
컴퓨터에 대한 제어 권한이 가장 많은 계정으로 필요시만 사용

09 [Windows 작업 관리자]에서 실행 중인 응용프로그램의 실행 순서를 변경할 수는 없음

10 [디스크 조각 모음]을 실행하였을 때 사용 가능한 파일을 표기할 필요는 없으므로 표시되지 않음

11 키보드의 숫자 키패드를 사용한 마우스 포인터의 이동 설정은 [제어판]-[접근성 센터]-[마우스를 사용하기 쉽게 설정]이나 [키보드를 사용하기 쉽게 설정]에서 설정함

12 프린터 설치
[제어판]-[하드웨어 및 소리]-[장치 및 프린터]-[프린터 추가]

13 ns = 10^{-6} sec

14 버스
컴퓨터 내에서 중앙 처리 장치와 주기억장치, 입출력 장치 간에 정보를 전송하는데 사용되는 전기적 공통 선로
• 사용 용도에 따라 내부 버스, 외부(시스템) 버스, 확장 버스로 분류
• 외부(시스템) 버스 : 제어 버스(Control Bus), 데이터 버스(Data Bus), 주소 버스(Address Bus)로 나누어 짐

15 • ①번 : 링형
• ②번 : 망형
• ③번 : 버스형
• ④번 : 트리형

• 트리형 : 중앙의 컴퓨터와 일정 지역의 단말장치까지는 하나의 통신 회선으로 연결시키고, 이웃하는 단말장치는 일정 지역 내에 설치된 중간 단말장치로부터 다시 연결시키는 형태로 통신 선로가 가장 짧음

16

10진수	10	11	12	13	14	15
16진수	A	B	C	D	E	F

17 클립보드는 휘발성 메모리인 RAM의 일부분을 사용하므로 시스템을 다시 시작하면 클립보드에서 없어지게 됨

18 게시판에 업로드 된 프로그램은 바이러스, 피싱, 기타 이유로 항상 안전한 것은 아니므로 백신 프로그램으로 바이러스 검사를 한 다음에 사용

19 모니터 화면을 이루는 최소 단위는 픽셀이며 픽셀의 숫자를 해상도라 함

20 키오스크
고객의 편의를 위하여 공공장소에 설치된 컴퓨터 자동화 시스템

21 도형이나 그림에 하이퍼링크를 지정할 수 있음

22 • =범위1 + 범위2 → #VALUE!
• #VALUE! : 수치를 사용해야 할 장소에 다른 데이터를 사용하는 경우

23

#N / A	함수나 수식에 값을 사용할 수 없음
#NAME	수식에 잘못된 문자열을 사용
#DIV / 0!	수식에 나누기 "0"인 경우
#VALUE!	함수의 인수로 잘못된 값을 사용한 경우
#REF!	셀 참조가 유효하지 않은 경우
#NULL!	워크시트에서 교차되지 않는 두 영역의 논리곱을 지정한 경우 논리곱 연산자는 두 참조 사이에 공백 문자로 표시
#NUM!	숫자가 입력된 속에 잘못된 값을 지정한 경우
#####	셀 너비보다 결과 숫자가 긴 경우

24 • 수식셀(D4) : 결과값이 출력되는 셀 주소.
• 찾는 값 : 목표로 하는 값을 직접 입력
• 값을 바꿀 셀 : 목표값을 만들기 위해 변경되어야 할 값이 들어 있는 셀의 주소를 지정

25 매크로는 사용자의 마우스 동작 및 키보드 동작까지 모두 기록됨

26 두 가지 이상의 문자 구분기호가 있는 경우에는 둘 중에 하나의 구분 기호만 선택해도 텍스트 나누기가 실행

27 Alt + M 을 누르면 매크로가 아닌 수식 탭이 선택

28 추가된 시나리오의 이름은 '보통'과 '우수'임

29 가로 축 교차 축 값을 10000 으로 설정

30 • COUNT 함수 : 숫자의 개수
 • COUNTA 함수 : 비어 있지 않은 모든 문재(숫자포함) 개수
 • COUNTIF 함수 : 검색 범위 내에서 조건에 만족하는 셀의 개수
 • COUNTBLANK 함수 : 비어 있는 셀의 개수

31 =12/20−12/10 → 12/20=0.6, 12/10=1.2이므로 0.6−1.2 = −0.6

32 [눈금선] 항목을 선택하여 체크 표시하면 작업 시트의 셀 구분선이 인쇄됨

33 [숨기기]를 클릭하면 현재 통합문서를 보이지 않게 숨김

34 시트 이름은 공백을 포함하여 31자까지 가능하며, 일부 기호(, / . ? , * , [,])를 사용할 수 없음

35 • RANK(인수, 범위, 논리값) : 지정된 범위 안에서의 인수의 순위, 논리값이 0이거나 생략되면 내림차순, 0 이외의 값은 오름차순
 • 조건식이 들어가는 고급필터의 항목명은 입력되어 있는 TOEIC과 다르게 입력해야 됨

36 [계열 차트 종류 변경]에서 꺾은 선형으로 변경한 후 [데이터 계열 서식] 대화상자의 [선 스타일] 탭에서 [완만한 선]을 설정함

37 AND 함수는 모두 True일 때만 True

38 hh:mm:ss라고 입력할 경우 8은 시간 2자리, 5는 분 2자리, 공백일 경우 0으로 표시하여, 08:05:00이라고 셀 서식이 변경

39 흐름에 따른 각 항목의 변화나 경향을 파악하고자 할 때 가장 적합한 차트는 꺾은선형 차트

40 1학년 1반은 복사되며 마지막의 001번이 1씩 증가함

핵심 기출문제

핵심 기출문제

7회   핵심 기출문제 해설(2013.03.09)

정답									
01 ④	02 ③	03 ③	04 ④	05 ②	06 ③	07 ①	08 ①	09 ②	10 ③
11 ③	12 ③	13 ③	14 ④	15 ②	16 ②	17 ②	18 ③	19 ①	20 ③
21 ②	22 ①	23 ③	24 ②	25 ②	26 ②	27 ②	28 ②	29 ③	30 ④
31 ②	32 ①	33 ①	34 ③	35 ②	36 ②	37 ③	38 ③	39 ②	40 ④

01 [작업 표시줄] 바로가기 메뉴에 있는 [도구 모음]에는 연결, 입력 도구 모음, 바탕화면, 빠른 실행, 새 도구모음 등이 있음

02
- 멀티미디어 : 문서, 소리, 동영상 등 여러 가지 미디어를 모아 놓은 것을 뜻함
- 프레젠테이션 : 파워포인트와 같이 발표회 등에 사용되는 프로그램
- 인덱스 : 검색을 효율적으로 하기 위하여 만들어둔 목차

03 컴퓨터의 처리 속도를 높이기 위해서는 RAM 확장이 가장 효율적인 방법임

04
- RFID(Radio Frequency Identification) 서비스 : 모든 사물에 센싱, 컴퓨터 및 통신 기능을 탑재하여 언제 어디서나 정보를 처리, 제공할 수 있도록 지원하는 유비쿼터스 서비스
- 텔레매틱스 서비스 : 차량, 항공, 선박 등 운송 장비 내에서 이동하는 중에 제공되는 무선 데이터 서비스
- DMB 서비스 : 고속 이동 시청, 초고화질 방송 등 기존 방송의 한계를 극복하고 통신망과 연계되어 있는 차세대 멀티미디어 방송 서비스
- W-CDMA 서비스 : 광대역 디지털 이동 통신 시스템 방식으로 코드를 분할하여 다중으로 접속하는 기법

05 BIOS(Basic Input Output System)
컴퓨터를 키면서 가장 먼저 시스템을 자가진단하고 주변장치와 기본적인 연결고리를 만들어 주는 역할. 칩 교환 없이 업그레이드 가능, 펌웨어라고도 함. EEPROM 이나 플래시 메모리 사용

06
- SMTP(Simple Mail Transfer Protocol : 메일 송신 프로토콜
- POP(Post Office Protocol) : 메일 수신 프로토콜
- MIME(Multipurpose Internet Mail Extensions) : 전자우편으로 멀티미디어 정보를 전송할 수 있도록 해 주는 멀티미디어 지원 프로토콜

07 ①번은 Windows 7의 [개인 설정]대 대한 설명임

08
- 일괄처리 시스템 : 일정한 양의 일을 모아서 한꺼번에 처리
- 실시간 처리 시스템 : 일이 발생하는 즉시 바로 바로 처리 하는 시스템
- 시분할 시스템 : 1개의 CPU의 시간을 나누어 다수의 이용자가 나누어 사용
- 분산처리 시스템 : 하나의 일을 여러 대의 컴퓨터에서 나누어 작업을 처리함

09 악성코드는 컴퓨터에 악의적인 용도로 사용되는 유해 프로그램이며, 외부침입을 탐지하고 분석하는 프로그램은 방화벽이나 백신

10 인쇄 관리자 창에서 인쇄 대기 중인 문서를 편집할 수 없음

11
- Bit : 0 또는 1을 기억할 수 있는 저장 공간
- Byte : 8 Bit
- Word : 컴퓨터에서 연산의 기본단위로 일반적으로 4Byte
- BPS(Bit Per Second) : 초당 전송되는 비트 수를 말하며 전송속도 단위

12 하드웨어 결함이 생긴 경우에는 외부적인 결함이기 때문에 외부 인터럽트가 발생

13
- USB는 저장소이지 인터넷을 제공하는 기능은 없음
- FTP : 인터넷에서 파일을 송신, 수신할 때 사용하는 서비스
- Telnet : 멀리 떨어진 곳에 위치한 호스트 컴퓨터에 접속할 때 사용하는 서비스
- WWW : 월드 와이드 웹의 약자로 일반적으로 사용하는 인터넷 웹 서비스

14 소리 효과 변경 : [개인 설정]에서 변경할 수 있음

15 멀티미디어 데이터는 디지털화 기술을 통하여 처리 속도를 향상시킬 수 있음

16
- DNS(Domain Name Server) : 네트워크에서 도메인이나 호스트 이름을 숫자로 된 IP 주소로 해석해주는 TCP/IP 네트워크 서비스
- HTTP : 웹페이지와 웹브라우저 사이에서 하이퍼텍스트 문서를 전송하기 위한 프로토콜
- NIC : 네트워크 인터페이스 카드의 약자로 일반적으로 랜카드를 의미

17 스풀 기능이란 인쇄 시 CPU의 제어를 받지 않음으로 인하여 인쇄물을 출력하는 동안 CPU가 다른 일을 할 수 있도록 해주는 기능으로 인쇄가 되지 안 되는 경우와는 관련이 없음

18 시스템 클록(clock) 속도를 나타내는 단위는 MHz

19 키보드의 숫자 키패드를 사용한 마우스 포인터의 이동 설정은 [제어판]-[접근성 센터]에서 [마우스를 사용하기 쉽게 설정]이나 [키보드를 사용하기 쉽게 설정]에서 설정함

20 SSD
EEPROM을 활용한 하드 디스크 저장 장치

21 =IF(B2−C2)0,(C2−B2)*20%,0) → 중간고사(B2)−기말고사(C2)가 0보다 크면, 즉 중간고사 점수가 더 높다면 (C2−B2)*20% 계산되어 음수값이 나오게 되므로 잘못된 결과가 나옴

22 매크로 바로가기 키는 하이퍼링크를 삽입할 수 없음

23 통합 문서에는 화면에 보이는 시트가 적어도 한 개는 있어야 함

24 추세선은 계열의 추세에 대한 예측 가능한 흐름을 표시한 것

25

#N / A	함수나 수식에 값을 사용할 수 없음
#NAME	수식에 잘못된 문자열을 사용
#DIV / 0!	수식에 나누기 "0"인 경우
#VALUE!	함수의 인수로 잘못된 값을 사용한 경우
#REF!	셀 참조가 유효하지 않은 경우
#NULL!	워크시트에서 교차되지 않는 두 영역의 논리곱을 지정한 경우 논리곱 연산자는 두 참조 사이에 공백 문자로 표시
#NUM!	숫자가 입력된 속에 잘못된 값을 지정한 경우
#####	셀 너비보다 결과 숫자가 긴 경우

26 [시트] 탭에서 '반복할 행'에 [$4:$4]을 지정한 경우 모든 페이지에 4행의 내용이 반복되어 인쇄됨

27 [D3] 셀에서 찾을 내용 '90', 범위를 '시트', 검색을 '열'로 찾을 위치를 '값'으로 하고 '다음 찾기'를 한 경우 [D6]으로 포인터가 위치함

28 [차트2]의 그림에는 보조 축이 지정되지 않음

29 ・#,###, : 천 단위 구분 기호에 맨 뒤에 쉼표가 붙은 것으로 천의 배수만큼(3자리를 생략함) 생략을 해주어서 나타내주는 서식
　・2,234,543에서 쉼표 이후에 코드가 없으므로 543이 사라지면서 반올림되어 2,235가 되며 "천원"이 표시됨 → 결과 : 2,235천원

30 정렬 옵션은 위에서 아래, 왼쪽에서 오른쪽 가능

31 시나리오 관리자에 생성된 시나리오는 '기간연장' 한 가지임

32 ・DCOUNT : 전체 범위 내 조건에 만족하는 열의 숫자데이터의 셀 개수
　・DCOUNTA : 전체 범위 내 조건에 만족하는 열의 모든 숫자와 문자데이터의 셀 개수
　・=DCOUNT(A1:D5,2,F2:F3) → DCOUNT는 숫자만 있는 곳을 세어야 하는데 2열 지점인 '이름'이 입력된 문자열을 지정하여 카운트가 안 됨

33 피벗 테이블 보고서는 새 워크시트, 기존 워크시트에서 선택할 수 있음

34 ・통합 문서의 이름을 대괄호([ ])로 둘러싸고, 워크시트 이름과 셀 주소를 입력함
　・워크시트 이름과 셀 주소 사이는 느낌표(!)로 구분하며, 워크시트 이름에 공백이 있을 경우 작은 따옴표(")로 묶음

35 [여백] 탭
　인쇄 용지의 위쪽, 아래쪽, 왼쪽, 오른쪽 및 머리글/바닥글의 여백과 페이지 가운데 맞춤 등의 설정을 수행

36 동일한 레코드는 하나만이 설정되어 있으므로 입력된 학과 순으로 중복된 학과는 하나만 나타남

37 매크로 이름은 입력한 다음 [만들기]를 클릭하면 새로운 매크로를 작성하기 위해 Visual Basic가 실행됨

38 ・원형 차트 : 전체에 대한 항목별 비율 표시, 항상 한 가지의 데이터 계열만으로 표현 가능, 한 계열만 선택하여 분리 가능, 첫 조각 각도 변경 가능
　・원형 차트는 각 데이터 간의 값을 비교하는 데는 적합하지 않음

39 기록된 매크로는 편집 가능하며 기능과 조작을 추가 또는 삭제할 수 있음

40 셀에 입력된 데이터를 삭제하더라도 메모는 삭제되지 않음

8회 핵심 기출문제 해설(2012.09.22)

01 자료 표현의 단위(작은 것 → 큰 순)
Bit(0과 1 중에 하나만을 기억) – Nibble(4bit) – Byte(8bit) – Word(4Byte/Half Word – 2Byte/Double Word – 8Byte) – Field – Record – File – Database

02 • ①번 워크스테이션 : 개인용 컴퓨터인 PC(Personal Computer) 보다 성능이 뛰어난 컴퓨터. 엔지니어나 디자이너 등 고성능 컴퓨터를 필요로 하는 사람이 업무에 사용하거나, 네트워크 서버로 사용.
• ②번 에뮬레이션 : 한 컴퓨터가 다른 컴퓨터처럼 똑같이 작동하기 위하여 특별한 프로그램 기술이나 기계적 방법을 사용하는 일.
• ④번 테라플롭스 : 티플롭(Tflop)이라고도 하며 슈퍼컴퓨터의 성능을 나타내는 기본단위

03 NTFS
Windows NT 계열 운영체제의 파일 시스템으로 Windows에서 디스크에 대한 할당 및 보안 등과 같은 고급 기능을 사용하기 위해서 사용. FAT보다 성능, 보안, 안정성 면에서 높은 성능을 제공하며 대용량의 하드디스크를 하나의 드라이브로 사용할 수 있고 디스크 공간의 낭비를 줄일 수 있음

04 인쇄 대기 중인 문서의 인쇄 대기 순서를 변경하거나 취소 및 일시 중지 등의 작업을 수행할 수 있지만 용지 방향, 용지 공급 및 인쇄 매수와 같은 설정은 변경할 수 없음

05 바로가기 아이콘 만들기
탐색기 창에서 Ctrl + Shift 를 누른 상태에서 바탕화면으로 끌기

06 그래픽카드는 CPU에서 처리된 디지털 신호를 모니터를 통해 볼 수 있도록 전자 영상 신호로 변환하는 장치

07 • F1 : 도움말 보기
• F2 : 선택한 파일/폴더의 이름 변경하기
• F3 : 검색
• F4 : 인터넷 사용시 주소 창 선택
• F5 : 목록 내용을 최신 정보로 수정

08 • MPEG는 동영상 압축방식의 국제 표준 규격
• MPEG – 1 : CD, VHS(비디오테이프)
• MPEG – 2 : HDTV, DVD
• MPEG – 4 : IMT – 2000, 동화상
• MPEG – 7 : 전자상거래

09 Shift + del 를 누르면 휴지통에 거치지 않고 바로 삭제

10 JPG(jpeg)
정지 영상 압축 기술에 관한 표준화 규격으로, 비손실 압축과 손실 압축 모두 지원

11 RISC(Reduced Instruction Set Computer) 설계 방식 : 전력소모 적고, 처리 속도가 빠르고 명령어가 적지만 그 대신에 프로그래밍이 복잡한 설계방식이라 고가임

12 • 객체지향 프로그래밍은 프로그램에서 사용하는 데이터 구조의 데이터형과 사용하는 함수까지 정의하는 프로그래밍 기법으로, 객체 지향 언어에는 C++, Actor, SmallTalk, JAVA 등이 있음
• COBOL : 사무용으로 개발된 구조적 프로그래밍 언어

13 • 프로그램 카운터 : 다음에 실행할 명령어의 번지를 기억하는 레지스터
• 가산기 : 2진수의 덧셈을 수행하는 회로
• 스택 포인터 : 선입 후출이나 혹은 이와 비슷한 방법을 사용하는 스택(파일 또는 중첩)의 데이터처리를 CPU가 행할 수 있도록 하는 특수 레지스터

14 아이콘 자동 정렬
바탕 화면의 바로가기 메뉴에서 [보기]–[아이콘 자동 정렬]을 사용하여 설정할 수 있음

15 • FTP : 파일 전송 서비스
• ASP : 마이크로소프트사의 IIS에서만 작동하는 서버 측 스크립트 언어
• XML : HTML보다 좀 더 구조적으로 만들어 졌으며 데이터 교환용으로 많이 사용

16 • 피싱 : 개인정보(Private Data)와 낚시(Fishing)의 합성어로 금융기관 등으로부터 개인정보를 불법적으로 알아내 이를 이용하는 사기수법. 금융기관 등의 웹사이트나 거기서 보내온 메일로 위장하여 개인의 인증번호나 신용카드번호, 계좌정보 등을 빼내 이를 불법적으로 이용하는 사기수법
• 포털사이트 : 인터넷 사용자가 원하는 정보를 얻기 위해 반드시 거쳐야 하는 사이트
• 유비쿼터스 : 언제 어디서나 널리 존재한다는 의미로 어느 곳에서나 인터넷 접속이 되는 환경

17 [도구]–[인터넷 옵션]–[일반] 탭의 '홈 페이지'에서 시작 시 원하는 웹 사이트 주소를 입력하여 '검색 기록'의 [삭제] 단추를 클릭하여 임시 파일, 열어본 페이지 목록, 쿠키, 저장된 암호 및 웹 양식 정보를 삭제할 수 있으며 [종료할 때 검색 기록 삭제]를 설정할 수도 있음

18 재생률은 픽셀들이 밝게 빛나는 것을 유지하도록 하기 위한 1초당 재충전 횟수로 하드디스크의 사양과는 관계가 없음

19 • 게이트웨이(Gateway) : 다른 구조의 네트워크를 연결
• 모뎀(Modem) : 변복조장치/디지털 신호를 아날로그 신호로 변환, 다시 아날로그 신호를 디지털 신호로 변환
• 라우터(Router) : 전송을 위한 최적의 경로를 찾아 연결/유무선 공유기는 라우터 기능을 내장함

20 파이어 월(Fire wall)
방화벽이라고 하며 외부로부터 내부로의 불법적인 침입을 차단

21 [나누기]
데이터의 양이 많아 필요한 데이터를 한 화면으로 보기 어려운 경우 여러 창으로 분할. 이 기능을 사용하면 워크시트에서 멀리 떨어져 있는 여러 부분을 한번에 볼 수 있음

22 • Alt + Enter↵ : 하나의 셀에 두 줄 이상의 데이터를 입력할 때
• Ctrl + Enter↵ : 여러 셀에 동시에 같은 데이터를 입력할 때

23 오름차순 정렬 순서
숫자>기호 문자>영문 소문자>영문 대문자>한글>빈 셀(공백)

왼쪽 열

24 · NOT 함수 : 결과 값의 반대 결과를 논리값으로 표현
＝NOT(4>5) → TRUE

25 시나리오 요약 보고서는 변경 셀에 따른 결과 셀의 값을 예측하는 기능이므로 결과 셀이 필요함

26 · 누계는 덧붙여 합산하는 것이므로 누계를 구할 경우 [C2] 셀에 입력될 수식은 ＝SUM($B$2:B2)로 입력
· [C2] 셀을 채우기 핸들을 이용할 경우
· [C3] → ＝SUM($B$2:B3)
· [C4] → ＝SUM($B$2:B4)
· [C5] → ＝SUM($B$2:B5) 로 입력되어 계산

27 [간격 너비]의 숫자를 늘리면 막대 간의 간격이 넓어져야 하므로 각 막대의 너비는 좁아짐

28 차트에서 데이터 요소의 크기를 조절할 수 없음

29 [페이지 설정]의 [시트] 탭에서 [눈금선] 항목을 선택하면 인쇄 시 워크시트의 눈금선을 인쇄할 수 있음

30 필터가 아니라 부분합일 경우에 실행 전에 기준이 되는 필드가 반드시 오름차순이나 내림차순으로 정렬해야 함

31 RANK(인수, 범위, 논리값)
지정된 범위 안에서의 인수의 순위, 논리값이 0이거나 생략되면 내림차순, 0 이외의 값은 오름차순
· 인수 : 각 수험번호에 해당하는 평균을 입력하기 위해 상대 주소로 입력 → D2
· 범위 : 전체 평균이 있는 범위는 변하지 않도록 절대 참조로 표시 → $D$2:$D$6
· 논리값 : 큰 값이 1등이 되도록 내림차순으로 설정해야 하므로 0을 입력하거나 생략

32 해당 열 너비를 크게 해도 열의 너비만 커지고 글자의 크기는 조정되지 않음

33 부분합 계산항목
합계, 평균, 개수, 최대값, 최소값, 곱, 숫자 개수, 표본 표준 편차, 표준 편차, 표본 분산, 분산

34 행 레이블에 '값'이 있기 때문에 행 방향으로 길게 배치되어 표현됨

35 · #,### : 원 단위에 쉼표스타일
· #,###, : 천 단위에 쉼표스타일
· #,###,, : 백만 단위에 쉼표스타일
· #,###,,, : 십억 단위에 쉼표스타일

36 · 평균이 80점이 되기 위한 목표값을 찾는 작업이므로 수식 셀은 평균이 계산될 셀 → D2
· 찾는 값은 평균이 80점이 되도록 하는 목표값 찾기 이므로 → 80
· 영어점수가 몇 점이 되어야 평균이 80이 되는가를 구하므로 값을 바꿀 셀은 영어점수가 입력된 셀 → B2

37 매크로 이름의 첫 글자는 문자로 표시해야 하며 / ? ' ' . - ※ 등과 같은 문자와 공백은 사용할 수 없음

38 · ＝SUMIFS(합계 범위, 범위1, 조건1, 범위2, 조건2)
조건이 여러 개일 경우 범위1에서 조건1이 만족하고, 범위2에서 조건2가 만족되면 합계 범위에서 합을 출력.
· ＝SUMIF($B$2:$B$7,$A10,C$2:C$7) → [B2:B7]에서 'A10(영업1부)'을 찾은 후 [C2:C7]에서 같은 행에 있는 값의 합계를 구함

39 표의 [A5:B5]셀에 새로운 데이터를 추가한다고 해도 차트의 원본 데이터 범위가 아니므로 자동으로 추가되지 않음

40 조건부 서식이 적용된 후 규칙으로 설정된 해당 셀 값이 바뀌어 규칙과 일치하지 않게 되면 서식 적용이 해제됨

9회 핵심 기출문제 해설(2012.06.16)

정답

01 ③	02 ④	03 ②	04 ①	05 ③	06 ③	07 ④	08 ③	09 ②	10 ④
11 ②	12 ①	13 ③	14 ②	15 ①	16 ④	17 ③	18 ②	19 ②	20 ②
21 ②	22 ④	23 ③	24 ④	25 ④	26 ①	27 ③	28 ④	29 ④	30 ②
31 ④	32 ②	33 ③	34 ③	35 ②	36 ②	37 ①	38 ③	39 ②	40 ④

01 멀티미디어의 특성
디지털(비선형), 통합성(결합성), 양방향성(쌍방향), 대용량

02 • 모양 및 개인 설정 : 작업 표시줄 및 탐색, 접근성 센터, 파일 탐색기 옵션, 글꼴
• 시계, 언어 및 국가별 옵션 : 날짜 및 시간, 언어, 국가 또는 지역

03 • 게이트웨이 : 통신망을 연결하는 장치로, 서로 다른 프로토콜을 사용하는 통신망을 연결, 프로토콜의 변환
• 서브넷 마스크 : 호스트 이름으로부터의 IP 주소지에 대한 네트워크의 이름을 규정하는 것
• 라우터 : 통신망을 연결하는 장치로 같은 프로토콜을 사용하는 통신망을 연결 최적의 경로 선택

04 완전 삭제로 복원할 수 없는 경우
플로피 디스크, DOS 환경, USB 메모리, 네트워크 상태, Shift + Del 로 삭제한 경우나 휴지통을 비우기 한 경우, 휴지통 속성에서 [파일을 휴지통에 버리지 않고 삭제할 때 바로 제거]를 선택한 경우 등

05 홈페이지 주소는 웹브라우저에서 설정

06 [Windows 업데이트]는 [제어판]−[Windows Update]에 있음

07 • 문서 편집 프로그램은 응용 소프트웨어에 해당됨
• 제어 프로그램 : 데이터 관리, 작업관리, 감시 프로그램

08 • telnet : 텔넷 프로토콜을 사용하는 원격 컴퓨터와 통신할 수 있는 명령어
• winipcfg : 윈도우95,98,ME에서 사용하던 명령어로 XP에서는 ipconfig명령어로 변경됨
• ipconfig : 현재의 TCP/IP 네트워크 구성 값을 모두 표시하고 DHCP 및 DNS설정을 새로 고침

09 • 프로토콜 전환이 필요한 다른 네트워크와 연결하기 위해서는 게이트웨이가 사용됨
• 브리지 : 신호 증폭, 네트워크 분할을 통한 트래픽 감소 역할. 같은 프로토콜을 사용하는 여러 다른 네트워크를 연결할 때 사용

10 • 프리웨어 : 무료로 배포되는 소프트웨어
• 인터넷을 통하여 프리웨어 프로그램을 다운받는 행위는 컴퓨터를 사용한 범죄 행위에 해당되지 않음

11 • 즐겨찾기(Favorites) : 자주 쓰는 웹사이트를 저장하는 모음. 북마크
• 캐싱(Caching) : 자주 방문하거나 이미 보았던 페이지를 빠르게 표시할 수 있는 기능
• 쿠키(Cookie) : 사용자가 방문한 웹 주소를 지우지 않고 기억했다가 다음에 사용자가 이전에 방문한 주소를 몇 자 입력하면 나머지를 기억하여 모두 나타내어 사용자가 나머지 주소를 입력하지 않아도 되도록 기억된 이전에 방문했던 주소를 쿠키라고 함

12 자료 표현의 단위(작은 것→ 큰 순)
Bit(0과 1 중에 하나만을 기억) − Nibble(4bit) − Byte(8bit) − Word(4Byte/Half Word − 2Byte/Double Word − 8Byte) − Field − Record − File − Database

13 파티션은 하드디스크를 파티션별로 따로 사용하거나 하나의 하드디스크 내에 서로 다른 운영체제를 설치하기 위해 사용

14 • 디지털 : 논리회로, 이산적인 데이터, 숫자 문자
• 아날로그 : 증폭회로, 연속적인 데이터

15 • 레지스트리(Registry) : 운영체제의 시스템 정보를 기억하고 관리하는 것으로 Windows에서 사용하는 환경 설정 및 각종 시스템과 관련된 정보가 저장되어 있는 계층 구조식 데이터베이스
• File System : 운영 체제에서 파일 이름을 지정하고 저장하고 조직하는 전체 구조. 파일 시스템 종류는 NTFS, FAT, FAT32가 있음
• Zip Drive : 100MB정도의 용량을 담을 수 있었던 보조기억장치
• Partition : 실제로 별도의 디스크인 것처럼 작동하는 실제 디스크의 일부

16 드라이브 검사(디스크 검사) : 파일과 폴더 및 디스크의 오류 및 불량 섹터를 검사하여 수정함

17 wma는 오디오 데이터 WAVE의 확장자

18 디스크에 단편화가 발생되면 컴퓨터가 부팅되지 않는 원인보다 하드디스크의 속도가 저하됨

19 • 같은 드라이브 끌어 놓기 → 이동
• 다른 드라이브 끌어 놓기 → 복사

20 화면 보호기 변경은 [개인 설정]에서 설정함

21 =COUNTIFS(B2:B11,B2,C2:C11,C2) → [B2:B11] 에서 교육팀(B2)이면서 [C2:C11] 에서 과장(C2)인 경우의 개수를 구함. 결과 : 2

22 매크로에서 지정한 바로가기 키와 엑셀의 바로가기 키가 같은 경우 매크로 바로가기 키가 우선되어 매크로에서 지정한 바로가기 키가 적용

23 • =LARGE(범위, K) : 범위 내에서 K번째 큰 값
• =SMALL(범위, K) : 범위 내에서 K번째 작은 값
• =COUNTIF(조건 검사범위, 조건) : 조건 검사범위 내에서 조건에 만족하는 셀의 개수

24 하이퍼링크
셀의 값이나 그래픽 개체에 다른 파일 또는 웹 페이지로 연결되게 하는 기능

25 시나리오에는 최대 32개의 변수 값(변경 셀)을 포함할 수 있으므로 [B2] 셀 외에 최대 31개까지 변경 셀을 추가하여 지정할 수 있음

26 DSUM(데이터베이스, 구하고자 하는 필드, 조건범위)
=DSUM(A3:E11,5,C13:C14) → 데이터베이스(A3:E11)에서 구하고자 하는 필드(급여 총액, 5열) 합계를 구함

27 데이터 레이블이 설정되면 데이터 계열 상하좌우에 그 계열 값이 나타나는데 해당 차트에는 데이터 계열이 표시되지 않음

28 숨겨져 있는 열을 다시 보이도록 하려면, 숨겨져 있는 열의 범위를 포함하여 선택한 후 '숨기기 취소' 메뉴를 이용

29 마우스로 범례를 이동하거나 크기를 변경한다고 해서 차트의 그림 영역의 크기 및 위치가 자동으로 조정되지 않으며, [범례 서식]-[범례 옵션]에서 위치를 선택할 수 있음

30 매크로에 지정된 바로가기 키를 변경해도 도구 모음이나 단추에 연결된 매크로는 계속 연결되어 있음

31 • 5135600의 값에 지정한 서식이 #,###,"천원" → 5135.6천원
• 5135600의 값에 지정한 서식이 #,###,"천원" → 5,136천원
• ,(쉼표)와 .(마침표)를 주의해야 함

32 ②번 : 세로(값) 축에 대한 설명임

33 • =IF(MOD(MID(D2, 8, 1), 2)=1, "남", "여") : [D2] 셀의 8번째 문자 1을 2로 나눈 나머지 값이 1이면 "남", 그렇지 않으면 "여"를 표시함 → 남
• =IF(OR(MID(D2, 8, 1)="2", MID(D2, 8, 1)="4"), "여","남") : [D2] 셀의 8번째 문자 1을 2로 나눈 나머지 값이 2이거나 4이면 "여", 그렇지 않으면 "남"을 표시함 → 남
• =CHOOSE(MID(D2, 8, 1), "남", "여", "남", "여") : [D2] 셀의 8번째 문자 1이 1이면 "남", 2이면 "여", 3이면 "남", 4이면 "여"를 표시함 → 남

34 • .xltx : Excel 서식 파일
• .xlsm : Excel 매크로 사용 통합 문서
• .xltm : Excel 매크로 사용 서식 파일

35 수치 데이터는 셀의 오른쪽으로 정렬되며 공백과 '&' 특수문자가 있으면 문자 데이터로 인식됨

36 기존 워크시트를 클릭하면 피벗 테이블 보고서가 위치할 셀의 시작위치를 지정할 수 있음

37 [새 창]은 현재 보고 있는 문서의 내용을 새 창으로 열어 비교할 때 사용하며 새 통합 문서를 만들지 않음

38 • RANK(인수,범위,논리값) : 지정된 범위 안에서의 인수의 순위, 논리값이 0이거나 생략되면 내림차순, 0 이외의 값은 오름차순
• 조건식이 들어가는 고급필터의 항목명은 입력되어 있는 TOEIC과 다르게 입력해야 됨

39 세미콜론(;)을 연속하여 세 개(;;;) 사용하면 입력 데이터가 셀에 나타나지 않음

40 정렬하려는 셀의 크기는 동일해야 하므로 표에 병합된 셀이 포함된 경우는 정렬할 수 없으며, 병합된 셀을 해제한 후 정렬 작업을 수행해야 함

10회 핵심 기출문제 해설(2012.03.17)

01 숨긴 파일 및 폴더의 숨김 속성을 일괄 해제는 폴더 창에서 직접 설정

02
- 실행창이 종료 : Alt + F4
- 작업 중인 항목의 바로가기 메뉴 : Shift + F10
- 창 조절 메뉴 : Alt + Space Bar

03
- CPU(중앙처리장치)의 구성요소 : 제어장치(CU), 연산장치(ALU), 레지스터(주기억장치)
- 제어장치(CU) : 각 장치들을 제어, 명령 해독 등을 수행
  - 프로그램 카운터(PC) : 다음에 실행할 명령어의 번지(주소)를 기억
  - 명령 레지스터(IR) : 현재 실행 중인 명령의 내용을 기억
- 연산장치(ALU) : 연산(계산)을 수행
  - 가산기 : 덧셈
  - 보수기 : 뺄셈
  - 누산기(ACC) : 연산의 결과를 일시적으로 기억
- 레지스터(주기억장치) : CPU안에 있는 임시기억장소, 속도가 가장 빠름, 속도 향상 위해 사용

04 포맷대화상자에서 나타나는 메뉴
용량, 파일시스템, 할당 단위 크기, 볼륨 레이블, 빠른 포맷, 압축 사용, MS-DOS 시동 디스크 만들기

05
- IP주소 : 네트워크상의 각 장치를 식별하는 데 사용되는 주소, IPv4와 IPv6로 구분됨
- IPv4
  - 각 자리를 점(.)으로 구분
  - 각 자리는 0부터 255까지의 숫자로 사용
  - 네 자리로 구분되며 10진수 숫자로 표현
  - 전체 32비트로 구성
  - 약 43억개
- IPv6
  - 각 자리를 콜론(:)으로 구분
  - 각 자리는 0부터 F(15)까지 숫자로 사용
  - 8부분으로 구분되며 16진수 숫자로 표현
  - 전체 128비트로 구성
  - 약 43억개 * 약 43억개 * 약 43억개 * 약 43억개

06 자료 표현의 단위(작은 것 → 큰 순)
Bit(0과 1 중에 하나만을 기억) - Nibble(4bit) - Byte(8bit) - Word(4Byte/Half Word - 2Byte/Double Word - 8Byte) - Field - Record - File - Database

07 디스크 정리
다운로드한 프로그램 파일, 임시 인터넷 파일, 휴지통, 오프라인 웹 페이지, 서비스 팩 백업 파일, Windows 업데이트 정리, 시스템 로그 파일, 시스템 오류 메모리 덤프 파일, 임시 파일, 미리 보기 사진, Windows 오류 보고 파일을 사용자가 직접 선택하여 정리

08
- 웜(Worm) : 다른 프로그램을 감염을 시키지 않으나 자기 자신을 복제를 하여 시스템의 부하를 증가시키는 프로그램
- 해킹(Hacking) : 컴퓨터 시스템에 불법으로 접근을 해서 정보를 유출을 시키거나 파괴 하는 행위

- 스푸핑(Spoofing) : 승인 받은 사용자인 것처럼 시스템에 접근하거나 네트워크상에서 허가된 주소로 가장하여 접근 제어를 우회하는 공격 행위
- 스파이웨어(Spyware) : 사용자의 동의 없이 설치되어 컴퓨터의 정보를 수집하고 전송 하는 악성코드

09
- 인터럽트(Interrupt) : 컴퓨터 작동 중에 예기치 않은 문제가 발생한 경우라도 업무 처리 가 계속될 수 있도록 하는 컴퓨터 운영체계의 한 기능
- 인터럽트 종류 : 외부 인터럽트, 내부 인터럽트, 소프트웨어 인터럽트
- 외부 인터럽트는 입출력 장치, 타이밍 장치, 전원 등의 외부적인 요인에 의해 발생하며, 내부 인터럽트는 불법적 명령이나 데이터를 사용할 때 발생함

10 포인터 자국 표시
[제어판]-[마우스]-[포인터옵션]

11 시스템 복원은 [시스템 도구]-[시스템 복원]에서 설정함

12 전자우편(E-Mail)은 인터넷을 통해 데이터를 주고 받는 서비스이기 때문에 수신자의 개 인용 컴퓨터 고장과는 관련이 없음

13 기본 웹 브라우저와 HTML 편집 프로그램은 [제어판]-[인터넷옵션] 창의 [프로그램] 탭 을 이용하여 설정

14 ①번은 Windows 7의 [개인 설정]대한 설명임

15 GIF파일 형식은 비트맵 방식의 비손실 압축 방식을 이용함

16
- USB (범용 직렬 장치) : 한번에 1bit의 데이터가 전송되는 방식을 사용함, 주변 장치를 127까지 연결가능, 전원이 켜진 상태에서도 장치를 연결 가능(=핫스왑), 직렬, 병렬, PS/2포트 등을 하나의 포트로 대체
- ④번 : 한번에 8비트의 데이터가 동시에 전송되는 방식은 병렬 포트

17 메모장에서 날짜와 시간 추가방법
- 시간과 날짜를 입력할 곳에 커서를 두고 F5 키를 누름
- 메모장의 메뉴 중 [편집]-[시간/날짜]

18
- ①번 데모 버전(Demo Version) : 정식 프로그램을 홍보하기 위해 사용기간이나 기능 을 제한하여 배포하는 프로그램
- ②번 알파 버전(Alpha Version) : 베타 테스트를 하기 전에 제작 회사 내에서 테스트 할 목적으로 제작하는 프로그램
- ③번 패치 버전(Patch Version) : 이미 제작하여 배포된 프로그램의 오류 수정이나 성 능 향상을 위해 프로그램의 일부 파일을 변경해 주는 프로그램
- ④번 베타버전(Beta Version) : 정식 프로그램을 출시하기 전에 테스트를 목적으로 일 반인에게 공개하는 프로그램

19 도메인 네임
숫자로 구성된 IP주소를 사람들이 기억하고 이해하기 쉽도록 문자열로 만든 주소
- KRNIC : 우리나라 도메인 네임을 관리하는 기관
- 도메인 네임은 전 세계적으로 유일함
- 도메인 네임은 사용자가 임의로 설정할 수 없음

20
- 멀티미디어 : 다중(Multi)＋매체(Media) 합성어
- 멀티미디어 특징 : 통합성 / 디지털화 / 양방향성 / 비선형성
- 멀티미디어 정보는 사진, 동영상 등의 자료를 취급하는 대용량 자료

21 • COUNT : 숫자의 개수
• COUNTIF : 조건에 맞는 개수
• DCOUNT(전체범위, 열 번호, 조건) : 전체범위 내 조건에 만족하는 열의 숫자데이터의 셀 개수
　=DCOUNT(A1:E5,2,B7:B8) → 전체범위 : A1:E5, 열번호 : 2('엑셀'이 있는 열 번호), 조건 : B7:B8('엑셀이 80 이상'이라는 조건이 있는 범위)

22 • 수식에서 공백을 사용하면 두 영역의 교차 지점에 있는 범위를 참조하고, 교차 지점을 찾지 못한 경우 #NULL! 오류가 발생
• [A1:D7 C5:E7]은 공백을 사용하였으므로 [A1:D7] 범위와 [C5:E7] 범위가 교차되는 [C5] 셀에서 [D7]까지의 셀 범위를 참조함

23 숫자와 문자가 혼합되어 있는 경우 채우기 핸들을 드래그하면 숫자만 증가되지만, Ctrl 키를 누른 채 채우기 핸들을 조정하면 복사됨

24 • 이름 정의 : 절대 참조로 대상 범위를 참조
• 이름의 첫 글자는 문자, 밑줄(_), 역 슬러시(₩)로 시작해야 함
• 여러 시트에 동일한 이름을 정의할 수 없음
• 이름에 공백을 포함하여 정의할 수 없음

25 페이지 번호를 '－1－'처럼 표시하려면 '－&[페이지 번호]－'를 입력해야 함

26 • 피벗 테이블 : 대량의 데이터를 빠르게 요약하는 데 사용할 수 있는 대화형 테이블
• 시나리오 : Excel을 사용하여 저장하고 워크시트의 셀에서 자동으로 대체할 수 있는 값 집합
• 매크로 : 작업의 자동화를 위해 사용할 수 있는 동작 또는 동작 모음, 매크로는 VBA 프로그래밍 언어로 기록

27 디지털 서명 매크로만 포함
해당 매크로와 파일에 대한 디지털 서명 파일이 있을 경우에만 매크로를 열어서 실행할 수 있음

28 • =AVERAGEA(인수1,인수2) : 수치만 아니라 문자열이나 논리값 등이 있는 인수에서 평균값을 구함. 논리값 TRUE는 1, FALSE는 0으로 계산됨
• =AVERAGEA(A2:A6) : 논리값이 있는 A2:A6의 평균값을 구함. A5 셀의 TRUE는 1로 계산됨 → (10+20+30+1+40)/5 = 20.2

29 셀에 값을 입력하고 Shift + Enter↲ 키를 누르면 선택한 셀의 위로 한 칸씩 이동하며, [Enter]키를 누르면 선택한 셀의 아래로 한 칸씩 이동함

30 데이터 계열은 3개(국어, 영어, 수학)로 구성되어 있음

31 • 조건부 서식은 셀 주소를 혼합참조 형태로 주어야 하며 열만 고정시키는 형태로 입력
• ②번 보기처럼 '=$B2+$C2〈=170'을 입력하고 서식을 지정함

32 • 통합 : 분산된 데이터를 하나로 합쳐 요약하고 계산해주는 기능
• 목표값 찾기 : 수식의 결과값은 알고 있으나 그 결과값을 얻기 위한 입력 값을 모를 때 목표값 찾기 기능을 이용함
• 부분합 : 데이터의 어떠한 열을 기준으로 정렬된 값을 소계 또는 요약하여 계산된 표

33 영문자 대/소문자 구분하여 정렬하는 기능을 제공하며, 오름차순으로 정렬하면 소문자가 우선순위를 갖음

34 • 피벗 테이블 : 대량의 데이터를 빠르게 요약하는 데 사용할 수 있는 대화형 테이블
• 보고서 필터 필드에서 하위데이터 집합에 대한 정렬기능을 설정할 수 없음

35 • 하이퍼링크 : 셀의 값이나 그래픽 개체에 다른 파일 또는 웹 페이지로 연결되게 하는 기능
• [하이퍼링크 삽입] 대화상자에서 연결 대상 : 기존 파일/웹 페이지, 현재 문서, 새 문서 만들기, 전자메일 주소를 선택할 수 있음

36 • YEAR 함수 : 날짜형식의 데이터에서 연도를 추출함
• LEFT 함수 : 값에서 왼쪽에서부터 원하는 수치만큼의 값을 추출함
• LEFT(B3,2) : [B3] 셀의 텍스트에서 왼쪽부터 2개의 문자를 추출 → 02
• MID(B3,3,2) : [B3] 셀의 텍스트에서 3번째 문자부터 2개의 문자를 추출 → 08
• MID(B3,5,2) : [B3] 셀의 텍스트에서 5번째 문자부터 2개의 문자를 추출 → 05
　∴ =YEAR(LEFT(B3,2)&"/"&MID(B3,3,2)&"/"&MID(B3,5,2)) : =YEAR("02/08/05") 수식이 되어 연도를 추출함 → 2002

37 • 매크로의 이름의 첫 글자는 반드시 문자, 나머지는 문자, 숫자, 밑줄(_)만 가능, 공백 불가
• 매크로의 바로가기 키는 영문자 소문자와 대문자만 가능, 숫자, 한글, 특수문자 불가
• 선택된 셀의 위치에 매크로가 실행되도록 하려면 상대 참조로 기록
• 매크로를 기록 중 [개발 도구] 탭, [코드]그룹에서 [기록 중지]버튼을 클릭하면 매크로 기록이 완료됨

38 부분합 계산항목
합계, 평균, 개수, 최대값, 최소값, 곱, 숫자 개수, 표본 표준 편차, 표준 편차, 표본 분산, 분산

39 [시트] 탭에서 '반복할 행'에 [$3:$3]을 지정한 경우 모든 페이지에 3행의 내용이 반복되어 인쇄됨

40 • 쪼개진 원형 : 전체에 대한 각 값의 기여도를 보여주면서 각 값을 강조
• 원형 대 원형 차트 : 주 원형에서 일부 값을 추출하여 두 번째 원형에 결합할 때 사용
• 도넛형 차트 : 원형 차트처럼 전체에 대한 각 값의 기여도를 보여주지만 여러 계열을 포함할 수 있음
• 원형 대 가로 막대 차트 : 주 원형에서 일부 값을 추출하여 누적 가로 막대형에 결합

MEMO

MEMO